Volker Rebell
DIE BEATLES 1968

Volker Rebell

DIE BEATLES 1968

Das Weiße Album

Song Bücherei

Zweite Auflage
Copyright © 2010 Heupferd Musik Verlag GmbH, Dreieich
und Volker Rebell
Alle Rechte vorbehalten / all rights reserved
Die Song Bücherei wird herausgegeben von
Christian Winkelmann
und erscheint im Heupferd Musik Verlag
www.heupferd-musik.de
Korrektorat: Heike-Maria Schmidt
Satz & Layout: Y & M
Printed in Germany
ISBN 978-3-923445-68-4

Inhaltsverzeichnis

You say you want a revolution:
Die Beatles im turbulenten Jahr 1968 7

Apple pie, you are making me crazy:
Die Beatles und das Apple Imperium 11

Blue Meanies contra Beatles:
Der Zeichentrickfilm Yellow Submarine 21

For a little peace of mind:
Die Beatles und ihr Guru 31

Take these broken wings and learn to fly:
Die Entstehung des Weißen Albums 42

Take a sad experience, and make it better:
Die Arbeiten im Studio 53

Zeitapfel 61

Listen to the pretty sound of music: Die Songs 65

    Die Singles 65
        Hey Jude 65
        Revolution 77
    Die Songs des Albums 85
        Back In The USSR 85
        Dear Prudence 92
        Glass Onion 98
        Ob-La-Di, Ob-La-Da 104
        Wild Honey Pie 112
        The Continuing Story Of Bungalow Bill 114
        While My Guitar Gently Weeps 120
        Happiness Is A Warm Gun 124
        Martha My Dear 132
        I'm So Tired 136
        Blackbird 140
        Piggies 144
        Rocky Raccoon 149

Don't Pass Me By	154
Why Don't We Do It In The Road?	158
I Will	163
Julia	168
Birthday	176
Yer Blues	181
Mother Nature's Son	188
Everybody's Got Something To Hide Except Me And My Monkey	195
Sexy Sadie	201
Helter Skelter	207
Long, Long, Long	215
Revolution I	219
Honey Pie	224
Savoy Truffle	228
Cry Baby Cry	232
Can You Take Me Back?	237
Revolution Nº 9	239
Good Night	248
Outtakes	252
What's The New Mary Jane?	252
Not Guilty	254
Child Of Nature	255
Junk	256
Step Inside Love	257
Los Paranoias	257
Sour Milk Sea	257
Circles	258
Etcetera	259

Your song will fill the air:
Bedeutung und Wirkung des Weißen Albums 260

Beatles forever:
Der endgültige Bruch und das Überdauern 269

Zugabe:
Ich habe die Beatles gesehen 271
Webtipps 279
Quellenverzeichnis 280
Personen- & Sachregister 282

*„Mittlerweile ist so ziemlich alles gesagt worden –
wie toll wir sind und wie entsetzlich wir sind."*
(George Harrison)
*„Die Hälfte dessen, was ich sage, ist ohne Bedeutung.
Aber ich sage es, weil ich dich erreichen möchte."*
(John Lennon, aus seinem Song „Julia")

„YOU SAY YOU WANT A REVOLUTION"
DIE BEATLES IM TURBULENTEN JAHR 1968

„Guguu-gutschuub", schreit er den Polizisten entgegen. Und, im nervenden Halbton-Intervall der Polizeisirene: „Mister city pliceman sitting pretty little pliceman in a row!". Keine Ahnung, was das zu bedeuten hat – es klingt aber gut, wie er das über den umgeworfenen Bauwagen zu den Uniformierten hinüberplärrt. Und dann wieder: „Guguu-gutschuub!". Schon grenzdebil oder nur zu viel gehascht, oder was? „See how they run like pigs from a gun – see how they cry, I am laughing – hahaha, hohoho". Unbedingte Texttreue ist hier nicht gefragt, wenn Charly, der Lauteste und Verrückteste von uns, seine Demo-Sprüche skandiert. Warum er ausgerechnet Textbrocken aus John Lennons „I Am The Walrus" gröhlt, weiß er wohl selbst nicht so genau. Obwohl – dieser geniale Walross-Song, der erst vor ein paar Wochen, im November '67, als Rückseite der Single „Hello, Goodbye" auf den Markt gekommen ist, hat es uns allen angetan. Jeder kann ein paar Textstellen auswendig.

Und irgendwie passt die Absurdität des „Eggman" und des „Walrus" zu dieser Demo mit Happening-Charakter vor der Frankfurter Societäts-Druckerei, deren Ein- und Ausfahrt mit allerlei Sperrmüll-Gerümpel blockiert ist. Zusätzlich wird noch ein Bauwagen von einer nahen Baustelle herbeigeschafft und unter Gejohle vor der Ausfahrt umgekippt. Wir sind daran nicht so ganz unbeteiligt. Mit dieser Aktion soll die Auslieferung der BILD-Zeitung verhindert werden. Die Hetze der Springer-Presse, davon sind wir alle überzeugt, war mitverantwortlich für die Fast-Ermordung von Rudi Dutschke am Tag zuvor. Die Wasserwerfer-Attacken haben wir noch heroisch überstanden – trockene Klamotten lagen im Auto bereit. Doch dann trauen wir unseren Augen nicht. Berittene Polizisten galoppieren auf eine Sitzblockade von Demonstranten zu und reiten direkt in die Menge hinein. Alle schreien und stürmen in Panik auseinander. Das hat mit Happening nichts mehr zu tun. Unsere Karriere als revoluzzende Freizeit Straßenkämpfer ist damit beendet. Die geballte Faust bleibt künftig in der Hosentasche stecken.

Und was bleibt an akustischer Erinnerung auf dem Endlosband im Kopf gespeichert, aus jenen Demo-Tagen Ostern 1968? Merkwürdigerweise kein einziger Satz der damals bewunderten Studentenführer – nur das Rückkopplungsfiepen ihrer Megaphone. Und das „Goo Goo Gojoob" und andere Song-Fragmente aus diesem irrwitzigen und grandiosen Klangwunderwerk von Lennon & Co, „I Am The Walrus". Dieser und andere Songs aus der „Magical Mystery Tour", dem überwiegend gelungenen Soundtrack aus dem überwiegend misslungenen, gleichnamigen TV-Film der Beatles, wirken noch lange in das Jahr 1968 hinein. Erst im November sollen die Beatles ihr künstlerisches Resümee des Jahres '68 auf ihrer ersten Doppel-LP veröffentlichen. Es wird ihr letztes Meilenstein-Album: das mit dem weißen Cover und dem schlichten Titel „The Beatles", allgemein bekannt als das Weiße Album.

Born to be wild and free

Umsturz und freie Liebe, Drogenexzesse und der Traum vom richtigen Leben abseits vom falschen der anderen. Krawall und Meditation, explodierende Kreativität und ein Lebensgefühl, das nichts weniger verheißt als die Überwindung aller Grenzen, und dass alles, wirklich alles, möglich ist, wenn man es nur will. Vieles von all dem klingt an im Weißen Album, dem wichtigsten, weil umfassendsten und vielgestaltigsten, auch widersprüchlichsten popmusikalischen Zeitdokument des Jahres 1968.

Andere mögen radikaler, pointierter, konsequenter das Zeitgefühl getroffen haben: Steppenwolf im Mai 1968 mit „Born To Be Wild", Jimi Hendrix im Juli mit „All Along The Watchtower", die Stones im August mit „Street Fighting Man". Aber die Beatles bringen auf einer einzigen Single Ende August den antagonistischen Zeitgeist in seinen bürgerlich-beharrenden wie jugendlich-revoltierenden Aspekten zum Ausdruck: das private Glücksversprechen („Then you can start to make it better", in „Hey Jude") und das Suchen nach dem richtigen Weg zur gesellschaftlichen Veränderung („We all want to change the world", in „Revolution").

Doch zu Beginn des Jahres 1968 scheinen die Beatles in einer Krise zu stecken. Zum ersten Mal in ihrer Karriere befinden sie sich künstlerisch in der Defensive. Weihnachten 1967 erleben die erfolgsverwöhnten Fab Four eine schöne Bescherung. Ihr Film „Magical Mystery Tour", eine Art „Underground-Roadmovie in bester Hippie-Manier" (Kemper 2007) entpuppt sich als Desaster und fällt bei den Kritikern wie beim Publikum gnadenlos durch. Daran können auch überragende Film-Songs wie „I Am The Walrus" und „The Fool On The Hill" nichts ändern. Wohlmeinende Anhänger attestieren dem zusammengestückelt wirkenden Film den schrägen Charme eines abgedrehten Dada-Gaga-Nonsens-Heimvideos, das jeder gerne mal gedreht hätte.

Die magische Mysterienreise der Beatles, die als flippiger Fernsehfilm mit wirrer Handlung am zweiten Weihnachtsfeiertag von der BBC ausgestrahlt wird und zuvor schon als durchaus hörenswerte Soundtrack-EP am 8. Dezember 1967 der Öffentlichkeit zugänglich gemacht worden ist, markiert mit dem wilden Irrsinn seiner drogen-induzierten Ideenvielfalt und dem sympathisch-chaotischen Gemeinschaftserlebnis einer „abgefahrenen" Busreise im Grunde den Übergang vom „Summer Of Love" anno '67 zum kreativ-explodierenden Jahr '68, das so viel Energie in der Jugendbewegung entwickeln soll wie nie zuvor – Energie, die auch die Wirkung eines Sprengsatzes haben könnte. „Love and Peace" scheint fast schon vergessen, wird jedenfalls massiv überlagert und gefährdet.

Gewalt weltweit – und was machen die Beatles?

Das Jahr '68 ist alles andere als friedlich, ist im Gegenteil gewalttätig. Es soll das grausamste Jahr der Sixties werden: Am 16. März verüben US-GIs ein Massaker im vietnamesischen Dorf My Lai und töten über 500 Dorfbewohner. (Zu diesem Zeitpunkt sind die Beatles, außer Ringo, noch im indischen Rishikesh, um im Ashram des Gurus Maharishi Mahesh Yogi an einem Meditationskurs teilzunehmen. Ringo Starr kehrt bereits am 1. März nach England zurück). Am 4. April wird der schwarze Bürgerrechtler Martin Luther King in Memphis ermordet. (Die Beatles-Single „Lady Madonna" erreicht am 4. April Goldstatus. John Lennon und George Harrison weilen noch in Rishikesh. Paul McCartney ist bereits am 26. März nach London zurückgeflogen). Am 11. April wird Rudi Dutschke in Berlin niedergeschossen. (John Lennon und George Harrison, enttäuscht vom Maharishi, verlassen überstürzt Rishikesh am 12. April). Am 3. Juni wird Andy Warhol in seiner Factory angeschossen. (Die Beatles sind im Studio mit der Aufnahme des Lennon-Songs „Revolution 1" beschäftigt). Am 5. Juni fällt Robert Kennedy in Los Angeles einem Attentat zum Opfer. (Ringo Starr und Paul McCartney beginnen mit den Studioaufnahmen zu Ringos Song „Don't Pass Me By", die am 6. Juni fortgesetzt werden. John Lennon arbeitet im Nachbarstudio an seiner Klangcollage „Revolution 9").

Seit Anfang 1968 regt sich in vielen Ländern Widerstand. Überall gehen Studenten und Oppositionelle auf die Straße. Im März: Anti-Vietnamkriegs-Proteste in London und Berlin, antikommunistische Ausschreitungen in Warschau und Prag. Im April: Straßenschlachten in Frankfurt und Berlin nach dem Dutschke-Attentat. Im Mai: Studentenproteste, Barrikadenkämpfe und Streiks in Frankreich. Im Juni: Chaos und Zerrissenheit in der US-amerikanischen Gesellschaft nach der Ermordung von Robert Kennedy. Die Spannung, die entsteht aus der tiefer werdenden Kluft zwischen der Gegenkultur mit ihrer Aufbruchstimmung und der sich dagegen stemmenden Wucht eines reaktionären Konservatismus, nimmt bedrohliche Züge an. Im Juli gehen alle erst mal in

Urlaub, außer Papst Paul VI., dessen Enzyklika „Humanae Vitae" jedem Katholiken die Antibaby-Pille verbietet. Im August geht es weiter: Krawalle in Los Angeles, die Niederschlagung des Prager Frühlings durch russische Panzer und Anti-Vietnamkriegs-Proteste in Chicago mit Hunderten von Verletzten. Im Oktober: „Attacke auf Tokio" – radikale japanische Studenten besetzen das Parlament, Polizeistationen und die US-Botschaft, was zu drei Tagen Chaos in Tokio führt. Und: ein Massaker an Demonstranten in Mexiko am 2. Oktober, 10 Tage vor Beginn der olympischen Sommerspiele in Mexiko City. Die Armee erstickt die Proteste im Keim, 337 Menschen sterben.

Im Zeitraum dieser umwälzenden Ereignisse, genau vom 30. Mai bis zum 16. Oktober, arbeiten die Beatles an den Songs ihres Doppelalbums „The Beatles", das als das Weiße Album in die Annalen der Popgeschichte eingehen soll. Bekommen die Fab Four in ihrer schallisolierten Studiowelt überhaupt mit, was draußen passiert? Genau an dem Tag, als die Sowjet-Panzer über das historische Pflaster von Prag rollen und den Prager Frühling brutal beenden, nehmen die Beatles im Abbey Road Studio 2 ihren witzig gemeinten Rocker „Back In The USSR" auf. Und just an diesem Tag klingt die Refrainzeile „Ihr wisst gar nicht, wie gut ihr's habt in der UdSSR" eher makaber als lustig. Als textlich direkte Reflexionen der politisch umstürzlerischen und gesellschaftskritischen Entwicklungen in der Welt des Jahres '68 drängen sich nur John Lennons „Revolution" (in den drei verschiedenen Fassungen) und George Harrisons „Piggies" auf.

Doch das Lebensgefühl dieser ereignisreichen, turbulenten und schillernden Monate knistert in jedem Sound-Partikel, vibriert im Stakkato der Beats und Bekenntnisse, schwingt mit im Subtext der musikalischen Gestaltung, pulsiert in der Unterströmung der Ideenflut und schläft, erwacht in der Essenz so mancher Songzeile dieses phänomenalen Albums. – Phänomenal? – Ja, zweifellos ist das Weiße Album ein Phänomen, was die kaleidoskopartige Abbildung und Spiegelung dessen angeht, was für die Pop- und Jugendkultur jener Tage bezeichnend ist: der kreative Überschwang, die Rigorosität künstlerischer und gesellschaftskritischer Statements und das Gemeinschaftserlebnis des Zusammen-sind-wir-stark-und-können-alles-Erreichen bei gleichzeitiger Individuierung und Ego-Zentrierung der einzelnen Beteiligten, die auch alleine etwas auf die Beine stellen können, wenn sie nur wollen.

Auch unser Freund Charly ist hochzufrieden mit dem Weißen Album. Der Kauf hat sich für ihn schon wegen einer einzigen Zeile gelohnt, die er zu jeder passenden und vor allem unpassenden Gelegenheit nach Herzens- oder anderer Lust plärren kann: „Why don't we d'do it in the road!"

„APPLE PIE, YOU ARE MAKING ME CRAZY"
DIE BEATLES UND DAS APPLE-IMPERIUM:
DIE GESCHICHTE VOM APFEL UND DEM WURM

Was kostet die Welt?! – Rolls-Royce für alle! Und ein John Lennon auf Acid als Geschäftsmann und Boss eines Unternehmens ... Kann das gut gehen? Die Aufbruchstimmung der Jahre 1967/68, der grenzenlose Optimismus in der Jugendkultur, das Gefühl „alles ist machbar, Herr Nachbar; gemeinsam können wir die Welt verändern", dieser reale Traum vom Hippie-Paradies, das nur einen Trip entfernt darauf wartet, entdeckt zu werden, manifestiert sich auch im Projekt Apple, das ebenso sympathisch wie blauäugig, philanthropisch und auch leicht größenwahnsinnig angelegt ist. Eine Art weltumspannendes Beatles-Imperium soll entstehen, nicht nur mit einer eigenen Plattenfirma, einem Musikverlag und einer Filmproduktion, sondern auch mit Aktivitäten in den Bereichen Design, Mode und Elektronik. Sogar Beatles-Schulen werden angedacht, eine eigene Zeitschrift und manches mehr.

Apple soll eine Art geschäftliches Happening werden, ein Füllhorn innovativer Ideen und verrückter Projekte, die in der konservativen Geschäftswelt keine Chance hätten. Und wer soll das bezahlen, wer hat so viel Geld? Die Beatles natürlich, die haben's doch reichlich. Über drei Millionen Pfund würde der Fiskus kassieren, raunen die Finanzberater der Beatles, wenn die Fab Four ihr Geld nicht schleunigst investieren. Herkömmliche, stockkonservative Investitionen wie Immobilienkäufe oder die Gründung einer Kette von Schallplattenläden – was tatsächlich überlegt wird – kommen für die hippen Beatles nicht infrage. Es darf schon etwas Ungewöhnliches sein. Es soll sogar etwas leicht Verrücktes sein, an dem sie auch Spaß haben können. Und das hört sich dann so an: „Ziel des Unternehmens ist es nicht," verkündet John Lennon, „einen Haufen Geld zu scheffeln. Das haben wir schon getan." Und Paul McCartney, ganz der Wohltäter, erklärt: „Wenn ihr zu Apple kommt und mir sagt, dass ihr einen Traum habt, gebe ich euch Geld, damit ihr ihn erfüllen könnt, egal was es ist, wovon ihr träumt. Wir haben uns unsere Träume schon erfüllt. Mit Apple wollen wir diese Möglichkeit mit anderen teilen." (Barrow 2007, 232).

Worum genau soll es gehen? Womit soll Apple sich konkret befassen? John Lennon, ganz der seriöse Geschäftsmann, gibt auf einer Pressekonferenz am 15. Mai 1968 in New York Auskunft: „Das Unternehmen hat mit Platten, Filmen und Elektronik zu tun, und nebenbei mit der Produktion von irgendwelchen anderen Sachen. Wir wollen ein System aufbauen, das es Leuten, die einfach einen Film über irgendetwas drehen wollen, ermöglicht, es zu tun, ohne in irgendeinem Büro – wahrscheinlich Ihrem – auf den Knien herumrutschen zu müssen. ... Es geht uns darum, zu sehen, ob wir im Rahmen eines Wirtschaftsunternehmens echte künstlerische Freiheit ermöglichen und hübsche Dinge produzieren und verkaufen können, ohne das Dreifache der Herstellungskosten zu verlangen." (Beatles Anthology 2000, 287). Jahre später gibt Paul McCartney rückblickend zu Protokoll: „Im Mai fuhren John und ich nach New York, um die Gründung von Apple bekannt zu geben. ... Wir redeten mit Journalisten von (Business-) Magazinen, und die stellten uns Fragen, als wären wir ein ernsthaftes Wirtschaftsunternehmen, was wir nicht waren ... Die ganze geschäftliche Seite hatten wir überhaupt nicht durchdacht, wir blödelten einfach rum und hatten einen Mordsspaß." (Beatles Anthology 2000, 287). Die Geschäftsphilosophie des Apple-Konzerns, so wie sie Paul McCartney formuliert, klingt tatsächlich nach einem Mordsspaß und nach einer Mischung aus Gelobtem Land, Kiffer-Underground, Gutmenschentum und Pop-Sozialismus – mit einem eindeutigen Hang zur Selbstüberschätzung und Realitätsverkennung.

Paul McCartney: „Hinter Apple steckt die Idee, im normalen Geschäftsleben eine ‚Underground'-Firma zu etablieren, die so groß ist wie Shell, BP oder ICI, aber keinerlei Profitinteressen verfolgt. Der Gewinn soll zunächst der Belegschaft zugute kommen – wer einen Rolls-Royce haben will, soll auch einen bekommen. Danach soll jeder, der irgendwie Hilfe braucht, an den Überschüssen beteiligt werden." (Miles 1998, 548).

Der Hippie-Kommunismus, die grosse Freiheit und das Schimpfwort „kommerziell"

Der Hintergrund dieser Denkweise erklärt sich aus der geradezu euphorischen Stimmung in der Jugendkultur jener Zeit. Alle sind davon überzeugt, eine echte Alternative zum spießbürgerlich-kommerziellen Wirtschaften des herrschenden Establishments in die Tat umsetzen zu können. Hochfliegende Pläne und Utopien von Selbstverwaltung, Kollektiveigentum und kommerzfreiem Austausch von Waren und Dienstleistungen scheinen in der Hippie-Underground-Gegenkultur zu funktionieren. Und es scheint nicht nur so. Im „Summer Of Love" von San Francisco, der multikulturellen, multiethnischen Metropole in Nordkalifornien mit einem traditionell liberalen sozialen Klima, mit einer großen Künstlerkolonie und einer quirligen Studentenszene, blüht 1967 die Flower-Power-Hippiekultur. Hier hat sich eine Art Dauer-Happening entwickelt, mit einer kreativen Underground-Szene: mit Theatergruppen, die experimentelle und zeitkritische Stücke für jedermann kostenfrei aufführen, mit Dichter-Lesungen, die, bei Gratis-Eintritt, in Clubs und Parks stattfinden, mit „Free Stores", Läden, in denen alles umsonst ist oder in denen Essen an jeden Hungrigen kostenlos verteilt wird, mit Free-Konzerten, die den Gesetzen des Marktes zum Hohn und Trotz bei freiem Eintritt Musik der verrücktesten, kreativen und ausgeflippten Art bieten und, wie im Falle der Grateful Dead Free Concerts, auf musikalische Trips gehen, die nicht enden wollen und bei denen man im Solo des Gitarristen das Festival-Gelände verlassen kann, um etwas essen zu gehen, und wenn man nach langer Zeit wieder zurückkehrt, ist der Gitarrist mit seinem Solo noch längst nicht fertig – so lauten die Sprüche damals. Zum subkulturellen Angebot jener Tage gehören auch die Acid-Test-Parties, bei denen die neuesten Kreationen synthetisch hergestellter Halluzinogene, wie LSD, getestet werden – mit „Be-ins" und „Love-ins", bei denen man neue Lebens- und Liebesformen erprobt. Jeder darf mitmachen und ein Teil der „Love Community" sein. Alles passiert unter der großen Überschrift „Love and Peace", und es scheint so, als würde dieser Traum von Liebe und Frieden in Erfüllung gehen. Es scheint so – und teilweise ist es auch so, zumindest diesen einen Sommer lang. Es gilt als schändlich damals, vom Geldverdienen zu reden, und es ist verpönt, nach einem finanziellen Nutzen zu fragen. „Kommerziell", das ist das Schimpfwort der Gegenkultur.

Paul McCartney: „Geld verdienen zu wollen – das war ein verdammenswertes Unterfangen, etwas Asoziales, irgendwie Anrüchiges, mit dem man sich nicht abgab." (Miles 1998, 594).

Am 19. April 1968 veröffentlicht Apple Corps Ltd. eine viel beachtete Anzeige im New Musical Express, die suggeriert, Apple könne unbekannte Musiker zu Millionären machen, wenn diese neuen Talente Tonbänder mit eigenen Aufnahmen einschickten. Wenig später gehen säckeweise Bänder, Gedichte und Drehbücher im Apple-Büro ein. Auch David Bowie soll sich beworben haben, erhält aber keine Zusage. Allein schon durch die Flut der Reaktionen auf diese Anzeigenkampagne ist die Überforderung der Apple-Mitarbeiter vorprogrammiert – und die Öffnung der Apple-Türen für Spinner, Blender und Möchtegern-Stars auch... . Und das Chaos nimmt seinen Lauf. Alles beginnt mit einer Modeboutique und endet schließlich im Tohuwabohu, Katzenjammer und finanziellen Desaster. George Harrison: „Ich glaube, im Grunde war es die Verrücktheit von John und Paul, ihr überschäumendes Selbstbewusstsein, das mit ihnen durchging." (Beatles Anthology 2003).

Wie aus der Hymne „Was soll der Geiz!" das Klagelied „Wo ist all das Geld geblieben?" wurde

Hatte Frank Zappa mit einer Mischung aus Ironie und Chuzpe den Slogan ausgegeben „We're only in it for the money" (und zwar im gleichnamigen Album seiner Band Mothers Of Invention, veröffentlicht im Juni 1968) signalisieren die Beatles mit ihren Apple-Aktivitäten etwas augenzwinkernd, dass sie mehr aufs Steuersparen als aufs Geldverdienen aus seien – schließlich sind Geldsorgen nicht ihr Problem. Das führt fast zwangsläufig dazu, dass alle am Apple-Business Beteiligten, einschließlich der Kunden, das mit dem Geld, den

Kosten und den Eigentumsfragen nicht ganz so eng sehen. Das heißt, die Kunden der Apple-Boutique klauen wie die Raben – Motto: die Jung's ham's doch, das juckt das nicht, ob ich da jetzt mal ein Designer-Shirt mitgehen lasse oder nicht. Gegen Ladendiebe vorzugehen, gilt als extrem spießig; und außerdem sorgen die Boutique-Angestellten selbst für den größten Teil des „unkontrollierten Warenabgangs".

Pete Shotton, ein alter Kumpel von John Lennon aus Liverpooler Kindheitstagen, der mit der Leitung der Apple-Boutique betraut ist und sich redlich, aber erfolglos bemüht hat, den Laden in den Griff zu kriegen, muss den Beatles schließlich berichten, dass die Boutique „innerhalb von nur sieben Monaten einen Verlust von beinahe zweihunderttausend Pfund verursacht" hat. Wie reagieren die Beatles? Gelassen und mit einer spektakulären Aktion. Sie verschenken den Rest der noch nicht geklauten Klamotten und machen den Pleiteladen dicht. Man schreibt den 31. Juli 1968. Am selben Tag sind die Beatles übrigens mit den Aufnahmen von „Hey Jude" beschäftigt. Die Single soll der größte kommerzielle Erfolg in der Geschichte der Beatles-Singles werden. Die Boutique ist natürlich nicht das einzige Verlustunternehmen von Apple.

Von Genies, Hochstaplern und Wirrköpfen

Ziemlich bizarr lesen sich Berichte über die Hintergründe der Unternehmenstochter Apple Electronics. Man munkelt von revolutionären Erfindungen, genialen technischen Entwicklungen.

John Lennon: „Es gibt keine Genies, aber wenn es doch welche gibt, dann ist er eines. (gemeint ist Alexis Mardas, genannt „Magic Alex") Die Sachen, die er produziert, sind fantastisch. Ich wollte, ich könnte mehr darüber erzählen, aber in dieser reizenden Geschäftswelt haben wir eines gelernt: Überall laufen Spione in Trenchcoats und Sonnenbrille herum. Und deswegen darf man nichts über ein Produkt erzählen, bevor es auf dem Markt ist." (Beatles Anthology 2000, 291). Klingende Tapeten, bei denen sozusagen Lautsprecher in die Tapetenstruktur eingewoben sind. – Elektrische Farbe, mit der zum Beispiel ein Wohnzimmer angestrichen wird: drückt man den Schalter, leuchten die Wände. – Eine künstliche Sonne. – Zauberlack, der, auf die Rückseite eines Autos aufgesprüht, rot aufleuchtet, wenn man auf das Bremspedal tritt. – Eine fliegende Untertasse, gebaut aus zwei V12-Motoren der Marke Ferrari. – Ein „talking telephone": ein Sprechgerät, das den Pegel automatisch angleicht, sodass die Lautstärke immer konstant bleibt, auch wenn man im Zimmer herumspaziert. – Ein Decoder, der verhindert, dass man die Musik der Beatles aus dem Radio mitschneiden kann. Und so weiter.

Paul McCartney: „Apple wird elektronische Geräte produzieren; keine Spielereien, sondern großartige Erfindungen. Wir haben einen Freund, Alexis

Mardas, der ein Genie im Erfinden von allen möglichen Sachen ist." (Beatles Anthology 2000, 291).

Alexis Mardas, ein junger Grieche, der als Student nach London gekommen ist und sich als Fernsehmechaniker verdingt, wird von John Dunbar, einem wichtigen Protagonisten der Londoner Avantgarde-Szene und Noch-Ehemann von Marianne Faithful, mit John Lennon bekannt gemacht. Lennon, der sich für Technik, was ihre langweiligen physikalisch-mathematischen Grundbegriffe angeht, nicht sonderlich interessiert, aber für fantastische technische Erfindungen naiv wie ein Kind schwärmen kann, ist sehr schnell von den kühnen Ideen und „sagenhaften wissenschaftlichen Innovationen" des schwadronierenden Alex Mardas begeistert. Lennon gibt ihm den Namen „Magic Alex" und ernennt ihn zum technischen Guru der Beatles.

George Harrison: „Magic Alex beeindruckte John, und weil John beeindruckt war, hatten wir alle Alex am Hals. Er war ein reizender Kerl – in Maßen genossen." (Beatles Anthology 2000, 290). Der „reizende Kerl" ist offenbar aber auch ein Hochstapler und Blender; denn nichts von den angeblich von ihm entwickelten Erfindungen, außer ein paar kleineren Taschenspieler-Tricks, funktioniert wirklich. John Lennon: „Und dann habe ich Magic Alex angeschleppt, und wir kamen vom Regen in die Traufe." (Beatles Anthology 2000, 290).

Magic Alex ist der „lebende Beweis des alten Sprichworts, wie gefährlich Halbwissen sein kann". Der Beatles-Tontechniker Geoff Emerick, der davon überzeugt ist, Magic Alex durchschaut zu haben, berichtet, Mardas habe alle möglichen Bücher und Wissenschaftsmagazine verschlungen, die über neue Technologien schreiben, habe dann John und den anderen in aufbauschender Weise erzählt, was er gelesen hat, habe aber so getan, als seien das alles seine eigenen Ideen. (Emerick, Massey 2007, 361).

George Harrison: „Magic Alex informierte sich über die neuesten Erfindungen, erzählte uns dann davon, und wir glaubten, er hätte die Sachen erfunden. Wir waren damals schrecklich naiv." (Beatles Anthology 2000, 291). Magic Alex wird zum Leiter von Apple Electronics ernannt. Er kann sich ein eigenes teures Labor einrichten und ein nicht minder teures Auto als Firmenwagen leisten. Er erzählt seinen Arbeitgebern von seinen stets neuen, bahnbrechenden Einfällen, die sich für die Beatles wie aus einem Science-Fiction-Roman anhören und tatsächlich auch dort hingehören: ins Reich der Fantasie. George Harrison: „Aber tatsächlich gebaut hat er rein gar nichts – außer einem Klosett mit eingebautem Radio oder so." (Beatles Anthology 2000, 291).

Während der Studioaufnahmen zum Weißen Album trägt Magic Alex nicht unerheblich zur schlechten Stimmung bei, weil er ständig die angeblich veralteten technischen Einrichtungen des Abbey-Road-Studios kritisiert. Er redet John Lennon ein, er, Magic Alex, könne alle ausgefallenen Klangwünsche realisieren, die in diesen technisch überholten Studios und durch die Unwilligkeit oder Unfähigkeit der Abbey-Road-Tontechniker den Beatles vorenthalten würden. George Harrison: „Als wir ihn endlich dazu gebracht hatten, ein Aufnahmestudio einzurichten, sind wir rein, und es war das pure Chaos. Die größte Katastrophe aller Zeiten. Er lief in einem weißen Kittel rum, wie ein Chemiker oder so, aber er hatte keinen blassen Schimmer von der Sache. Es war eine 16-Spur-Anlage, und er hatte sechzehn kleine Boxen an den Wänden montiert. Für Stereoklang braucht man nur zwei Boxen. Die ganze Sache war eine Katastrophe und alles musste wieder runtergerissen werden." (Beatles Anthology 2000, 291). Kaum zu glauben, dass die Beatles damals den Schwindel nicht durchschauen und diesem Schaumschläger monatelang auf den Leim gehen. Und wie viel Dope müssen sie intus haben, dass sie ernsthaft über den Schmarrn des „Trepanierens" nachdenken?

Ringo Starr: „Er hatte die fixe Idee, wir sollten uns alle den Kopf aufbohren lassen. ‚Trepanieren' nennt man das. Magic Alex meinte, dadurch würde sich unser drittes, inneres Auge öffnen und wir würden schlagartig kosmisch werden." (The Beatles Anthology 2000, 290). Magic Alex, den Lennon später nur noch den „verrückten Griechen" nennt („Er ist in Ordnung, aber er hat einen Sprung in der Schüssel"), hat auch schon im Meditationszentrum in Rishikesh für einige Verwirrung gesorgt und wesentlich zum Bruch mit dem Maharishi beigetragen.

Steuern? Taxman? Nicht mit uns!

Als Steuersparmodell und Abschreibungsobjekt für die Beatles-Millionäre von den Finanzberatern an den Start gebracht, ufert das Projekt Apple Corps Ltd. zu einem weitverzweigten, unübersichtlichen Moloch von Business-Aktivitäten aus, in dem sich fast unkontrolliert auch Betrüger, Selbstversorger, Scharlatane und Verrückte als Kapitalvernichter austoben. „Viele der Angestellten waren unfähig, ihre Aufgaben zu bewältigen, weil ihre Qualifikation lediglich darin bestand, alte Freunde von John und Paul zu sein; nicht wenige wirtschafteten in die eigene Tasche, Verschwendungssucht herrschte in allen Bereichen." (Benzien 1989). Das Sparen von Steuern hat tatsächlich geklappt, denn am Ende ist nicht mehr viel übrig, was die Beatles zu versteuern hätten. John Lennon: „Die Leute haben uns ausgeraubt und auf unsere Kosten gelebt - jede Woche machte Apple 18.000 bis 20.000 Pfund Verlust, und niemand hat etwas dagegen unternommen." (Bratfisch 2007, 33). Letztlich bleibt nur das Plattenlabel Apple übrig. Es ist die einzige Abteilung, die erfolgreich und einträglich arbeitet. Wie so oft sind die Beatles mit der Gründung ihrer eigenen Plattenfirma Pioniere und haben damit eine Vorbildfunktion für viele Bands, die nach ihnen kommen und künstlerisch unabhängig sein wollen.

Auch anderer Mütter Söhne (und Töchter) machen gute Musik

Nicht nur für die Produktion ihrer eigenen Musik ist das Label Apple gedacht, sondern auch für die Entdeckung und Förderung junger Künstler und unbekannter Bands. Wobei die drei Songschreiber Lennon, McCartney und Harrison auch durchaus eigennützig an einen zusätzlichen Verwendungszweck für ihre Songs denken. So produziert George Harrison im Juni 1968 für Apple eine Single von Jackie Lomax, einem Beatles-Freund aus alten Liverpooler Tagen – und die A-Seite, „Sour Milk Sea", ist eine Songkomposition von George Harrison.

Der einzige Welterfolg, den Apple mit einem neuen Vertragskünstler verbuchen kann, stellt sich ein mit der Single „Those Were The Days", gesungen von der walisischen Folkpop-Sängerin Mary Hopkin, produziert von Paul McCartney. Kein anderer Beatle hätte diesen leicht kitschigen Song, dessen Melodie aus der russischen Folklore stammt, zum Erfolg führen können. Die zu der Zeit 17-jährige blonde Sängerin hat gerade in einer Talent-Show des TV-Nachwuchswettbewerbs „Opportunity Knocks" gewonnen. Paul McCartney, der den Song schon den Moody Blues und Donovan erfolglos vorgeschlagen hat, ist davon überzeugt, dass er in Mary Hopkin die ideale Interpretin für diesen Song gefunden hat. Und daran scheint er auch nicht den geringsten Zweifel zu haben, obwohl ihm doch der Textinhalt gut bekannt sein muss.

Die Heldin der Songgeschichte erinnert sich voller Wehmut an eine Taverne, wo sie oft bei einem Glas, oder auch zwei, mit ihrem Freund von großen Dingen träumte – vor langer Zeit. Die Jahre vergehen im Songtext und die Träume verblassen. Auf dem Grunde des Glases sieht die Heldin die Reflexion ihres Antlitzes und fragt sich: Bin ich wirklich diese einsame Frau? Dann sieht sie den alten Freund in der Taverne wieder und beide stellen fest, sie seien älter, aber nicht weiser geworden, denn in ihren Herzen seien die Träume immer noch lebendig. Paul McCartney hat offenbar keine Bedenken, ob ein gerade 18 Jahre alt gewordenes Mädchen, das aussieht wie ein adrettes, unschuldiges Landei – was Mary Hopkin auch tatsächlich ist – diese Geschichte glaubhaft singen kann. Und es scheint auch niemanden zu interessieren, einmal zurückzurechnen, wie alt das von Mary Hopkin verkörperte Mädchen gewesen sein muss, wenn sie vor Jahren in einer Taverne ein Glas oder auch zwei getrunken haben will.

„Wo bleibt da der Jugendschutz?", könnte unser vorlauter Freund Charly feixen, wenn er denn auf den Text hören würde. Die Single hat er sich, so wie fünf Millionen Erdenbürger, gekauft. Denn in diesen Tagen interessiert ihn einfach alles, was auch nur entfernt mit den Beatles zu tun hat. Stutzig macht ihn nur, dass seine Mutter erfreut bemerkt, das sei aber endlich mal ein schönes Lied, das er da gekauft habe, und diese Mary sähe ja wirklich reizend aus.

Womit ihm schlagartig klar wird, dass die Single ein Fehlkauf war und Mary dem Typ Mädchen entspricht, der in der Tanzstunde immer übrig bleibt, wenn man nicht schnell genug ist bei der Vergabe der heißen Bräute.

Paul McCartney: „Sie war ein nettes Mädchen, und unsere Zusammenarbeit hat mir viel Spaß gemacht." (Miles 1998, 568).

Mary schlägt Jude

Die Single „Those Were The Days" wird fast erfolgreicher, als es den Beatles lieb sein kann. Denn Mary Hopkin verdrängt die Beatles-Single „Hey Jude" am 25. September 1968 von Platz eins der britischen Charts und bleibt sechs Wochen lang an der Spitze. Der Produzent Paul McCartney hat damit den Hey-Jude-Komponisten und Beatle Paul zumindest in England vorzeitig aus dem Rennen geworfen. Denn während sich „Hey Jude" in den USA neun Wochen lang unangefochten an der Charts-Spitze behaupten kann, muss „Hey Jude" in England bereits nach zwei Wochen den Spitzenplatz für „Those Were The Days" räumen. In den USA erreicht die Mary Hopkin-Single nur Platz zwei. Paul McCartney produziert nicht nur das Debut-Album von Mary Hopkin, sondern auch die Nachfolgesingle „Goodbye", die er eigens für sie geschrieben hat.

Paul McCartney: „Nach ‚Goodbye' arbeitete ich nie wieder mit Mary zusammen. Ihr nächstes Album wollte sie etwas folkiger haben, und ich hatte keine Lust, es zu produzieren." (Miles 1998, 569). „Thingumybob" heißt eine Komposition, die Paul McCartney als Titelmelodie für die gleichnamige TV-Wochenendserie geschrieben hat und die er am 30. Juni 1968 mit der „besten Blaskapelle Englands", The Black Dyke Mills Band, aufnimmt.

John verzappelt sich

John Lennon dagegen will Experimentelles, Außergewöhnliches produzieren. Eigens dafür wird das Sublabel Zapple gegründet. Doch Lennons Elan verfliegt schnell, weil er „von seiner alles verzehrenden Leidenschaft zu Yoko Ono" (Barry Miles) so in Anspruch genommen wird, dass ihm keine Zeit mehr bleibt, irgendwelche Platten zu produzieren. Dafür kümmert er sich mit Eifer um gemeinsame Kunstaktionen mit Yoko. Sein zweites Duo-Album mit Yoko Ono, „Unfinished Music No.2 – Life With The Lions", soll im Mai 1969 auf Zapple erscheinen.

Barry Miles wird mit der inhaltlichen Gestaltung des Zapple-Programms betraut. Er soll eine Reihe preiswerter Sprechplatten produzieren, unter anderem mit Texten von Allen Ginsberg, William S. Burroughs und Charles Bukowski. Doch nachdem die ersten beiden LPs - das Lennon-Ono-Werk „Life

With The Lions" und das von George Harrison auf dem Moog-Synthesizer aufgenommene Album „Electronic Sound" – nicht die Verkaufserwartungen erfüllen, werden die Aktivitäten von Zapple eingestellt.

Und was macht eigentlich Ringo? Ringo Starr: „Ich kümmerte mich nicht so sehr darum wie die andern. Wir gingen ins Büro. Es machte Spaß." (The Beatles Anthology 2003). Immerhin regt er an, dass ein junger klassischer Pianist namens John Taverner bei Apple zwei Alben, „The Whale" und „Celtic Requiem", veröffentlichen kann – allerdings ohne jeglichen Erfolg, trotz der reißerischen Etikettierung „Underground-Klassik".

Entdeckt und sich selbst überlassen: James Taylor

Der wichtigste Künstler, den Apple unter Vertrag nimmt, ist James Taylor. Entdeckt wird er für das Beatles-Label von Peter Asher – dem Bruder von Pauls langjähriger Freundin Jane –, der selbst schon eine Popkarriere hinter sich hat: Gemeinsam mit seinem Sangespartner Gordon Waller, mit dem er das Duo Peter & Gordon gegründet hat, kann er mit dem Song „A World Without Love", geschrieben von Paul McCartney, 1964 in England und den USA einen Nummer-eins-Hit verzeichnen. Peter Asher, der die Abteilung Artist & Repertoire bei Apple Records leitet, kennt James Taylor von einer Peter-&-Gordon-USA-Tournee, wo James Taylor und seine Gruppe The Flying Machine die Begleitband von Peter & Gordon waren. Peter Asher produziert das Debut-Album von James Taylor. Es wird im Dezember 1968 von Apple recht lieblos und mit wenig Unterstützung veröffentlicht und findet deshalb kaum Beachtung. Beim später als Single ausgekoppelten Song „Carolina On My Mind" spielt Paul McCartney Bass und singt im Background gemeinsam mit George Harrison und Peter Asher.

Ein weiterer Song des Albums, das schlicht den Namen „James Taylor" trägt, hat ebenfalls einen Beatles-Bezug: Der Song-Titel „Something In The Way She Moves" findet sich ein Jahr später in der Anfangszeile des George-Harrison-Songs „Something" auf dem letzten Beatles-Album „Abbey Road" wieder. Weil James Taylor sein Album für Apple in den Abbey Road Studios in der Zeit aufnimmt, in der auch die Beatles an ihrem Weißen Album arbeiten und weil zum selben Zeitpunkt auch George Harrison ein erstes Rohgerüst für seinen Song „Something" entwickelt, liegt die Vermutung nah, dass die Verwendung von James Taylors Songzeile kein Zufall ist. Auf jeden Fall hat James Taylor nicht viel vom Plattenvertrag mit Apple, außer dem Renommee, als erster Nicht-Beatle ein Album auf dem Beatles-eigenen Label zu veröffentlichen.

DES APFELS FRÜCHTE

George Harrisons Soundtrack-Album „Wonderwall Music" erscheint am 1. November 1968 bei Apple. Parallel zu den Aufnahmen am Beatles-Album „Abbey Road" produziert George Harrison das Debut-Album von Billy Preston, „That's The Way God Planned It", das im August 1969 von Apple veröffentlicht wird. Auch das zweite Album „Encouraging Words" von Billy Preston, dem Keyboarder, der als „fünfter Beatle" bei den Let-It-Be-Sessions mitwirkt, erscheint 1971 bei Apple. Zum Apple-Katalog gehören außerdem Alben von The Modern Jazz Quartet, Jackie Lomax, Delaney & Bonnie, The Iveys, Badfinger, Doris Troy, Elephant's Memory und anderen.

Die Firma Apple Records besteht bis heute und überrascht pünktlich zu (fast) jedem Weihnachtsgeschäft mit einem Recyclingprojekt aus dem Beatles-Repertoire. Die größte Einnahmequelle, neben der Wiederveröffentlichung der Beatles-Musik, ist allerdings ein Rechtsstreit mit Apple Computer über die Verwendung des Namens „Apple". Dieser Rechtsstreit spült dem Beatles-Label riesige Summen in die Kassen. Paul McCartney: „Man kann sagen, dass der urheberrechtliche Schutz des Namens ‚Apple' zu den Dingen zählt, die der Firma das meiste Geld eingebracht haben." (Miles: 1998, 729). Über 26 Millionen Dollar muss Apple Computer zahlen, damit das Unternehmen von Steve Jobs seinen Namen behalten darf. (Das Beatles-Label Apple ist heute finanziell so erfolgreich wie kaum zuvor.) Auch die anderen Teilfirmen von Apple Corps Ltd. könnten gut funktionieren, wenn es klare Organisationsformen mit Kostenkontrolle und Deckelung von projektgebundenen Etats gäbe. Aber dazu haben die Beatles keine Lust, keine Zeit, nicht den Nerv und auch nicht die Befähigung. Paul McCartney: „Der Elektronikbereich, der Klamottenladen und die anderen Zweigfirmen sind allesamt auf der Strecke geblieben. Im Grunde war es damals bloß unsere Absicht, jungen Leuten zu helfen. Zwar konnten wir sie mit unseren Platten und unserem Vorbild jederzeit antörnen, wir landeten aber regelmäßig im Chaos, sobald das liebe Geld ins Spiel kam. Die Klamotten waren gar nicht mal so schlecht. Und die Musiker, die wir unter Vertrag genommen hatten, waren auch ganz gut. An vielen Ideen, die wir unterstützten, gab es nichts auszusetzen, etwa die Filme oder das Sprechplatten-Label. Das Problem war, dass Apple eine straffe, effiziente Geschäftsführung fehlte, die es den Leuten ermöglichte, ihre Projekte zu verwirklichen, und dass stattdessen ein einziges Durcheinander herrschte, bei dem jeder damit beschäftigt war, der Schwierigkeiten Herr zu werden, die man selber geschaffen hatte." (Miles 1998). Apple hat überlebt. Und wenn sie, die Rechteinhaber, nicht gestorben sind, dann leben sie, und ihre Erben, auch noch morgen sorgenfrei von den sprudelnden Quellen des niemals versiegenden Stroms der Beatles-Tantiemen, -Rechte und -Lizenzen.

BLUE MEANIES CONTRA BEATLES
DER ZEICHENTRICKFILM „YELLOW SUBMARINE"

Paul hat eine andere Vorstellung. Der dritte Beatles-Film, der am 17. Juli 1968 Kino-Premiere im London Pavillon am Piccadilly Circus hat, ist eigentlich gar kein richtiger Beatles-Film. Denn die Fab Four haben so gut wie nichts mit dem Inhalt des Films zu tun. Warum? Unter anderem, weil Paul etwas ganz anderes will. „Es war einmal, oder vielleicht zweimal, ein überirdisches Paradies namens Pepperland – ein Reich voller Glück und Musik. Doch die Idylle wurde von den schrecklichen Blaumiesen bedroht, die Pepperland kurzerhand den Krieg erklärten und eine Invasionsarmee schickten. Angeführt wurden die Truppen von dem gefährlichen Fliegenden Handschuh, der alles zermalmte, was gut war. – Auftritt John, Paul, George und Ringo als Retter in der Not!" (Ankündigung des Films). Aber Paul hätte lieber etwas anderes gehabt. Der Zeichentrickfilm „Yellow Submarine" gilt als ein bahnbrechendes Meisterwerk der Animationskunst. Angeregt von ausgewählten Beatles-Songs, zeichnet das Grafikerteam um Heinz Edelmann ein „einmaliges Farbenfeuerwerk voll absurd anarchischem Witz, blühendem Nonsens und stilistisch einflussreichen Einfällen" (Video Woche, 1999). „Der Düsseldorfer Pop-Art Künstler Heinz Edelmann mischt biomorphe Kritzeleien, eine leuchtende Farbpalette und Beardsleyeske Porträts von Peter Max mit rotoskopischen Standbildern und Film. Edelmanns Zeichentrickcollagen verneigen sich ebenfalls vor Andy Warhol und Magritte in einer psychedelischen Form, die wunderbar zu den tollen Songs passt." (Sam Sutherland).

Paul aber hatte Einwände. Dass die Mächte des Bösen, im Film verkörpert von den Blue Meanies, den Blaumiesen, die Musik und gute Laune hassen und alles Schöne und Farbenprächtige zu grauem Stein erstarren lassen, schluss– endlich von den Guten, natürlich den Beatles, vertrieben werden und Pepperland wieder erblüht und von Musik erfüllt ist, das gefiel ihm durchaus, aber er hatte eigentlich eine andere Drehbuch-Idee.

Paul McCartney: „Erich Segal, der (spätere) Verfasser von „Love Story", war einer der Drehbuchautoren. Es hat echt Spaß gemacht, mit ihm zu plaudern und mitzukriegen, worauf er hinauswollte. Aber ich habe mich doch gewundert, als sie sich für die psychedelische Masche entschieden haben. Ich hatte gedacht, die Produzenten hätten etwas Kommerzielleres im Auge, was mich auch gar nicht gestört hätte." (Beatles Anthology 2000).

Paul McCartney schwebte eine Art Kinderfilm im Walt Disney Stil vor, dessen Handlung sich brav an seinem Songtext orientiert. Denn schließlich erzählt sein Song „Yellow Submarine", der dem Film die Grundidee liefert, eine nette kleine Geschichte. Paul McCartney: „Ich hätte mir gewünscht, dass „Yellow Submarine" eher wie ein klassischer Zeichentrickfilm geworden wäre. Ich fand, es hätte gereicht, wenn ein Mann zur See fährt und ins Land der U-Boote kommt. Er hätte unter Wasser tauchen, alles sehen und die ganzen Leute kennen lernen können - das klingt doch wie eine ganz gute Story." (Beatles Anthology 2000).

Selbstkritik war noch nie eine Stärke von Paul McCartney – übrigens auch nicht von John Lennon. Aber weil sein Drehbuch-Konzept des gerade erst verrissenen Beatles-TV-Films „Magical Mystery Tour" heftig kritisiert worden ist, hält sich Paul McCartney hier zurück. Statt seiner doch eher dürftigen Idee von einem tauchenden Seefahrer, der unter Wasser Abenteuer erlebt und Leute trifft, kreieren die Drehbuchautoren um Erich Segal eine märchenhafte Allegorie auf die Zeitgeschichte und Bewusstseinshaltung der 60er-Jahre mit der utopischen Vorstellung eines paradiesischen Lebensentwurfs, der von einer missgünstigen kriegerischen Gegenmacht vereitelt wird. Doch durch die Hilfe und Gegenwehr der „Glorreichen Vier" erlebt das Musikparadies Pepperland dann doch noch ein Happy End. Die Beatles mit ihrer lebensbejahenden und fröhlichen Musik vertreiben die kriegerischen Miesmacher und aggressiven Neinsager – die allerdings auch skurrile und witzige Züge haben – und bekehren die Blue Meanies am Ende sogar zu Friede-Freude-Eierkuchen und guter Laune. Das müsste Paul eigentlich gefallen, aber er hat halt etwas anderes im Kopf. Paul McCartney: „Ich liebe die Disney-Filme, und so dachte ich, das könnte der tollste Disney-Film aller Zeiten werden – nur eben mit unserer Musik. Das wäre eine hübsche Mischung geworden. Das wollten sie aber nicht. Die Produzenten meinten, sie müssten an dem Punkt weitermachen, den wir damals erreicht hatten, also „Sgt. Pepper" – aber etwas wie Bambi wäre damals eher in meinem Sinn gewesen." (Beatles Anthology 2000, 292).

Jetzt ist es endlich raus. Ist das zu fassen? Bambi!!!! In der Umbruchphase 1967/68, als die einen noch auf dem psychedelischen Trip sind und die anderen schon auf den Barrikaden stehen, da will Paul McCartney einen Bambi-Beatles-Film drehen. Kaum zu glauben, aber erschreckend wahr. Zum Glück hat er gar nicht erst versucht, den anderen seine Idee vom filmischen Disney-Streichelzoo nahezubringen oder aufzuschwätzen.

BAMBI ODER BLAUMIESE?

Und gottlob haben die Macher um den Yellow-Submarine-Produzenten Al Brodax etwas ganz anderes im Sinn als ein kitschig-niedliches Rehkitzlein. Gemeinsam entwickeln die Drehbuchschreiber und Grafiker skurrile und groteske Gestalten wie den Vakuumschlucker, die clownesken Gnome mit den Spreng-Köpfen und den düsentriebrasenden Handschuh, der ständig die Faust ballt und auf alles draufschlägt, was schön ist und Spaß macht. Sie erfinden auch die ulkig-sympathische Figur des verschrobenen, philosophisch bramarba–

sierenden „Nowhere Man Jeremy", der nur in der Reimform spricht („If I spoke prose you'ld all find out / I don't know what I talk about"). In dieser Märchengroteske gehen die vom schockgefrosteten Pepperland zu Hilfe gerufenen Fab Four auf einen „psychedelischen Trip durch physikalische Absurditäten": Die euklidische Geometrie wird gehörig durcheinandergewirbelt – wo ist oben und unten, wann ist vorher und nachher, wer ist fort und da? Das Meer der Zeit, das Meer der Löcher oder das Meer der Monster „stellen die Realität buchstäblich auf den Kopf. Wer sich hier an einen Drogentrip erinnert fühlt, liegt sicher nicht ganz falsch" (Pirchmoser). Der Drogenhinweis ist gewiss nicht unbegründet, zumal John Lennon in dieser Zeit kein Kostverächter ist, was den Genuss von LSD und anderen Rauschmitteln angeht – und weil er etliche Ideen des Films für sich reklamiert.

John Lennon: „Brodax (der Produzent) hat die Hälfte von „Yellow Submarine" von mir. Die Sache mit dem Staubsauger, der Maschine, die Leute aufsaugt – das waren alles meine Ideen. Die Typen kamen ins Studio und sagten: ‚Hi John, altes Haus. Irgendwelche Ideen für den Film?' Und ich sprudelte diesen ganzen Quatsch raus, und sie zogen wieder ab und setzten das um." (Beatles Anthology 2000, 292).

TWEN UND DAS GELBE UNTERSEEBOOT

Heinz Edelmann, der Düsseldorfer Artdirector, der als Illustrator jahrelang die optische Anmutung des Jugendmagazins „Twen" prägt und in der Post-Beatles-Zeit Stammgrafiker des FAZ-Magazins ist, hat mit seinen „blumigen Jugendstilrundformen, die er zu psychedelischer Intensität verdichtet" (Kino im Hafen 2005), keinen geringen Anteil am unverkennbaren Stil der fantasievollen Bildsprache und Filmästhetik. George Harrison: „Ich erinnere mich, Heinz Edelmann und die an dem Projekt beteiligten Grafiker getroffen zu haben. Sie skizzierten ein paar Ideen, und wir unterhielten uns über die Personen des Trickfilms. Aber wir haben uns nur ein-, zweimal getroffen, mit ihnen und dem Produzenten Al Brodax. Wir hatten mit der Sache eigentlich sehr wenig zu tun." (The Beatles Anthology 2000, 292).

Noch nicht einmal die Filmdialoge werden von den Beatles selbst gesprochen. Dies, obwohl die Texte, die man den Cartoon-Beatles in den Mund legt, von den Drehbuchautoren in der typischen Liverpool-Schnoddersprache geschrieben und mit dem subversiven und oft absurden Humor angereichert sind, wie man ihn aus John Lennons wortspielerischer Schreibe kennt – aus seinen Büchern „In His Own Write" und „A Spaniard In The Works".

George Harrison: „Ich weiß nicht genau, warum wir unsere Texte nicht selbst gesprochen haben, aber die Schauspieler haben das wahrscheinlich besser hingekriegt, denn die Stimmen mussten comicartig klingen. Unsere eigenen waren zwar schon ziemlich comicartig, aber die Übertreibung durch die Stimmen der Schauspieler passt ganz gut." (Beatles Anthology 2000, 292).

Zu den deutschen Synchronsprechern gehört der 2007 verstorbene Randolf Kronberg, der später als die deutsche Stimme von Eddie Murphy bekannt wird. Im Beatles-Cartoon-Film „Yellow Submarine" leiht er seine Stimme der Figur John Lennons. Ringo wird von Uwe Friedrichsen gesprochen, Paul vom Schauspieler und Kabarettisten Andreas Mannkopff und George von Michael Chevalier, der deutschen Synchronstimme von Charles Bronson. „Also weiter, Leute, weiter." – „Es muss ja weiter." – „Hier zieht's." – „Dann sind wir dicht am Meer der Löcher" – „Sollen wir nicht irgendjemanden nach unserer Richtung fragen?" – „Äh, entschuldigen Sie. Können Sie uns den Weg sagen nach Pepperland?" – (Statt einer Antwort hört man Geräusche.) – „Danke." (Originaldialog aus der deutschen Synchronfassung). Leibhaftig, persönlich treten die vier Beatles nur ganz am Schluss des brillanten, psychedelischen Pop-Art-Spektakels auf – im Grunde nur, um launig überzuleiten zum Schlusstitel des Films: „All Together Now".

Paul McCartney: „Am Ende wollten sie eine Szene, wo wir selbst auftreten und sagen ‚Hi, wir sind die Beatles, wir hoffen, dass euch der Film gefallen hat.' Im Januar 1968 sollten wir zu den Dreharbeiten kommen, und wir hatten keine besondere Lust dazu, aber da wir uns nun mal darauf eingelassen hatten, mussten wir ihnen was bieten." (Beatles Anthology 2000, 292).

Nur so ein nordisches Lied

Keiner der vier Beatles zeigt besonderes Interesse am Film Yellow Submarine, leider auch nicht einmal an der Musik zum Film. Warum speziell Paul McCartney keine große Lust hat, zu dem Film irgendetwas beizutragen, ist ja schon klar geworden. Allerdings könnte er sich durchaus vorstellen, etwas mehr Engagement zu zeigen.

Paul McCartney: „Ich glaube, wenn es was Disneymäßiges geworden wäre und sie hätten ‚When You Wish Upon A Star' gewollt, hätte ich das sehr gern aufgenommen, aber da sie mehr in die „Sgt.-Pepper"-Richtung gingen, sagten wir, sie sollten schon aufgenommene Songs von uns nehmen, wie ‚All You Need Is Love'. Sie wollten auch ein paar neue Stücke, also haben wir in den Abbey Road Studios ‚Only A Northern Song' aufgenommen." (Beatles Anthology 2000, 292). Schon der Songtitel „Only A Northern Song" drückt atmosphärisch aus, was sie selbst von diesem Song halten und wie sie den Auftrag angehen, neue Songs für den Film zu schreiben: Okay, werfen wir ihnen mal was hin ... was haben wir denn noch so an Abfallprodukten in der Restekiste? George Harrison schreibt „Only A Northern Song" und bekleckert sich damit wahrlich nicht mit Ruhm. Musikalisch gesehen ist der Song eigentlich nur eine müde und langweilige Variation der Akkorde seines Songs „If I Needed Someone" aus dem Album „Rubber Soul". Harrison, die Kritik vorwegnehmend, spricht selbst davon, der Song sei nur ein Scherz. Einerseits beziehe er sich in dem Song auf Liverpool, die „Heilige Stadt im Norden Englands", andererseits wolle er den Musikverlag Northern Songs Ltd. verulken. Letzterer ist der Verlag, bei dem alle frühen Lennon-/McCartney-Songs verlegt werden. Und auch George Harrison steht anfänglich unter Vertrag bei Northern Songs und will mit diesem dürftigen Song eine Vertragsklausel erfüllen. Aufgenommen wird „Only A Northern Song" bereits im Februar 1967 während der „Sgt.-Pepper"-Sessions. Der Song soll eventuell zwischen den Songs „Fixing A Hole" und „Being For The Benefit Of Mr Kite" auf der „Sgt.-Pepper"-LP eingebaut werden, wird dann aber völlig zu Recht ausgemustert, weil qualitativ einfach zu schwach. Im Zeichentrickfilm „Yellow Submarine" ist der Song innerhalb der Filmsequenz „Sea of Science" zu hören. Auch wenn die kompositorische und textliche Substanz für Beatles-Verhältnisse doch eher bescheiden ist, klingt „Only A Northern Song" in der Abmischung von 1999 durchaus reizvoll. In diesem Remix kommen die durcheinandergewürfelten Sounds besser zur Geltung: ausgeflippte Trompetentöne, wirre Stimmen, Glöckchengeklingel und eine sakrale Hammondorgel ganz zu Beginn.

Und jetzt alle!

Was die mehr als fragwürdige musikalische Qualität angeht, verhält es sich ganz ähnlich mit dem McCartney-Mitgröhl-Liedchen „All Together Now". Vielleicht mit Ausnahme der recht putzigen Textzeile des Abzählreims „A, B, C, D, can I bring my friend to tea?". Ansonsten ist dieser abgrundtief einfältige Song ein tönernes Klischee, das nur dazu gut ist, Paul McCartneys fatale Neigung zum drögen Gassenhauer zu belegen. Ohne jeglichen melodischen oder gar harmonischen Reiz verplempert dieses kompositorische Nichts die Zeit, die ihm gegeben ward und mit zwei Minuten und fünf Sekunden gottlob recht kurz bemessen ist. Man ist ja sogar noch für die Tempobeschleunigung am Ende des Songs fast dankbar. Für das Gegröhle in den Südkurven der englischen Fußballstadien reicht die Qualität des Songs aber immerhin aus. „All Together Now" wird am 12. Mai 1967 in einem Rutsch aufgenommen, ist bereits nach fünf Stunden im Kasten, fix und fertig abgemischt – und landet erst mal in der Ablage. Jedenfalls ist er nicht eingeplant als möglicher Programmpunkt fürs nächste Beatles-Projekt „Magical Mystery Tour". Doch für den Zeichentrickfilm „Yellow Submarine" ist dieses läppische Kinderliedchen allemal gut genug.

Paul McCartney: „Es war eins dieser Mitmachlieder für Kinder. Ich schrieb es in G-Dur, und die Akkorde waren ziemlich anspruchslos. Naja, und das war's praktisch schon. Der Song mag zwar noch eine zweite Bedeutungsebene haben, aber im Prinzip ist es bloß ein lustiges Lied zum Mitsingen. Eine nette kleine Belanglosigkeit." (Miles 1998, 598).

„Is' MIR ALLES ZU VIEL!"

Der dritte bislang nicht veröffentlichte Song für den Zeichentrickfilm ist von ähnlich zweifelhaftem Kaliber – denkt man damals. Aber die digitale Runderneuerung und Neuabmischung des Jahres 1999 deckt unter der langatmigen Monotonie der Urfassung bis dato ungehörte Klangspuren auf. Die Rede ist von George Harrisons Song „It's All Too Much", aufgenommen im Mai und Juni 1967, auf dem Höhepunkt der englischen Psychedelia. Nach eigener Aussage von George Harrison ist der Song unter dem Einfluss von LSD entstanden, was die tranige Fahrigkeit der Originalabmischung von 1967 nicht entschuldigt, aber erklärt. Damals gilt der Song als uninspirierter Langweiler, was er wohl auch ist, eben: „It's All Too Much". Doch dieses vernichtende Urteil muss 1999 revidiert werden. Der unterschätzte Aschenputtel-Song mausert sich nach der Restaurierung der alten Aufnahmebänder und überrascht durch zuvor kaum wahrgenommene Klangereignisse: Ausschnitte aus rückwärts laufenden Gitarrensoli, ein Trompetensatz, der einem berühmten Werk des englischen Komponisten Jeremiah Clarke aus dem 17. Jahrhundert entlehnt ist, und ein Textzitat aus dem Song „Sorrow" der Liverpooler Beatband The Merseys. „It's All Too Much" soll eigentlich ins Song-Programm der „Magical Mystery Tour" aufgenommen werden, wird dann aber aussortiert – sicher nicht wegen etwaiger überragender kompositorischer Qualitäten. Aber als Dreingabe für den Zeichentrickfilm ist auch dieser Song hinreichend.

„WAS HAST DU GESAGT?" – „WUFF!"

John Lennon: „Das war der dritte Film, den wir United Artists schuldeten. Brian (Epstein) hatte das organisiert, und wir hatten nichts damit zu tun. Aber mir gefiel der Film: die Grafik. Sie wollten noch einen Song, also habe ich ‚Hey Bulldog' hingerotzt. Das ist ein Stück, das gut klingt und gar nichts bedeutet." (Beatles Anthology 2000, 292). Nur vier neue bzw. bislang noch unveröffentlichte Songs steuern die Beatles zum Zeichentrickfilm „Yellow Submarine" bei, davon drei eher „zweitklassige Songs" (George Martin). Der vierte allerdings kann sich hören lassen. „Hey Bulldog" zählt bis heute zu den am meisten verkannten und unterbewerteten Songs des Beatles-Repertoires. Die Intro-Figur, die John Lennon in die Tasten hämmert, erinnert an die Rock-'n'-Roll-Riffs von Chuck Berrys „Money" oder Henry Mancinis „Peter Gunn". Danach entwickelt sich einer der besten Rock-Kracher, den die Beatles je eingespielt haben. Vor allem die Neuabmischung aus dem Jahr 1999 auf dem Songtrack-Album „Yellow Submarine" macht das ungemein bewegliche Bass-Spiel von Paul Mc Cartney hörbar, dazu die forsche Rhythmusarbeit mit hämmernden Klavierakkorden und Ringos soliden Beats, kontrastiert durch die clever synkopierte Riff-Figur und überlagert von der treibenden Emphase in John Lennons Stimme.

Mit einer witzigen Vokalorgie endet dieser bis heute zeitgemäß klingende fetzige Rocksong. Auf Johns Frage: „What do you say?" antwortet Paul mit einem kurz gebellten „Wuff!" – „Sonst weiter nichts?". Worauf Paul zu heulen, winseln und kläffen anfängt. Daher der Songtitel „Hey Bulldog", der ursprünglich „Bullfrog" lauten soll.

Nur wenige Tage, bevor die Beatles nach Indien fliegen, am 11. Februar 1968, wird „Hey Bulldog" aufgenommen. „Alle vier spielen die Lennon-Komposition mit wilder Intensität und jagen den einfachen Beat bis in die Fieberkurve hinauf. Das Bellen und irre Gelächter zwischen John und Paul während der Ausblende bestätigt nicht nur den Tontechniker Geoff Emerick, der sich an die Aufnahme als ‚echten Spaß' erinnert, es belegt auch, dass die Beatles zu dieser Zeit noch bestens miteinander auskamen." (Hertsgaard 1995, 156). Ist die Stimmung in der Band, über das Gealbere am Songende hinaus, wirklich nachhaltig gut an diesem 11. Februar? Eigentlich lautet die Planung, an diesem Tag einen Promofilm für die nächste Single aufzunehmen. In der Woche zuvor haben die Beatles zwei neue potenzielle Single-Songs aufgenommen. Und wie so häufig stehen die beiden Songs und ihre Songschreiber in einem Wettstreit um die entscheidende Frage: Wer kriegt die A-Seite?

„Listen To The Music Playing In Your Head"
contra „Jai Guru Deva Om"

Es treten gegeneinander an: Paul McCartneys Rock-'n'-Roll-Revival-Titel im Fats-Domino-Stil „Lady Madonna" und John Lennons spirituelle, sphärische Ballade „Across The Universe". Obwohl die relativ konventionelle Rock-'n'-Roll-Reminiszenz „Lady Madonna" im Vergleich zu den experimentell angelegten psychedelischen Songs der unmittelbar zuvor veröffentlichten „Magical Mystery Tour" eher ein musikalischer Rückschritt ist und obwohl das philosophisch-spirituelle Thema von Lennons „Across The Universe" besser den Zeitgeist des neuen Hippie-Bewusstseins trifft, favorisieren alle, außer Lennon, McCartneys „Lady Madonna" als A-Seite der neuen Single. Lennon nimmt das wohl – wieder mal – als Niederlage wahr. (Seit „Help" haben es nur zwei Lennon-Songs, „Nowhere Man" und „All You Need Is Love", auf die prestigeträchtige A-Seite einer Beatles-Single geschafft. Alle anderen „A-Siege" kann der Freund und kreative Rivale Paul auf seinem Konto verbuchen.)

In späteren Interviews spricht Lennon mit großem Stolz von „Across The Universe" als einem seiner besten Songs und versteigt sich gar zu der Behauptung, McCartney habe damals seinen Song sabotiert. Auf jeden Fall verschwindet „Across The Universe" nach der Aufnahme am 4. und 8. Februar von der Beatles-Bildfläche und taucht erst wieder im Album „Let It Be" auf. Als nun am 11. Februar das Filmteam im Studio ist, um den Promofilm für die neue Single, die mit allergrößter Wahrscheinlichkeit „Lady Madonna" sein wird, aufzunehmen, schlägt Paul McCartney vor – vielleicht um John Lennon bei Laune zu halten –, nicht „Lady Madonna" im Halb-Playback für die Filmleute zu spielen (dieses So-tun-als-ob mag sowieso keiner von ihnen), sondern den neuen Lennon-Song „Hey Bulldog" aufzunehmen. Die Kameras sollen einfach alles filmen, und am Ende könne man diese Bildaufnahmen, clever geschnitten, mit jeder gewünschten Musik unterlegen. Und genau so geschieht es auch. Die Film-Crew dreht, während „Hey Bulldog" aufgenommen wird, und später verbindet man diese Bilder mit der Musik von „Lady Madonna" und hat somit einen unkonventionellen, schnell geschnittenen Promofilm für die neue Single „Lady Madonna" – übrigens eine Blaupause für so viele Videoclips der MTV-Ära in den 1980er-Jahren.

Der 11. Februar 1968 hat für die Geschichte der Beatles auch deshalb eine besondere Bedeutung, weil dieser Sonntag als der erste Tag in die Beatles-Historie eingeht, an dem Yoko Ono bei einer Plattenaufnahme der Beatles im Studio anwesend ist. Und es ist das erste Mal, dass sie sich zur Musik der Beatles äußert. Sie spricht John auf den Rhythmus seines Songs „Hey Bulldog" an und fragt: „Warum benutzt du immer denselben Beat, warum machst du nicht etwas Komplexeres?" John: „Ich machte gerade Bulldog, es war sehr peinlich ... für mich. Weil, wenn jemand mir gegenüber den Intellektuellen raushängen lässt, werd' ich ... Ich bin schüchtern; wenn mich jemand angreift, schrumpfe ich ein" (Lennon 1973). Zu diesem Zeitpunkt ist Yoko Ono nur Gast und noch nicht liiert mit John Lennon. Doch ab dem 30. Mai, dem Beginn der Aufnahmen für das Weiße Album, sitzt sie täglich im Studio an John Lennons Seite, was die anderen drei merklich irritiert und stört – mit weitreichenden Konsequenzen.

Die filmgewordene Bonbontüte und eine verpasste Chance

Aber zurück zum Zeichentrickfilm „Yellow Submarine". Lennons „Hey Bulldog" ist im Film die Musikbegleitung für eine Szene, in der John und Paul von Bluthunden der Blaumiesen gehetzt werden, aber die Hunde clever austricksen. Diese Szene und damit auch der ganze Song fallen der Kürzungsschere zum Opfer und werden erst in der restaurierten Neuveröffentlichung des Films 1999 wieder eingefügt. Paul McCartney: „Rückblickend betrachtet, ist es doch ein guter Film geworden. Wirklich ziemlich interessant." (Beatles Anthology 2000, 292). George Harrison: „Mir hat der Film gefallen. Ich glaube, das ist ein Klassiker. Dieser Film wirkt auf jede Generation." (Beatles Anhology 2000, 292).

Eine große Chance verpassen die Beatles, als sie aus Lustlosigkeit die Arbeit an der Musik zum Zeichentrickfilm „Yellow Submarine" links liegen lassen. Was könnte das, auch musikalisch, für ein innovatives Gesamtkunstwerk werden, wenn sie die großartigen Ideen der Grafiker und Drehbuchschreiber aufgriffen und neue Songs speziell für dieses Filmprojekt schrieben. Aber leider sind die vier unwillig, vielleicht auch zeitlich überfordert, womöglich sogar schöpferisch ausgelaugt, leer gelaufen.

Nach der kreativ überbordenden, doch anstrengenden „Sgt.-Pepper"-Produktion haben sie für das Nachfolge-Projekt „Magical Mystery Tour" auch nur sechs neue Songs erstellt und damit keinen vollwertigen LP-Umfang abgeliefert. Im September und Oktober 1967 arbeiten sie im Studio an den Songs der „Magical Mystery Tour" und drehen fast gleichzeitig bis Anfang November den dazugehörigen Film. Weil sie sich vorgenommen haben, zu Beginn des neuen Jahres nach Indien zu fliegen, um an einem Meditationskurs des Maharishi teilzunehmen, bleibt nicht mehr viel Zeit. Schließlich soll vor dem Indien-Trip noch eine neue Single („Lady Madonna") fertiggestellt werden. Und weil John Lennon schon das ganze Jahr 1967 über zwar hervorragende, aber deutlich weniger Songs als zuvor in den Songfundus der Beatles einbringt, kann man dem erhöhten Bedarf an neuen Beatles-Songs offensichtlich nicht gerecht werden. Auf jeden Fall produzieren sie nichts an neuer Musik gezielt für den Film und verweisen die Macher auf alte Songs wie „Eleanor Rigby", „Lucy In The Sky With Diamonds", „With A Little Help From My Friends", „Nowhere Man", „All You Need Is Love" und andere.

Wären die vier bis dato noch nicht veröffentlichten und nun für den Film zur Verfügung gestellten Songs „All Together Now", „Only A Northern Song", „It's All Too Much" und „Hey Bulldog" (mit Ausnahme des letzten) nicht Abfallprodukte aus der Restekiste, sondern originelle und herausragende Songkunstwerke, hätte auch das Soundtrack-Album einen echten Stellenwert in der Beatles-Plattensammlung – so wie der Film in der Beatles-Filmografie. Aber die instrumentalen Orchester-Aufnahmen, die George Martin zum Soundtrack beisteuert, können dem Filmmusik-Album „Yellow Submarine" auch nicht zu einer gewissen Bedeutung verhelfen.

Am 17. Januar 1969 wird das Album veröffentlicht und erreicht doch immerhin Platz vier in Großbritannien und Platz zwei in den USA. Das Album „Yellow Submarine Songtrack", das 30 Jahre später zum Weihnachtsgeschäft 1999 erscheint, überrascht mit digital bearbeiteten Neuabmischungen aller Songs, die im Film zu hören sind, verzichtet aber auf die zum Teil schwülstige, zum Teil originelle orchestrale Filmmusik von Georg Martin. Auch dieses Album kommt in die Top Ten. Der Film dagegen ist im Sommer 1968 an den Kinokassen kein Erfolg, gilt aber schon – und gilt bis heute – bei Experten wie Fans als „allerfeinste Pop- und Op-Art" (ME/Sounds) und als der „innovativste Zeichentrickfilm der sechziger Jahre" (Junge Welt).

Ringo Starr: „Mir hat ‚Yellow Submarine' gut gefallen. Ich fand es sehr innovativ, mit toller Animation. Das Löchermeer, das Blue-Meanie-Syndrom – das ist noch immer stark und ich bin froh, dass wir was damit zu tun hatten. Was ich noch heute nicht in den Kopf kriege, ist, dass im ersten Jahr nach Erscheinen des Films ständig Kids ankamen und mich fragten: ‚Warum hast du bloß den Knopf gedrückt?' Im Film drücke ich auf einen Knopf und werde aus dem U-Boot rausgeschleudert – und Kids aus der ganzen verdammten Welt brüllten mich an: ‚Warum hast du bloß auf den Knopf gedrückt?', als wäre das wirklich passiert. Die dachten wirklich, das wäre ich gewesen." (Beatles Anthology 2000, 292).

Dies ist die von Ringo erwähnte Filmszene: Old Fred, der einzige Bewohner von Pepperland, der vor den Blaumiesen fliehen konnte, ist mit seinem kleinen gelben U-Boot wieder in Richtung Heimat unterwegs. An Bord: die Beatles, die Pepperland retten sollen. Old Fred zeigt Ringo die Navigationsinstrumente des gelben U-Boots und sagt mahnend: „Was immer du tust, drücke niemals auf diesen Knopf." Und Ringo fragt: „Welchen Knopf?" – „Diesen da!" – „Ach, diesen da ...". Kaum hat er scheinheilig und mit Unschuldsmiene gefragt, drückt er auch schon drauf auf den „Panic Button", wird vom Schleudersitz aus dem U-Boot herauskatapultiert und muss nun, auf sich allein gestellt, etliche Abenteuer bestehen. Unterwegs steckt er ein kleines schwarzes Loch aus dem „Meer der Löcher" in die Hosentasche. Später wird er damit in Pepperland die Hofkapelle Sgt. Peppers Lonely Hearts Club Band aus der Glasglocke befreien, in der die Band von den Blaumiesen eingesperrt worden ist. Nicht nur schwarze Löcher spielen auf amüsante Weise eine Rolle – sogar Einsteins Relativitätstheorie und vieles mehr wird witzig zitiert. Anspielungen auf Wissenschaft, Literatur und Politik finden sich zuhauf in der fabulierenden Geschichte. Entsprechend urteilt das „Lexikon des internationalen Films": „Stilbildender Zeichentrickfilm als Ausdruck eines Lebensgefühls, wobei sich Populärkultur und künstlerische Avantgarde kongenial beeinflussen." „Als psychedelische Alternative zu den üblichen Zeichentrickfilmen aus dem Hause Disney macht diese filmgewordene Bonbontüte Kinder froh, und Erwachsene ebenso." (Kasi. Studienkreis Film). Dass die Botschaft des Films weit über die 60er-Jahre hinausweist, davon zeigt sich George Harrison in einem Interview im Jahr 1999 überzeugt. Über die realen Blaumiesen, die zu allen Zeiten die Welt mit einem Grauschleier überziehen wollen, sagt er: „Tatsächlich haben sie die Welt noch fester in ihrem Würgegriff als 1967. Und es sieht so aus, als ob keine Musikgruppe daherkommt und dieses Grau durchbricht, weil auch die Musikindustrie grau geworden ist und von den Blue Meanies beherrscht wird." (Spiegel-online/kultur). Möglicherweise könne die Neuausgabe von „Yellow Submarine" das ein wenig ändern.

Unsere eingeschworene Clique von Beatles-Fans liebt den Film. Der verrückte Charly ist gleich fünfmal hintereinander drin. Findet er ein Knöllchen an seiner Windschutzscheibe, hört man ihn auch heute noch grummeln: „Diese Blaumiesen!"

„FOR A LITTLE PEACE OF MIND"
DIE BEATLES UND IHR GURU

MEDITATION IM ASHRAM VON RISHIKESH

„Auch das noch. Jetzt sind sie ja total durchgeknallt! Die Beatles auf dem Guru-Trip ...", so schütteln damals viele konsterniert den Kopf. Die Zeichen der Zeit stehen auf Protest und Umsturz; die Studenten radikalisieren sich weltweit, gehen überall auf die Straße, skandieren politische Parolen. Und was machen die Anführer der Popkultur? Sie üben sich im Lotussitz und murmeln Mantras. Verkehrte Welt? Nicht für die Beatles, die dringend eine Auszeit brauchen. So erschöpft, wie sie sind von der Dauerhatz zwischen Studio, Medien und notorischer Fan-Aufdringlichkeit. So irritiert, wie sie sind nach der ersten Klatsche ihrer Karriere, kassiert nach dem Misserfolg der „Magical Mystery Tour". So verunsichert, wie sie sind durch den Tod ihres Managers und Freundes Brian Epstein.

Und so aufgewühlt, wie sie sind durch die unerwartete und unmittelbare Konfrontation mit dem Thema Sterblichkeit, durch die Erfahrung, am Scheideweg zu stehen zu mehr Selbstständigkeit und Verantwortung in eigener Sache – auch, was die Organisation von Terminen und Finanzen angeht. Eine Herkules-Aufgabe türmt sich vor ihnen auf. Auch die Tatsache, dass Brian Epstein offenbar an einer Überdosis Pillen und Alkohol stirbt, wirft die Frage nach ihrem eigenen Drogenkonsum auf, der vor allem bei John Lennon dramatisch zugenommen hat. Sie sind in einer Phase der Neuorientierung und wohl auch der Sinnsuche. Sie haben alles erreicht, was ein mittzwanziger Sterblicher auf diesem Erdball wohl erreichen kann. Aber den Zenit der Erfüllung, des Seelenfriedens, der inneren Zufriedenheit und Ausgeglichenheit zu erreichen, dazu kann ihnen kein noch so gigantischer Welterfolg als Superstars verhelfen.

George Harrison: „Wir sind immerhin die Beatles, nicht wahr? Wir haben so viel Geld, wie man es sich nur erträumen kann. Wir sind so berühmt, wie man es sich nur wünschen kann. Aber das ist keine Liebe. Es ist keine Gesundheit. Es ist kein innerer Frieden. Oder?" (Saltzman 2000).

Der Sinn des Lebens – und der Tod

George Harrisons Ehefrau Pattie ist es, die ihren Mann und die anderen Beatles auf einen Vortrag des Maharishi in London aufmerksam macht. Am 24. August 1967 besuchen sie den Vortrag über die transzendentale Meditation. Vor allem John und George zeigen sich sehr beeindruckt. George Harrison erzählt im Film der Anthology-DVD selbstironisch: Er habe anschließend den Maharishi gefragt, ob er nicht ein paar Mantras für ihn habe, worauf der Maharishi ihn und die anderen eingeladen habe, am nächsten Tag sein Seminar zu besuchen, das er im nordwalisischen Bangor abhalten werde. Tatsächlich reisen die Beatles gemeinsam mit ihren Frauen zum Wochenendseminar nach Bangor und verkünden tags darauf der versammelten Presse, dass sie überzeugte Anhänger der Lehren des Maharishi seien und ab sofort keine Drogen mehr nehmen würden. Ihr Manager Brian Epstein telefoniert mit den Beatles und verabredet sich mit ihnen zum Seminarende am 28. August. Er macht sich offenbar Gedanken über seinen schwindenden Einfluss. Doch am 27. August wird Brian Epstein tot in seiner Wohnung aufgefunden. Die Beatles brechen das Seminar ab und kehren nach London zurück. Paul McCartney: „Wir entdeckten den Sinn des Lebens und er war tot."

George Harrison: „Es war so merkwürdig, dass es genau zu diesem Zeitpunkt passierte, als wir gerade die Meditation entdeckten." (Beatles Anthology 2003, DVD 7.2).

Der Tod ihres Managers und Freundes Brian ist ein Schock für die Beatles und bestärkt sie in ihrem Vorhaben, baldmöglichst nach Indien zu reisen, um im Ashram ihres neuen spirituellen Führers an einem Meditationskurs teilzunehmen. Doch zuvor stürzen sie sich in Aktionismus – vielleicht auch als Reaktion auf Brian Epsteins Tod. Sie konzentrieren sich zunächst auf die Arbeiten an ihrem Film- und Albumprojekt „Magical Mystery Tour" und nehmen im Januar '68 die Schluss-Sequenz zum Beatles-Zeichentrickfilm „Yellow Submarine" auf. Anschließend produzieren sie die Single „Lady Madonna" mit George Harrisons indisch geprägter Rückseite „The Inner Light". Außerdem werden Anfang Februar noch zwei herausragende Lennon-Kompositionen aufgenommen: der begnadete Rocker „Hey Bulldog", der auf dem Soundtrack-Album „Yellow Submarine" landet, und der großartige Song „Across The Universe", dessen spirituelle Botschaft vom Seminar des Maharishi in Bangor beeinflusst ist. George Harrison, der Mitte Januar in Bombay den indischen Teil seines Soundtrack-Albums „Wonderwall Music" aufnimmt, schließt die Studioarbeiten an dieser seiner ersten Solo-LP noch Anfang Februar ab. Doch dann fliegen die Beatles zum Meditationskurs des Maharishi nach Indien – nicht gemeinsam und mit höchst unterschiedlichen Erwartungen.

ALL YOU NEED IS MEDITATION

Paul McCartney: „John und George gingen mit der Vorstellung nach Rishikesh, dass ihnen dort möglicherweise eine große spirituelle Offenbarung zuteil werden könnte und dass sie vielleicht nie wieder nach England zurückkehren würden, falls ihnen der Maharishi etwas wirklich Erstaunliches mitzuteilen hätte." (Miles 1998).

Als Erste brechen am 16. Februar John und Cynthia Lennon nach Indien auf – gemeinsam mit George und Pattie Harrison. In ihrer Gefolgschaft: Mal Evans, ein enger Vertrauter, Roadie und Assistent der Beatles und der schottische Folkpop-Sänger und Songschreiber Donovan.

Drei Tage später folgen Paul McCartney mit seiner Verlobten Jane Asher und Ringo mit Ehefrau Maureen. Die Reise zum Ashram des Maharishi in Rishikesh, der bekannten Pilgerstadt am Fuße des Himalaja und am heiligen Fluss Ganges gelegen, ist beschwerlich. In Neu-Delhi angekommen fahren sie erst per Taxi, dann mit dem Jeep, müssen danach wegen der schlechten Wegstrecke auf Esel umsteigen und laufen den Rest des Weges zu Fuß, während ihr Gepäck mit dem Ochsenkarren nachkommt.

Doch der Aufwand lohnt sich. Der Ashram „Academy of Transcendental Meditation" liegt in landschaftlich reizvoller Umgebung auf einem Plateau oberhalb des Ganges und des Ortes Rishikesh. Er bietet einen grandiosen Blick über dschungelbedeckte Berge, den heiligen Fluss und die weiten Ebenen auf der anderen Uferseite. Das eingezäunte und bewachte Areal ist weitläufig und naturnah angelegt und gewährt den Kursteilnehmern ausreichend Raum und Rückzugsmöglichkeiten. Und auch wenn Ringo später etwas despektierlich von einem „Sommer-Ferienlager" spricht, brauchen die Beatles auf einen gewissen Luxus in ihren separaten Bungalows nicht zu verzichten. Die Mahlzeiten, einfache, vegetarische Speisen, werden gemeinschaftlich auf einer Terrasse eingenommen, von einer Weinreben-Pergola überdacht, mit Blick auf den Ganges. George und John, die bereits Vegetarier sind, kommen mit dem Essen gut zurecht. Paul, der erst später überzeugter Vegetarier wird, vermisst doch hin und wieder ein ordentliches Steak, passt sich aber klaglos an. Nur Ringo hat große Probleme mit der indischen Küche, was wohl einer der Hauptgründe dafür ist, warum er vorzeitig abreist.

Ringo Starr: „Ich war nur zwei Wochen da, dann bin ich weg. Das Ganze brachte mir nicht das, was ich mir erhofft hatte. Das Essen war für mich nicht zu essen, weil ich gegen unheimlich viele Dinge allergisch bin. Ich war mit zwei Koffern angekommen, einem mit Klamotten und einem andern voll mit Heinz-

Bohnen in der Dose. Dann haben mich die Typen aus der Küche eines Morgens gefragt: ‚Wie wär's mit ein paar Eiern?' Und ich hab gesagt: ‚Ja prima!' Ich dachte schon: ‚Ja Mann, stark, so langsam macht sich die Sache.' Dann hab ich gesehen, wie sie die Eierschalen vergruben. In diesem frommen und spirituellen Ashram durfte man keine Eier essen. Da hab ich gedacht: ‚Was soll das, die Schalen vergraben? Sieht Gott das nicht auch?'" (Beatles Anthology 2000, 284).

Versenkung und Entspannung

Außer den vier Beatles und ihren Frauen nebst Anhang beteiligen sich noch weitere Celebrities an dem Meditationskurs, darunter Donovan, Mike Love von den Beach Boys, der Flötist Paul Horn und die Schauspielerin Mia Farrow, begleitet von Schwester und Bruder. Außerdem sind zur selben Zeit etwa 30 Teilnehmer eines Kurses für Meditationslehrer im Ashram des Maharishi. Der Tagesablauf ist relativ ungezwungen, sieht zwei Sitzungen mit dem Maharishi vor. Vormittags und am Nachmittag, jeweils nach den Mahlzeiten, beginnt jeder mit seinen Meditationsübungen, ohne strenge Vorgaben oder Stundenpläne. Jeder ist für sich selbst verantwortlich; wer lieber spazieren gehen, lesen oder Musik machen will, kann es nach Gutdünken tun. Doch tägliches Meditieren ist Pflicht – wie kurz oder lang auch immer.

Paul McCartney: „Die Meditationssitzungen wurden zunehmend länger. Jeder sollte so lange meditieren, wie er konnte. Das war sehr vernünftig. Der Maharishi sagte: ‚Euer Geist ist noch immer ganz durcheinander vom Alltagsstress. Und deshalb möchte ich, dass ihr zunächst nur zwanzig Minuten am Vormittag meditiert und am Nachmittag noch mal zwanzig Minuten.' Das ist der übliche Einstieg in die transzendentale Meditation. Man sitzt still da, reguliert, nehme ich an, seinen Atem und entspannt seine Muskulatur. Ich fühlte mich dabei etwa so wie an einem Morgen, wo man noch ein Weilchen im Bett liegen bleibt. Ich verglich das gern mit dem Gefühl, das man hat, wenn man an einem Ofen sitzt und die glühenden Kohlen eine wohlige Wärme verbreiten – diese Art von Gefühl war das: ein Zustand irgendwo zwischen Wachen und Schlafen, der mir sehr behagte. Die TM-Leute gehen da von der Existenz eines sehr angenehmen Zwischenstadiums aus." (Miles 1998).

John Lennon stellt fest, dass er sich durch Meditation auch ohne LSD wohlfühlen kann. Er entwickelt sich, neben George Harrison, zum eifrigsten Meditationsschüler, nachdem er gelernt hat, anfängliche Schwierigkeiten in der Meditationstechnik zu überwinden.

John Lennon: „Man sitzt da und lässt den Gedanken freien Lauf. Egal, woran man denkt. Dann kommt das Mantra, die Schwingung, um die Gedanken zu verdrängen. Es geschieht einfach, ohne Einwirkung der Willenskraft." (Beatles Anthology 2003, DVD 7.8). Damit sich seine prominenten Gäste nicht langweilen, veranstaltet der Maharishi kleine Feste und Tagesausflüge in die Umgebung von Rishikesh.

Mal Evans: „Eines Abends gingen wir alle in einem Fackelzug hinunter zum Ganges. Am Ufer verteilte man sich auf zwei Boote. Wir fuhren zunächst ein Stück flussaufwärts, und dann wurden die Maschinen abgestellt, sodass die beiden Boote unter einem klaren, sternenübersäten Nachthimmel lautlos flussabwärts glitten. Mike Love verteilte ein paar einfache Flöten, Paul griff sich seine Gitarre, und alle sangen gemeinsam. Es war überwältigend." (Beatles Book 2005, 232).

Die „Beatles in Indien" – unter dieser Schlagzeile gehen bald Fotos um die Welt, auf denen man bärtige, freundlich dreinschauende Beatles mit ihren Frauen in weißen, luftigen Gewändern unter schattigen Bäumen flanieren sieht. Die Ikonografie der 60er-Jahre wäre unvollständig ohne das Foto vom „Hippie-Abendmahl" in Rishikesh. Zur Linken und zur Rechten des Hippie-Heilands Maharishi sitzen seine Jünger, allesamt mit Blumenketten geschmückt und symbolisieren die neue Pop-Dreieinigkeit von Meditationsmode, Medieninszenierung und Musikstars. – Doch: Mindestens ein Judas sitzt auch unter den Jüngern des Maharishi.

Cynthia Lennon: „Alexis und eine der Meditationsschülerinnen begannen, in vormals arglose Seelen die Saat des Zweifels zu säen." (Lennon 1980). Dazu später mehr.

MEDITATIVE SAMMLUNG UND SPRUDELNDE KREATIVITÄT

Die entspannte Atmosphäre, weit weg von Termindruck, Studioarbeit und den Verlockungen der Clubszene von „Swinging London"; die neuen Meditationserfahrungen in der Abgeschiedenheit des Ashram und die vielen abendlichen Begegnungen, bei denen miteinander geredet und musiziert wird; der drogenfreie Aufenthalt in Rishikesh insgesamt: Das alles tut sämtlichen Beteiligten anfänglich sehr gut. Es herrscht eine lockere Stimmung, die gleichzeitig, durch die Meditation angeregt, sehr intensiv und kreativitätsfördernd ist.

Paul Mc Cartney: „Das ist eine prima Sache. Die Meditation sorgt dafür, dass du produktiver wirst." (Miles 1998).

Die Kreativität von Paul McCartney und vor allem von John Lennon nimmt in Rishikesh geradezu überbordende Ausmaße an. Paul berichtet später, er habe 15 Songs in Rishikesh geschrieben. John übertreibt sicherlich mit der Behauptung, ihm seien Hunderte neuer Songs eingefallen. Tatsächlich bringen die Beatles später knapp 40 Songs bzw. Songskizzen aus Rishikesh mit nach Hause. Eine unglaubliche Menge, die nicht nur für das Weiße Album reicht, sondern auch noch im Album „Abbey Road" und darüber hinaus Spuren hinterlassen wird. Ob der Maharishi selbst, mehr oder minder beabsichtigt, konkreten Einfluss auf manche Songinhalte der neuen Kompositionen hat, dazu schreibt Barry Miles: „Der ursprüngliche Anstoß zu Pauls ‚Mother Nature's Son' war ein Maharishi-Vortrag zum Thema Natur gewesen, doch der Song wurde erst nach ihrer Rückkehr aus Indien fertiggestellt. Derselbe Vortrag inspirierte John zu dem Stück ‚I'm Just A Child Of Nature', das er dann später zu ‚Jealous Guy' umschreiben sollte." (Miles 1998). Einige Textzeilen des später erst mit dem Titel „Everybody's Got Something To Hide Except Me And My Monkey" versehenen Lennon-Songs sind wörtliche Zitate des Maharishi. Und dass John Lennon einen nicht gerade freundlichen Song über den Maharishi geschrieben hat, darüber wird später noch zu berichten sein.

Etliche Songideen werden im Austausch mit den anwesenden Musikerkollegen entwickelt. So bringt Beach Boy Mike Love Paul McCartney auf die Idee, einen Song über Mädchen aus der Ukraine, aus Georgien und Moskau zu schreiben – als ironische Antwort auf den Beach-Boys-Song „California Girls" -, woraus dann später „Back In The USSR" wird. Donovan bringt John die Zupftechnik des Fingerpicking bei, den wichtigsten Gitarrenstil der Folkbewegung. Und Donovan hilft Paul, passende Worte zu seiner Melodie von „I Will" zu finden.

Donovan: „An manchen Nachmittagen verzogen wir uns in eines der Zimmer, um auf unseren akustischen Gitarren zu spielen, die wir mitgebracht hatten. Paul Horn, der amerikanische Flötenvirtuose, schloss sich uns an." „Viele der in Indien geschriebenen Songs entwickelten sich aus lockeren Sessions oben auf dem Dach, bei denen George Sitar spielte, während Donovan, Mike Love, Paul und John auf ihren Gitarren klimperten." (Miles 1998).

Zu den Songs oder Songfragmenten, die im Ashram des Maharishi entstehen oder begonnen werden, zählen die Lennon-Songs „Revolution", „Julia", „Dear Prudence", „The Continuing Story Of Bungalow Bill", „Cry Baby Cry", „Yer Blues", „Sexie Sadie", „I'm So Tired", „Child Of Nature", „Everybody's Got Something To Hide ...", „Polythene Pam", „Mean Mr Mustard". Aus Paul McCartneys Rishikesh-Schreibe stammen „Back In The USSR", „Rocky Raccoon", „Wild Honey Pie", „I Will", „Ob-La-Di Ob-La-Da". George Harrison widmet sich im Ashram mehr der meditativen Versenkung als dem Komponieren und tadelt hin und wieder seine Freunde, sie seien zum Meditieren hergekommen und nicht, um ihre nächste Platte vorzubereiten. Doch auch er schreibt Songs in Rishikesh, etwa ein Lied mit dem Titel „Dehra Dun", benannt nach einem Nachbarort von Rishikesh, wohin die Beatles einen Ausflug gemacht haben. Diesen Song hat George Harrison niemals veröffentlicht. Doch im Film der Anthology-DVDs spielt er den Refrain kurz an.

Die kreative Hochphase, die vor allem John Lennon in Rishikesh erlebt, ist die positive Seite der intensiven Meditationserfahrung. Doch zumindest Lennon wird auch mit der problematischen Seite der Innenschau konfrontiert. Paul McCartney: „Wenn ich heute, von der Warte der neunziger Jahre, auf damals zurückblicke, dann denke ich, dass viele Besucher des Ashrams im Grunde eher eine Therapie gebraucht hätten als einen Meditationskurs. Wir alle waren damals auf der Suche nach etwas." (Miles 1998, 511).

Womöglich meint Paul McCartney mit seiner Therapie-Überlegung unbewusst auch seinen Freund John. Denn es soll sich später zeigen, dass John Lennon nach dem abgebrochenen Meditationskurs allein gelassen ist mit all den düsteren Gedanken und schweren Gefühlszuständen, die als Nebenwirkung der Meditation bei Lennons Abtauchen in seine Innenwelt zum Vorschein kommen. Diese besondere psychische Belastung wird später eine erhebliche Auswirkung auf die Studioarbeiten am Weißen Album haben. Paul dagegen hat ein ganz pragmatisches Verhältnis zum Maharishi und der Meditation. Er will eine Technik lernen, die es ihm ermöglicht, sich besser zu fühlen und kreativer zu werden. Am Morgen und am Abend jeweils 20 Minuten zu meditieren, das scheint ihm sinnvoll zu sein – und ausreichend. Mehr braucht und erwartet er nicht. Ganz anders John.

Der unerfüllte Traum vom Super-Vater

Er erhofft sich vom Maharishi die Erklärung der großen Geheimnisse des Lebens – natürlich vor allem seines eigenen Lebens – und die endgültigen Antworten auf all die existenziellen Fragen, die ihn umtreiben und nicht zur Ruhe kommen lassen. Er sieht im Guru Maharishi eine Art Über-Daddy, der ihm eine Orientierung geben könnte, mit seinem eigenen inneren Chaos klarzukommen. „I'd give you everything I've got for a little peace of mind", singt er mit eindringlicher, fast verzweifelt klingender Stimme in „I'm So Tired", geschrieben in Rishikesh. Er ist allerdings intelligent genug, um diese Übertragung später zu erkennen.

John Lennon: „Der Maharishi war eine Vaterfigur. Elvis Presley war vielleicht auch eine Vaterfigur. Ich weiß es nicht. Robert Mitchum – jedes männliche Vorbild ist eine Vaterfigur. Dagegen ist auch nichts einzuwenden, solange man nicht glaubt, sie könnten einem eine Art Rezept für das eigene Leben geben. Es läuft doch so ab: Da kommt jemand und präsentiert eine Wahrheit. Aber statt dass man sich nun mit dieser Wahrheit befasst, befasst man sich mit dem Menschen, der sie geäußert hat. Der Bote wird verehrt, nicht die Botschaft." (Lennon 1996).

Fast zwangsläufig musste John Lennon vom Maharishi enttäuscht werden, weil der Guru ihm die entscheidende Antwort nicht geben konnte: die ersehnte Antwort auf die elementare Frage ‚Wer bin ich?'. Die Antwort, die niemand anders als man selbst sich geben kann – ganz im Sinne des platonschen Imperativs: „Erkenne dich selbst! Werde, der du bist!". Paul erzählte eine aufschlussreiche Anekdote von einem Hubschrauber-Flug, den der Maharishi wegen dringender geschäftlicher Angelegenheiten in Neu-Delhi unternehmen musste. Paul McCartney: „Der Hubschrauber landete, und als der Maharishi eingestiegen war, fragte er, ob jemand von uns Lust hätte, noch eine kleine Runde mit ihm zu drehen, bevor er nach Dehli flog. John sprang in die Luft und schrie: ‚Au ja! Ich, ich, ich!' Er erreichte als Erster den Hubschrauber, der nur noch eine zusätzliche Person aufnehmen konnte." (Miles 1998). In einem Hubschrauber mitzufliegen, das ist eigentlich kein Ereignis, das John Lennon dermaßen in Verzückung bringen sollte. Schließlich gehörte es fast zum Alltag der Beatles, während ihrer Tourneen von einem Helikopter zum Auftrittsort geflogen zu werden. Deshalb fragt Paul McCartney anschließend seinen Freund, warum er denn so scharf darauf gewesen sei, im Hubschrauber mitzufliegen. Und Lennon antwortet, er habe gehofft, der Maharishi würde ihm bei dieser Gelegenheit, mit ihm ganz alleine, die entscheidende, alles erklärende Antwort zustecken.

Paul McCartney: „Das verrät einiges über John. Ich nehme an, jeder von uns hält hin und wieder Ausschau nach dem Heiligen Gral. Aber John schien davon überzeugt zu sein, dass er ihn auch eines Tages finden würde. Daraus spricht eine gewisse Unschuld. Oder eine gehörige Portion Naivität." (Miles: 1998).

Das Gerede, den Maharishi interessiere doch vor allem das Geld seiner reichen Schützlinge und er nutze die Popularität der Fab Four für sein eigenes Business aus, lässt John und die Beatles zunächst unbeeindruckt. Doch als weitere Gerüchte aufkommen, kippt Johns Bewunderung für den Maharishi in Frustration und Ablehnung um. Es heißt, der Maharishi habe „Mädchen im Camp zu einem privaten Dinner eingeladen und ihnen sexuelle Avancen gemacht" (Ullrich 2000, 88). Außerdem habe er sich an eine der Kursteilnehmerinnen „rangemacht" und dabei seine Lehrerrolle schamlos ausgenutzt. Was bleibt, ist nur noch Enttäuschung über diesen Guru, der kein Gott ist, sondern auch nur ein Mensch.

Paul, der schon zwei Wochen vor John und George nach London zurückgekehrt ist, lässt sich später von John alles erklären: warum John den Meditationskurs abgebrochen hat (der eigentlich noch weitere zwei Wochen dauern soll); weshalb er so überstürzt aus Rishikesh abgereist ist; und warum er vom Maharishi denn so maßlos enttäuscht ist. Paul will wissen, was sich nach seiner Abreise zugetragen hat. John antwortet: „Erinnerst du dich noch an diese blonde Tussi mit den kurzen Haaren, an diese Mia-Farrow-Doppelgängerin? Eine Amerikanerin, sie hieß Pat, oder so ähnlich." Darauf Paul: „Ja, an die erinnere ich mich." Und weiter in dem Dialog: „Naja, an die hat sich der Maharishi rangemacht." – „Ja und? Was ist daran so schlimm?" – „Na ja, der Kerl ist eben auch nur so ein geiler Bock. Scheiße, Mann! Für einen Guru gehört sich so was einfach nicht!" (Miles 1998, 528).

John Lennon ist offenbar enttäuscht, fast schon wütend, darüber, dass die reale Person des Maharishi nicht seiner Wunschvorstellung und seinem Idealbild entspricht – dass die unbewusste Suche nach dem Übervater erneut ins Leere geht.

Intrige? Verleumdung? Eifersucht?

Womöglich haben die Vorwürfe gegenüber dem Maharishi einen ganz anderen Hintergrund. Der McCartney-Biograf Barry Miles äußert den Verdacht, dass Magic Alex hier seine Hand im Spiel hat. Der junge Grieche Alexis Mardas, genannt Magic Alex, ist Fernsehmechaniker mit verrückten Ideen, die vor allem John Lennon faszinieren. Magic Alex behauptet zum Beispiel, er könne eine fliegende Untertasse bauen. Er schafft es, mit kleineren, verblüffenden technischen Tricks John, aber auch die anderen Beatles, für sich einzunehmen. Spätestens seit der „Magical Mystery Tour" gehört er zum Freundeskreis der Beatles und steht als ihr Spezialist für technische Erfindungen auf ihrer Gehaltsliste. Jenny Boyd, die Schwester von George Harrisons Frau Pattie, die ebenfalls nach Rishikesh mitgekommen ist, vermutet, Magic Alex sei den Beatles nur nach Rishikesh nachgereist, „weil er etwas dagegen hatte, dass die Beatles meditierten, und weil er Johns Aufmerksamkeit zurückgewinnen wollte." (Miles 1998, 526).

John Lennon hat allen schon Monate zuvor Magic Alex als seinen neuen Guru vorgestellt, was die meisten leicht amüsiert zur Kenntnis nahmen. Doch Alex versteht es offenbar, auf John Einfluss zu nehmen. Vor allem im Bereich Technik – wofür John sich leicht begeistern kann und womit er auch leicht zu blenden ist, weil er nicht allzu viel davon versteht und keine Lust hat, sich mühevoll über physikalische Fakten zu informieren. Magic Alex und dessen fantastischen Ideen gegenüber ist er erstaunlich gutgläubig. Alex muss nun aber befürchten, dass sein Einfluss auf John schwindet, je mehr sich John dem Maharishi zuwendet. Barry Miles geht in seinem Buch „Many Years From Now" sogar so weit, Magic Alex zu unterstellen, ihm sei klar gewesen, dass sich seine Position schwächen würde, „wenn John für immer den Drogen abschwören sollte. Einem nicht von Drogen umnebelten John wären Alex' fantastische Erfindungen sicherlich weniger überzeugend vorgekommen." (Miles 1998).

Barry Miles meint, John Lennon sei durch die Meditation besonders sensibilisiert gewesen. John, der in diesen Wochen in Rishikesh drogenfrei war und sich der für ihn völlig neuen Erfahrung Meditation mit großem Eifer widmete, sei besonders empfänglich für jede Art von Suggestion gewesen. Durch die

Anschuldigungen gegenüber dem Maharishi sei er in einen Zustand tiefer Verunsicherung geraten.

Cynthia Lennon: „Alexis' Behauptung, wonach der Maharishi ein scheinheiliger Schwindler sei, der ein heimliches Techtelmechtel mit einer bestimmten Lady habe, zeigte rasch Wirkung. Und das, obwohl Alex nicht den geringsten Beweis vorlegen konnte. Für mich lag auf der Hand, was er im Schilde führte: Er wollte von dort weg, doch in erster Linie wollte er die Beatles von dort weglotsen." (Lennon 1980).

Die gestreuten Gerüchte wirken wie Gift. John Lennon reagiert auf die Verdächtigungen, die er von Magic Alex gesteckt bekommt, wie von jenem offensichtlich erhofft: mit Groll. Aber auch George Harrison zeigt sich irritiert. Auch er stimmt einer vorzeitigen Abreise zu, die Magic Alex sofort organisiert. Maharishi Mahesh Yogi erhält keine Chance, sich zu den Anschuldigungen zu äußern. Auf seine Frage, warum die beiden Beatles denn so abrupt den Ashram verlassen wollen, antwortet John Lennon: „Wenn du tatsächlich das kosmische Bewusstsein hast, von dem du immer sprichst, müsstest du eigentlich wissen, warum wir von hier verschwinden." (Beatles Anthology 200).

Paul McCartney: „Die Jungs waren geschockt! Und ich war geschockt über ihre Reaktion. Ich sagte: ‚Der Mann hat doch nie behauptet, er sei ein Gott oder so 'was'. Wenn ich mich recht erinnere, hat er genau das Gegenteil gesagt: ‚Behandelt mich nicht wie einen Gott. Ich bin nur ein Meditationslehrer.' Er hat nicht gelobt, die Finger von den Mädels zu lassen. Für mich war das kein Grund, das Meditationszentrum zu verlassen. Ich habe den starken Verdacht, dass sie das bloß als Vorwand benutzt haben, um sich aus dem Ashram abzuseilen." (Miles 1998, 529).

Yoko am Himmel, Georges Erleuchtung
und Ringos Kampf mit den Fliegen

Womöglich ist John Lennons Entschluss, vorzeitig zurückzufliegen, auch durch Yoko Ono beeinflusst. Fast täglich schickt sie ihm Briefe und Karten nach Rishikesh, die John vor seiner Frau Cynthia geheim hält. Yoko schreibt ihm Gedichte und Aphorismen wie: „Ich bin eine Wolke, suche mich am Himmel." Oder: „Beobachte die Lichter bis zur Morgendämmerung!" John Lennon ist von Yokos ungewöhnlicher Poesie und ihren avantgardistischen Ideen wie elektrisiert – er will Yoko unbedingt wiedersehen.

Cynthia Lennon: „Was ich nicht wusste: Jeden Morgen lief John zur Poststelle und schaute nach, ob er einen Brief von Yoko bekommen hatte. Sie schrieb ihm fast täglich." (Lennon 2005).

George Harrison ist auf der Suche nach spiritueller Erleuchtung und nutzt die Zeit in Rishikesh, um über das Erlernen der Meditationstechnik diesem,

seinem großen Ziel näher zu kommen. Er hat sich vom Maharishi niemals gänzlich abgewendet, erhält im Gegenteil den Kontakt mit ihm aufrecht. Das Transzendieren durch Meditation bleibt zeitlebens für ihn eine wichtige Inspirationsquelle.

Ringo und seine Frau Maureen haben verschiedene Gründe, sich in Rishikesh nicht so recht wohlzufühlen: die Fliegen, das ungewohnte Essen, die geliebten Kinder zu Hause, die sie vermissen, usw. Deshalb verlassen Ringo und Maureen als Erste Rishikesh. Sie sind nur 11 Tage dort geblieben.

Paul McCartney: „Ringo konnte Fliegen nicht ausstehen. Maureen, Ringos Frau, ließ die Fliegen keinen Moment aus den Augen. Die sechs bei ihnen im Zimmer kannte sie sozusagen persönlich. Eine saß immer über dem Türsturz, und das war die, die es auf Maureen abgesehen hatte." (Miles 1998, 503).

Ringo Starr: „Ich möchte nicht, dass irgendjemand meint, es hätte uns dort nicht gefallen. Es war eine gute Erfahrung – sie war für mich einfach früher zu Ende als für die anderen." (Beatles Anthology 2000, 284).

Und jetzt alle: meditieren

Auch wenn die Beatles mit einer Art Ernüchterung aus Rishikesh zurückkehren, weil sie nicht die große, erhoffte Erleuchtung erlangt haben, und auch wenn Zweifel an der Heiligkeit des Maharishi zurückbleiben: Sie gehen doch nur auf Distanz zu dem Boten, nicht aber zu seiner Botschaft. John Lennon: „Wir sind noch immer hundertprozentig für die Meditation, aber wir haben nicht vor, überzuschnappen und einen goldenen Tempel im Himalaja zu bauen." (Beatles Anthology 2000, 286).

Paul McCartney: „Ich glaube immer noch, dass ich dort gelernt habe, was ich lernen wollte. Für mich war das Meditieren nichts weiter als eine Fähigkeit: etwas, das man lernt wie das Radfahren." (Miles 1998, 531).

George Harrison: „Die Meditation hat mich reich gemacht, im spirituellen Sinne. Ich erfahre Hochgefühle, wie ich sie nicht einmal unter Drogen erlebt habe. Es ist ein unglaublicher Rausch, und zugleich ist alles ganz einfach, es sind Vibrationen, die auf der Astralebene stattfinden. Ich habe herausgefunden, dass das genau meine Art und Weise ist, mit Gott in Verbindung zu treten." (Saltzman 2000).

Ringo: „Beim Autofahren mache ich manchmal meine Augen zu und meditiere – fahren tut mich mein Chauffeur." (Beatles Anthology 2000, 286).

Maharishi Mahesh Yogi starb am 5. Februar 2008.

Paul McCartney: „Wenn alle Menschen meditieren würden, wäre die Welt ein sehr viel angenehmerer Ort."

„TAKE THESE BROKEN WINGS AND LEARN TO FLY"
DIE ENTSTEHUNG DES WEISSEN ALBUMS
UND DAS MUSIKALISCHE UMFELD

Rishikesh hätte für alle vier der Neubeginn einer kreativen Zusammenarbeit als Gruppe von Individualisten werden können, natürlich unter veränderten Vorzeichen und Bedingungen. Das Gemeinschaftserlebnis im Ashram ist blendend gestartet, doch bald zeigen sich erste Risse. Auch wenn sich die Fab Four in der Anfangszeit ihrer Karriere äußerlich und im Habitus ähneln, so sind und waren sie doch unterschiedliche Charaktere. Haben sie sich früher noch, auch durch den äußeren Druck, etwa der Beatlemania-Hybris, wie unzertrennliche Freunde aufeinander eingestellt, so hat jetzt ihre Solidarität untereinander, ihre Geduld miteinander und ihre Rücksichtnahme aufeinander deutlich engere Grenzen. Sie sind in ihrer Unterschiedlichkeit gereifte Persönlichkeiten mit unterschiedlichen Bedürfnissen und Erwartungen – und jeder von ihnen besteht darauf.

John Lennon: „Es zeigte sich beim Weißen Album und schon in Indien, glaube ich, als George und ich blieben und Paul und Ringo abreisten. Ein langsamer Tod." (Beatles Anthology 2003, DVD). Aber John Lennon selbst hat keinen geringen Einfluss darauf, dass am Ende des Jahres der Bruch offensichtlich ist.

JOHN IN DER KRISE – DEPRESSIV?

Nach der Rückkehr aus Rishikesh sieht sich Lennon offenbar mit mehr Problemen konfrontiert als zuvor. Die Enttäuschung, dass die große Hoffnung auf den Maharishi ein Irrtum war, lässt ihn sehr bald wieder zum LSD greifen. Für die seelischen Nöte, die als negative Begleiterscheinungen während der meditativen Versenkung aus seinem Innersten auftauchten, findet er keine Lösung, nur Linderung durch Drogen. Er bekommt Yoko Ono nicht mehr aus dem Kopf und fühlt sich, nach anfänglich rein intellektueller Bewunderung und künstlerischer Faszination, nun auch immer stärker körperlich-libidinös zu ihr hingezogen. Und er weiß, dass seine Ehe am Ende ist. Er plagt sich mit Schuldgefühlen, nicht nur seiner Frau, sondern vor allem auch seinem Sohn Julian gegenüber. Er will Julian nicht das antun, was er selbst zu erleiden hatte, spürt aber, dass sein Interesse an Yoko viel größer ist als das an seiner Familie. Sein eigener, selbstsüchtiger Vater hat ihn, als John noch Kind war, verlassen – und jetzt würde er, John, das gleiche Muster an seinem Sohn Julian wiederholen. Auch aus diesem Dilemma gibt es keinen Ausweg. Die furchtbaren Schuldgefühle lassen sich nur betäuben: mit weiteren Drogen. Vertraute sprechen von einem Alkohol- und LSD-Exzess in dieser Phase, in den Lennon sich geflüchtet habe, um einem Nervenzusammenbruch zu entgehen. Er steht offenbar kurz davor, ein Psycho-Problemfall zu werden. Oder ist er das schon? Aufschlussreich ist die Sitzung, die er am 18. Mai im Apple-Büro einberuft, um allen ernsthaft zu verkünden, er sei die Wiedergeburt von Jesus Christus.

Die anderen Beatles nehmen die Offenbarung zur Kenntnis. Sie wissen, dass John auf einem LSD-Trip ist – und machen sich auch Sorgen über Johns zunehmenden LSD-Konsum. Man vereinbart, dass John mit seiner „Erleuchtung" noch nicht an die Öffentlichkeit gehen wird. Glücklicherweise ist das Thema John = Jesus bei Lennon selbst schon am nächsten Tag wieder vergessen. Am Abend dieses nächsten Tages ruft John Lennon bei Yoko Ono an und lädt sie zu sich nach Hause ein. Lennons Frau Cynthia ist zu dieser Zeit im Urlaub.

John Lennon: „Ich dachte, jetzt ist der richtige Moment, um sie näher kennenzulernen. Sie kam zu mir, und ich wusste nicht so recht, was ich machen sollte; also gingen wir rauf in mein Studio, und ich spielte ihr all die Tapes vor, die ich aufgenommen hatte, all das abgedrehte Zeug, Comedy-Sachen und auch etwas elektronische Musik. Sie war einigermaßen beeindruckt. Und dann sagte sie: ‚Lass uns doch gemeinsam etwas aufnehmen.' So ist „Two Virgins" entstanden. Es war Mitternacht, als wir mit „Two Virgins" anfingen, und im Morgengrauen waren wir damit fertig. Dann haben wir in der Dämmerung miteinander geschlafen. Es war ganz wunderbar." (Wenner 2002).

John im Glück – manisch?

John ist von der Künstlerin wie auch der Frau Yoko völlig überwältigt. Wie im Rausch nimmt er mit ihr die Klangcollage „Two Virgins" auf. Die beiden nutzen ein Home-Recording-System, bestehend aus zwei zusammengeschlossenen Brenell-Tonbandgeräten – übrigens auf Johns Wunsch installiert von Paul McCartney, der mit dem gleichen System schon lange Klangmontagen herstellt. John und Yoko verwenden bei ihrer spontanen Improvisation unter anderem Zuspielbänder aus der „Sgt. Pepper"-Produktion, produzieren Geräuscheffekte, Band-Echos und Überblendungen und experimentieren mit Sprache, Lauten und Gesang. Das etwas wirr und willkürlich wirkende Tonwerk ist die erste künstlerische Zusammenarbeit der beiden und erscheint als John Lennons erstes Soloalbum am 29. November 1968 unter dem Titel „Unfinished Music No.1: Two Virgins".

John Lennon: „Sie hat ihre abgedrehten Gesänge gemacht, und ich drückte an meinem Tonbandgerät alle möglichen Knöpfe und produzierte Soundeffekte ... Ich begriff, dass da jemand genauso durchgeknallt war wie ich – eine Frau mit abgefahrenen Geräuschen – und genauso Spaß an Musik hatte, die weder Tanzmusik noch Pop war, sondern, was man avantgardistisch nennt." (Beatles

Anthology 2000, 301). Aufsehen erregt weniger die avantgardistische Klangcollage als das Cover, das beide Künstler „jungfräulich" zeigt, wie Gott sie schuf, von vorn wie von hinten – wenn schon, dann vollständig. John Lennon: „Wir waren beide ein bisschen verlegen, als wir uns für das Foto auszogen; ich habe es dann mit dem Selbstauslöser gemacht. Das Bild sollte beweisen, dass wir keine geistesgestörten, deformierten Freaks sind, sondern körperlich und geistig gesund. Wenn wir die Gesellschaft dazu bringen können, so etwas ohne Gekicher oder Beleidigungen zu akzeptieren, dann haben wir unser Ziel erreicht." (Lennon 1996, 73).

John Lennon drängt darauf, dass „Two Virgins" schon im August 1968 als erstes Album von Apple veröffentlicht wird. Aber daraus soll nichts werden, weil die Vertriebsfirma EMI sich weigert, dieses Album überhaupt herauszubringen. Aber auch die anderen Beatles hätten, so stellt es John Lennon dar, mit einer Verzögerungstaktik angefangen, rumgedruckst und mal dies, mal jenes gesagt.

Ringo Starr: „Das Cover war absolut irre – ich kann mich noch genau erinnern, wie sie angekommen sind und es mir gezeigt haben. An die Musik erinnere ich mich nicht mehr. Aber er hat mir das Cover gezeigt und ich habe auf die Times gedeutet (eine Ausgabe der Zeitung The Times war auf dem Foto zu sehen, sie lag auf dem Boden neben dem rechten Fuß von John): ‚Oh, ihr habt sogar die Times mit drauf', als hätte er nicht seinen Pimmel raushängen gehabt. Und ich sagte: ‚Komm schon, John, du machst all diese Sachen, und das ist für dich vielleicht alles ganz in Ordnung, aber dafür geradestehen müssen wir schließlich alle.' Er sagte: ‚Ach Ringo, müssen musst du gar nichts.' Ich sagte: ‚Okay, gut', weil er ja recht hatte." (Beatles Anthology 2000, 302).

Am Tag nach dem historischen Akt der künstlerischen wie sexuellen Vereinigung von „Two Virgins" kommt Johns Frau Cynthia überraschend etwas früher aus dem Griechenland-Urlaub zurück. Sie findet ihren betreten dreinschauenden Ehemann beim Frühstück mit Yoko, die Cynthias Morgenmantel trägt. Die laue Begrüßung „Hi" und der Anblick des Paares, das fest zusammenzugehören scheint, macht Cynthia klar, dass ihre Ehe zu Ende ist.

John Lennon: „Meine Ehe mit Cyn war nicht unglücklich. Aber sie war einfach eine normale Zweierbeziehung, in der nichts passierte und die wir aufrechterhielten. Mit Yoko erlebte ich wirklich zum ersten Mal die Liebe. Wir fühlten uns geistig zueinander hingezogen, aber das Physische kam dann auch hinzu. Beides ist wesentlich in einer Beziehung." (The Beatles Anthology 2000, 301).

Die anderen Beatles denken, Yoko sei nur eine von Johns exotischen Marotten und würde wie seine Jesus-Nummer bald wieder verschwinden. Sie haben sich darin absolut geirrt – was nicht unwesentlich zu den später aufkommenden Animositäten beiträgt. John spricht auf der Weihnachtsplatte '68 für den Beatles-Fanclub von den anderen als seinen „beast friends", weil er die mehr oder minder unterschwellige Ablehnung von Yoko auch auf sich bezieht. Nur sechs Tage nach der „Two Virgins"-Nacht und dem Beginn der untrennbaren Verbindung zwischen John und Yoko werden die Aufnahmen für das neue Album der Beatles in Angriff genommen. – Der Einstieg ist kein guter.

Veränderungen, Trennungen, neue Perspektiven

Die Beatles sind als Band noch funktionsfähig; doch als ein Team von Freunden nehmen sie sich im Verlauf der Studioarbeiten am Weißen Album nicht mehr wahr. Dass sie auch als Band bald endgültig Vergangenheit sein würden, ist zu diesem Zeitpunkt aber noch nicht abzusehen. Allerdings: Die wachsende Zahl einschneidender privater Veränderungen im Jahr '68 ist schon ein unverkennbares Indiz für sich abzeichnende unterschiedliche Wege. Johns Ehe mit Cynthia wird geschieden. Ihr gemeinsamer Sohn Julian bleibt bei der Mutter, auch weil John in dieser Lebensphase keinen Platz für ein Kind hat. Und auch Pauls Beziehung mit seiner Verlobten Jane Asher ist zu Ende. Er hat eine neue, dauerhafte Liebe gefunden: Linda, die später bei den Wings auch seine musikalische Partnerin wird. George hat spätestens seit der Arbeit an seinem Filmmusikprojekt „Wonderwall" eine eigene künstlerische Identität vor Augen und klare Perspektiven für die Zukunft entwickelt. Und Ringo träumt davon, ein Tintenfisch zu werden in seinem unterseeischen Reich, im Garten des Oktopus. Den Traum von einer Schauspielerkarriere erfüllt er sich bereits: In der Fantasy-Komödie „Candy" spielt er seine erste Filmrolle neben Leinwandstars wie Marlon Brando, Walter Matthau und Richard Burton. Ein Angebot für einen weiteren Kinofilm hat er bereits in der Tasche.

Aus Rishikesh hat John Lennon enorm viele neue Songs mitgebracht; er meldet sich damit zurück – auch in der Rivalität um den Führungsanspruch bei den Beatles. In der Ära ihrer Alben „Revolver", „Sgt. Pepper" und „Magical Mystery Tour" hatte Paul McCartney eindeutig das Heft in der Hand. Lennon war in der Defensive, weil es ihm oft nicht sonderlich gut ging, wohl auch wegen seines steigenden LSD-Konsums. Er war unzufrieden, mit seiner Ehe und seinem ganzen Leben. Er kämpfte nicht mehr um seine Songs, nicht mehr um seine Ideen und nicht mehr um seine Bandleader-Funktion. Mit Yoko, der neuen Liebe und inspirierenden Muse an seiner Seite, ist nun alles anders. Jetzt strotzt John vor Energie und Kampfbereitschaft – etwa bei seinem Titel „Revolution", den er gleich in drei verschiedenen Fassungen gegen alle Widerstände durchsetzt; oder bei seiner Entscheidung, Yoko Ono den anderen drei Beatles ungefragt und diskussionslos als neues Quasi-Gruppenmitglied aufzunötigen.

DER POP-ZEITGEIST RADIKALISIERT SICH
UND NEUE TÖNE EROBERN DIE SZENE

Nach dem Sommer der Liebe des Jahres 1967 folgt das Jahr des Protestes. In der Popkultur und vor allem in der Szene der Wortführer und Trendsetter wird es chic, sich mit einem gewissen revolutionären Touch zu präsentieren. Man könnte sagen, 1968 ist das Jahr, in dem ein Gestus von Protest und Anarchie die neue radikale Pose in der Pop-Avantgarde bestimmt. Die Hippie-Band Jefferson Airplane aus San Francisco radikalisiert sich textlich, sie protestiert lautstark gegen den Vietnam-Krieg. In Detroit beginnt sich die Furor-Energie des oppositionellen Polit-Punk der Gruppe MC5 zusammenzubrauen – massiv ausbrechend erstmalig im August in Chicago, beim Protestkonzert während des Parteitags der Demokraten.

Wayne Kramer, Gitarrist von MC5: „Als wir sagten, dass wir die Jugend Amerikas schreiend in die Straßen hinausschicken würden, damit sie alles niederrissen, was sie am Frei-Sein hinderte – dann haben wir das so gemeint, auch wenn das alles in einem gewissen Marihuana-Nebel geschah und eingerahmt von gewaltigem Gelächter." (Appleford 2002, 79).

Am 2. Mai 1968 spielen die Rolling Stones ihre neue Single „Jumpin' Jack Flash" live beim Konzert des New Musical Express. Dieser Song hat nichts mehr mit dem Feeling des „Summer of Love" des Vorjahres zu tun. Der Song klingt drängend und bedrohlich, mitreißend und radikal. Die Stones treffen den Ton, der sich in diesem Jahr 1968 als der durchdringendste erweisen soll. Der vorherrschende Klang des umstürzlerischen Jahres 1968 ist genauso wild, unbändig und erfahrungshungrig wie dieser wütige Rocktitel der Stones: „Ich kam zur Welt in einem tobenden Orkan und brüllte im prasselnden Regen meine Mutter an. Ich wuchs auf bei einer zahnlosen Vettel mit Bart. Meine Erziehung bestand aus Schlägen auf den Hintern. Aber jetzt ist alles okay, es macht sogar Spaß."

Und im Mai '68, während draußen auf den Straßen – vor allem in Paris, Berlin und Frankfurt – die Studentenunruhen ausbrechen und alle braven Bürger erschrecken, proben die Stones im Studio die Revoluzzer-Pose und nehmen ihren berühmten Straßenkämpfer-Song auf: „Überall hör ich jetzt den Ton marschierender, stampfender Füße. Der Sommer ist da, und das ist die Zeit zum Kämpfen in den Straßen. Aber was kann ein armer Kerl schon anderes tun, als in einer Rock-'n'-Roll-Band zu singen? Denn in London, dieser verschlafenen Stadt, ist einfach kein Platz für Straßenkämpfer. Ich finde, die Zeit ist reif für 'ne Palastrevolution. Aber hier, wo ich lebe, schließt man nur Kompromisse. Hey, ich sag euch, mein Name bedeutet Aufruhr. Ich schrei und ich kreisch. Ich bring den König um und verhöhne alle seine Diener", so heißt es aufmüpfig kess in der letzten Strophe, die dann doch wieder genauso resigniert endet wie die beiden zuvor: „Doch was kann ein armer Kerl schon tun ...". Dieser Song „Street Fighting Man" ist geradezu idealtypisch für den revolutionären Geist der Rockmusik. Ein Geist, der sich verbal und in rebellischer Pose äußert, aber dann doch im wilden Eindreschen auf die Gitarren und im Lärm der Verstärkertürme ohnmächtig verhallt. Steppenwolf formuliert im Mai '68 eher vage und atmosphärisch das neue Selbstverständnis: „Born to be wild". „Dieses Rad steht in Flammen, es rollt die Straße hinunter ... dieses Rad wird explodieren!" Mit diesem Text und Song von Bob Dylan, „This Wheel's On Fire", lassen die großartige Sängerin Julie Driscoll und Brian Auger & The Trinity aufhorchen, unter anderem bei den Essener Songtagen im September 1968. Bei diesem Festival, das als Initialzündung für die Geburt des deutschen Polit- und Krautrock gilt, tritt neben den Pionieren des heimischen Undergrounds wie Guru Guru, Amon Düül, Tangerine Dream und Floh de Cologne auch Frank Zappa mit seinen Mothers Of Invention auf. Der geniale Zappa, der immer aktuelle Zeiterscheinungen auf die Schippe nimmt, verhöhnt die Hippies im Song „Flower Punk" auf seinem legendären Album „We're Only In It For The Money", das im Juni 1968 erscheint. Jimi Hendrix kracht mit „Purple Haze" und „Foxy Lady" schon Ende 1967 und Anfang '68 in die Flower Power-Idylle hinein. Und in England entwickelt sich eine Diversifikation der Stile in nie zuvor gekanntem Ausmaß.

Von Bluesrock bis Freistil – die britische Musikexplosion anno '68

Die Zeit der futuristischen Experimente im Rock bricht an – etwa im Juni 1968 mit „A Saucerful Of Secrets" von Pink Floyd. Der klassisch angehauchte Artrock entfaltet seine Verästelungen Anfang 1968 mit dem Debut-Album der Gruppe The Nice um den klassisch ausgebildeten Tastenvirtuosen Keith Emerson. Der Singer/Songwriter-Stil nimmt klare Konturen an: zum Beispiel mit dem ersten Album von John Martyn, das schon Ende 1967 erschienen ist, und mit dem ersten Soloalbum „Blowin' Your Mind" von Van Morrison vom Februar 1968. Im November folgt dann sein mystisches Meisterwerk „Astral Weeks". Die im Juni veröffentlichten Debut-Alben von Fairport Convention und Pentangle öffnen die Türen zum Folkrock. Ebenfalls im Juni weiß die frühere Hit-orientierte Mod-Band Small Faces zu verblüffen, als sie mit „Ogdens' Nut Gone Flake" ein fantasievoll-buntes Stil-Kaleidoskop auf LP, verpackt in Form einer Tabaksdose, veröffentlicht.

Mit der ersten Single von Deep Purple im Juni '68 und im Monat darauf mit dem Album „Truth" der Jeff Beck Group beginnt der Hard & Heavy Rock seinen Siegeszug. Der britische Blues, den die Gründungsväter John Mayall und Alexis Korner schon Anfang der 60er-Jahre initiiert haben, bekommt mit den Bands Chicken Shack und Ten Years After 1968 einen innovativen Schub in Richtung Bluesrock. Davon ausgehend und mit zusätzlichen Fensteröffnungen in die Welt der Jazzimprovisation, startet das Trio Cream mit seinem legendären Album „Wheels Of Fire" im August '68 in zuvor ungeahnte Bereiche innovativer Rockmusik. Schon im Februar hat das Debut-Album von Peter Green's Fleetwood Mac den britischen Bluesrock hoch in die Charts geführt. Und die berühmte Single „Black Magic Woman", die im März folgt, macht den Bluesrock à la Fleetwood Mac auch für ein Pop-Publikum salonfähig. Die Gründung von Led Zeppelin Mitte '68 und deren erster Auftritt am 7. September markieren den Beginn des Progressive Rock. Schließlich, mit dem Plattenerstling von Soft Machine im November, wird der Jazzrock geboren. Doch das ist noch längst nicht alles. Die vormals harten Rhythm-'n'-Blues-Rocker Pretty Things erarbeiten ein komplexes Songkonzept und kreieren Ende des Jahres mit ihrem Album „S. F. Sorrow" die erste Rock-Oper. Mit Blues, Folk, Bach-Zitaten und altenglischer Musik wie aus der Elisabethanischen Zeit mischen Jethro Tull in ihrem Debut-Album „This Was" (Oktober 1968) die Stile Folkrock, Bluesrock, Hardrock, Classic Rock und Progressive Rock bunt durcheinander. Ähnliche Freistil-Mixturen entwickelt auch die Band Family mit ihrem Nebelhorn-Sänger Roger Chapman. Deren erstes Album vom Juli '68, „Music From A Doll's House", macht übrigens den Beatles einen Strich durch ihre Rechnung „Albumtitel". Denn bis zur Veröffentlichung des Family-Albums lautet der Arbeitstitel des neuen Beatles-Werks „A Doll's House".

Von Soul-Funk bis Avantgarde-Rock
Die US-amerikanische Musikexplosion anno '68

In den USA feiert derweil Soul-Queen Aretha Franklin Triumphe mit ihrem Album „Lady Soul", das im März '68 auf den Markt kommt. Der im Dezember 1967 bei einem Flugzeugabsturz ums Leben gekommene Otis Redding führt den Soul mit seinem im Mai posthum veröffentlichten Album „Dock Of The Bay" weltweit in die Charts. Und The Godfather James Brown lässt schon mal den Funk anklingen im Album „Live at the Apollo, Volume 2" vom September – und startet im selben Monat die Black-Power-Offensive des Soul mit seiner Single „Say It Loud – I'm Black And I'm Proud". Ebenfalls im September erscheint das Meilenstein-Album „Dance To The Music" von Sly and the Family Stone, in dem der Crossover von schwarzem Soul und Bluesrock mit weißer Psychedelia vollzogen wird. In Kalifornien erfinden The Byrds mit Gram Parsons den Country-Rock mit ihrem gemeinsam produzierten Album „The Notorious Byrd Brothers", das im April erscheint und die Folkrock-Szene auf die Spur der US-amerikanischen Country-Wurzeln führt. Janis Joplins Karriere als herausragende Bluesrock-Sängerin erhält den entscheidenden Schub mit dem im September veröffentlichten Album „Cheap Thrills" ihrer damaligen Band Big

Brother and the Holding Company. Und die ersten Experimente mit Klassikmotiven (von Mozart und Beethoven) in der Rockmusik unternimmt die New Yorker Band Vanilla Fudge in ihrem Album „The Beat Goes On", das im Februar erscheint. Im Juni veröffentlicht die kalifornische Gruppe Spirit ihr Debut-Album mit einem damals innovativen Stilmix aus psychedelischem Rock, Jazz, Folk und Country-Blues – und mit einem Hauch von großer Oper. Die Ära des bläserdominierten, jazzigen Brass-Rock startet im Juni ihren Siegeszug mit dem Debut-Album von Blood, Sweat & Tears. Mit ihrem im Juli veröffentlichten ersten Platin-Album der Schallplattengeschichte (für damals unglaubliche eine Million verkaufte Einheiten), „In-A-Gadda-Da-Vida", erfindet die Band Iron Butterfly aus San Diego den Acid-Rock in dem 17-minütigen Titelstück des Albums, das einer Verballhornung von „Im Garten des Lebens" seinen Namen verdankt. Die erst sehr viel später einsetzenden Entwicklungen von Noise-Rock und Punk deuten sich bereits bei Andy Warhols New Yorker Hausband Velvet Underground an: im Album „White Light/White Heat", das im Juni auf den Markt kommt. Sogar avantgardistische Zukunftsmusik ist zu hören. Die aus Los Angeles stammende Band The United States Of America überrascht – und überfordert – die meisten Pophörer im Frühjahr '68 mit elektronischem Experimental Rock ihres ersten und einzigen Albums, das in die Pop-/Rock-Geschichte als Solitär eingeht – seiner Zeit weit voraus. Nicht minder einzigartig ist das herausragende Meilenstein-Doppelalbum „Electric Ladyland" von Jimi Hendrix. Es definiert die Relevanz der E-Gitarre für die Rockmusik sowohl spieltechnisch als auch in den Klangmöglichkeiten neu und erweitert zugleich die Grenzen der Genres. – Dies, einen Monat, bevor das zweite Super-Doppelalbum des Jahres, das Weiße Album der Beatles, auf den Markt kommt!

1968 – EIN MUSIKALISCHES FÜLLHORN

Man könnte noch einiges mehr an wichtigen Pop-/Rock-Entwicklungen und -Produktionen auflisten, die allesamt im Jahre '68 bedeutsam und teilweise bahnbrechend sind. Die innovative Kraft der Musik in den Sechzigern erlebt ihren Zenit in den turbulenten Monaten von 1968. In keinem Jahr zuvor war so viel Veränderung, Aufbruch und Gestaltungswille in der Musik hörbar. Niemals zuvor – und vielleicht auch niemals wieder danach – sind im Laufe nur eines Jahres so viele Weichenstellungen und Initialzündungen für die Weiterentwicklung der Pop-/Rockmusik zu verzeichnen. Um es noch mit ein paar Namen zu illustrieren: 1968 werden, neben den bereits genannten, folgende richtungsweisende Bands gegründet: Yes, King Crimson, Free, Santana, Gong, Caravan, Rush, The Band, Creedence Clearwater Revival, Tyrannosaurus Rex ... Und folgende einflussreiche Musiker beginnen ihre Solokarriere: Joni Mitchell,

James Taylor, Taj Mahal, Warren Zevon, Neil Young, Bob Seger, Jan Hammer, Scott Walker, Dr. John, Alice Cooper, Jean-Michel Jarre, Jim Croce, Linda Ronstadt, Elton John ...

Die Musiker- und Bandszene breitet sich schlagartig international aus. In vielen Ländern etablieren sich nationale Musikszenen, die oft schon eigenständige Ansätze entwickeln. Während all dies geschieht, arbeiten die Beatles fast fünf Monate lang im Studio an einer Reflexion vieler Strömungen und Stile dieses Jahres. Sie erproben Art-, Blues- und Heavy Rock, spielen mit Ska-Rhythmik und experimentieren mit Avantgarde- und Neutöner-Klängen. Sogar den aufkommenden Trend der Singer/Songwriter präsentieren die Beatles in solistischen Songproduktionen ihres neuen Albums: Paul McCartney in „Blackbird" und John Lennon in „Julia". Und auch darin sind sie eine Klasse für sich und können mindestens genauso überzeugen wie Simon & Garfunkel mit ihrem hochgelobten Album „Bookends", das im Juli '68 erscheint, oder wie der neue Song-Melancholiker aus Kanada:

„Und Jesus war ein Seemann / Als er übers Wasser schritt / Und er schaute lange Zeit zu / Von seinem einsamen hölzernen Turm herab / Und als er sicher wusste / Dass nur Ertrinkende ihn sehen konnten / Sagte er: ‚Alle Männer sollen Seemänner werden / Bis das Meer sie befreien wird' / Doch er selbst war zerbrochen / Lange, bevor sich der Himmel öffnen würde / Verdammt und fast menschlich / versank er in deiner Weisheit wie ein Stein." (Übersetzung der zweiten Strophe von „Suzanne", Leonard Cohen).

Die Single „Suzanne" erscheint in England im April. Am 18. Mai verkündet John Lennon in der eigens einberufenen Apple-Sitzung: „Ich bin Jesus." Auch surreale, monotone, zerbrechlich-melancholische Lieder mit literarischen Texten, wie etwa „Suzanne", „So Long Marianne" und „Sisters of Mercy" aus dem Debut-Album des kanadischen Sängers und Romanciers Leonard Cohen, das im Februar 1968 erscheint, beeinflussen die Entwicklung der populären Musik des Jahres '68.

Die Konkurrenz schläft nicht. Wie reagieren die Beatles?

Die weltweit expandierende Popmusik erlebt also im Jahr 1968 eine kreative Explosion, die einen bunt schillernden Kosmos unterschiedlichster Stilarten freisetzt. Die Beatles sind an diesem Prozess beteiligt. Aber können sie ihre Vormachtstellung als alleinige Vorreiter – wie noch in den beiden Jahren zuvor – behaupten? Was haben die Beatles dem Ansturm der kreativen Wellen aus allen Richtungen der Popwelt entgegenzustellen? Können sie noch mithalten? Seit 1963 haben sie nach Belieben die Popentwicklung dominiert und fast jede Neuerung selbst eingeführt, jede Richtungsänderung mit angestoßen, wenn nicht gar bestimmt. Im Laufe des Jahres 1968 zeigt sich aber: Die unangefochtene Führungsrolle ist verloren; und: Es geht auch ohne sie. Neue Musiker mit nicht minder guten Ideen betreten die Bühne – Musiker, die teils wagemutiger sind und sich handwerklich, spieltechnisch, als bessere Instrumentalisten erweisen.

Im Mai kommen die Beatles aus Indien zurück. Zwar mit jeder Menge neuer Songs im Gepäck und einer Vielzahl neuer Songideen im Kopf, doch es stellt sich die Frage: Können die neuen Kompositionen qualitativ konkurrieren mit all den innovativen musikalischen Ansätzen und den experimentierfreudigen Veröffentlichungen der neuen Bands und Solisten? Und würden „die schöpferischsten Musiker" des Jahres 1967 nach dem epochalen Vorläuferalbum „Sgt. Pepper" die hochgesteckten Erwartungen erfüllen können? Die Beatles hatten in Rishikesh nur ihre Akustikgitarren dabei. Deshalb sind alle kompositorischen Ideen, die im Ashram entstanden sind, naturgemäß reduziert auf die musikalischen und instrumententechnischen Möglichkeiten einer Wandergitarre. Entsprechend sind viele ihrer neuen Stücke Folksong-orientiert angelegt – schlicht im Arrangement, aber äußerst melodiös.

Die Kinfaun-Demos

Am 25. Mai 1968 treffen sich die Beatles in George Harrisons Haus, dem luxuriösen Anwesen „Kinfauns" in Esher, am Rande von London in der Grafschaft Surrey gelegen. Sie wollen sich ihre neuen Songs gegenseitig vorspielen und dabei erste Demo-Aufnahmen ihrer Kompositionen für das nächste Album aufzeichnen. Etwas Vergleichbares hat es bei der Vorbereitung der früheren Beatles-Alben noch nicht gegeben.

In lockerer Runde werden die folgenden Songs, zum Teil auch nur Song-Fragmente, aufgenommen, wobei der zum damaligen Zeitpunkt überaus kreative John Lennon den Löwenanteil der Songs liefert: „Cry Baby Cry", „Child of Nature", „The Continuing Story Of Bungalow Bill", „I'm So Tired", „Yer Blues, Everybody's Got Something To Hide Except Me And My Monkey", „Revolution", „Julia", „Dear Prudence", „Sexy Sadie", „Happiness Is A Warm Gun", „Glass Onion" – die allesamt für das Weiße Album ausgearbeitet werden. Die Songs „Mean Mr. Mustard" und „Polythene Pam" landen auf dem Album „Abbey Road". Und „Child Of Nature" erfährt eine Metamorphose zu „Jealous Guy", während „What's The New Mary Jane?" erst auf der Doppel-CD „Anthology 3" veröffentlicht wird.

Paul McCartney nimmt Demos seiner folgenden Songs auf: „Blackbird", „Rocky Raccoon", „Back In The USSR", „Honey Pie", „Mother Nature's Son", „Ob-La-Di Ob-La-Da", „Junk". Der letztgenannte Song erscheint erst auf seinem ersten Solo-Album. George Harrison steuert bei: „While My Guitar Gently Weeps" und „Piggies". Beide Songs finden ihren Weg auf das Weiße Album, nicht aber seine ebenso als Demo aufgenommenen Songs „Circles", „Sour Milk Sea" und „Not Guilty". Diese privaten Demo-Aufnahmen, die nicht für die Öffentlichkeit bestimmt sind, gelangen natürlich über verschiedene illegale Bootleg-LPs zu den Sammlern, Hardcore-Fans und Beatles-Maniacs. Unser Freund Charly hat sich fast alle diese Bootlegs besorgt, genannt „Kinfaun Demos", „Esher Demos", „White Album Sessions", „Off White – Acoustic Demos from the ‚White Album' 20/5/68", „The Beatles Documents Vol. 5 – White Album Rarities 1968", „The 1968 Demos", „The Alternate White Album", „Whitology", „The Beatles – Unsurpassed Demos"; usw.

Was die „Kinfaun-Demos" bedeuten können

Für unseren Freund Charly sind diese Demos die unverfälschten, die puren, die echten Songs des Weißen Albums, weil hier die Substanz der Songs noch im ursprünglichen Zustand erhalten sei. Tatsächlich enthalten die Kinfaun Demos etliche Textpassagen und musikalische Ideen, die bei der weiteren Studioausarbeitung mehr und mehr verschwinden und in den endgültigen Fassungen überhaupt nicht mehr vorhanden sind. Darüber hinaus ist der Vorher-Nachher-Vergleich besonders reizvoll, vor allem bei Songs, die mehrere Häutungen durchlaufen und ihren ursprünglichen Charakter weitgehend verändert haben – wie etwa George Harrisons „While My Guitar Gently Weeps" oder John Lennons „Child Of Nature". Des Weiteren bieten die Kilfaun Demos den besonderen Reiz, dass hier alle Songs versammelt sind, die Anfang 1968 entstanden. Und das sind einige mehr als letztlich auf dem Weißen Doppelalbum verewigt wurden.

Unser Freund Charly schwärmt auch noch von der besonderen Ausstrahlung dieser Demo-Aufnahmen: Eine gewisse Lagerfeuerromantik könne man verspüren. Und außerdem würden die Giganto-Helden John & Co. hier auf ein menschliches Maß schrumpfen, weil man hören könne, dass der eine oder andere sich mal verspielt, aus dem Takt kommt, den Einsatz verpasst oder sogar einzelne Gesangstöne schief erwischt. Ach, es menschele so schön! Und der miese Sound der Demos sei die beste Inspiration für alle Garagenbands. Weil er motiviere, im Sinne von: So quäkig kriegen wir das auch noch hin, aber hallo! Hey Jude, nimm einen dürftigen Klang und mach was draus! Und: Hey, Bungalow Bill, was hast du gekillt? Den Begrenzer? Die Lautsprechermembran? Die Nerven der Erziehungsberechtigten? Egal, mach weiter! Hau rein!

„TAKE A SAD EXPERIENCE, AND MAKE IT BETTER"
DIE ARBEITEN IM STUDIO

Die unschlagbare Viererkette der Popmusik beginnt sich aufzulösen. Zu den Hauptproblemen gehört offenbar auch John Lennon, der seinen neuen Führungsanspruch unter anderem durch die ständige Präsenz seiner Muse Yoko Ono unterstreicht und gleichzeitig den anderen zu verstehen gibt, dass seine Priorität nicht mehr den Beatles als Gruppe gilt, sondern nur noch Yoko und seiner neu gewonnenen künstlerischen Identität, die monströs überhöht und gleichzeitig fragil zwischen Selbstüberschätzung, Größenwahn und Selbstzweifeln zu pendeln scheint. „Du hast eine Idee, setz sie um!" Diese Devise der Konzeptkünstlerin und Avantgardistin Yoko Ono stachelt ihn an, selbst bizarren Eingebungen zu folgen. Ob er sich und Yoko per Selbstauslöser nackt fotografiert, sich in der Royal Albert Hall 20 Minuten lang in einem verschlossenen Sack der Presse präsentiert oder sich für den Erlöser hält: Angeregt von Yoko erlaubt er sich, jeden absonderlichen Einfall sofort umzusetzen und als Kunst zu verstehen. Dennoch geht es ihm in dieser Phase sehr schlecht. Er fängt an, Heroin zu schnupfen, und nimmt weiterhin jede Menge LSD.

„MAKE YOUR MOTHER SIGH. SHE'S OLD ENOUGH TO KNOW BETTER"
CRY BABY CRY – ALLE STÖHNEN
UND DIE VERURSACHER HÄTTEN ES BESSER WISSEN MÜSSEN

Die Stimmung bei den Aufnahme-Sessions, die am 30. Mai beginnen, ist erstaunlich oft angespannt bis gereizt. Ein Grund dafür ist wohl die ständige Anwesenheit von Yoko Ono im Studio und die Tatsache, dass John Lennon seine neue Liebe ungefragt als „fünften Beatle" in die Aufnahmen einbezieht. Die anderen drei müssen sich auch noch anhören, wie Yoko über die Qualität der Aufnahmen urteilt. Da hört der Spaß ja nun auf. So denken alle, die an den Studioarbeiten beteiligt sind.

Geoff Emerick: „Die vier Beatles, George Martin und natürlich Yoko hörten im Kontrollraum das Play-back eines Backing Tracks ab, als John sie beiläufig fragte, was sie davon hielt. Zur allgemeinen Überraschung äußerte sie tatsächlich eine Kritik. ‚Es ist ziemlich gut', sagte sie mit ihrer leisen, hellen Stimme. ‚Aber ich finde, es sollte etwas schneller gespielt werden.' – Man hätte eine Stecknadel fallen hören können. Auf allen Gesichtern malte sich derselbe Ausdruck von Schreck und Entsetzen ab, auch auf Johns. Die andern sahen John an, aber er schwieg. ... Der Schaden war irreparabel – es würde nie wieder so sein wie früher." (Emerick, Massey 2007, 368).

John Lennon stößt damit seine alten Kumpels vor den Kopf. Doch es scheint ihn nicht zu kümmern, was die anderen denken. In „Sexie Sadie" polemisiert er selbst vorwurfsvoll gegen den Maharishi: „You break the rules!" Aber jetzt ist er es, der die Regeln bricht, die bisher für die Studioarbeit galten.

Paul McCartney: „Das Problem war, dass das mit unserem etablierten Arbeitsschema kollidierte. Im Studio waren immer nur wir vier gewesen, vielleicht kurzzeitig noch Neil und Mal, die beiden Roadies. Oder George Martin im Kontrollraum, oder ein Techniker, der ein Mikrophon einrichtete, aber das wars dann auch. Und so hatten wir seit unseren ersten Aufnahmen immer gearbeitet." (Beatles Anthology 2003, 7.12).

Keine Frage: In der kreativen Zusammenarbeit des Quartetts entsteht im Studio, wenns gut läuft, eine gewisse Magie. Auch wenn sich das vierblättrige Kleeblatt nicht immer grün ist, auch wenn sie getrennt komponieren – sobald die vier im Studio gemeinsam an einem Song arbeiten, kommt das kreative Potenzial einer eingeschworenen Gemeinschaft zum Vorschein: ein intimer, einzigartiger Gruppen-Sound. Dergleichen kann eine Zusammenkunft fremder Studiomusiker – und seien sie noch so perfekte Könner an ihrem Instrument – in aller Regel nicht herbeizaubern.

Barry Miles: „Die Musik der Beatles entstand zum Teil aus spontaner Magie: aus einem fast schon telepathischen Einfühlungsvermögen in die musikalischen Vorstellungen der anderen, das es dem Einzelnen ermöglichte, die Reaktionen der anderen vorauszusehen und ihre Ideen schon bei den ersten Ansätzen einer musikalischen Reaktion zu erahnen. Hinzu kam die übliche Geheimsprache aus Gesten, Zeichen und Stichworten, die Musiker entwickeln, wenn sie über einen längeren Zeitraum zusammenarbeiten. Mal und Neil (die beiden Roadies) waren die Einzigen, denen die Beatles Zugang zu ihrer Liverpooler Schutzblase gewährten; selbst George Martin wurde dort nicht ohne Erlaubnis eingelassen." (Miles1998, 609).

Und plötzlich soll mit einem Mal alles anders sein. Da kommt der ursprüngliche Bandgründer und – neben Paul – wichtigste Kopf, Sänger und Songschreiber des Quartetts nur noch in Begleitung seiner neuen Freundin ins Studio, ist geradezu fixiert auf sie, lässt sich von ihr sogar zur Toilette begleiten, weil er extrem eifersüchtig ist und befürchtet, dass jemand seine Abwesenheit ausnutzt und seine Freundin anmacht. Mit seinem ganzen auf Yoko zentrierten Verhalten signalisiert er den anderen drei ständig: Wir beide sind eine Einheit und „enger zusammen als ihr alle miteinander" (Barry Miles). Schlimmer noch: Wir sind das Zentrum, ihr die Satelliten. George Harrison: „Yoko ließ sich ein Bett ins Studio schaffen, und während wir dann was aufzunehmen versuchten, lag sie da im Bett, oder unter dem Klavier auf einer Matratze. ... Es war sehr merkwürdig, sie ständig dabeisitzen zu haben. Es lag nicht daran, dass es Yoko war oder dass wir keine Außenstehenden dabei haben wollten, es waren ganz bestimmte Vibrationen zu spüren, und das störte mich. Es waren irgendwie unheimliche Vibrationen." (Beatles Anthology 2000, 308).

In einem anderen Interview sagt George Harrison, nach seinem Empfinden habe Yoko Ono die Beatles nicht gemocht, weil sie die Beatles als etwas erfahren hätte, das zwischen ihr und John stand. Harrison spricht davon, dass er Schwingungen aufgenommen habe, die ihm sagten, dass Yoko Ono ein Keil war, der sich tiefer und tiefer zwischen John und die anderen Beatles zu drängen versuchte. (Beatles Anthology 2000, 310).

Doch erst mal sitzt Yoko, sicherlich unbeabsichtigt, ganz banal im Wege. Sie erlaubt sich den geradezu unverzeihlichen Fauxpas, sich auf einen der heiligen Verstärker zu setzen. Wer Bandmusiker kennt, oder selbst einer ist oder war, weiß, dass es für Musiker nichts Schlimmeres gibt als einen Fremden und Unbefugten, der es wagt, ungefragt das Instrument anzufassen oder sich gar auf den Verstärker zu setzen – so als wäre der ein beliebiges Sitzmöbel. Wenn Carl Perkins sang: „Du kannst mein Haus anzünden, mein Auto klauen und mir meinen besten Whisky wegsaufen. Du kannst alles machen, was du willst. Aber wehe, du trittst mir auf meine blauen Wildleder-Schuhe!". Dann heißt das übertragen auf die Instrumente und Gerätschaften eines Musikers: „Du kannst alles machen, wozu du lustig bist. Aber wehe, du setzt dich mit deinem Hintern auf meinen Vox AC-30! Dann passiert was!".

Paul McCartney: „Es nervte ziemlich, wie sie immer auf dem einen oder anderen Verstärker herumsaß. Man hätte am liebsten gesagt: ‚Verzeihung, Schätzchen, dürfte ich vielleicht die Lautstärke aufdrehen?' Wir überlegten uns ständig, wie wir ‚Könntest du von meinem Verstärker runtergehen?' sagen, ohne uns in ihre Beziehung einzumischen." (Beatles Anthology 2000, 310). John und Yoko sind absolut unsensibel im Umgang mit der verständlichen Irritation der anderen. Sie bleiben blind und taub für die rapide sich verschlechternde Stimmung bei allen Beteiligten im Studio, nicht nur bei den anderen drei Beatles. Ringo Starr: „Ich fragte John mehrmals: ‚Was hat das zu bedeuten? Was geht hier vor? Warum ist Yoko bei jeder Session dabei?'" (Beatles Anthology 2003, DVD 7.12).

Mit ausdrücklicher Billigung von John drängt sich Yoko in das bislang geschlossene System des Quartetts, nicht nur ohne Erlaubnis der anderen, „sondern auch ohne jeden Respekt" (Corinne Ullrich). „Yokos Verständnis von Musik war ein völlig anderes als das der Beatles. Sie kam aus der experimentellen Neuen Musik, hatte sich mit Komponisten wie dem avantgardistischen Schönberg und dessen Schüler Anton von Webern auseinandergesetzt und konnte mit der Musik der Beatles gar nichts anfangen." (Ullrich 2000, 93). Yoko sieht Johns Freunde und ihn selbst als Musiker, die eine simple Form von Popularmusik machen, die sie, die klassisch ausgebildete Pianistin und studierte Komponistin, bislang noch nicht interessiert hat und von der sie auch nach eigener Aussage nichts versteht. Aber sie ist ja selbst auch musikalisch schöpferisch aktiv, wenn auch in einem anderen Genre – also kann man sich doch über Musik unterhalten. Wo ist das Problem? Die anderen Beatles, einschließlich der Tontechniker und des Produzenten, empfinden ihre Einlassungen allerdings als nicht sonderlich qualifiziert – um es vorsichtig auszudrücken. Diese Situation geht allen ziemlich auf die Nerven. Lennon versucht, sich zu rechtfertigen, und dreht den Spieß um: „Alle schienen paranoid zu sein, bis auf uns zwei Verliebte. Wenn man verliebt ist, ist alles klar und open-minded. Aber um uns herum waren alle angespannt. Was macht sie hier bei der Session? Oder: Wieso ist sie ständig bei ihm? Und der ganze Zirkus bloß, weil wir die ganze Zeit zusammen sein wollten." (Beatles Anthology 2003, DVD 7.12).

Okay, Liebe macht blind, und eine obsessiv-symbiotische Liebe macht ego- oder besser: duozentrisch. Ist John Lennon ein verliebtes Arschloch? Ein Trampel, der Gefühle von Menschen, die ihm einmal sehr nahestanden, mit Füßen tritt, weil er die Frau seines Lebens kennengelernt hat? Dieser Eindruck drängt sich auf, wenn man den Inhalt, aber auch die Wortwahl des folgenden Interviewausschnitts aus der Perspektive der alten Freunde auf sich wirken lässt. Aus welchem Jahr und Zusammenhang dieses Statement stammt, ist dem Buch, in dem es veröffentlicht wurde, nicht zu entnehmen (die Paul-McCartney-Biografie von Barry Miles: „Many Years From Now"). Ist das parteiischer Tendenzjournalismus oder die Wahrheit – oder irgendwas dazwischen?

John Lennon: „Als ich Yoko kennenlernte, war es so, als ob man zum ersten Mal 'ne Frau kennenlernt und keine Lust mehr hat, mit den Kumpels in der Kneipe rumzuhängen oder mit ihnen Fußball zu spielen, oder Snooker und Billard. Manche Typen treffen sich danach noch weiter mit den Jungs, jeden Freitagabend oder so, aber als ich einmal die Frau gefunden hatte, verlor ich jegliches Interesse an den Jungs. Sie waren bloß noch irgendwelche Freunde von früher. ... Meine alte Clique war für mich in dem Moment gestorben, als ich Yoko kennenlernte. Das war mir damals zwar noch nicht bewusst, aber genau das ist passiert. Sobald ich sie kennengelernt hatte, waren die Jungs für mich passé – in diesem Fall waren die Jungs allerdings ziemlich berühmt und nicht bloß irgendwelche Kneipenkumpels." (Miles 1998, 609).

Das Original-Statement, auf das hier offenbar Bezug genommen wird und das John Lennon 1980 dem Playboy gab, lautet: „As I said, I had already begun to want to leave, but when I met Yoko is like when you meet your first woman. You leave the guys at the bar. You don't go play football anymore. You don't go play snooker or billiards. Maybe some guys do it on Friday night or something, but once I found the woman, the boys became of no interest whatsoever other than being old school friends. Those wedding bells are breaking up that old gang of mine. We got married three years later, in 1969. That was the end of the boys. And it just so happened that the boys were well known and weren't just local guys at the bar. Everybody got so upset over it. There was a lot of shit thrown at us. A lot of hateful stuff."

Im Original des Playboy-Interview liest sich die Aussage doch etwas anders als in der Wiedergabe des McCartney-Biografen Barry Miles. Womöglich bezieht er sich allerdings auf ein anderes, ähnlich lautendes Interview-Statement von John Lennon aus jener Zeit. Aber das nur am Rande. Im selben Playboy-Interview von 1980 sagt Yoko Ono: „Sogar jetzt konnte ich lesen, dass Paul sagte: ‚Ich verstehe, dass er mit ihr zusammen sein will, aber warum muss er die ganze Zeit mit ihr zusammen sein?'" Eigentlich keine völlig abwegige Frage und erst mal nicht als diskriminierend oder respektlos zu verstehen. Doch John springt ihr im Interview gleich zur Seite und meint: „Yoko, musst du dieses Kreuz immer noch tragen? Das ist Jahre her." Und Yoko: „Nein, nein, nein. Er hat es erst kürzlich gesagt. Ich meine, was ist damals mit John passiert. Ich ging mit einem Typ ins Bett, den ich mochte, und am anderen Morgen stehen da plötzlich drei angeheiratete Verwandte."

Ist es wirklich so, dass die anderen drei sich in Johns Privatleben einmischen? Empfinden sie Johns extrem intensive Hinwendung zu Yoko als totale Abwendung von ihnen und als Gefährdung des Gruppenzusammenhalts? Ist speziell Paul besonders eifersüchtig, weil er die bisherige Nähe zu seinem langjährigen kreativen Partner John verliert und auch seinen Einfluss auf ihn? Oder machen sich hier relativ normale Prozesse der gruppendynamischen Veränderung, der Ablösung und Neuorientierung, speziell am auffälligsten Phänomen, dem symbiotischen Verhältnis von John und Yoko fest – obwohl es für alle vier, wenn auch in unterschiedlicher Gewichtung, ein unausweichliches Thema in dieser Zeit ist?

Linda McCartney: „Sie wurden ganz offensichtlich erwachsen – ein Prozess, der zwangsläufig eine gewisse Entfremdung mit sich brachte. Die Beatles, das war Pauls Ding; er und John waren ein kreatives Team, aber John war nun ständig mit Yoko zusammen. Paul konnte John nie mehr alleine treffen. Es gab John und Yoko – und es gab die anderen Beatles." (Miles 1998, 637).

Yokos permanente Anwesenheit im Studio, die jedem – natürlich außer John – gehörig gegen den Strich geht, ist ein wichtiger, aber nicht der einzige Grund für die Konflikte, die sich im Studio ergeben. Pauls dominantes Auftreten, seine Rechthaberei und arrogante Abkanzelei der Tontechniker, aber auch seiner Bandkollegen George und Ringo, führt ebenfalls zu nachhaltigen Verstimmungen. Eine Demütigung zu viel, die Ringo von Paul einstecken muss, führt dazu, dass Ringo am 22. August mitten in der Aufnahme-Session das Studio verlässt und seinen Austritt aus der Band erklärt.

Nehmen die anderen drei Ringos Ausstieg nicht so recht ernst? Oder ist er ihnen erst mal egal? Jedenfalls setzen sie die Aufnahme-Session relativ ungerührt fort. Nun übernimmt halt Paul den Platz am Schlagzeug. Er hält sich sowieso für den – vielleicht nicht besseren, aber – technisch akkurateren Schlagzeuger. Es bedarf einiger Überredungskünste und Beteuerungen, dass er der

Beste, Größte, Tollste sei und alle ihn lieben, um Ringo zur Rückkehr zu bewegen. Das Rest-Trio muss sich ordentlich ins Zeug legen, um Ringo umzustimmen – schließlich hat man doch wichtige Filmaufnahmen für den 4. September gebucht. Die Idee für den geplanten Promofilm von „Hey Jude" ist, dass die Beatles, umringt von ihren Fans, den Song live (oder fast live) spielen. Wie sähe das aus, wenn der Schlagzeug-Schemel leer bleibt? Auch zwischen Paul und George gibt es Reibereien. Paul McCartney: „Als wir die Anthology-CDs zusammenstellten, rissen wir darüber ein paar Witze. Ich sagte: ‚Ich muss ein ziemlich autoritäres Arschloch gewesen sein.' Daraufhin antwortete George: ‚Ach was, Paul. Du doch nicht!' In seiner Stimme lag eine Spur Ironie, denn natürlich bin ich genau das gewesen." (Miles 1998). Doch was denkt der kleine Fan auf der Straße? Der denkt: „Erst gibt es Streit und Zoff, dann bricht die Band auseinander." Und warum? Die Schuldfrage ist damals sehr schnell geklärt. Die meisten sind davon überzeugt, dass es nur einen Grund geben kann: die Unverfrorenheit, dass Yoko das Heiligtum des Beatles-Studios überhaupt betreten hat; die Frechheit, sich dort auf Dauer einzunisten; die Unverschämtheit, dass sie es wagt, den Mund aufzumachen und auch noch Kritik an den Göttern zu üben.

Diese Sicht der Dinge zeigt sich nicht nur unterschwellig auch in dem folgenden Statement des Toningenieurs der Beatles, Geoff Emerick: „Der Tag, an dem Yoko Ono das Wort ergriff und eine musikalische Kritik äußerte, markierte den Wendepunkt für die Beatles. Es wirkte fast wie Johns letzter Akt, sich durchzusetzen. Und es war in vielerlei Hinsicht der Anfang vom Ende." (Emerick, Massey 2007).

Auch unabhängig von Yokos permanenter Präsenz hat sich in der Gruppendynamik und Interaktion der vier Musiker etwas grundsätzlich verändert. Beobachter beschreiben das Phänomen als eine gewisse Abschottung voneinander, eine bis dato unbekannte Respektlosigkeit im Umgang miteinander und, dadurch bedingt, eine unterschwellige Form von Feindseligkeit in der täglichen Auseinandersetzung während der Studioarbeit. Die Rivalität zwischen John und Paul nimmt spürbar zu. Das Verhältnis zwischen Paul und George ist angespannt. Und die ständigen Belehrungen, die Ringo über sein Schlagzeugspiel speziell von Paul einstecken muss, führen zu einer gereizten Atmosphäre zwischen den beiden. Dass Ringo zum ersten Mal John massiv wegen Yokos ständiger Anwesenheit im Studio angeht, vergiftet sogar die bislang absolut freundschaftliche Beziehung von John und Ringo. Nur zwischen John und George gibt es relativ wenig Zoff. George, der sich wie alle anderen auch durch Yoko im Studio gestört fühlt, hat sich die Haltung angewöhnt: „jedem Tierchen sein Pläsierchen". Er versucht, stoisch zu bleiben, und rückt innerlich immer weiter von den Beatles ab.

Ein Störenfried und der „Apple-Trouble"

Zu einer Belastung im Studio führen auch die häufiger werdenden Besuche von Johns Technik-Guru Magic Alex während der Aufnahme-Sessions. John, der seine unkonventionellen Klangideen – die ihm oft als plötzliche Eingebung kommen – immer sofort ausprobieren will, reagiert oft ungeduldig und ärgerlich, wenn die Tontechniker seine Vorstellungen nicht in der gewünschten Schnelligkeit oder Qualität umsetzen. Magic Alex schlägt in diese Kerbe, indem er über die Unwilligkeit oder gar Unfähigkeit der Tontechniker lästert und John, aber auch den anderen gegenüber den Eindruck erweckt, er könne alle Klangvorstellungen der Beatles, und seien sie noch so verrückt, realisieren, wenn er denn die Möglichkeit hätte, den Beatles ein eigenes Studio zu bauen. Was ja dann auch tatsächlich in Angriff genommen wird: Magic Alex darf mit erheblichem finanziellem Aufwand ein Studio bauen – das aber letztlich nicht zu gebrauchen ist, weil Magic Alex zwar großmäulig theoretisieren kann, aber praktisch nichts zustande bringt. Dagegen gelingt es ihm allerdings, die Stimmung und Arbeitsatmosphäre zwischen den Beatles und den Toningenieuren der Abbey Road Studios nachhaltig zu belasten.

Geoff Emerick: „Was wir ihnen bei EMI boten, behauptete er kleiner und besser bauen zu können. Wir nahmen sie auf Vierspur auf, er könnte sie auf zweiundsiebzig Spuren aufnehmen. Wir bauten Schallschutzwände um die Drums, er konnte mit einem elektronischen Kraftfeld einen besseren Effekt erreichen. Es gelang Alex erfolgreich, Johns Glauben an das, was wir in den Abbey Road Studios taten, zu erschüttern. Damit trieb er einen Keil zwischen die Band und die Mitarbeiter." (Emerick, Massey 2007, 362).

Hinzu kommt noch, dass die Turbulenzen in ihrer Firma Apple und die häufigen Sitzungen mit oft unerfreulichen Themen zusätzlich dafür sorgen, dass die Beatles oft genervt ins Studio kommen, um ihre eigentliche Arbeit als Musiker voranzubringen. Die Stressfaktoren Ono und Apple nennen viele Kenner als Hauptgrund für den Aufruhr innerhalb der Gruppe und für die oftmals gereizte Stimmung bei der Studioarbeit. Aber immer wieder wird von verschiedenen Leute aus dem innersten Zirkel der Beatles hervorgehoben, dass das Verhalten von John Lennon, der zur Zeit des Weißen Albums trotz seiner Verliebtheit in Yoko angeblich eine schwere Krise durchmacht, die größte Belastung für das „Betriebsklima" im Studio sei.

Barry Miles: „Johns Heroinabhängigkeit beeinträchtigte die Aufnahmen für das Weiße Album erheblich, denn er war ständig gereizt – vor allem, wenn die Wirkung der Droge nachließ. Die übrigen Beatles mussten einen wahren Eiertanz aufführen, um ihm nur ja keinen Anlass zu einem seiner Wutausbrüche zu geben. Früher hätten ihn die anderen darauf ansprechen können, dass sie Yokos Anwesenheit im Studio störte, und dann hätten sie sich einen schönen, altmodischen Streit geliefert, doch das war nun unmöglich, denn John war unberechenbar geworden, und man konnte sehen, dass es ihm nicht gut ging." (Miles 1998, 610).

Vielleicht ist auch dies ein Grund dafür, dass immer häufiger getrennt im Studio gearbeitet wird. Oder ist es wachsender Egoismus und der Unwille, sich von einem anderen reinreden zu lassen? Oder ist es auch teilweise Desinteresse, am Song eines anderen intensiv mitzuarbeiten? Oder ist es nur der Zeitdruck, weil die gesamte Produktion endlich zum Abschluss gebracht werden muss? Jedenfalls arbeiten die Beatles häufig in separaten Studios parallel an jeweils anderen Songs. Und wenn sie doch gemeinsam mit einem Stück beschäftigt sind, dann kann man nur noch äußerst selten von wirklich echter und gleichberechtigter Teamarbeit sprechen.

John Lennon: „Das Weiße Album bedeutete einfach: ‚Das hier ist mein Song, den bringen wir so. Das da ist dein Song, den bringst du so, wie du willst.'" (Beatles Anthology 2000, 305). John Lennon: „Nehmen Sie irgendeinen Track – es war ich und eine Begleitband, Paul und eine Begleitband. Es hat mir Spaß gemacht, aber danach sind wir auseinandergegangen. Für mich war das nur noch ein Job." Lester Bangs: „Es war das erste Album der Beatles oder in der Geschichte der Rockmusik von vier Solo-Künstlern in einer Band." (Bratfisch 2007, 69).

Ist das Perfektionsdrang oder ausufernder Egotrip des jeweilgen Songschreibers, der die andern striezt und zu ständigen Wiederholungen nötigt? Verkommen die Aufnahme-Sessions zu sinn- und fruchtlosem Leerlauf, wenn einzelne Takes scheinbar ohne erkennbare Veränderung nochmals und nochmals durchgespielt werden, weil jeder und damit keiner mehr das Sagen hat? Oder kann es doch auch der Spaß am Zusammenspiel sein, wenn bei einzelnen Titeln zwanzig und mehr verschiedene Fassungen des Grund-Playbacks eingespielt werden? Ab und an bemühen sie sich offenbar darum, das alte Gruppengefühl wiederzubeleben. Wenn sie sich zum Beispiel für die Aufnahme eines Songs in einem besen-kammergroßen Raum einsperren, um dort, dicht bis auf Tuchfühlung zusammengedrängt, gemeinsam und live zu spielen – so, wie sie es aus ihrer Anfangszeit von Auftritten in Hamburger Clubs oder dem „Cavern" in Liverpool kannten.

Paul McCartney: „Wenn wir unsere Sachen aufnahmen, probierten wir gerne mal was Neues aus. Und im Studio 2 in der Abbey Road gab es neben dem Kontrollraum so ein Kabuff, einen winzigen Raum, dreimal anderthalb Meter oder so, eigentlich eher ein Schrank, und darin wurden Tonbänder, Mikrophonkabel, Stecker und solcher Kram aufbewahrt. Wir fragten: ‚Könnt ihr uns da drin aufnehmen?' Und George Martin sagte: ‚Was? Da drin? Die ganze Band?' – ‚Genau! Wir würden das gerne mal ausprobieren.' ... Wir haben das Stück tatsächlich Schulter an Schulter gespielt, in diesem winzigen Kabuff, und es ist eine tolle Aufnahme geworden." (Miles 1998, 612–613). Bei den Aufnahmen zum Song „Helter Skelter" lassen sie es krachen und spielen wie im Rausch eine Klangorgien-ähnliche Session, bei der ein einzelner Durchlauf 27 Minuten dauert und an dessen Ende Ringo sich an den Händen blutige Blasen getrommelt hat.

Ringo Starr: „Im Laufe der Arbeit am Weißen Album wurden wir wieder mehr zu einer Band, und das ist mir immer am liebsten. Ich finde es toll, in einer Band zu sein. Natürlich muss ich auch ein paar schlechte Augenblicke gehabt haben, denn in dem Sommer verließ ich die Gruppe für eine Weile." (Beatles Anthology 2000, 311).

So grauslich auch immer das Binnenklima in der Band sich nach außen, für die Beobachter, darstellen mag – die vier Teilzeitfreunde/-feinde können nicht ständig so furchtbar verkracht oder spinnefeind gewesen sein, wie es von allen Seiten kolportiert wird. Sonst hätten sie letztlich nicht ein solch großartiges Endprodukt gemeinsam hinbekommen. Denn was am Ende aus der Plattenrille ertönt, das ist kein Krieg der Klänge, Töne und Egos, sondern ein überzeugendes und in höchstem Maße kreatives und stimmiges Gruppenprodukt von vier Individualisten.

Paul McCartney: „Ich glaube, das war ein sehr gutes Album. Es war einfach überzeugend, aber es zu produzieren, war kein Vergnügen. Andererseits sind solche Sachen manchmal förderlich für die Kreativität. Eines der Dinge, die ich an dem Album cool finde, ist gerade die Tatsache, dass da so viel drinsteckt. Die Songs sind sehr vielfältig. Ich denke, es ist ein schönes Album." (Beatles Anthology 2000, 310).

ZEITAPFEL

Die Arbeiten am Weißen Album erstrecken sich über einen Zeitraum von 20 Wochen und werden am 18. Oktober 1968 abgeschlossen. Die nachfolgende Terminliste, die sich genau über diesen Zeitraum erstreckt, kann einen Eindruck geben von dem engen Zeitplan und dem Termindruck, den die Beatles zu bewältigen hatten.

Zeitliche Abfolge:	**Beginn der Aufnahmen und was sonst noch geschah:**
30.05.	„Revolution 1"
31.05. + 04.06	Weitere Studioarbeiten am Song „Revolution".
05.06.	„Don't Pass Me By".
06.06.	„Revolution 9".
07.06.	George und Ringo fliegen nach Kalifornien.

10.06	John arbeitet an Soundeffekten für „Revolution 9" „Blackbird" (Solo-Aufnahme von Paul).
11.06	John arbeitet allein weiter an der Soundcollage. „Revolution 9".
15.06.	John und Yoko graben vor der Kathedrale von Coventry ein Loch und legen zwei Eicheln hinein. Dies ist ihre erste gemeinsame Aktion für den Frieden.
18.06.	Paul wird 26. Premiere in London für „In His Own Write", ein Theaterstück nach Texten aus Johns beiden Büchern. George und Ringo kehren mit ihren Frauen nach London zurück.
19.06	Erste Zeitungsberichte über die Trennung von John und seiner Noch-Ehefrau Cynthia.
20.06.	Paul fliegt nach Los Angeles zur Jahresversammlung von Capitol Records, dem US-Label, das die Beatles-Platten in den USA vertreibt. In LA trifft Paul auch Linda Eastman.
20. – 21.06	John, Yoko und George arbeiten an „Revolution 1" und „Revolution 9".
21.06.	Die Beatles kaufen für eine halbe Million Pfund ein neues Geschäftshaus in der Londoner Savile Row für ihre Firma Apple.
24.06.	Paul spielt spontan ein paar Songs für Fans vor dem Beverly Hills Hotel in LA und fliegt anschließend nach London zurück. George produziert Plattenaufnahmen von Jackie Lomax.
25.06.	John arbeitet an „Revolution 1" und „Revolution 9".
26.06.	„Everybody's Got Something To Hide Except For Me And My Monkey".
27.06	Weitere Studioarbeiten an „Everybody's Got ..."
28.06.	„Good Night".
30.06.	Paul produziert den Lennon/McCartney-Song „Thingumybob" mit der Black Dyke Mills Band.
01.07.	Eröffnung der Kunstausstellung „You Are Here" von John, unter Mitwirkung von Yoko. Weitere Studioarbeiten an „Everybody's Got ..." und „Good Night".
03.07.	„Ob-La-Di Ob-La-Da".
04. – 05.07.	Weitere Studioarbeiten an „Ob-La-Di Ob-La-Da".
05.07.	John verkauft seinen psychedelisch bemalten Rolls-Royce.
07.07.	Ringo wird 28.
08.07.	Pressefototermin für Zeichentrickfilm „Yellow Submarine".
08. – 09.07.	Weitere Studioarbeiten an „Ob-La-Di Ob-La-Da".

09.07.	Weil die anderen sich wieder einmal verspäten, vertreibt sich der wartende Ringo die Zeit und beteiligt sich im Nachbarstudio an Plattenaufnahmen von Solomon King. „Revolution" (Single-Fassung).
10.07.	Pressekonferenz der Beatles nach einer Pressevorführung des Zeichentrickfilms „Yellow Submarine".
10. – 13.07.	Weitere Studioarbeiten an bereits begonnenen Songs.
14.07.	Paul produziert „Those Were The Days" mit Mary Hopkin.
15.07.	„Cry Baby Cry".
16.07.	Weitere Studioarbeiten an „Cry Baby Cry".
17.07.	Kino-Premiere des Beatles-Zeichentrickfilms „Yellow Submarine" in London.
18.07.	„Helter Skelter".
19.07.	„Sexy Sadie".
22. – 24.07.	Weitere Studioarbeiten an bereits begonnenen Songs.
25.07.	„While My Guitar Gently Weeps".
26.07.	Paul arbeitet an „Hey Jude", with a little help from John.
28.07.	Beatles-Fotosession „The Mad Day Out".
29.07.	„Hey Jude".
30. und 31.07.	Weitere Studioarbeiten an Hey Jude.
01. – 02. und 06. – 07.08	Paul überwacht Abmischungen von „Hey Jude".
07.08.	„Not Guilty".
08.08.	Letzte Studioarbeiten an der Single „Hey Jude / Revolution".
09.08.	„Mother Nature's Son".
12.08.	Weitere Studioarbeiten an „Not Guilty".
13.08.	„Yer Blues".
14.08.	„What's The New Mary Jane?"
15.08.	„Rocky Raccoon".
16.08.	Weitere Studioarbeiten an „While My Guitar Gently Weeps".
20.08.	„Wild Honey Pie" (Paul solo), „Etcetera" (Paul solo).
21.08.	Weitere Studioarbeiten an „Sexy Sadie".
22.08	Cynthia Lennon reicht die Scheidung ein.
22.08.	Nach Streitigkeiten mit Paul verlässt Ringo das Studio und erklärt seinen Austritt aus der Band. Bei den dann folgenden Aufnahmen von „Back In The USSR" und „Dear Prudence" spielt Paul das Schlagzeug.
23.08.	Weitere Studioarbeiten an „Back In The USSR".
24.08.	Interviews – Paul für New Musical Express; John & Yoko in der TV-Sendung „David Frost Show".

26.08.	Die Single „Hey Jude /Revolution" wird veröffentlicht. Am selben Tag erscheinen auch drei weitere Apple-Singles, die von den Beatles produziert wurden – und zwar von der Black Dyke Mills Band, Jackie Lomax und Mary Hopkin („Those Were The Days", die erfolgreichste der drei).
28.08.	„Dear Prudence".
29. – 30. 08.	Weitere Studioarbeiten an „Dear Prudence".
01.09.	Proben für geplante Promotionfilme.
03.09	Weitere Studioarbeiten an „While My Guitar …".
04.09.	Ringo kehrt in die Band zurück. Die Promotionfilme „Hey Jude" und „Revolution" werden gedreht.
05.09.	Weitere Studioarbeiten an „While My Guitar …".
06.09.	Eric Clapton trifft die Beatles im Studio und spielt das berühmte Gitarrensolo in „While My Guitar Gently Weeps".
09. – 10.09.	Weitere Studioarbeiten an „Helter Skelter".
11.09.	„Glass Onion".
12. – 13.09.	Weitere Studioarbeiten an „Glass Onion".
15.09.	George gibt dem New Musical Express ein Interview.
16.09.	„I Will", „Step Inside Love", „Los Paranoias".
17.09.	Weitere Studioarbeiten an bereits aufgenommenen Songs.
18.09.	John gibt dem Rolling Stone ein Interview und George der BBC. „Birthday".
19.09.	„Piggies".
20.09.	Weitere Studioarbeiten an „Piggies".
23.09.	„Happiness Is A Warm Gun".
24. – 26.09.	Weitere Studioarbeiten an „Happiness Is A Warm Gun".
28.09.	„Hey Jude" steht an der Spitze der US-Single-Charts, bleibt dort neun Wochen lang und ist damit die meistverkaufte Single auf dem amerikanischen Markt.
30.09.	Die Beatles-Biografie von Hunter Davies erscheint.
01.10.	„Honey Pie".
02.10.	Weitere Studioarbeiten an „Honey Pie".
03.10.	„Savoy Truffle".
04.10.	„Martha My Dear".
05.10.	Weitere Studioarbeiten an verschiedenen, bereits aufgenommenen Songs.
07.10.	„Long, Long, Long".
08.10.	„I'm So Tired".
08.10.	„The Continuing Story Of Bungalow Bill".
09.10.	John wird 28. „Why Don't We Do It In The Road".
10. – 12.10.	Weitere Studioarbeiten an verschiedenen, bereits

	aufgenomenen Songs „Julia" (John solo).
13.-15.10.	Weitere Studioarbeiten an verschiedenen, bereits aufgenommenen Songs.
16. – 17.10	In einer 24-stündigen Mammut-Sitzung besprechen John und Paul abschließende Details und legen die Reihenfolge der Songs ihres neuen Doppelalbums fest.
18.10	Nach letzten Korrekturen am Mix zweier Songs werden die Matrizen zur Herstellung der LPs geschnitten.

„LISTEN TO THE PRETTY SOUND OF MUSIC"
DIE SONGS

Die Singles des Jahres 1968

Im März erscheint die Single „Lady Madonna", die ein weltweites Rock'n'Roll-Revival auslöst, obwohl sie musikalisch mehr mit Booogie-Woogie und Fats Dominos New Orleans-Cajunblues zu tun hat, als mit typischem Rock'n'Roll. Musik-inhaltlich betrachtet ist die Paul McCartney-Nummer „Lady Madonna" ein Rückschritt, im Vergleich zu den vorausgegangenen Veröffentlichungen, den merklich ambitionierteren Songs von „Sgt. Pepper" und „Magical Mystery Tour". Die Rückseite „The Inner Light" ist George Harrisons letzter rein indisch instrumentierter Song für die Beatles. Ende August erscheint die Single „Hey Jude / Revolution". Beide Songs sind nicht auf dem Weißen Album enthalten, entstehen aber während der Aufnahmen zum Weißen Album. („Revolution" allerdings ist Bestandteil des Albums, jedoch in einer alternativen Fassung, genannt „Revolution 1").

HEY JUDE

Autoren: Lennon/McCartney, tatsächlich geschrieben von: Paul McCartney.
A-Seite der Single, Laufzeit/Spieldauer: 7'04.
Veröffentlicht am 26. August 1968 (USA), 30. August 1968 (UK und BRD)
Besetzung/Instrumentierung:
Paul McCartney (Hauptgesangsstimme, Klavier, Bassgitarre), John Lennon (akustische Gitarre, Chorgesang), George Harrison (Sologitarre, Chorgesang), Ringo Starr (Schlagzeug, Tamburin, Chorgesang).
Nicht genannte Orchester-Musiker (10 Geigen, 2 Bratschen, 3 Celli, 2 Kontrabässe, 2 Flöten, 2 Klarinetten, Bassklarinette, Fagott, Kontrafagott, 4 Trompeten, 2 Hörner, 4 Posaunen).
Aufnahmedaten: 29. und 30. Juli 1968, Abbey Road Studio 2, weitere Aufnahmen (overdubs) am 31. Juli und 01. August in den Trident Studios.
Produzent: George Martin, Aufnahmetechniker: Ken Scott, Barry Sheffield.

Anzahl der Aufnahmen: sechs, letztlich veröffentlicht (mit Overdubs): Take 25.

Tonart: F-Dur
Akkorde:
Strophe / F / C / C^7 C$^{7\text{sus}4}$ / F / B / F / C^7 / F /
Zwischenteil / F^{7+} F^7 / B B/$_a$ / g-moll g-moll^7 / C / F /
Bridge / F F^7 / C /
Schluss-Coda / F / Es / B / F /

Textübersetzung

Hey Jude, mach es dir nicht so schwer / nimm ein trauriges Lied und mach es besser / Vergiss nicht, sie in dein Herz zu lassen / Dann kannst du beginnen, es besser zu machen / Hey Jude, hab keine Angst / du bist dazu bestimmt, um rauszugehen und sie zu kriegen / In der Minute, in der du sie unter deine Haut lässt / beginnst du, es besser zu machen / Und jedes Mal wenn du den Schmerz fühlst / hey Jude , dann halte ein / Trag nicht die Welt auf deinen Schultern / Du weißt genau, ein Narr ist, wer cool tut / Und dabei die Welt ein bißchen kälter macht / Na nananana, nanana na / Hey Jude, enttäusche mich nicht / Du hast sie gefunden, nun geh' und hol sie dir auch / (jetzt, wo du sie gefunden hast, musst du sie auch erobern) / Vergiss nicht, sie in dein Herz zu lassen / Dann kannst du beginnen, es besser zu machen / So lass es raus und lass es rein / hey Jude, fang an / Du wartest auf jemanden, mit dem du übereinstimmst / Weißt du nicht, dass nur du es bist / hey Jude, du schaffst es / Der Schwung, den du brauchst / ruht auf deinen Schultern (liegt ganz bei dir) / Na nananana, nanana na / Hey Jude, mach es dir nicht so schwer / nimm ein trauriges Lied und mach es besser / Vergiss nicht, sie in dein Herz zu lassen / Dann kannst du beginnen / es besser zu machen, / besser, besser, besser, besser ... / Na nana nananana, nananana, hey Jude.

Die Musik

Wie die freundlich-herzliche Geste, wenn man jemandem den Arm um die Schulter legt und den Umarmten kurz und behutsam an sich drückt mit einer Mischung aus Besorgnis und Aufmunterung, so klingen die ersten Takte, in denen nur Paul McCartneys Gesang und sein Klavierspiel zu hören ist. In der zweiten Strophe kommen Rhythmusgitarre, Tamburin und Chorgesang hinzu. Erst danach setzt das Schlagzeug mit markanten, trockenen Beats ein, gefolgt von einem pumpenden Bass und dem kompletten Drumset, wodurch die fast lieblich beginnende Ballade plötzlich mit Druck und Energie vorwärts getrieben wird, bis dann nach etwa drei Minuten eine weitere Steigerung erfolgt und mit dem Einsatz des großen 36-köpfigen Orchesters und des vielstimmigen Nanana-Chores der Schluss-Hymnus beginnt. Was mit einem Instrument eröffnet wird, endet mit über 40. Doch die Steigerung ist nicht nur quantitativ, was vor allem am Sänger Paul McCartney liegt, der als brillanter Crooner einsteigt, um dann wie entfesselt eine der leidenschaftlichsten Schreihals-Kapriolen der 60er Jahre zu zelebrieren. Er geht stimmbandtechnisch volles Risiko, scheinbar ausrastend und doch gesanglich kontrolliert. Erst vermittelt seine Stimme Trost und Zuspruch, dann Emphase und Katharsis.

Better, better, am Allerbesten

Die berühmte Stelle im Übergang von der Songstruktur zum abschließenden Und-jetzt-alle-Chor ist in zweierlei Hinsicht hoch interessant. Zum einen erklimmt Paul McCartneys Stimme schwindelnde Höhen, wenn sie nach der sechsmaligen Wiederholung des Wortes „better" den tonalen Höchstpunkt bei „Oh, yeah" erreicht. Es ist der Ton F, der eine halbe Oktave über dem hohen C liegt. Und dieses hohe C wird üblicherweise als die natürliche Obergrenze einer Tenorstimme angesehen. Das heißt, Paul McCartney hat hier, wohl gemerkt nicht im Falsett der Kopfstimme, sondern mit seiner Bruststimme, eine weltrekordverdächtige Tonhöhe erreicht. Nicht einmal die Ultra-Tenöre der Pop/Rock-Musik Roy Orbison, Meat Loaf, Jon Anderson oder Sting (selbst Pavarotti nicht), die in den höchsten Tönen gelobt werden, weil sie selbige in ihren besten Zeiten intonationssicher zu erreichen im Stande waren, haben eine ähnliche Tonhöhe auf einer ihrer Aufnahmen bislang hinterlassen. Also Hut ab vor dieser – auch im Beatles-Songkatalog – einmaligen Rekordleistung.

Um diesen Höhe-Punkt nochmals genauer zu erläutern: Bei der Probeaufnahme, die am 29. Juli 1968 im Abbey Road Studio live eingespielt wird und auf der Beatles Anthology-Compilation 3 nachzuhören ist, singt Paul die himmelhoch jauchzende „better"-Phrase einschließlich des entscheidenden Endpunktes noch eindeutig in der Kopfstimme. Doch die endgültigen Gesangsaufnahmen, Solostimme und Chor, werden wenig später in den Londoner Trident Studios produziert. Dort ist eine 8-Spur-Maschine verfügbar, die in den Abbey Road Studios zwar auch vorhanden, aber noch nicht installiert ist. Die 8-Spur-Technik ermöglicht naturgemäß eine größere Zahl von „overdubs" (Playback-Aufnahmen) als die bisher im Abbey Road Studio verwandte 4-Spur-Technik. So kann sich Paul McCartney bei seiner Gesangsaufnahme ausschließlich auf seine Stimmgebung konzentrieren. Mindestens zwei verschiedene Vokalaufnahmen von Paul werden übereinandergelegt, man hört ihn kurz vor Erreichen der Klimax zusätzlich noch ein „make it Jude" singen. Das darauf folgende herausgeschrieene „Ohhh" ist wohl noch Falsett-Gesang, also Kopfstimmen-Register. Doch das unmittelbar sich anschließende „Yeahhh" singt Paul für einen kurzen Moment mit zusätzlicher Brustresonanz. Das ist das eine, im wahrsten Sinne des Wortes herausragende Phänomen dieser berühmten eruptiven Passage.

Geht's doch wieder nur um das Eine?

Zum anderen drängt sich unwillkürlich die Assoziation auf, es könnte sich bei den sowohl tonal als auch im Ausdruck sich steigernden „better-better"-Aneinanderreihungen um die Darstellung der sexuellen Erregungskurve eines Liebesspiels handeln, bei dem die Partnerin durch jedes „better" zu einer noch besseren Stimulierung animiert wird, bis der orgiastische Zenit erreicht ist und die explodierende Lustenergie sich mit einem befreienden „Ohhh Yeahhh"-Schrei im Sinne des finalen „Sankt Gotthard-Jaaa" (Martin Walser) Bahn bricht. Überinterpretiert? Wer weiß ..., Zeilen wie „the minute you let her under your skin ... you have found her, now go and get her ... so let it out and let it in" können in diesem Sinne interpretiert werden.

Doch zurück zu Paul McCartneys phänomenaler Gesangsleistung: vom zarten Schmelz eines sensiblen Timbres, das wie eine zartbittere Praline auf der Zunge zergeht, bis zu einer vor Spannung vibrierenden Kehle, die aus allen Nähten zu platzen droht. Im Schlusspart improvisiert und phrasiert er ebenso extensiv wie intensiv und dazu noch kunstvoll, dass es eine „Art" hat. Dieser vokale Vulkanausbruch „mit einer Folge manischer Schreie, Kreischer, mit Gestotter und stimmlichen Explosionen, die zu den inspiriertesten Darbietungen seiner Karriere gehört" (Mark Hertsgaard) lässt jeden beseelten Soul-Shouter und jeden röhrenden Rock-Derwisch vor Neid erblassen – okay, sagen wir: fast jeden. Diese Stimmakrobatik kommt besonders gut zur Geltung bei der Neuabmischung für das Beatles-Remake-Album „Love" von 2006, wo im Schlussteil plötzlich 12 Sekunden lang alle Instrumente, mit Ausnahme des Schlagzeugs, ausgeblendet werden und nur der Chor und Pauls Phrasierungen übrig bleiben. In dieser kurzen Phase der Arrangement-Reduzierung ist ein weiterer Höchstpunkt in Pauls Gesangskurve zu hören.

Kommunikation mit Fledermäusen?

Unmittelbar vor Wiedereinsatz aller Instrumente treibt er sein Gekreisch kurzzeitig in Regionen hinauf, wo eigentlich nur noch Hunde und Fledermäuse die Ohren spitzen, jedenfalls haut er scheinbar mühelos den Gipfelton B raus, so als würde er aus Jux und Dollerei eine Kerze in den Stadionhimmel ballern, Vollspann trifft er das B, vielleicht ein Glückstreffer, den er in einer Schleife über das A hinunter zum F im Falsett mit zusätzlicher Brustresonanz schmettert, wobei diverse geräuschhaft kehlige Oberton-Anteile noch mitgerissen werden. Und Obacht: dieses B ist nochmals 5 Halbtöne höher als sein Klimax-Ton F, was der Scheitelpunkt der „better-better"-Rakete war.

Der Remix des „Love"-Albums enthält in den letzten 50 Sekunden einen nach vorn gemischten, ungemein melodiösen Basslauf, der in der Originalaufnahme nicht zu hören ist, hier aber in der Neuabmischung hinzugefügt wird. Diese wunderbar swingende Basslinie hat Paul McCartney erst am Ende der

Aufnahmesession improvisiert und gelangte nicht auf die Platte, weil vorher schon ausgeblendet wurde. Bedürfte es noch eines Beweises, über welche Meisterschaft der Beatles-Bassist an seinem Instrument verfügt, diese erst im Jahre 2006 neu aufgetauchte Fundsache liefert dafür einen weiteren eindrucksvollen Beleg.

Der Solist und sein Begleitpersonal

„Hey Jude" hat Paul McCartney im Grunde wie einen Soloauftritt gestaltet. Die andern drei werden mehr oder minder zu Statisten vergattert. Die Chorstimmen von John und George im Strophenteil sind allerdings perfekt gesetzt. Die zweite Stimme, in den letzten beiden Strophen von John gesungen, klingt nicht essentiell und unentbehrlich, sondern wirkt eher wie eine Verpflichtung der alten Beatles-Tradition gegenüber, zumindest zweistimmigen Gesang im Songarrangement einzubauen. Ringo macht mit ein paar schönen Fills und ausdauerndem Tamburin-Schütteln auf sich aufmerksam, aber die beiden Gitarristen finden im Grunde nicht statt, außer dem Schrumm-schrumm von John Lennons Rhythmusgitarre und den Stoppuhr-kurzen Licks, die George Harrison einstreuen darf. Es wurde berichtet, dass es bei den Aufnahmen zu einem heftigen Disput zwischen Paul und George gekommen sei, weil Paul die meisten Vorschläge, die von George kamen, ablehnte.

Tony Barrow: „George kam mit Pauls nachdrücklichen Anweisungen nicht gut zurecht, denn ihm missfiel die Art und Weise, wie Paul ihm vormachte, wie seine Gitarre sich anhören sollte. Paul gab später zu, dass George angesichts seiner Vorgehensweise ‚ziemlich eingeschnappt' war, und fügte hinzu: ‚Das war rechthaberisch von mir ..." (The Beatles Book 2007, 240).

Was die Komposition von „Hey Jude" angeht, so hat Paul McCartney mit einfachen Mitteln eine größtmögliche Effizienz erzielt. Die Struktur der Grundharmonien ist alles andere als überraschend, eher im Gegenteil: F, C, B, also die übliche Kadenzharmonik, wie gehabt. Aber wie er dann die Gesangsmelodie über dem Dominantseptakkord C7 kompositorisch ganz bewusst beim Wort „song" auf das hohe F schraubt und damit die Vorhalt-Quarte reibungsvoll einfügt, das hat gestalterische Raffinesse, genauso wie die Übergangsharmonik von der Tonika F-Dur über die große Septime F7+ und die „normale" Septime F7 zur Subdominante B-Dur und den darauffolgenden Bass-Abgang b, a, g, f, e durch die weiter laufende Harmonik – das ist gutes Handwerk.

Und jetzt alle: Naa-nana-nanananaa

An die Strophenstruktur der ersten drei Minuten schließt sich die vier-minütige Coda an, die auf dem vorher noch nicht eingeführten, nun aber ständig wiederholten Harmonieschema F-Dur, Es-Dur, B-Dur basiert – was manche als neuen, zweiten Song innerhalb des Gesamtarrangements verstehen. Das große Orchester, das erst im zweiten Teil, dem vom Nanana-Chor getragenen Schlusspart einsetzt, spielt vorwiegend lang anhaltende Töne, um den hymnischen Charakter des Finales zu verstärken. Die ständige Wiederholung des Drei-Akkorde-Schemas über eine enorme Länge von vier Minuten bis zur Ausblende – was länger ist als die beiden Beatles-Songs „From Me To You" und „Yesterday" zusammengenommen – wirkt erstaunlicherweise keinesfalls langweilig, sondern eher euphorisierend, fast hypnotisch und durchgehend mitreißend, was vor allem an den aufstachelnden und variantenreichen Improvisationskünsten des ekstatischen Zeremonienmeisters liegt. Paul McCartneys ekstatische Vokalisen werden übrigens nicht nur gelobt. Es gibt die Kritik, „sein unkluges Pseudo-Soul-Gekreische in der Ausblende" sei manieriert, „ein Makel" (Ian MacDonald), der Song aber „ansonsten ein verdienter Erfolg".

„Hey Jude" ist Paul McCartneys musikalische Visitenkarte, ein Glanzstück seiner Karriere. Der Song vereint seine sensiblen wie expressiven Fähigkeiten als Sänger, dokumentiert sein intuitives Gespür für emotional wirksame Kombinationen von Melodien/Harmonien, sein gestalterisches Talent für mitreißende Spannungsbögen und seinen untrüglichen Instinkt, den Nerv und die Herzgrube von Millionen von Menschen mit seiner Musik zu treffen. 8 Millionen Singles werden verkauft. Diesen Rekord erreichte keine andere Single der Beatles. Zu den Klängen von „Hey Jude" nimmt Sir Paul McCartney am 26. Mai 2008 den Ehrendoktortitel der renommierten US-amerikanischen Yale Universität entgegen. Mit dieser höchsten Auszeichnung, die die Universität zu vergeben hat, ehrt man Paul McCartneys „musikalisches Genie".

Kommentare, Meinungen, Deutungen

Was will uns der Dichter Paul McCartney mit seinem Songtext sagen? Und wer ist „Jude"? Vielleicht Judith Simons, eine Journalistin beim Daily Express? Sie hat es jedenfalls ernsthaft behauptet. Irgendein Kaffeesatzleser will wissen, dass mit Jude der ursprünglich jüdische „Sänger mit den besseren Liedern" Bob Dylan gemeint sei. Unsinn, sagen andere, „Jude" sei ein Slang-Ausdruck für Heroin. Und „Hey Jude"? natürlich ein Drogen-Song. Beweise gefällig? Bitte sehr: „The minute you let her(oin) under your skin (mittels Spritze), then you begin, to make it better". Dass man sich nach einem Schuss besser fühlt, weiß doch jeder Junkie. Die Beatles können singen und dichten was sie wollen, es wird ihnen immer etwas angedichtet. Viele lesen aus den Texten heraus, was ihnen gerade in den Kram passt. Nur einer kann wissen, wer oder was „Jude" ist.

Paul McCartney: „Ich fuhr zu Johns Haus, nachdem John und Cynthia sich hatten scheiden lassen. Ich wollte nur eben bei Cynthia und Julian vorbeischauen. Auf der Fahrt hielt ich ein imaginäres Gespräch mit Julian: ‚Hey Jules, don't make it bad. Take a sad song and make it better'. Den ersten

Einfall zu diesem Song hatte ich also auf dieser Fahrt. Damals dachte ich noch, ich würde ihn Hey Jules nennen (Jules war der Kosename von Julian damals). Dann kam mir das zu lang vor und ich benannte es in ‚Jude' um." (Beatles Anthology 2003, DVD 8.4). (Die Ehe von John und Cynthia wird am 8. November 1968 in Nizza geschieden).

Seinem Biographen Barry Miles erzählt McCartney: „Ich wusste, dass es nicht einfach für Jules sein würde. Mir haben Scheidungskinder immer leidgetan. Ich meine ihre kleinen Köpfe, die in ihrer Verwirrung auf Gedanken kommen wie: ‚War ich das? Liegt das an mir?' Schuldgefühle sind furchtbar und ich weiß, dass viele Leute darunter leiden. Deshalb bin ich dort hingefahren." (Beatles Book 2007, 240; Bezug: Miles 1997).

Die Anfangszeilen mögen als Aufmunterung für Johns Sohn Julian entstanden und gedacht sein, doch der Rest des Textes scheint sich eher an einen Erwachsenen zu richten, der an der Schwelle zu einer neuen Liebe steht, aber noch zögert, sich darauf einzulassen. Der Ich-Erzähler übernimmt die Rolle des guten Freundes, der dem noch Unentschlossenen auf die Sprünge helfen will. Die Textzeile „The movement you need is on your shoulder" (wörtlich übersetzt: ‚die Bewegung, die du brauchst, ist auf deinen Schultern') klingt nach linkischer Pennäler-Lyrik, ist aber „die beste Zeile", nach Aussage von John Lennon. Als Paul McCartney seinen neuen Song „Hey Jude" am 26. Juli 1968 zum ersten Mal John Lennon vorspielt, habe Paul gesagt, diese Zeile würde er noch ändern, das klinge ja so, als würde da ein Papagei auf der Schulter hocken. Doch Lennon habe energisch protestiert.

John Lennon: „Das lässt du besser bleiben, das ist die beste Stelle in dem Song, die beste Zeile. Lass es drin. Ich weiß, was du meinst." (Beatles Book 2007, 240).

Wer weiß schon, ob sein energisches Plädoyer für diese mediokre Zeile von Lennon wirklich ernst gemeint war. Bei ihm kann man ja nie so ganz sicher sein, ob hinter seinem scheinbaren Lob das sardonische Grinsen des Sarkasmus versteckt ist. Jedenfalls gilt diese Bemerkung Lennons als sein einziger Beitrag zum Song „Hey Jude". Obwohl er doch ansonsten eher mit Lob geizt, äußert sich John Lennon damals in verschiedenen Interviews außerordentlich positiv über Pauls Komposition „Hey Jude" und spricht sogar vom „besten Song, den Paul je geschrieben habe" (Hunt 2007). Lennons besondere Wertschätzung für „Hey Jude" könnte auch daran liegen, dass er der Meinung ist, der Songtext handele von ihm.

John Lennon: „Hey Jude" ist eines seiner Meisterwerke. Er sagte, er hätte es für Julian geschrieben, mein Kind. Er wusste, dass ich mich von Cyn trennen und Julian verlassen würde. Er war unterwegs zu uns, um Julian Hallo zu sagen. Er war wie ein Onkel für ihn gewesen. Paul hat's mit Kindern schon immer gut gekonnt. Und so ist ihm „Hey Jude" eingefallen. Aber ich hab's immer als ein Lied an mich verstanden. Yoko war ja damals gerade ins Spiel gekommen. Paul sagt: ‚Hey Jude - hey John'. Ich weiß, ich klinge jetzt wie einer dieser Fans, die da irgendwas reininterpretieren, aber man kann es als ein Lied an mich hören. Die Worte ‚go out and get her' – unbewusst sagte er damit: ‚geh nur, lass mich sitzen.' Aber auf der bewussten Ebene wollte er nicht, dass ich gehe. Der Engel in ihm sagte: ‚Du hast meinen Segen.' Dem Teufel in ihm passte es ganz und gar nicht, weil er seinen Partner nicht verlieren wollte. Mir schien es eine doppelte Bedeutung zu haben, wenn man zwischen den Zeilen liest." (Lennon, Ono 1981).

Paul McCartney widerspricht dieser Deutung. Steve Turner: „Paul meinte, wenn überhaupt, sei er selbst gemeint, es ging um Veränderungen, die auf ihn zukamen, wenn alte Verbindungen abrissen und neue entstanden. Wie bei so vielen Liedern von Paul bedingte die Musik den Text, Klang rangierte vor Inhalt." (Turner 2002, 147/148).

Es gibt gute Gründe, den Text als Pauls Reflexion über seine damalige Situation zu verstehen, schließlich beginnt er sich gerade in Linda Eastman zu verlieben, die acht Monate später seine Ehefrau werden sollte. Am 14. Mai hatte es in New York zwischen den beiden offenbar gefunkt. Aus gut informierten Kreisen verlautete, sie hätten die Nacht miteinander verbracht. Und als Paul sich vom 20. bis 24. Juni geschäftlich in Los Angeles aufhält, läd er Linda ein, ihn dort zu besuchen. Sie fliegt sofort von New York nach L.A. und verbringt mit ihm die freie Zeit, die er hat, in einem angemieteten Bungalow im Beverly Hills Hotel. In diesen Tagen muss einiges passiert sein, was Pauls bisherige Verlobte Jane Asher unter anderem dazu veranlasst, am 20. Juli ihre Verlobung mit Paul aufzukündigen. (Auslöser für ihren unwiderruflichen Entschluss zu diesem Zeitpunkt soll aber Pauls Affäre mit einer anderen Frau gewesen sein. Jane Asher kehrt überraschend nach London ins gemeinsam bewohnte Haus zurück und ertappt ihren Verlobten in flagranti.)

Hey Linda

Zieht man in Erwägung, dass Paul zu dieser Zeit unter Johns Abwendung von ihm und dessen extremer Hinwendung zu Yoko leidet, und dass er gleichzeitig emotional heftig mit Linda beschäftigt ist, über eine ernsthafte Verbindung mit ihr nachdenkt und sie letztlich für sich gewinnen will, dann bekommen Zeilen wie „you have found her, now go and get her", „you're waiting for someone to perform with" eine neue Bedeutung. (Das „perform with" kann sich sowohl auf John beziehen, der gemeinsam mit Yoko schon eine gemeinsame LP aufgenommen und verschiedene Kunst-Aktionen durchgeführt hat, aber natürlich auch auf Paul und Linda, denn Linda Eastman ist damals schon eine angesehene Popfotografin, wird ab sofort für alle Fotos von Paul verantwortlich sein und gründet mit ihrem Ehemann 1971 die Band Wings, in der sie Keyboard spielt und singt.) Wer auch immer Pate stand für die Entstehung des Textes, der Zuspruch an Trost, der Anschub zu einem Neubeginn und das Versprechen, dass es besser wird, birgt Identifikationsmöglichkeiten zuhauf und setzt bei den Zuhörern genug Motivationskraft frei, um wie befreit in den Nanana-Chor miteinzustimmen. Und merkwürdigerweise wird dieses „Naa-nana Nanananah" nicht als infantiles Baby-Gestammel oder hirnlose Singalong-Plärrerei verstanden und abgetan, sondern inspiriert fast wie eine Art Mantra. Juppy: „Die Beatles und ihr Song ‚Hey Jude' vermittelten positive Gedanken, positive Gefühle, um unser revolutionäres Gedankengut in die richtige Richtung zu bringen. Das ging sofort rein ins Gehirn. Ich kriege noch heute eine Gänsehaut, wenn ich das Lied höre. Wolfgang Neuss hat mir einmal gesagt: ‚Was Karl Marx nicht geschafft hat, der Rock'n'Roll hat's gebracht und die Welt erobert'."(Gäsche 2008). Juppy, Kommunarde und Mitbegründer der ufa-Fabrik in Berlin, war damals, 1968, 20 Jahre alt.

Schaut man sich den Promo-Film an, den die Beatles zu „Hey Jude" am 4. September 1968 in den Twickenham Film Studios mit Publikumsbeteiligung aufnehmen, dann fällt ein optischer Unterschied ins Auge. Vor allem Paul, aber auch George und Ringo wirken herausgeputzt und auf äußere Wirkung bedacht. Ganz besonders Paul sieht ausgesprochen hübsch und adrett aus. Die Kamera-Totale konzentriert sich in langen Sequenzen auf sein knabenhaftschönes und wohlfrisiertes Antlitz. Sein Gesichtsausdruck wirkt sympathisch und strahlt eher Ehrlichkeit als Eitelkeit aus. Neben ihm wirkt John mit seiner lang herunterhängenden Matte leicht zauselig, frisurtechnisch ungepflegt. John, der bei Pauls Komposition „Hey Jude" naturgemäß nur eine Nebenrolle spielt, scheint hier zum Ausdruck zu bringen, dass er nicht mehr, wie Paul, jedem gefallen will.

Bei den Promo-Aktivitäten zur letzten Produktion „Magical Mystery Tour" hatte er sich noch genauso gestylt wie die anderen drei. Jetzt signalisiert er optisch eine ‚Mir-doch-wurscht'-Haltung, lässt das Haupthaar vom Mittelscheitel bis auf die Schultern herunterbaumeln und hat, jedenfalls von allen im Studio anwesenden, die allerlängsten Haare. Seinen Gesichtsausdruck und Habitus umweht ein Hauch von Existenzialistischem, Avantgardistischem. Teeniekram ist seine Sache nicht mehr. Er hat ganz anderes im Sinn. Schließlich hat er etwas zu sagen. Und zwar zu nichts Geringerem als zur Weltrevolution. Dazu bitte die Single umdrehen.

Memorabilia

So beeindruckend Pauls vokale Glanzleistung als Soulshouter auch ist, im Dezember 1968 erscheint die „Hey Jude"-Coverversion von Soul Brother Wilson Pickett – übrigens mit dem jungen Duane Allman an der Gitarre. Was der „American Soul Man" Pickett gegen Ende seiner Neufassung an ebenso beseeltem wie formal brillantem Geschrei produziert, das ist ehrfurchtgebietend und erhebt Anspruch auf eine eigene Liga.

Trivia

Gespitzte Ohren können nach genau zwei Minuten und 56 Sekunden (nach den Worten „under your skin") einen Ausruf im Hintergrund heraushören, der wie ein „Ohh" klingt, gefolgt von einem „Fucking hell"-ähnlichen Fluch zwei Sekunden später. Darüber entbrennt im Verlauf der Jahre eine hitzige Debatte selbsternannter Experten aus der Ecke der Spiekenköker, Mythensucher und Fährtenleser geheimer Botschaften. Die Frage, die eifrig diskutiert wird, ist, wer hat da was genau und warum gerufen? Nach der am meisten verbreiteten Meinung ist es John, der erschrocken „Ohh" ruft, weil er gerade zuvor in seiner zweiten, tieferen Begleit-Stimme gesungen hat: „let her into your skin", während Paul richtig singt: „let her under your skin", worauf Paul angeblich mit dem Kraftausdruck „Fucking hell" reagiert. (Ich habe mir die Stelle zigmal angehört und kann nicht bestätigen, dass John „into" gesungen hat).

Noch gewitztere Ohren wollen herausgehört haben, dass John „Got the wrong chord" („war der falsche Akkord") ruft, weil er sich verspielt habe und Paul würde mit „Bloody hell" anworten. Was wie Johns Ausruf „Ohh" klinge, das sei das Wort „chord". Die restlichen Worte „got the wrong" seien auch zu hören, aber nur ganz leise. (Auch dies kann ich nach vielfacher Wiederholung der entsprechenden Passage nicht bestätigen). Im Promo-Film, der für die Single „Hey Jude" gedreht wurde und bei dem die Beatles zum Halb-Playback spielen und live singen, sieht und hört man deutlich, wie Paul an der bewussten Stelle „Ohh" singt. Der Mann, der es am besten wissen müsste, Ken Scott, der Tontechniker, der während der Studio-Aufnahme im Regieraum sitzt, gibt zum „Ohh" nichts zu Protokoll, sagt aber, John Lennon habe „fucking hell" gerufen. Warum, auch darüber gibt er keine Auskunft. Beim endgültigen Mix sollte dieser Ausruf aus der Spur herausgelöscht werden, was aber vergessen wurde. Kann passieren.

Dieser Fehler ist natürlich ein gefundenes Fressen für alle Beatles-Deuter, die gerne an geheime und versteckte Botschaften in Beatles-Songs glauben. Jemand will z.B. in der Schluss-Coda dreimal das französische Wort „voiture" (Auto) vernommen haben. Ein brasilianischer Beatles-Fan namens Rafael ist sich sicher, bei exakt 5'37 den Ausspruch „Pega o cavaquinho" zu hören, was soviel bedeutet wie ‚Nimm die Cavaquinho' (was ein viersaitiges Ukulele-ähnliches Zupfinstrument ist). Sonst noch jemand, der irgendwelche Stimmen hört? Weil sie nun schon mal da sind und der Schlusschor noch mehr Power und zum Mitsingen animierende Volkes Stimme braucht, werden die Orchestermusiker gebeten, in der Schluss-Coda mitzuklatschen und beim „Nananana... Hey Jude" kräftig mitzusingen. Nachdem die gewerkschaftlich organisierten

Mietmusiker ein doppeltes Honorar für die zusätzliche Leistung ausgehandelt haben, sind sie mit mehr oder weniger Freude und Einsatz bei der Sache – bis auf einen Missmutigen, der sich weigert, bei diesem „blödsinnigen Song von Herrn McCartney" über das zuvor vereinbarte Maß hinaus, sein geschultes, staatlich geprüftes und allgemein anerkanntes Können als ernsthafter klassischer Künstler bereitzustellen. Der Chor funktioniert erstaunlicherweise auch prächtig genug ohne den Mann mit dem Kunst-Dünkel.

In einer Folge der Sesam Straße ist eine Parodie zu hören. Darin geht es um gesunde Ernährung. Die Parodie trägt den Titel „Hey Food".

Und das haben böse Gassenjungs aus Pauls schönem Text gemacht: „Hey Jude, I saw you nude. Don't try to fake it, I saw you naked."

Im Text der hessischen Gag-Version, 1968 geschrieben von Michael de la Fontaine, der einen Hälfte des Frankfurter Soziologen- und Liedermacher-Duos Christopher & Michael, heißt es: „Hey Judd, machs gudd, mach es besserner als wie die annernen. Denn morsche is net heut, drum machs gudd, Judd". Der Text blieb bislang unveröffentlicht. Ist wohl auch besser so. Bei der einzigen Live-Aufführung dieses Werkes durch die Offenbacher Amateurband The Cheats im Volksbildungsheim Frankfurt im Herbst 1968 gibt es tumultuöse Publikumsreaktionen, weil der Text als antisemitisch empfunden wird. Der Sänger entschuldigt sich kleinlaut, der Text sei doch nur ein Jokus und sie hätten im entferntesten nicht an eine solche Assoziation gedacht. Als die Beatles den Song fertiggestellt haben und die Veröffentlichung der Single unmittelbar bevorsteht, schreibt Paul McCartney auf die Schaufensterscheiben der Apple-Boutique, die kurz zuvor dicht gemacht hatte, in großen Lettern die beiden Songtitel der Single: „Hey Jude Revolution". Daraufhin gehen bei der Polizei wütende Proteste der Anwohner ein – wegen „antisemitischer Schmierereien". Paul McCartney: „Ich hatte keine Ahnung, was das auf Deutsch bedeutet. Aber wenn man sich Wochenschauen aus der Nazi-Zeit ansieht, steht da auf den Schaufenstern tatsächlich ‚Juden raus', mit einem Davidstern darüber. Ich hatte ehrlich nie daran gedacht." (Beatles Anthology 2000, 297).

Irgendein Buchhalter hat nachgezählt: der Nanana-Chorus werde 19 mal wiederholt, die Silbe „Na" sei insgesamt 195 mal zu hören. Wer's braucht ... Radio-Deejays, die zuvor grundsätzlich nur Songs auf ihre Plattenteller legen, deren Spielzeit nicht länger als 3 bis maximal 3.1/2 Minuten dauern darf, begrüßen die epische Länge von „Hey Jude", haben sie doch jetzt endlich mal genug Zeit, auch während der Sendung auf die Toilette zu gehen.

Coverversionen/Interpretationen (Auswahl)
Wilson Pickett (Single Dez. 1968, Album „Hey Jude", Februar 1969). Richie Havens („Live in Woodstock", 1969). Ella Fitzgerald (Album/DVD „Live at Montreux", 1969). Tom Jones (Album „This Is Tom Jones", 1969). Count

Basie and his Orchestra (Album „Basie on the Beatles", 1970). Elvis Presley (Album „Elvis Now", 1972, jedoch live aufgenommen Jan. 1969). Paul McCartney (Live-Album „Tripping The Live Fantastic", Nov. 1990). Grateful Dead (Album „Fillmore East 2-11-69", Okt. 1997). Various Artists (Sampler „Here Comes El Son: Songs of the Beatles with a Cuban twist", 2001). Paul McCartney (Live-Album „Back In The World", März 2003). Eight Seconds (Sampler „It Was 40 Years Ago Today – Tribute To The Beatles", 2004). Stephen Bennett (Album „Beatles Acoustic Guitar Solos", Juli 2005). The Buddha Lounge Ensemble („A Buddha Lounge Tribute To The Beatles", 2007). Judy Collins (Album „Sings Lennon/McCartney", Juni 2007).

Besonderheit

„Hey Jude" ist der bis dahin längste Song, der je auf einer Single veröffentlicht wurde. Dies wird allgemein kolportiert, scheint aber nicht zu stimmen. Von einem gewissen Richard Harris erscheint ein Song namens „MacArthur Park" (geschrieben von Jimmy Webb) im Frühjahr 1968. Die Single ist 7:20 Minuten lang und erreicht sogar Platz 1 in England (Richard Harris - Mac Arthur Park / Didn't We, RCA Victor, 1968). Über Harris heißt es: „When he recorded it, he made a bet with Webb that the song would be a dud, and he bet his Rolls Royce. When it hit number 1, he reportedly gave the car to Jimmy Webb." (Wikipedia).

Die Single „Hey Jude/Revolution" wird am 26. August 1968 als erste Veröffentlichung des Beatles-eigenen Labels Apple veröffentlicht. Zum Weihnachtsgeschäft 2006 erscheint „Hey Jude" in neuer Abmischung auf dem Beatles-Remake-Album „Love". Am 15. September 1997 ist „Hey Jude" in einer kaum zu überbietenden Topstar-Besetzung live in der Londoner Royal Albert Hall zu hören. Im Benefiz-Konzert „Music For Montserrat" für die Bewohner der von einem Vulkanausbruch fast gänzlich zerstörten Karibik-Insel Montserrat (auf der George Martin, der Initiator des Konzertes, ein Studio betreibt) wird Paul McCartney begleitet von Elton John, Sting, Phil Collins, Eric Clapton, Mark Knopfler, Carl Perkins u.a.

Persönliche Bemerkung

In unserer Band überlegten wir erst noch, ob wir den Song einstudieren sollten. Spieltechnisch war das kein Problem, war ja nix weiter drin an vertrackten Stolpersteinen, überhaupt nicht. Okay, gesangstechnisch könnte uns bei Pauls „better-better-better-aaah"-Klimax-Steigerung in der Mitte des Songs die Puste und das Können ausgehen. Aber der Song klang zuerst für uns irgendwie zu kitschig. Doch die Leute in den Tanzveranstaltungen, bei denen wir spielten, fragten danach. Wir verstanden uns zwar nicht als Dienstleister und wollten unser Songprogramm nur nach eigenem Gusto zusammenstellen; aber es war ja nicht so, dass uns der Song nicht gefiel, nur hatten wir doch gerade mit den ersten beiden Hendrix-Nummern in unserm Programm stilistisch einen neuen Weg angepeilt. Und da schien „Hey Jude" eher ein Rückschritt zu sein – im Vergleich zu „Hey Joe". Doch als wir den Song dann live spielten – an glamourösen Orten wie dem Saalbau Koch in Kilianstädten und dem Weiß-nicht-mehr-wie-er-hieß-Tanzschuppen in Heuchelheim – da erwies sich die Nummer als Publikumsknüller.

Diese Mischung aus sentimentalem Intro und Mitgröhl-Hymne – wie geschaffen für die Südkurve – im nicht endenwollenden Schluss, das war einfach klasse. Bis der Arzt kommt und die gerissenen Stimmbänder wieder flickt, so lange wurde manchmal der Schlusschor mit leidenschaftlicher Hingabe ekstatisch geschmettert. Danke Paul für das Gefühl, dass Befriedigung auch in der Heiserkeit zu finden ist.

REVOLUTION

Autoren: Lennon/McCartney, tatsächlich geschrieben von: John Lennon.
B-Seite der Single „Hey Jude", veröffentlicht am 26. August 1968 (USA), 30. August 1968 (UK), Laufzeit/Spieldauer: 3'22.
Besetzung/Instrumentierung: John Lennon (Hauptgesangsstimme, Verzerrergitarre, Chorgesang, Händeklatschen), Paul McCartney (Bassgitarre, Hammondorgel, Händeklatschen), George Harrison (Sologitarre, Händeklatschen), Ringo Starr (Schlagzeug, Händeklatschen), Nicky Hopkins (E-Piano).
Aufnahmedaten: 9. und 10. Juli 1968, Abbey Road Studio 3, weitere Aufnahmen (overdubs) am 11. Juli 1968.
Produzent: George Martin, Aufnahmetechniker: Geoff Emerick.
Anzahl der Aufnahmen: 10; letztlich veröffentlicht (mit Overdubs): Take 16.

Tonart: C-Dur
Akkorde:
Strophe / C / C^9 / F / C / C / C^9 / F / G^7 /
Zwischenteil / d-moll / G^6 / d-moll / B C A / G /
Refrain / C / F^6 / C / F^6 / C / F^6 / G^7 /

Besonderheit: Auch enthalten in neuer Abmischung, aber ohne den Solopart, auf dem Beatles-Remake-Album „Love" (2006)

Textübersetzung
Revolution

Du sagst, du willst eine Revolution / weißt du, wir alle wollen die Welt verändern / Du erklärst mir, das sei die natürliche Fortentwicklung / weißt du, wir alle wollen die Welt verändern / Aber wenn du von Zerstörung redest / Dann solltest du wissen, auf mich kannst du nicht zählen / Weißt du nicht, dass sich alles finden wird? / Es wird schon werden / Du sagst, du hast die Lösung gefunden / weißt du, wir alle würden den Plan gerne sehen / Du bittest mich, um eine Spende / Weißt du, wir tun, was wir können / Doch wenn du Geld haben willst für Leute, deren Kopf voller Hass ist / dann muss ich dir sagen, Bruder, da kannst du lange warten / Weißt du nicht, dass sich alles finden wird? / Es wird schon werden / Du sagst, du willst die Verfassung ändern / Weißt du, wir alle wollen dein Bewusstsein ändern / Du erklärst mir, es seien die Institutionen / Weißt du, befreie doch lieber erst mal dein eigenes Hirn / Aber wenn du herumläufst mit Bildern des Vorsitzenden Mao / Dann bewirkst du bei niemandem gar nichts / Weißt du nicht, dass sich alles finden wird? / Es wird schon werden.

Die Musik

Wie eine Kettensäge, die wütend ihre Zähne ins Betonfundament der Gesellschaft zu treiben versucht, so klingt die kreischende Verzerrergitarre, mit der John Lennon seine zweite und schnellere Version von „Revolution" beginnt. Ein wuchtig dröhnender Trommelschlag und das martialische Schreien, das nach drei Takten dem Einsatz der restlichen Instrumente vorausgeschickt wird, verstärken noch die attackierende Wirkung des Song-Intros. John Lennon will dem Song in allen Aufnahme-Details einen möglichst scharfen und ungewöhnlichen Sound verpassen. Seinen Gitarrenverstärker dreht er zum Verdruss der Tontechniker so laut auf wie nie zuvor, um einen extrem schmutzigen, fiesen Ton zu erzeugen. Seine Zielvorstellung ist, einen Soundtrack zum Chaos der Straßenschlachten zu liefern.

Das rollende, dann mehr hämmernde als rockende E-Piano-Solo von Nicky Hopkins kann sich gegen die Lärmorgie der verzerrt-kreischenden Sologitarre nicht durchsetzen. Nach kaum fünf Sekunden alleiniger Lufthoheit wird das Piano niedergedrückt vom übersteuert zerrenden Gitarrenton, wobei sich die simple Melodik der lärmenden Distortion-Gitarre gegen Ende des Solos auf einen einzigen Ton reduziert, so, als wolle sie mit rausgestreckter Zunge zu verstehen geben, der Mann am Klavier kann klimpern so viel er will, gegen meine auf Anschlag gedrehte Sirene kommt er eh nicht an. Dazu ist im Sound-Gewitter noch ein kurzes rhythmisches „Ah-Ah"-Stöhnen zu vernehmen, als würde die Orgie auf ihren Höhepunkt zutreiben.

Mit Chuck Berry-Riffs auf die Barrikaden

Die musikalische Form und das Harmonieschema des Songs entsprechen den herkömmlichen Mustern eines typischen Rock'n'Roll-Songs. Das Gitarren-Intro ist eine simplifizierte Paraphrase auf all die bekannten Rock'n'Roll-Riffs á la

Chuck Berry und die Breaks zum Ausgang der Strophen folgen der altvertrauten rhythmischen Struktur, wie man sie seit den späten 1940er Jahren schon aus dem Rhythm'n'Blues kennt. Trotz des insgesamt herkömmlichen Grundgerüstes, das keine wirklich hervorstechenden harmonischen oder melodischen Finessen aufweist, hat der Song eine ungemein radikale, energetisch geradezu überbordende Ausstrahlung und gilt vielen als eine der faszinierendsten Rock-Aufnahmen der Beatles und darüber hinaus als Keimzelle des Heavy Rock.

Obwohl sich Lennon im Text dieser Fassung eindeutig von jeglicher Gewaltanwendung abgrenzt, vermittelt – paradoxerweise – der rüde Sound, den er bewusst kreiert, eine Form von Gewaltausübung der akustischen Art. Die Studiocrew, Produzent George Martin und Tontechniker Geoff Emerick, spürt schon bei den ersten Probeaufnahmen ein tiefes Unbehagen, nicht nur wegen der Lautstärke, die John Lennon vorgibt und der die anderen drei notgedrungen folgen.

Geoff Emerick: „Stinksauer ließ er die Band den Song immer und immer wieder spielen und spie den Text mit giftiger Stimme förmlich heraus. Er schien zu versuchen, irgendwelche inneren Dämonen austreiben zu wollen, und schrie immer und immer wieder die Worte ‚all right' am Ende jedes Durchgangs. Am Ende war seine Stimme ruiniert und er vollkommen erschöpft. ‚Okay, das reicht', erklärte er heiser. Ringo sah aus, als fiele er gleich vom Hocker. Diese erste Session war schlicht unkontrolliertes, pures Chaos. George Martin hatte sie von Anfang bis Ende mit einer verstörten und sorgenvollen Miene verfolgt. Er wusste so gut wie ich, dass hier irgendetwas nicht stimmte." (Emerick, Massey 2007, 365).

Sein ständig wiederholtes „all right" am Ende des Songs schreit Lennon in der Tat fast keifend wie ein Wüterich und straft damit den Wort-Inhalt Lügen. Nichts ist „all right" scheint das verstörende Schreien zu signalisieren. Womöglich brüllt er, was er nicht zu sagen wagt. Am Ende des Promofilms „Revolution" schneidet Lennon eine Fratze für die Galerie: seht her, so sieht ein Durchgeknallter aus.

Die extreme Verzerrung des Gitarrentons ist damals noch so neu und ungewohnt, dass etliche Käufer die Single umtauschen wollen, weil sie der Meinung sind, die Platte müsse einen technischen Defekt bzw. irgend einen Fertigungsfehler haben. George Martins Sohn Giles, der als Auftragsarbeit für die Las Vegas-Show „Love" des Cirque du Soleil 2006 etliche Beatles-Klassiker neu abmischt und zum Teil collagiert, legt auch die Produzenten-Hand an „Revolution". Im Booklet des Albums „Love" schreibt er: „Der Gitarren-Sound von Revolution reißt dir die Ohren ab und definiert noch heute, was unter ‚distortion' (Verzerrung) zu verstehen ist."

Kommentare, Meinungen, Deutungen

John Lennon: „Um den Song ‚Revolution' entwickelte sich ein kleines Trauma. Ich fand es aktuell. Es handelte von dem, was damals geschah. Ich wollte es als Single rausbringen. Ich sagte: ‚Bringt es raus, wir sollten etwas sagen und ich möchte DAS sagen.' Und sie sagten: ‚Nein, es ist zu langsam." (Beatles Anthology 2003, DVD 8.2). Lennons Enttäuschung bezieht sich auf die ursprüngliche, tatsächlich langsamere Fassung, die Ende Mai aufgenommen wird (siehe „Revolution 1"). Aber er kämpft um diesen Song, dessen Aussage ihm wichtig ist und bringt die anderen schließlich dazu, eine aggressivere, schnellere Neufassung mit ihm aufzunehmen, um die vor allem von Paul geäußerten Bedenken zu entkräften und „Revolution" als Single zu veröffentlichen – natürlich als A-Seite. Hier entbrennt ein Machtkampf zwischen ihm und dem von Paul angeführten Rest der Band. Der Sturkopf John will zunächst partout nicht anerkennen, dass Pauls Mainstream-Komposition „Hey Jude" weitaus mehr kommerzielles Potenzial hat als sein Politrocker „Revolution". Als er diese für alle offenkundige Tatsache in einer ruhigen Minute dann doch anerkennt, hält er dennoch seine Botschaft an die Welt für weitaus wichtiger als den potentiellen Hit. Bis kurz vor Veröffentlichung der Single kämpft er für „Revolution" als A-Seite.

Wut auf Hey Jude

Er soll wütend ausgerastet sein, als Paul, noch lange vor der Veröffentlichung, ein Schwarzmuster der Single im Londoner Club Vesuvio dem DJ in die Hand gedrückt habe, mit der Aufforderung, er solle „Hey Jude" mal auflegen, das sei die neueste Beatles-Single. Für Paul und die anderen ist es längst entschieden und keine Frage, dass „Hey Jude" der weitaus attraktivere Song von beiden ist. John besteht aber darauf, dass für seinen Song die gleiche PR-Arbeit gemacht wird, weshalb nicht nur für „Hey Jude" sondern auch für „Revolution" ein Promo-Film gedreht wird. Es ist nicht nur Egomanie und Eitelkeit von John Lennon, dass er seinen Song als A-Seite erzwingen will. Er ist davon überzeugt, dass er – und damit die Beatles – ein politisches Statement zu den gesellschaftlichen Umbrüchen des Jahres 1968 abgeben müssen. Und natürlich sollte doch jedem klar sein, dass seine politische Botschaft an die Welt weitaus wichtiger ist als ein Lied mit einem nicht enden wollenden Nanana-Chor.

Es ist in all den Jahren auch die einzige konkrete politische Äußerung der Beatles im Songformat – sieht man einmal von George Harrisons Schelte auf die Steuereintreiber im „Revolver"-Song „Taxman" ab. Und es ist Lennons erste unmissverständliche politische Botschaft, die das Ziel hat, sich einzumischen und Stellung zu beziehen – so wie das später die flugblatt-ähnlichen Polit-Songs (Lennon nannte sie selbst seine „Slogan-Songs") „Give Peace A

Chance", „Power To The People", „Working Class Hero", „John Sinclair", „Angela" (Davis) usw. seiner frühen Solojahre fortführen.

STATT HÄNDCHEN HALTEN, FÄUSTE BALLEN

Das Zwiegespräch zwischen dem „ich" und dem „du" im Text von „Revolution" ist erstmalig kein Junge-trifft-Mädchen-Dialog, sondern erweist sich als eine harte Auseinandersetzung zwischen zwei Disputanten mit unterschiedlicher Auffassung. John Lennon wendet sich recht scharf gegen Aktivisten der extremen Linken, die ihn auffordern, er solle sich mit Geldspenden und Beteiligungen an politischen Aktionen für die revolutionäre Bewegung engagieren. Die ersten Anti-Vietnamkrieg-Demonstrationen vor der US-Botschaft in London, Anfang Februar 1968, verfolgt John Lennon in den Medien.

Zur Zeit der Straßenschlacht am 17. März 1968, als die Londoner Polizei brutal gegen die Demonstranten vorgeht und Mick Jagger auf der Park Lane in Richtung Grosvenor Square mitmarschiert und als Augenzeuge die Anregung und den Stoff für seinen Song „Street Fighting Man" geliefert bekommt, ist John Lennon mit den anderen Beatles (außer Ringo, der schon am 1. März zurückgeflogen war) noch im Ashram in Rishikesh, um beim Maharishi das Meditieren zu lernen. Dort in Indien schreibt Lennon die ersten Zeilen seines Songs „Revolution", die im Sinne der Lehren des Maharishi jeglicher Gewalt eine Absage erteilen, was auch der pazifistischen Grundeinstellung von John Lennon entspricht.

Nach London zurückgekehrt, und unter dem Eindruck der Straßenkämpfe in Deutschland im März, der Mai-Unruhen in Frankreich und der Zerschlagung der tschechoslowakischen Reformbewegung im August, ist sich Lennon seiner kategorischen Gewaltverneinung nicht mehr so ganz sicher. Bei den ersten Aufnahmen Ende Mai ist er noch indifferent, wie er sich zur Anwendung von Gewalt äußern soll und singt ambivalent „you can count me out ... in". Diese gleichzeitige Ablehnung und Zustimmung ist in der langsameren, ursprünglichen Fassung von Revolution zu hören, mit der die letzte Seite des Weißen Albums beginnt (siehe „Revolution 1"). Doch auf der später neu eingespielten, schnelleren und aggressiveren Fassung, die zusammen mit „Hey Jude" als Single veröffentlicht wurde, hat sich John Lennon eindeutig auf das „out" und damit die Ablehnung von Gewalt festgelegt.

JOHN UND DIE REVOLTE

Lennon proklamiert die Revolution im Denken und Handeln eines jeden Einzelnen. Befreie erst mal deinen eigenen Kopf von Vorurteilen und Engstirnigkeit und höre nicht auf professionelle Aufwiegler und Rebellen, die nur ihre eigenen Interessen verfolgen. Hüte dich vor blinder Mitläuferschaft. – Nach seinem eigenen kurzzeitigen Guru-Trip und der anschließenden Ernüchterung und Enttäuschung in Sachen Maharishi ist ihm diese Warnung, keinem Führer, keiner Fahne, keinem Mao-Bild hinterherzulaufen, besonders wichtig. Doch die Gewaltfrage lässt ihn nicht los. Offenbar ist er sich seiner Position doch nicht absolut sicher, denn am 4. September, als die Beatles in den Twickenham Film Studios einen Promofilm für die Single „Hey Jude / Revolution" aufnehmen und zum Halb-Playback beide Songs live singen und spielen, da besinnt sich John Lennon anders und singt plötzlich wieder: „when you talk about destruction, don't you know that you can count me out ... in". Womöglich will er damit kundtun, dass Gewaltlosigkeit die erste und beste Lösung ist, dass unter Umständen aber Gewaltanwendung als letztes Mittel gerechtfertig sein könnte, so jedenfalls soll er sich damals in politischen Diskussionen mit Freunden geäußert haben. Doch nicht diese Ambivalenz, sondern sein klares „out" geht um die Welt, wird millionenfach über den Singleverkauf und in Radiosendungen verbreitet.

Linke Prügel für John

Die Reaktionen von Seiten der linken Studenten, Aktivisten und Underground-Zeitungen nach Veröffentlichung der Single kommen prompt. Steve Turner: „Das amerikanische Magazin Ramparts sprach von ‚Verrat' und die New Left Review von einem ‚jämmerlichen, kleinbürgerlichen Angstschrei'. Das Magazin Time indes befasste sich in einem längeren Beitrag mit dem Song, der, wie es hieß ‚radikale Aktivisten in aller Welt kritisiere' (Turner 2002, 169). John Lennons lapidar klingende Refrainzeile: „Don't you know, it's gonna be alright" ist für viele kämpferisch eingestellte Zeitgenossen, die von der Notwendigkeit eines Umsturzes überzeugt sind, unerträglich blasiert, klingt für sie zynisch und herablassend und wird als Provokation empfunden. Wütend macht vor allem, dass Lennon nicht die Unterdrücker und Handlanger des „Schweine-Systems" anprangert, sondern die Demonstranten verhöhnt, die Mao-Bilder vor sich hertragen. Damit hat Lennon den neuen Szene-Helden, den Studentenführern und Aktivisten wie Abbie Hoffman, Jerry Rubin u.a. ans Bein gepinkelt.

Helmut Salzinger: „Wirklich beunruhigend an ‚Revolution' ist es, dass die Platte den intellektuellen Verkalkungsprozess der Beatles bestätigt. Die Zeiten haben sich geändert, aber die Beatles bleiben die gleichen und singen ein selbstgefälliges Liedchen namens ‚Revolution', das nichts weiter als Konterrevolution predigt. ... Angesichts der jüngsten Ereignisse ist es leider nicht mehr möglich zu glauben, dass es mit einer Imitation des lebensfrohen Beatles-Optimismus oder ihrer Lebensweise getan ist. Es geht nicht mehr um Musik, eher um Verrat. Während in den Straßen Jugendliche Barrikaden bauen und die Bullen ihnen die Köpfe einschlagen, liefern die Beatles nichts als einen weinerlichen Aufguss ihrer persönlichen Wertvorstellung: ‚All you need is love'." (Salzinger 1972, 96/97).

Man kann ja nun Lennons „Revolution" einiges ankreiden, aber dass der Text und das Klangbild des Songs oder gar seine Sangesweise „weinerlich" seien, das entbehrt wirklich jeglicher Grundlage. Sogar die Soul-Sängerin Nina Simone kritisiert John Lennon, wirft ihm eine unpolitische Haltung vor und empfiehlt ihm, „sein Gehirn zu reinigen" (Diez 1999, 132). Ein Briefwechsel, der in einem Magazin der britischen Universität Keele abgedruckt wird, gibt Aufschluss über die damaligen Vorwürfe und John Lennons Reaktion.

Der Student John Hoyland schreibt über „Revolution" in einem offenen Brief: „Die Platte war nicht revolutionärer als ‚Mrs. Dale's Diary' (eine Radio-Seifenoper der BBC). Um die Welt zu verändern, müssen wir verstehen, was falsch an der Welt ist. Und es dann zerstören. Erbarmungslos. Dies ist weder Grausamkeit noch Wahnsinn. Es ist eine der leidenschaftlichsten Formen von Liebe. Denn wir kämpfen gegen Leid, Unterdrückung, Erniedrigung – gegen den immensen Preis von Traurigkeit, den der Kapitalismus fordert. Und jegliche ‚Liebe', die sich nicht gegen diese Dinge wendet, ist oberflächlich und unbedeutend. Eine höfliche Revolution kann es nicht geben."

John Lennons Erwiderung bezieht eindeutig Stellung: „Ich kann mich nicht erinnern, behauptet zu haben, ‚Revolution' sei revolutionär. Scheiß' auf Mrs. Dale. Hör dir alle drei Fassungen von ‚Revolution' an – 1, 2 und 9 – und dann versuch's noch mal, lieber John Hoyland. Du sagst: ‚um die Welt zu verändern, müssen wir verstehen, was falsch an der Welt ist. Um es dann zu zerstören. Erbarmungslos.' Du bist offenbar auf einem destruktiven Trip. Ich sage dir, was falsch daran ist – die Menschen. Willst du sie deshalb alle zerstören? Erbarmungslos? Solange du/wir nicht unser Bewusstsein änderst/ändern, gibt es keine Hoffnung. Nenne mir eine einzige erfolgreiche Revolution. Wer hat Kommunismus, Christentum, Kapitalismus, Buddhismus etc. in den Sand gesetzt? Kranke Hirne und sonst niemand. Glaubst du, alle Feinde tragen Kapitalisten-Abzeichen, damit du weißt, wen du erschießen musst?" (Turner 2002, 69). John Lennon bleibt bei seiner Einstellung.

1980, kurz vor seinem Tod bekräftigt er seine Haltung in einem Interview: „Ich will wissen, wo es lang gehen soll. Und wenn Gewalt dazugehört, dann rechnet nicht mit mir. Erwartet mich nicht auf den Barrikaden, es sei denn, ihr steht mit Blumen da." (Bratfisch 2007, 538). John Lennons Textbotschaft ist heute noch so aktuell wie damals. Die historische Entwicklung hat dem Inhalt seines Textes recht gegeben. Jedenfalls ist davon sehr viel mehr gültig geblieben als von allen Einwänden dagegen.

Trivia

Die Beatles verdoppeln sehr oft ihre eigene Gesangsstimme durch eine zusätzliche Playbackaufnahme. So auch hier. Wer genau hinhört, kann nach 23 Sekunden einen Textfehler hören. John Lennon singt bei seiner zweiten

Gesangsaufnahme statt „Evolution" irgendetwas, das sich bei den Silben „lution" wie „tu-tion" anhört.

Während der Aufnahme zum Promofilm von „Revolution" singt John Lennon in der ersten Strophe bei der Wiederholung der Zeile: „We all want to change the world" fälschlicherweise oder absichtlich (?): „We all want to see the world." (Beatles Anthology 2003, DVD 8.2).

Trivia/Memorabilia

„Die Revolution frisst ihre turnschuh-tragenden Kinder", schreibt der Musikjournalist Rainer Bratfisch als Kommentar zu einem Nike-Werbespot, in dem der Turnschuh-Hersteller den Song „Revolution" verwendet. 300.000 $ zahlt Nike an die Rechte-Inhaber Capitol Records und Michael Jackson, der sich die Verlagsrechte an allen Beatles-Songs 1984 gesichert hatte. Die Empörung in der Beatles-Gemeinde ist groß. Der Song würde entweiht, John Lennons Andenken besudelt, seine politische Botschaft an die Welt pervertiert ... und ähnliches mehr kann man lesen.

George Harrison entrüstet sich: „Wenn wir nichts dagegen unternehmen, endet irgendwann jeder Beatles-Song als Reklame für Büstenhalter und Fleischpasteten." (Skai 2000). Paul McCartney äußert sich so: „Songs wie ‚Revolution' haben nichts mit einem Paar modischer Schuhe zu tun, sondern mit Revolution." (wikipedia). Yoko Ono reagiert darauf pragmatisch: „Der Werbespot macht Johns Musik einer neuen Generation zugänglich." (DER SPIEGEL 21/1987 vom 18.05.1987).

Coverversionen/Interpretationen (Auswahl)

R.A.M. Pietsch (Album „Norwegian Wood", 1988). Billy Bragg (Album „Revolution No. 9 - Beatles Tribute Compilation in Aid of Cambodia", 1997). Running Wild (Album „Victory", 2000). Grandaddy, (Soundtrack-Sampler „I am Sam", 2001). Stone Temple Pilots (Liveperformance beim Benefiz-Konzert „Come Together: A Night for John Lennon's Words and Music", 2001 und: Album „November 27, 2001"). Phish (Album „Live Phish Volume 13", 2002). Rudy Rotta (Album „The Beatles in Blues", 2008).

Persönliche Bemerkung

Die Beatles-Fans im Freundeskreis um unsere Band und das Jugend-Kabarett, dem ich auch angehörte, waren sich uneins, was sie von „Revolution" halten sollten. Klar, die Balladen-Fraktion und Paul-Spezies liebten „Hey Jude" und drehten die Single, wenn's denn sein musste, auch mal um. Die Lennon-Bewunderer, zu denen ich gehörte, waren von „Revolution" auch nicht einhellig begeistert. Der kleine Rebell in mir, mit viel roter Brause im Kopf, war von der Lärmattacke zwar etwas überfordert, doch alleine die grimmige Aufmüpfigkeit, die aus dem plärrenden Sound herausbrach, reizte mich. Auf den Textinhalt hatte keiner so recht geachtet. Es reichte, dass man „revolution, we all want to change the world" und „Mao" verstanden hatte. Damit wusste man, worum es ging, die Musik sprach ja eh für sich. Dann aber kam unser Chefdenker und zog vom Leder, was das für ein Gelaber sei, dieses „Don't you know, it's gonna be alright". Das sei doch die gleiche dummdreiste Ignoranz und Abwiegelei all der selbstgefälligen Lehrer und Eltern, die auf jede berechtigte Kritik mit ihren Standardsprüchen reagierten, Marke: ‚Das verstehst du nicht! Das hat schon alles seine Richtigkeit!' - Tja, das klang irgendwie einleuchtend und ich war ziemlich verunsichert, was ich von John Lennon in Sachen Weltrevolution halten sollte. Zwei meiner Freunde wurden in der Folgezeit abtrünnig, brachen mit den Beatles und wechselten, als „Street Fighting Man" rauskam, ins Stones-Lager über. Das war sehr bitter – zumal der Straßenkämpfer sich als armer Kerl entpuppte, der resignierend jammerte, was er denn schon tun könne, außer in einer Rock'n'Rollband zu singen.

DIE SONGS DES DOPPEL-ALBUMS „THE BEATLES"

BACK IN THE U.S.S.R.

Fakten

Autorenangabe: Lennon / McCartney, tatsächlich geschrieben von: Paul McCartney. Schnitt: LP 1 A/1 (101) CD1 001 Laufzeit/Spieldauer: 2'42.
Besetzung/Instrumentierung: Paul McCartney (Hauptgesangsstimme, Bassgitarre, Sologitarre, Schlagzeug, Klavier, Percussion, Chorgesang), John Lennon (Sologitarre, 6-saitige Bassgitarre, Chorgesang), George Harrison (Sologitarre, Bass, Percussion, Chorgesang).
Aufnahmedaten: 22. August 1968, Abbey Road Studio 2, weitere Aufnahmen (overdubs): 23. August 1968.
Produzent: George Martin, Aufnahmetechniker: Ken Scott.
Anzahl der Aufnahmen: 5, letztlich veröffentlicht (mit Overdubs): Take 6.

>Tonart: A-Dur
>Akkorde: / E^7 / Strophe: A^4 / D / C^6 / D / A^4 / D / C^6 / D /
>Refrain: / A^7 / C / D^7 / A / D Dis E /
>Zwischenteil: / D / A / D fis-moll / C H^7 / E^7 / D^7 / A / D Dis E /

Textübersetzung
Zuhause in der UdSSR
Flog herüber von Miami Beach mit BOAC/ Habe die letzte Nacht nicht geschlafen / Den Flug über lag die (Kotz-)Tüte auf meinen Knien / Mann, war das ein übler Flug / Ich bin wieder zuhause in der UdSSR / Du weißt gar nicht, wie gut es dir geht, Junge / Zuhause in der UdSSR / War so lange weg, dass ich die Gegend kaum wiedererkenne /Mann, es ist schön wieder zuhause zu sein / Morgen ist noch Zeit genug, meinen Koffer auszupacken / Süße, zieh' den Telefonstecker raus / Ich bin wieder zuhause in der UdSSR / Du weißt gar nicht, wie gut es dir geht, Junge / Zuhause in den US, zuhause in den US, zuhause in der UdSSR / Die Mädchen der Ukraine sind der Wahnsinn / Da kommt der Westen nicht mit / Und die Moskauer Mädchen bringen mich zum Singen und Jubeln / Dass Georgia* für immer in meinem Gedächtnis bleibt / Ich bin zuhause in der UdSSR / Zeig mir deine schneebedeckten Berge weit unten im Süden / Bring mich zum Bauernhof deines Vaters / Lass mich den Klang deiner Balalaika hören / Komm und halte deinen Genossen warm / Ich bin wieder zuhause in der UdSSR / Du weißt gar nicht, wie gut es dir geht, Junge / Zuhause in den US, zuhause in der UdSSR.
(*„Georgia" steht im Englischen sowohl für den US-Bundesstaat Georgia als auch für die damalige Sowjet-Republik Georgien und ist zudem noch ein weiblicher Vorname).

Die Musik
Mit den heulenden Triebwerken eines Düsenflugzeuges beginnt das Weiße Album. Wer einen Abflug in Richtung neuer popmusikalischer Horizonte, als Fortsetzung der Vorläufer-Alben „Revolver" und „Sgt. Pepper" erwartet hatte, sieht sich enttäuscht. Die Beatles fliegen schnurstracks zurück in die Ära des Rock'n'Roll. Doch bei genauerem Hinhören wird klar, dass dies kein nostalgischer One-Way-Flug in die fünfziger Jahre ist. Zu Beginn rocken zwar die E-Gitarren wie einst, und das Klavier hämmert drauflos in bester Little Richards Manier, doch beim Refrain setzt ein rhythmisch verzögert startender Gitarren-Riff ein, der sich clever durch die Harmonien nach oben schraubt und, auf dem Zenit angekommen, abbricht und damit einen wirkungsvollen Break herbeiführt. Wenn sich der Kenner schon durch die Refrainzeile an etwas Bestimmtes aus der Rock'n'Roll-Geschichte erinnert fühlt, so müssen ihn die Chorpassagen im Mittelteil gänzlich hellhörig machen. Das hört sich doch sehr verdächtig an nach ...? Na?

PARODIE ODER HOMMAGE? ODER BEIDES?
Die McCartney-Komposition „Back In The U.S.S.R." ist eine parodistische Hommage sowohl an Chuck Berry und seinen eher mittelprächtigen Hit des

Jahres 1959 „Back In The U.S.A." als auch an die Beach Boys mit ihren perfekten Chorsätzen und ihrem Lobgesang auf die Vorzüge der kalifornischen Mädchen: „I wish they all could be California Girls". Nachdem jahrelang in Pop und Rock nur US-Städtenamen wie Memphis oder New Orleans von Songschreibern verewigt wurden, öffnet sich in diesem Songtext zum ersten Mal im Pop der Eiserne Vorhang für Moskau – und für einen Blick auf die Mädchen der Sowjetunion.

Paul McCartney: "'Mit Back in the U.S.S.R.' parodierte ich Chuck Berrys ‚Back in the U.S.A.' Wenn der typische Amerikaner im Ausland ist, dann seufzt er: ‚Ach ich vermisse meine Doughnuts, meine Waschsalons und den Komfort des Hyatt Hilton, und überhaupt, bei uns ist alles viel, viel besser, bei uns gibt es mehr Fernsehprogramme und und und ...' Diese Einstellung wollte ich ein bisschen auf die Schippe nehmen. Der Song ist aus der Perspektive von jemand geschrieben, der materiell nicht gerade auf Rosen gebettet ist, der auf sein Land aber mindestens ebenso stolz ist wie ein Amerikaner. Das war natürlich ein Jux. ... Am Schluss unterlegten wir das ganze noch mit einem Harmoniegesang im Stil der Beach Boys." (Miles 1998, 519).

Zwischen den Beach Boys und den Beatles herrscht eine freundschaftliche Form von Konkurrenz. Speziell Paul McCarney und Beach Boys-Mastermind Brian Wilson beobachten über den großen Teich hinweg, was der jeweils andere gerade Neues erfunden hat. Vom Beatles-Album „Rubber Soul" fühlt sich Brian Wilson herausgefordert und antwortet mit „Pet Sounds", seinem damaligen Opus Magnum für die Beach Boys. Davon zeigt sich Paul McCartney so beeindruckt, dass er nun seinerseits auf diese Herausforderung reagiert und noch eins drauf setzen will – was schließlich zu „Sgt. Pepper" führt. Dieser kreative Wettstreit endet damit leider, weil Brian Wilson mit seiner „Sgt. Pepper"-Replik scheitert. Seine für die Beach Boys geplante Rock-Sinfonie „Smile" wird nie fertig, wohl auch wegen seiner massiven Drogenprobleme und wachsenden Depression in jener Zeit (erst im Jahre 2004 sollte er sein Werk mehr oder weniger vollenden und auch live auf ausgedehnter Konzertreise mit neuer Begleitband dem staunenden Publikum präsentieren).

Wesentliche Bestandteile des Songs „Back In The U.S.S.R.", vor allem in der Musik, hat Paul McCartney in Rishikesh geschrieben. Am Meditationskurs des Maharishi nimmt zur gleichen Zeit auch der Beach Boy Mike Love teil. Neben Gesprächen über Gott und die Welt der Meditation ergeben sich natürlich auch Fachsimpeleien und die Gelegenheit zum kollegialen Austausch unter Musikern.

Mike Love: „Ich saß am Frühstückstisch, und McCartney kam mit seiner akustischen Gitarre vorbei und spielte mir ‚Back in the U.S.S.R.' vor. Ich brachte ihn auf die Idee, die sowjetischen Mädchen zu besingen: die aus der Ukraine, die aus Georgien und so weiter. Paul war ein sehr einfallsreicher Typ, und was den Songtext anbelangte, brauchte er natürlich keine Hilfe von mir, aber ich habe ihn auf die Idee für diese kleine Textpassage gebracht. Mit diesem Song zogen sie die Beach Boys durch den Kakao – auf eine liebevolle, wirklich witzige Weise." (Miles 1998, 519).

Nicht alle Chorpassagen der Beatles sind in der Intonationssicherheit und Satztechnik dem Raffinement und der Perfektion der Beach Boys-Chorsätze ebenbürtig, aber dafür rocken die Beatles mitreißender, handwerklich überzeugender und musikalisch origineller als es den Beach Boys je gelungen ist. Die vehemente Schubkraft und rhythmische Power der Aufnahme überrascht, zumal Ringo bei diesem Song überhaupt nicht beteiligt ist.

Ringo schmeisst hin – nur die Trommelstöcke?

Paul McCartney, der eine konkrete Vorstellung von der Rhythmusbehandlung seines Songs hat, meckert bei der Erstaufnahme des Grundplaybacks, das noch mit Ringo eingespielt wird, ständig an dessen Schlagzeugspiel herum, schiebt den verdutzten Drummer schließlich zur Seite und trommelt selbst – wohl etwas schulmeisterlich – dem düpierten Ringo bestimmte Schlagfolgen so vor, wie er sie haben will. Als Ringo dann ernsthaft versucht, den Chef zufriedenzustellen, der aber erneut ungnädig reagiert, da hat Ringo die Schnauze voll, murmelt irgendwas im Sinne von „dann soll er doch seinen Scheiß-Rhythmus selber spielen" und verlässt stocksauer das Studio. Er sprengt damit die Aufnahmesession – denkt er, aber die andern drei machen tatsächlich, jetzt mit Paul am Schlagzeug, einfach weiter. Ringo verkündet kurz darauf seinen Ausstieg aus der Band – und denkt, das sei endgültig. Aber die andern drei bestürmen und überreden ihn, wieder zurückzukehren, was er dann auch nach zehn Tagen Urlaub am 4. September tut.

Paul McCartney: „Ringo war verunsichert und reiste ab. Also haben wir ihm gesagt: ‚Hör mal, Mann, für uns bist du der beste Drummer in der Welt. Er sagte: ‚Danke', und ich glaube, das hat ihn gefreut." (Beatles Anthology 2000, 312). Die Rest-Beatles brauchen ihn dringend, nicht unbedingt als Schlagzeuger bei den Studiosessions, sondern bei dem fest gebuchten TV-Produktionstermin am 4. September, bei dem der Promofilm für die neue Single „Hey Jude" mit Fan-Beteiligung gedreht werden soll. Niemand im Publikum ahnt, dass der wie immer fröhlich lächelnde und mit dem Kopf neckisch wackelnde Ringo erst seit wenigen Stunden wieder in die Band zurückgekehrt ist. Auf Platte geht es also auch ohne Ringo, vor der Öffentlichkeit aber nicht. Zur unerfreulichen Ausandersetzung zwischen Paul und Ringo mochte sich Produzent George Martin nicht äußern, er bestätigte allerdings, dass Paul rein technisch betrachtet der bessere Drummer sei. Auf die Frage eines Reporters, ob Ringo der beste Drummer der Welt sei, antwortet John Lennon gewohnt spitzzüngig: „Er ist nicht mal der beste Drummer bei den Beatles."

Auch du mein Freund?

Auch er ist eine Art Brutus, genauso wie George Harrison. In der Endabmischung von „Back in the U.S.S.R." hört man John und George, wie sie Paul schlagzeugmäßig assistieren. Im linken Kanal des Stereomix kann man Spuren der beiden Hilfs-Drummer vernehmen. Tatsächlich wird bei dieser Aufnahme Ringo nicht vermisst. Vielleicht hat sich das Rest-Trio besonders angestrengt, damit das Fehlen des etatmäßigen Schlagzeugers nicht auffällt. Jedenfalls ist die Aufnahme insgesamt superb gelungen. Nicht der geringste rhythmische Mangel ist erkennbar, im Gegenteil: „Back in the U.S.S.R." gilt so manchem als die beste Rock'n'Roll-Nummer im Beatles-Songkatalog. Anteil an dieser Wertschätzung haben auch diverse kleine, aber clevere Ideen und Tricks dieser Aufnahme. Etwa der zweite Refrain, der für einen Moment vermuten lassen könnte, dass sich der Sänger freut, zurück in die Vereinigten Staaten zu kommen, denn der Text lautet plötzlich: „Back in the US, back in the US." Aber dann kommen doch noch die beiden Restbuchstaben: „Back in the USSR". Wenig später wird's noch pfiffiger, wenn nach der Zeile über die Moskauer Mädchen, die von einem abwärts schreitenden Basslauf begleitet wird, ein überraschendes Textzitat auftaucht: „Georgia on my mind", die Titelzeile der berühmten Komposition von Hoagy Carmichael aus dem Jahre 1930, die Ray Charles unsterblich gemacht hat, bekommt hier eine gleich dreifache Bedeutungsmöglichkeit. Denn „Georgia" steht im Englischen nicht nur für den gleichnamigen US-Bundesstaat, sondern auch für die ehemalige Sowjetrepublik (und den heutigen unabhängigen Staat) Georgien. Und zusätzlich ist Georgia auch noch ein weiblicher Vorname.

Paul McCartney: "Da ist dieser reisende Russki, der in Miami Beach gewesen ist und nun wieder nach Hause fliegt. Er kann es kaum erwarten, die georgischen Berge wiederzusehen: ‚Georgia's always on my mind' – der Text enthält allerlei kleine Scherze und Anspielungen." (Miles 1998, 519).

Neben Scherzen und textlichen Anspielungen sind auch ein paar effektvolle Arrangement-Ideen zu hören. Das Geräusch der Triebwerke wird immer wieder eingeblendet, was der Klangenergie zusätzlich Schubkraft verleiht; das kurze, die Gesangsmelodie pointiert paraphrasierende Gitarrensolo wird von Klatschen und Anfeuerungsrufen begleitet. Und dann, ab 2'04 erhöht sich die Spannung und Dynamik nochmals durch einen im Grunde ganz einfachen Effekt: die E-Gitarre tremoliert auf einem einzigen Ton, dem hohen A, und das 13 Sekunden lang. Leadsänger Paul glänzt mit einer außergewöhnlichen Gesangsleistung, auch, weil er seiner Stimme mit schnellem Vibrato und Killer-Instinkt einen Ton und Ausdruck zu geben versteht, der an einen der ganz großen Rock'n'Roll-Shouter erinnert. Paul McCartney: „Ich weiß noch, dass ich den Song mit meiner Jerry Lee Lewis Stimme zu singen versuchte, denn ich wollte mich dabei in eine ganz spezielle Stimmung versetzen." (Miles 1998,

519). Das Trio hat offenbar Spaß an der Einspielung von „Back In The USSR". Kein anderer der wichtigen Songs des Weißen Albums geht so schnell und unkompliziert über die Bühne: fünf Takes und insgesamt nur zwei Tage Studioarbeit braucht es, und „der letzte große Rocksong der Beatles im schnellen Tempo" (Ian MacDonald) ist im Kasten.

Heinz Rudolf Kunze: „Dass die Beatles nach all den psychedelischen Jahren mal wieder richtig losrockten, z.B. mit ‚Back In The U.S.S.R.', hat mich schon sehr beeindruckt." (Gäsche 2008, 261).

Kommentare, Meinungen, Deutungen

„Beatles von Kommunisten unterwandert?" – Das sei ein Lobgesang auf den Feind, wettern die Erzkonservativen in den USA. Während die tapferen US-Boys die Freiheit der westlichen Welt gegen den Vietkong und deren Unterstützer in der UdSSR verteidigten, erdreisten sich diese „von der kommunistischen Presse hoch gelobten" (Noebel) Beatles, unverfroren Wehrkraftzersetzung zu betreiben und nicht nur Sympathien für den Feind zu schüren, sondern auch noch das totalitäre Unrechtssystem der Kommunisten als eine Art Paradies darzustellen, von dem die Bürger gar nicht wüssten, wie gut sie es dort hätten.

So in etwa ereifern sich ultrarechte Anti-Kommunisten in den Vereinigten Staaten, die scheinbar eine Herabwürdigung des freiheitlichen Westens und den Untergang des Abendlandes befürchten, nur weil die Beatles singen: „You don't know how lucky you are boy, back in the USSR". Allerdings klingt gerade diese Zeile ziemlich makaber, wenn man sich die politischen und militärischen Ereignisse hinter dem Eisernen Vorgang im August 1968 bewusst macht. Zur gleichen Zeit als die Beatles den Song aufnehmen, walzen die Panzer des Warschauer Pakts den „Prager Frühling" nieder. 98 Bürger der Tschechoslowakei kommen ums Leben.

BIG IN THE USSR

Bei vielen jungen Leuten in der UdSSR wird dieser Song begeistert aufgenommen. Offiziell ist die Musik der Beatles dort verboten, doch über Raubpressungen, Westradio und illegale Einfuhren verbreitet sich gerade dieser Song überall in der jugendlichen Subkultur der sowjetischen Metropolen.

Paul McCartney: "Im Grunde ist es nur ein Blödelsong, doch inzwischen ist daraus so etwas wie eine Hymne geworden. Wenn Billy Joel in Russland ein Konzert gibt, singt er jedes Mal dieses Lied. Sollte ich jemals in Russland auftreten, dann vielleicht nur aus diesem Grund: um dort diesen Song zu spielen. Es war ein toller Song, ich mochte ihn sehr." (Miles 1998, 519).

Es dauert bis zum Mai 2003, als der Song endlich seinen Weg nach Hause findet – in die ehemalige UdSSR. Auf dem Roten Platz in Moskau tritt Paul McCartney mit Begleitband auf und spielt in Anwesenheit des russischen Staatspräsidenten Putin vor 20.000 Konzertbesuchern unter anderem auch „Back in the U.S.S.R". 300.000 Menschen jubeln McCartney trotz Dauerregen am 14. Juni 2008 in der ukrainischen Hauptstadt Kiew zu, als er den Song anstimmt, auf den alle gewartet hatten. Bei der Zeile „die ukrainischen Mädchen hauen mich echt um, da kommt der Westen nicht mit" geht ein Begeisterungsschrei durch die Menge. Das Gratis-Konzert ist von einem ukrainischen Milliardär finanziert worden und geht als das größte Konzertereignis in die Geschichte der Ukraine ein.

Trivia

Paul McCartney spielt zunächst mit dem Gedanken, den Song, dessen Musik er in Grundzügen bereits fertig hat, „I'm backing the UK" („Ich unterstütze das Vereinigte Königreich") zu nennen. Ironisch will er damit auf eine damalige Werbekampagne der britischen Industrie reagieren. Hätte er diese Idee weiterverfolgt, wären mit Sicherheit keine harschen Worte aus der erzkonservativen Ecke der Kommunistenhasser auf die Beatles niedergeprasselt.

„Back In The USSR", so heißt ein Theaterstück des ersten freien Theaterensembles aus Kasachstan Art & Shock, eine freche Parodie über das Aufwachsen in der Sowjetunion, aufgeführt im Juli 2008, Kulturinsel Halle an der Saale. Paul McCartneys Refrainzeile „Back In The U.S.S.R." ist längst ein geflügeltes Wort geworden und wird immer wieder zitiert, ob in der Kunst oder dem politischen Journalismus.

Coverversionen/Interpretationen (Auswahl)

Cliff Bennett Band (Album „The Stars sing Lennon/McCartney", 1968). Chubby Checker (Single, 1969). Billy Joel (Album „Live in Leningrad", 1987). Kings Singers (Album „The Beatles Connection", 1990). Paul McCartney (Live-Album „Tripping The Live Fantastic", Nov. 1990). Leningrad Cowboys (Album „We Cum From Brooklin", 1992). Baba Yaga (Sampler „Words & Music by John Lennon and Paul McCartney, 1993, p 1992). Lucy In The Sky (Album „The Beatles Rock'n'Roll Music Live!", 1999). The Inmates (Album „Meet The Beatles: Live in Paris", 1987 und September 2001). John Schroeder (Album „All You Need Is Covers", Jan. 2001). Phish (Album „Live Phish Volume 13", 2002). Charly Wood (Sampler „Memphis Meets The Beatles, Fried Glass Onions, Vol. 2", Dezember 2005). Lemmy Kilmister („Butchering the Beatles – A Headbashing Tribute", 2006). Liz Green (Sampler „Mojo's White Album Recovered", September 2008).

Persönliche Bemerkung

„Back in the Äppelwoi-Town!" – Das sollte ein Knaller werden. Wir wollten den Song unbedingt nachspielen und hatten die „geniale" Idee, den Text, beziehungsweise, die „girls" im Text einzudeutschen. Statt „Ukrain girls" wollten wir „Bornheim girls" singen, statt „Moscow girls" zum Beispiel: „Seckbach girls". Und wenn wir einen Gig in Kilianstädten, Heuchelheim oder Rembrücken bekommen könnten, würden wir natürlich kreativ die dortigen „girls" besingen. Wobei uns natürlich klar war, dass wir in Stadecken-Elsheim ein gewisses Problem mit der Silbenzahl haben würden. Aber unser Bassist fand diese Idee so hirnrissig – wahrscheinlich weil sie nicht von ihm war – dass er sich weigerte, so einen Schwachsinn auf der Bühne zu spielen, er würde sich nicht zum Kasper machen. Okay, er war halt gerade auf dem Blues- und Hendrix-Trip, da ging es eher seriös zu. Obwohl, Hendrix hatte ja auch von einer Mary gesungen. Und unser Bassist stand total auf „The Wind Cries Mary", aber, jaja, das war natürlich was ganz anderes. Also haben wir's dann halt gelassen, des lieben Friedens willen. Schade eigentlich, denn das wär doch ganz witzig gewesen: „Back in the Wetter-a-hau" mit „Wöllstadt girls" und „Hungen girls" etc. Freund Charly hatte noch einen Kompromissvorschlag eingebracht und wollte mit seiner Textidee hart am Original bleiben. Bei ihm sollte es heißen: „Back in the DDR". Und seine Mädels waren entsprechend „Pankow girls" und „Dresden Dolls". Aber es war dann wohl vor allem seine mit Leidenschaft vorgetragene – falsch singend vorgetragen, muss man dazu sagen – Zusatzidee, den Refrain noch zu erweitern durch die Zeile „Wir gehen alle nach drüben!", was von unserem Bassisten nur mit einem Tippen an die Stirn quittiert wurde. Und das war's dann.

DEAR PRUDENCE

Fakten

Autorenangabe: Lennon / McCartney, tatsächlich geschrieben von: John Lennon. Schnitt: LP 1 A/2 (102) CD1 002 Laufzeit/Spieldauer: 3'50.
Besetzung/Instrumentierung: John Lennon (Hauptgesangsstimme, akustische Gitarre, E-Gitarre, Chorgesang), Paul McCartney (Bassgitarre, Piano, Schlagzeug, Tamburin, Flügelhorn, Chorgesang, Händeklatschen), George Harrison (Sologitarre, Chorgesang, Händeklatschen), Mal Evans (Chorgesang, Händeklatschen), Jackie Lomax (Chorgesang, Händeklatschen), John McCartney (Cousin von Paul) (Chorgesang, Händeklatschen).
Aufnahmedaten: 28. August 1968, Trident Studios, weitere Aufnahmen (overdubs): 29. und 30. August.
Produzent: George Martin, Aufnahmetechniker: Barry Sheffield.
Anzahl der Aufnahmen/letztlich veröffentlicht: Take 1.

Tonart: D-Dur
Akkorde: II: D D^7(Dc) / G^{7+}(Dh) g-moll (Db) :II C G /

Textübersetzung
Liebe Prudence

Liebe Prudence, magst du nicht zum Spielen herauskommen? / Liebe Prudence, begrüße doch den neuen Tag / Die Sonne scheint, der Himmel ist blau / Es ist wunderschön, genau wie du / Liebe Prudence, magst du nicht zum Spielen herauskommen? / Liebe Prudence öffne deine Augen / Liebe Prudence schau in den sonnigen Himmel / Der Wind weht sanft, die Vögel werden singen / dass du ein Teil von allem bist / Liebe Prudence, magst du deine Augen nicht öffnen? / Schau dich um, rundum / Liebe Prudence, lass mich sehen, wie du lächelst / Liebe Prudence, wie ein kleines Kind / Die Wolken sehen aus wie eine Kette aus Gänseblümchen / Jetzt könntest du doch mal lächeln / Liebe Prudence, magst du mir nicht dein Lächeln zeigen?

Die Musik

Aus dem verklingenden Geräusch der Triebwerke des landenden Düsenjets heraus perlen zarte Gitarrentöne. John Lennon spielt auf der Akustikgitarre in der für ihn neuen Fingerpicking-Technik, die er in Rishikesh von Donovan gelernt hat, wobei er die tiefe E-Saite auf D runterstimmt. Die harmonische Struktur des Hauptmotivs ergibt sich ganz simpel aus einer einfachen Gitarrenfigur. Das Griffmuster des D-Dur-Akkordes bleibt konstant, nur der Bass schreitet in drei Halbtonschritten abwärts. Das heißt: John Lennon zupft auf den oberen Gitarrensaiten durchlaufend die Töne des D-Dur-Akkords und greift auf der A-Saite absteigend die Töne C, H und B. Nur durch die Verschiebung des Zeigefingers der Griffhand jeweils um einen Bund ergeben sich so die neuen Akkorde D^7, G^{7+} und g-moll. Diese Griff-Ökonomie ist bei Lennon-Kompositionen häufiger anzutreffen. (Den gleichen Ablauf wird später auch Neil Young bei seinem Song „The Needle And The Damage Done" verwenden. Auch George Harrison greift darauf zurück, und zwar bei seinem Song „While My Guitar Gently Weeps", allerdings ausgehend von a-moll).

AND HERE'S ANOTHER CLUE FOR YOU ALL: THE DRUMMER WAS PAUL.
Auch bei „Dear Prude"nce spielt Paul McCartney Schlagzeug, weil er mit seiner Besserwisser-Kritik Ringo vergrault und zum kurzzeitigen Abdanken als Beatles-Drummer genötigt hatte. Wenn man sich die Uhrwerk-Präzision von Pauls Hi-Hat-Spiel und Snare-Drum-Schlägen anhört, muss man ihm zweifelsohne seine technische Exaktheit attestieren. Doch wenn man den Gesamt-Groove dieser Schlagzeugarbeit auf sich wirken lässt, dann bemerkt man eine gewisse zickige Korrektheit und Sterilität im Spiel, wie man es bei Ringo nie-

mals hören konnte. Erst als Paul nach etwa zwei Minuten und 50 Sekunden den mathematisch korrekten Beat verlässt und einen verspielten Wirbel nach dem andern trommelt, kommt Leben in die Schießbude.

Etwa ab der Mitte des Songs spielt George Harrison eine sitar-ähnlich klingende E-Gitarre als spannungsreichen Kontrast zu Johns weich gezupfter Akustikgitarre. Der Spannungsbogen ist über den Verlauf des Songs mit dem Einsatz der Chorstimmen und der variierten Instrumentendichte sehr bewusst und gelungen herausgearbeitet. Ganz besonders herausragend gegen Ende: das chörig gesetzte Melodiegitarren-Arrangement, bei dem das Duett der Gitarrenlinien sich wie im Formationsflug über Johns Gesang hinweghebt. Und in den drei Schluss-Takten steht dann die Akustikgitarre mit ihrem rollend gezupften Motiv fast wie zu Beginn alleine im Raum – und verschwindet.

Kommentare, Meinungen, Deutungen

Wer ist „Prudence"? Im Grunde handeln die früheren Songs von John Lennon immer nur von ihm selbst, von seinen Zweifeln, seinen inneren Monologen und Selbstspiegelungen. Anders als Paul McCartney erfand er bislang keine Fantasienamen für Helden seiner Songgeschichten. Sein Partner Paul hatte schon immer Freude daran, sich Geschichten über konkrete Menschen auszudenken und seinen Protagonisten, besser Protagonistinnen, auch Namen zu geben, denn es waren interessanterweise immer weibliche: „Michelle", „Eleanor Rigby", „Lovely Rita". Ganz anders John Lennon. Selbst wenn er nicht in Ich-Form textet, wie etwa in „Nowhere Man", schreibt er doch immer über sich selbst. Sogar wenn er mal von „Mr. Kite" oder „Doctor Robert" singt, sind diese Figuren nur Statisten in seinem eigenen Film. Da muss es doch mit „Prudence" eine ganz besondere Bewandnis haben, schließlich ist dieser Song Lennons Premiere, was die Nennung eines weiblichen Namens in einem seiner Songtitel angeht. Oder ist Lennon zum Zeitpunkt, als er den Song schreibt, einfach offener als früher für seine Umgebung und die Menschen um ihn herum? John Lennon schreibt „Dear Prudence" während seines Indien-Aufenthalts in Rishikesh.

Der Buchautor Mark Hertsgaard, der die Gelegenheit hatte, die Originalbänder der Demoaufnahmen des „White Album"-Song-Repertoires zu hören, gibt in seinem Buch „The Beatles" darüber Auskunft, was dem Tonband, neben John Lennons Demoaufnahme von „Dear Prudence", sonst noch zu entnehmen ist: „Am Ende extemporiert John ein paar Zeilen gesprochenen Kommentar und bemerkt grinsend, der Song handele von einem Mädchen, das einen ‚Meditationskurs in Rishikesh besuchte'. Kaum hat John diese Wort ausgesprochen, hört man im Hintergrund Paul, der etwas von sich gibt, was sich verdächtig nach ‚Ku-kuck' anhört. Nur mit Mühe kann John ein Lachen unterdrücken, ehe er die rhetorische Frage stellt: ‚Wer konnte auch ahnen, dass sie unter der liebevollen Betreuung des Maharishi Mahesh Yogi durchdrehen würde?'" (Hertsgaard 1995, 174).

Die US-amerikanische Schauspielerin Mia Farrow ist zum gleichen Zeitpunkt wie die Beatles in Rishikesh und versucht durch Meditation über die zuvor zerbrochene Ehe mit Frank Sinatra hinwegzukommen. In ihrer Begleitung sind ihr Bruder und ihre damals 19-jährige Schwester Prudence. Von ihr handelt der Song.

Paul McCartney: „Prudence Farrow bekam einen Angstanfall, die totale Paranoia, das, was man heutzutage eine Identitätskrise nennen würde. Und sie ließ sich nicht dazu bewegen, aus ihrem Häuschen herauszukommen. Da wir uns ein bisschen Sorgen um sie machten, gingen wir zu ihrem Bungalow und klopften bei ihr an. ‚Hey Prudence, wir lieben dich! Du bist ein wunderbarer Mensch!' Doch so sehr wir uns auch anstrengten, wir bekamen sie einfach nicht aus ihrem Bungalow heraus. Und in dieser Situation schrieb John dann: ‚Dear Prudence, won't you come out and play …'. Wir gingen zu ihrem Bungalow, eine kleine Delegation, und John sang ihr das Lied vor, draußen vor ihrer Zimmertür, mit seiner Gitarre. Und Prudence schaute raus, und danach ging es ihr allmählich besser." (Miles 1998, 511).

Auch der Flötist Paul Horn macht sich Sorgen um dieses „hochsensible Mädchen", das, wie er berichtet, „kreidebleich war und niemanden erkannte, nicht mal ihren eigenen Bruder." Er vermutet, dass sie in eine Art von Katatonie verfallen sei, weil sie entgegen Maharishis Anweisung sofort in tiefe Meditation versunken sei. John Lennon drückt es auf seine Weise aus: „Sie wollte Gott schneller erreichen als alle anderen." Sie sei dabei gewesen, früher oder später völlig durchzudrehen. Prudence Farrow selbst widerspricht dieser Darstellung. „Sie bestritt, irre geworden zu sein, gab aber zu, dass sie fanatischer als die Beatles meditierte." (Steve Turner).

Prudence Farrow: „Ich meditierte seit 1966, und für mich wurde ein Traum wahr, als ich 1968 in den Kurs kam. Die Kursteilnahme war mir wichtiger als alles andere auf der Welt. Ich war sehr fixiert darauf, so viel wie möglich zu meditieren. Ich wollte genug Erfahrung sammeln, um selbst Meditation lehren zu können. Mir war schon klar, dass ich auffiel, weil ich nach den Vorträgen und Mahlzeiten immer gleich wieder auf mein Zimmer ging, um meditieren zu können. John, George und Paul wollten, dass alle zusammen saßen, Musik machten und es sich gut gehen ließen, aber ich verkroch mich in meinem Zimmer. Sie waren alle mit Ernst bei der Sache, aber nicht so fanatisch wie ich. Johns Lied sagte einfach: ‚Komm raus und spiel mit uns. Komm raus und hab Spaß'." (Turner 2002, 151/152).

Das Doppelbödige an Lennons Text ist, dass Prudence nicht nur ein weiblicher Vorname ist, sondern im Englischen auch so viel heißt wie Klugheit, Umsicht, Überlegtheit und Vernunft. Und so kann man den Text vor dem

Hintergrund der Schwierigkeiten, die der Skeptiker John Lennon anfänglich mit der Meditation hatte, auch so interpretieren, dass er die Klugheit auffordert, endlich herauszukommen, damit das Spiel der Versenkung beginnen kann. Das mag etwas weit hergeholt sein, aber Lennon hat Freunden gegenüber erzählt, dass ihm das Ausbremsen der Gedankenflut und der Übergang in das Leeren des Kopfes oft nicht so recht gelingen wollte und er beim Meditieren häufig in dunkle Sphären seiner Innenwelt eingetaucht sei. Natürlich hätte er sich viel lieber gewünscht, sich in einen entspannten, freundlichen Bewusstseinszustand versetzen zu können, so wie es sein Songtext mit den Bildern vom Lächeln, den singenden Vögeln und dem sonnigen Himmel beschreibt. Sicherlich wendet sich der Text an Prudence Farrow, die sich in der Meditation vom Leben um sie herum abkapselte. Aber kennt der „Nowhere Man" Lennon dieses Abgeschnittensein von der Welt nicht auch selbst?

Paul McCartney: „Prudence hätte mit jemandem über ihre Probleme sprechen müssen – das hätte ihr sicher mehr gebracht als das Meditieren." (Miles 1998, 511).

Vielleicht hätte auch sein Freund John mehr und offener über die Dämonen reden sollen, die ihn heimsuchen in der Abgeschiedenheit von Rishikesh, dunkle Gespenster, die durch die Versenkungsübungen der Meditation erst aus der Versenkung auftauchen. „Yes I'm lonely, wanna die" – auch den verzweifelten „Yer Blues" schreibt der innerlich zerrissene John Lennon in Rishikesh. Für sein aufgewühltes Seelenleben sollte sich der plötzliche Abbruch des Meditationskurses mit Sicherheit nicht positiv auswirken. Zuhause wieder angekommen, ist das drogenfreie Leben in Rishikesh sehr schnell Vergangenheit.

Über die allgemeinere Botschaft von „Dear Prudence", die über den ursprünglichen Auslöser hinausgeht, schreibt Mark Hertsgaard, es sei „ebenjene, die John Lennon seit dem ‚Nowhere Man' verkündete: Versteck dich nicht vor dem Leben, es gibt immer einen Grund zu lächeln. Wach auf und mach mit, spiel deine Rolle im großen Plan." (Hertsgaard 1995, 174).

Trivia

John Lennons handschriftliche Textniederschrift wird im Jahre 1987 für 19.500 Dollar verkauft. Julian Lennon hat „Dear Prudence" als seinen Lieblingssong der Beatles bezeichnet. Die Songheldin Prudence ist heute Lehrerin und praktiziert noch immer Transzendentale Meditation.

Aimee Mann zitiert die Gitarrenfigur des Hauptmotivs am Ende ihres Songs „Susan" aus ihrem Album „Bachelor No.2" von 2000.

Die US-Telefongesellschaft Cellular South benutzt Ausschnitte des Songs in einer Werbekampagne im Juni 2008.

Coverversionen/Interpretationen (Auswahl)
Leslie West (Album „The Leslie West Band", 1976). Samm Bennet & Chunk (Sampler „Downtown Does The Beatles Live At The Knitting Factory", 1992). Siouxsie & the Banshees (Single 1983 – Nr. 3 in den UK-Single Charts, Album „Hyaena", 1984, Sampler „And Your Bird Can Sing", 1996). Phish (Album „Live Phish Volume 13", 2002). Charlie Musselwhite (Sampler „The Blues White Album", 2002). Alanis Morissette (DVD „Come Together – a night for John Lennon's words & music – dedicated to New York City and its people", 2003). Lisa Lauren (Album „Lisa Lauren Loves The Beatles", 2005). Fury In The Slaughterhouse (Album „Don't Look Back", 28.03. 2008). Rudy Rotta (Album „The Beatles in Blues", 2008). LAU (Sampler „Mojo's White Album Recovered", September 2008).

Persönliche Bemerkung
Wir mochten den Song eigentlich alle. Nur bei der Stelle „look around", wo der Chor so ein bisschen nach „Beach Boys für Arme" klingt, schieden sich die Geister. Vielleicht war das der Grund, warum keiner mit dem Vorschlag kam, man könnte es doch mal mit „Dear Prudence" probieren. Freund Charly nervte eine Weile, weil immer, wenn einer von uns irgendwas suchte und dann in die Runde fragte: „Wo issen mein Kabel?" – „Hat jemand meinen Kapo gesehen?" – dann antwortete er immer brummelnd: „look around, round, round, raaaaaaaaaaaund!" Sehr witzig, Charly.

Er hatte sich die Akkorde so einigermaßen draufgeschafft und summte das Lied auch häufiger vor sich hin. Dann ging das Gerücht um, Charly sei mit seiner Klampfe bewaffnet zum Haus seiner neuen Flamme getigert, die aber nicht von ihm entflammt war – das mit dem Geflamme schien sehr einseitig zu sein – und er habe sich im Vorgarten unter ihrem Fenster aufgebaut und dann so klassisch troubadourmäßig hinaufgeschmalzt: „Dear Helga" – so hieß sie halt – „Dear Helga, won't you come out to play."

Und das immer und immer wieder, weil, wenn Charly was anfängt, dann zieht er das auch durch. Und er ist ja auch flexibel, hatte wohl auch mal variiert und statt: „Dear Helga" ein spontanes „Hey Helga" eingestreut. Blöd nur für ihn, dass Helga an diesem Nachmittag gar nicht zuhause war, dafür aber ihr kleiner Bruder, der erst mit ein paar Pfennigen nach ihm zielte und dann, weil Charly nicht aufhörte mit seinem „Dear Helga ...", die klassische Nummer mit dem Wassereimer auch nicht ausließ.

„Dear Prudence" hat Charly bei „Dear Helga" leider kein Glück gebracht. Bei ihr war nichts drin, kein Flirt, erst recht kein Kuss, nur ein Wasserguss.

GLASS ONION

Fakten

Autorenangabe: Lennon / McCartney, tatsächlich geschrieben von: John Lennon. Schnitt: LP 1 A/3 (103) CD1 003 Laufzeit/Spieldauer: 2'16.

Besetzung/Instrumentierung: John Lennon (Hauptgesangsstimme, akustische Gibson-Gitarre, Piano), Paul McCartney (Bassgitarre, Piano, Blockflöte), George Harrison (Sologitarre), Ringo Starr (Schlagzeug, Tamburin), Eric Bowie (Geige), Henry Datyner (Geige), Norman Lederman (Geige), Ronald Thomas (Geige), Keith Cummings (Bratsche), John Underwood (Bratsche), Eldon Fox (Cello), Reginald Kilbey (Cello).

Streicherarrangement: George Martin.

Aufnahmedaten: 11. September 1968, Abbey Road Studio 2, weitere Aufnahmen (overdubs): 12., 13. und 16. September.

Produzent: George Martin, Chris Thomas (Co-Produzent), Aufnahmetechniker: Ken Scott.

Anzahl der Aufnahmen: 34, letztlich veröffentlicht (mit Overdubs): Take 33.

Tonart: a-moll
Akkorde:
Strophe / a-moll / F^7 / a-moll / F^7 / a-moll / g-moll^7 / C^7 / g-moll^7 / C^7
Refrain / F^7 / D^7 / F^7 / D^7 / F^7 / G
Zwischenteil / a-moll / F / a-moll^6 / a-moll / F^7 / G^7 /

Textübersetzung
Gläserne Zwiebel

Ich erzählte euch von Erdbeerfeldern / Ihr kennt den Ort, wo nichts wirklich real ist / Hier ist nun noch ein anderer Ort, wo ihr hingehen könnt, wo alles fließt / Man blickt durch krumm gebogene Tulpen / um zu sehen, wie die andere Hälfte lebt / Man schaut durch eine gläserne Zwiebel / Ich erzählte euch vom Walross und mir - Mann / Ihr wisst, dass wir uns so nahe stehen, wie es nur geht - Mann / Hier ist ein weiterer Hinweis für euch alle: / Das Walross war Paul / Man steht am gusseisernen Ufer, ja / Lady Madonna versucht, über die Runden zu kommen, ja / Man schaut durch eine gläserne Zwiebel, oh ja, oh ja / Ich erzählte euch vom Narren auf dem Hügel / Ich sag dir, Mann, der lebt da immer noch / Nun, hier ist ein weiterer Ort, wo ihr sein könnt / Hört mir zu / Ein Loch flicken im Ozean / Versuche, eine Schwalbenschwanzverbindung hinzukriegen, ja / Man schaut durch eine gläserne Zwiebel.

Die Musik

Zwei Schläge vor, schon ist man mitten drin im Klanggeschehen und fragt sich, was knarzt und rasselt denn da so metallisch und pups-trocken im tiefen Tonbereich? Es ist Paul McCartneys Bass, den er – getreu dem Beatles-Motto „Mach' niemals dasselbe nochmals" – überraschend neu klingen lässt: alle Höhen aufgedreht und die Saiten ganz hinten am Steg mit dem Plektrum angeschlagen, damit es hart, scheppernd und knackig klingt.

Das nächste auffällige Soundereignis ist die peitschende E-Gitarre, die zum ersten Mal auf dem Wort „fields" scharf dazwischenfährt, wenig später dann, etwas leiser, auf dem Wort „real". Im Kontrast dazu steht die weiche, geschmeidige Streicherfigur, die bei der Zeile „place you can go-wo" erst eine Aufwärtsbewegung vollführt und danach, bei „everything flow-ows", wieder fließend abwärts driftet. Die Streicher sorgen an dieser Stelle auch für eine Auflösung der Spannung, die zuvor von dem bluesig schräg wirkenden Ton Es in der Gesangsmelodie erzeugt wurde (im F-Septime-Akkord z.B. bei den Silben „Straw-" und „Fields").

Zwiebel oder Zwiebéll?

Offbeat-Akzentuierungen zuhauf bietet jeweils die letzte Zeile jeder Strophe, die eine Art Refrain darstellt. Jeder Takt dieser Zeile beginnt mit einem vorgezogenen Gesangseinsatz, der von einem Beckenschlag als Offbeat noch unterstützt wird. John Lennons Melodiefindung folgt in der Regel der Sprachmelodie und dem Silbenrhythmus des gesprochenen Wortes. In diesem Fall aber betont die Melodie und Gesangsrhythmik das Wort „onion" falsch. Die Betonung liegt hier fälschlicherweise auf der letzten Silbe. Wobei es hier im Grunde kein Richtig oder Falsch gibt, denn die Rhythmisierung und Betonung von Worten und Silben obliegt der künstlerischen Freiheit.

Aber dennoch scheint John Lennon bei diesem Song das Zusammenwirken von Text, Melodie und Rhythmik nicht wie gewohnt konsequent ausgearbeitet zu haben. Bei der Zeile „Standing on a cast-iron shore", am Ende der zweiten Strophe, kommt er so sehr in „Zeitnot", dass er das Wort „iron" verschlucken muss. Wie er dann aber unmittelbar im Anschluss die völlig unrhythmische Prosa-Zeile „Lady Madonna tryin' to make ends meet – yeah" in den starren rhythmischen Ablauf dieser Melodiezeile doch noch im Sprachfluss hineinzaubert, das ist dann schon fast wieder Ehrfurcht gebietend (nicht-rhythmisierte Prosatexte in einer vorgegebenen Taktzahl und Melodierhythmik stimmig unterzubringen, das hat später erst Joni Mitchell zur Perfektion gebracht, und wird dann, noch sehr viel später, ein Stilprinzip der Spoken-Word-Performance und des Rap).

Eine Provokation, ein Zitat und ein Tor?

Als würde er eine fiese Fresse schneiden und gleichzeitig die Zunge aggressiv herausstrecken, so klingt das letzte „Oh yeeeeeeaaaaaah", das Lennon bei 1'15 geradezu dreckig herausquetscht. In der nachfolgenden Strophe, die mit der Botschaft aufwartet, dass der Narr auf dem Hügel dort noch immer lebt, trötet dann auch wie zur Bestätigung kurz im Hintergrund die charakteristische Blockflöte aus „The Fool On The Hill" – allerdings mit leicht schief intoniertem Schlusston A.

Das Streicher-Arrangement von George Martin ganz am Ende des Songs mit den verminderten Akkorden und den verzögert stapfenden Viertelnoten wirkt ziemlich gespenstisch und erinnert an die Filmmusik eines Gruselschockers. In der ursprünglichen Fassung, die in der Box „Beatles Anthology 3" enthalten ist, hört man an dieser Stelle eine Geräuschcollage aus zerspringendem Glas und einem Ausschnitt aus einer Übertragung eines Fußballspiels mit der ständigen Wiederholung des Reporterausrufs: „It's a goal!" Als Eigentor könnte man den gesamten Text deuten. Warum? – siehe ff.

Kommentare, Meinungen, Deutungen

Fällt denen nix mehr ein oder was? Jetzt zitieren sie sich schon selbst – und das einen ganzen Song lang. ... Auch solche Vorbehalte kann man hören. Tatsächlich bezieht sich John Lennon in seinem Text gleich auf neun verschiedene Beatles-Songs, und zwar auf: *Strawberry Fields Forever* („I told you 'bout Strawberry Fields"), *There's A Place* („Here's another place you can go"), *Within You Without You* („Everything flows"), *I Am The Walrus* („I told you 'bout the walrus and me"), *Lady Madonna* („Lady Madonna tryin' to make ends meet"), *I'll Get You* („Oh yeah, oh yeah, oh yeah!"), *The Fool On The Hill* („I told you 'bout the fool on the hill"), *Tell Me What You See* („Listen to me") und *Fixing A Hole* („Fixing a hole in the ocean").

„Glass Onion" gilt deshalb als der erste selbstreferenzielle Song der Popgeschichte. Er beantwortet Fragen, die niemand gestellt hat – außer vielleicht die fanatischen Hardcore-Fans, die hinter jeder mehrdeutigen Textzeile, hinter jedem unverständlichen Gemurmel eine verklausulierte Botschaft vermuten. Tatsächlich ist das bei manchen Beatles-Fans damals eine Art Sport, bei andern schon fast eine Manie, unter dem Klangteppich der Beatles-Songs nach verborgenen Symbolen zu suchen, im Text mysteriöse Andeutungen zu dechiffrieren und im Arrangement geheime Zeichen zu enträtseln.

John Lennon: „Was die Leute hinterher daraus machen, ist gut und schön, entspricht aber nicht zwangsläufig meiner Intention, okay? Das gilt für jedermanns ‚Kreationen', Kunst, Dichtung, Lied etc. Das Mysteriöse, das allen Arten von Kunst angedichtet wird, ist Mist und gehört auf den Müll." (Turner 2002, 152).

Die Beatles und allen voran John Lennon haben diese Sucht mancher Fans, mehr in einen Song hineinzugeheimnissen oder aus ihm herauslesen zu wollen, als tatsächlich von den Song-Autoren intendiert war, auch noch mit Stoff gefüttert. Seine mehrdeutigen Texte auf den Alben „Revolver", „Sgt. Pepper" und „Magical Mystery Tour" spielen mit Assoziationen, anzüglichem Double-Talk, schierem Nonsense und pfiffigem Wortwitz und können somit auch wirre Fehldeutungen auslösen. Die oft zitierte absurde Mär, Paul sei 1966 bei einem Unfall ums Leben gekommen und durch einen Doppelgänger ersetzt worden, was unter anderem durch John Lennons kaum verständliches Gebrummel am Ende von *Strawberry Fields Forever* „I buried Paul" (tatsächlich sagte er: „Cranberry Sauce") belegt sei, usw., soll hier nicht wiederholt werden. Sein Songtext von „Glass Onion" richtet sich scheinbar an die Beatles-Exegeten, nimmt konkreten Bezug auf all die teils hanebüchenen Spekulationen rund um die Bedeutungen in den Beatles-Texten und scheint etliche geheimnisvolle Fragen zu klären, gibt aber auch neue Rätsel auf. Aber vielleicht sind manche dieser Textzitate aus Beatles-Songs nur ein Band-interner Spaß und Ausdruck von Selbstironie? Mit der Zeile „See how they'll run" nimmt Paul McCartney in seinem Song „Lady Madonna" auf John Lennons „I Am The Walrus" direkt Bezug. Ist das nun Johns Antwort, wenn er in „Glass Onion" singt „The Walrus was Paul"?

John Lennon: „Die Zeile ‚the Walrus was Paul' habe ich nur dazugetan, um alle noch ein bisschen mehr zu verwirren. Es hätte genauso gut ‚the fox terrier is Paul' heißen können, ich meine, es hat keinen tieferen Sinn. Ich habe mir einen Spaß geleistet, weil im Pepper so viel rumgesponnen worden war – spiel's rückwärts ab und du machst einen Kopfstand, und der ganze Quatsch. Damals schwebte ich mit Yoko noch auf unserer rosa Wolke. Ich dachte mir, ich sag Paul einfach irgendwas Nettes, dass alles in Ordnung ist und es echt gut war, wie er uns die letzten paar Jahre zusammengehalten hat. Er versuchte, die Gruppe straffer zu organisieren und so. Und deswegen wollte ich ihm etwas sagen. Ich dachte, das kann er ruhig haben, ich habe Yoko. Und danke schön, ich überlasse dir gern die Ehre. Diese Zeile kam zum Teil auch deswegen rein, weil ich ein schlechtes Gewissen hatte, weil ich mit Yoko zusammen war und Paul im Stich ließ. Es ist eine ziemlich abartige Weise, Paul zu sagen: ‚Da, nimm diesen Krümel, diese Illusion, diese Streicheleinheit – denn ich gehe.'" (Beatles Anthology 2000, 306).

Das mag, das wird so sein, aber die besessenen Kaffeesatzleser unter den Beatles-Fans verstehen die scheinbare Enthüllung „The Walrus was Paul" als Bestätigung ihrer Vermutung, dass es geheime Botschaften gibt, die nur Eingeweihte zu lesen verstehen. Gemeint war natürlich nur die banale Tatsache, dass Paul es ist, der bei den Filmaufnahmen zur „Magical Mystery Tour" im Kostüm des Walrosses steckt. Aber erzeugt John Lennon nicht ganz bewusst eine Art Hybris, wenn er im Songtext deutlich auffordert: „Listen to me", um dann gleich darauf nur nebulöse Andeutungen zu machen unter Verwendung eines Zitats aus einem „Sgt. Pepper"-Song von Paul McCartney: „Fixing a hole in the ocean"? Ist das alles nur ein augenzwinkernder Spaß, „um alle noch ein bisschen mehr zu verwirren", wie er sagt, oder treibt John Lennon mit dem hingeworfenen Textköder ein böses Spiel mit der Leichtgläubigkeit unbedarfter Fans und der nicht ungefährlichen Obsession von Spinnern?

Aus Textspielereien wird eine tödliche Gefahr?

Lennons Spott und Sarkasmus richtet sich im Weißen Album gegen Großwildjäger („Bungalow Bill"), Waffennarren („Happiness Is A Warm Gun"), den Maharishi („Sexy Sadie") und andere aus seiner Sicht verhöhnenswerte Watschenobjekte. Doch mit „Glass Onion" finden seine Pointen und Spitzen zum ersten Mal ein neues Ziel: seine eigenen Fans. Lennon will nicht mehr von allen geliebt werden, er sagt jetzt seine Wahrheiten, auch wenn sie ungerecht sind und ihn angreifbar machen, und, wie im Fall dieses Songs, sogar seine Anhänger treffen.

Der Beatles-Autor Ian MacDonald verweist auf einen Zusammenhang von scheinbar geheimen Songbotschaften und den manischen Obsessionen eines Charles Manson und seiner mörderischen Family und auf die wirren Phantasmen des psychisch gestörten Lennon-Mörders Mark Chapman. Und MacDonald geht in seinem Buch „The Beatles - Das Song-Lexikon" gar so weit, eine Kausalität zwischen abstrusen Textdeutungen und Lennons Tod zu behaupten: „Die Beatles, prominente Advokaten des frei assoziierenden Geisteszustands, waren häufiger das Ziel von Spinnerfixierungen als alle anderen – außer Dylan. Auch wenn sie Lennon damals so harmlos und drollig erschienen, dass er sie zum Subjekt dieses höhnisch-sarkastischen Songs machte, letzten Endes brachten sie ihn um." (MacDonald 2003, 332).

Neben den Zitaten und Bezügen auf ältere Beatles-Songs gibt John Lennon seinen Fans im Text drei neue Rätsel zum Knobeln auf. Was könnte er meinen mit: „Looking through the bent backed tulips"? Derek Taylor, ein enger Vertrauter der Beatles und – mit Unterbrechungen – ihr Pressesprecher bis 1970, hat dafür folgende Erklärung: „Die ‚aufgebogenen Tulpen' bezogen sich auf ein spezielles Blumen-Arrangement bei Parkes, einem Londoner Nobel-Restaurant der sechziger Jahre. ‚Da saß man bei Parks am Tisch und wunderte sich, was mit den Blumen los war. Und dann sah man, dass es echte Tulpen waren mit weit zurückgebogenen Blütenblättern, so dass ihre Innenseiten und auch die Stempel zu sehen waren.'" (Turner 2002, 152).

Die unmittelbar darauf folgende Zeile „To see how the other half lives" dürfte sich auf das Leben der Upper Class beziehen, die sich den Besuch eines solch teuren Restaurants leisten konnte. Die seltsame Formulierung von der gusseisernen Küste „Cast-iron shore" entpuppt sich als der gleichnamige strandähnliche Uferstreifen in Liverpool an der Nordseite des Mersey River, benannt nach den gusseisernen Badestegen aus dem 19. Jahrhundert. Und der „dovetail joint", der sich nach riesiger, taubenschwanz-großer Spaßtüte für Kiffer anhört, ist tatsächlich eine formschlüssige, keilförmige Verbindungstechnik, die man bei uns als Schwalbenschwanzverbindung kennt.

„Glass Onion" steht im britischen Slang übrigens für Monokel und ist gleichermaßen eine schöne Metapher für Transparenz und Vielschichtigkeit. Führt das auf eine sichere Fährte zum besseren Verständnis des Textes? Was sieht man, wenn man durch eine gläserne Zwiebel hindurchschaut, worauf stößt man, wenn man ein reale Zwiebel schält und sich Schicht um Schicht vorarbeitet? Am Ende ist da des Pudels, nein, der Zwiebel Kern. Oder? Nicht mal das. Kein Kern, kein Gar-nichts, einfach Nichts. Ist es das, was der Dichter uns sagen will? Oder ist das auch wieder nur eine hineingeheimniste Überinterpretation? – Wahrscheinlich. Ganz sicher. Aber ... vielleicht ...?

Trivia

„Cheese And Onions" ist der Titel einer Songparodie von Neil Innes und The Rutles, bei der die Interpretation von Sänger Neil Innes so nahe an die stimmliche Charakteristik von John Lennon herankommt, dass viele Fans glaubten, der Song sei eine verschollenen Rarität der Beatles.

Coverversionen/Interpretationen (Auswah)

BBC (Album „Eklipse"). Steven King (Album „Beatle-ing 4"). Phish (Album "Live Phish Volume 13", 2002). Arif Mardin (Album „Glass Onion – The Songs of The Beatles", 2003). John Kilzer (Sampler „Memphis Meets The Beatles, Fried Glass Onions, Vol. 2", Dezember 2005). Dana Fuchs (Sampler „Across The Universe", Oktober 2007). Big Linda (Sampler „Mojo's White Album Recovered", September 2008).

Persönliche Bemerkung

Produzent George Martin, der vehement dafür plädierte, statt eines Doppelalbums nur eine einzelne LP mit den 12 (bis maximal 16) besten Songs zu veröffentlichen, hatte „Glass Onion" auf die Streichliste gesetzt. Als unser Freund, der manische Beatles-Fan Charly davon Wind bekam, maulte der, da hätte der Herr Produzent, der sich so gerne als fünfter Beatle hochloben lasse, doch erst mal seinen ganzen aufgedonnerten Orchesterschund entsorgen sollen, mit dem er die komplette zweite LP-Seite des Albums „Yellow Submarine" verschandelt habe.

Charly gehört auch zu der Sorte Fans, die hinter jeden Text steigen wollen, jeden seltsamen Ton oder Ausruf kennen – und sei er noch so weit hinten im

Klangraum eines Songs auszumachen – und bei jedem versteckten Querverweis nur wissend nicken. Doch an der „Paul is dead"-Hysterie der Hardcore-Fans hat er sich nicht beteiligt. Das ist für ihn Kinderkram. Angenommen, Paul wäre wirklich 1966 ums Leben gekommen, dann ist es doch absurd anzunehmen, dass ein Doppelgänger oder Schauspieler, die gleiche fantastische Stimme und das gleiche Songschreiber-Genie haben könnte. Nee, das ist für ihn Pipifax.

Hast du Haschisch in den Taschen, hast du immer was zu Naschen
Allerdings glaubte er den Beatles nie, wenn sie hartnäckig abstritten, dass ihre Songtexte irgendwas mit Drogenanspielungen zu tun hätten. Natürlich habe John Lennon, seiner Meinung nach, bewusst damit gespielt, dass die Titelzeile des Songs „Lucy in the Sky with Diamonds" als clever versteckte Abkürzung von LSD zu verstehen sei. Und natürlich habe Paul McCartney mit der Fixer-Assoziation gespielt im Text seines Songs „Fixing A Hole". Und natürlich hätten sie das alles vehement abstreiten müssen, weil die Polizei sehr schnell war mit dem Filzen und Einbuchten.

Und weil man ihnen nicht anhängen sollte, sie hätten das Drogenproblem verharmlost oder gar die unschuldigen Kids zum Drogenrausch verführt. In dieser Zeit war es halt schick und galt als verwegen, wenn augenzwinkernd mit dem Drogenkonsum kokettiert wurde. Er weiß doch selbst, welche Lacher ein Liedchen in seiner Clique auslöste, das er beim Lagerfeuer an einem Baggersee im Sommer 1968 zum Besten gab. Das Lied trug den Titel: „Haschmich Mariana".

OB-LA-DI, OB-LA-DA

Fakten

Autorenangabe: Lennon / McCartney, tatsächlich geschrieben von: Paul McCartney. Schnitt: LP 1 A/4 (104) CD1 004 Laufzeit/Spieldauer: 3'06.
Besetzung/Instrumentierung: Paul McCartney (Hauptgesangsstimme, Bassgitarre, Schlagzeug, Chorgesang, Händeklatschen), John Lennon (Piano, Chorgesang, Händeklatschen), George Harrison (akustische Gitarre, Chorgesang, Händeklatschen), Ringo Starr (Schlagzeug, Bongos, Chorgesang, Händeklatschen), Jimmy Scott (Maracas), unbekannte Musiker (drei Saxophone).
Aufnahmedaten: 3., 4. und 5. Juli 1968, Abbey Road Studio 2 weitere Aufnahmen (overdubs): 08., 09. 11. und 15. Juli.
Produzent: George Martin, Aufnahmetechniker: Geoff Emerick.
Anzahl der Aufnahmen: 24, letztlich veröffentlicht (mit Overdubs): Take 23.

Tonart: B-Dur
Akkorde: Strophe / B / F / F^7 / B / B^7 / Es / B / F^7 / B /
Refrain / B / d-moll g-moll / B F^7 / B /
Zwischenteil / Es / B B^9 B B^7 / Es / B / F^7 /

Textübersetzung
Ob-la-di Ob-la-da
Desmond hat einen Stand auf dem Marktplatz / Molly ist Sängerin in einer Band / Desmond sagt zu Molly, Mädel, du gefällst mir / Und Molly nimmt seine Hand und sagt: / Ob-la-di Ob-la-da, so ist das Leben / La-la, wie das Leben spielt / Desmond nimmt den Bus und fährt zum Juwelier / Kauft einen Diamantring mit zwanzig Karat / Er bringt ihn heim, wo Molly an der Tür wartet / Und als er ihr den Ring überreicht, beginnt sie zu singen / Ob-la-di Ob-la-da, so ist das Leben / La-la, wie das Leben spielt / Ein paar Jahre später haben sie ein Haus gebaut / Ein Heim, ein süßes Heim / Und ein paar Kinder tollen durch den Garten / Von Desmond und Molly Jones / Allzeit glücklich auf dem Marktplatz / Lässt Desmond die Kinder zur Hand gehen / Molly bleibt zuhause und schminkt ihr Gesicht schön / Und am Abend singt sie mit der Band / Ob-la-di Ob-la-da, so ist das Leben / La-la, wie das Leben spielt / Allzeit glücklich auf dem Marktplatz / Lässt Molly die Kinder zur Hand gehen / Desmond bleibt zuhause und schminkt sein Gesicht schön / Und am Abend singt sie mit der Band / Und wenn du Spaß haben willst / Nimm Ob-la-di 'bla-da.

Die Musik
War dies der erste weiße Ska-Reggae der Popmusik? Ist der Name des Songhelden Desmond ein Verweis auf Desmond Deckker, der 1969 als erster Jamaikaner mit dem Ska-Song „Israelites" einen Nummer-Eins-Hit in England hatte? Warum haben die Beatles über 42 Stunden lang im Studio an diesem simplen 3-Minuten-Song gearbeitet? Und gilt dieser Song als die unangefochtene Nummer 1 des Weißen Albums im internen Wettstreit: welcher von allen hat das größte kommerzielle Potenzial, welcher ist der musikalisch banalste und weist zugleich den dümmlichsten Text auf? – Viele Fragen über ein kleines Lied, das nichts weiter als ein munterer Singalong-Hüpfer sein will.

1964 macht die damals in London lebende jamaikanische Sängerin Millie Small einen neuen, locker hopsenden Rhythmus aus Jamaika weltweit populär. „My Boy Lollipop" (erstveröffentlicht 1956 von Barbie Gay) heißt die erfolgreiche Single von Millie, mit der die rhythmische Betonung auf 2 und 4 (im 4/4-Takt, als Umkehrung der 1- und 3-Betonung des Marsch-Rhythmus) Einzug in die Popmusik hält. Ska nennen die Jamaikaer schon in den 1950er Jahren ihren kinderleicht hüpfenden Rhythmus, in England heißt dieser neue

Trend „Bluebeat", nach der gleichnamigen Plattenfirma, die sich auf den Import von jamaikanischen Platten spezialisiert hat und vor allem die Immigranten aus Jamaika und der englischsprachigen Karibik mit neuer Musik aus der Heimat versorgt. (Später wird die modernere britische Variante des Ska „2-tone" genannt.) Den simplen und partytauglichen Hops-Rhythmus Bluebeat/Ska mögen alle Kinder, aber irritierenderweise später auch faschistische, ausländerfeindliche Skinheads.

Vom Ska über Rock Steady zum Reggae

Aus dem Ska entwickelt sich ab 1966 der etwas verfeinerte und langsamere Stil des Rock Steady, auf den ab 1968 der rhythmisch komplexere und im Tempo lässigere Reggae folgt. Die allmähliche „Entschleunigung" vom schnellen Ska zum groovig-gemächlicheren Reggae sei in Jamaika den heißen Sommermonaten geschuldet, lautet die gängige Geschichtsschreibung der Ska-Mutation. Die Hitze des Sommers erfordert eine Verlangsamung des Tanzrhythmus. Nach Millies Welterfolg taucht der schnelle, simple Ska-Rhythmus noch verschiedentlich im Schlagerpop auf, doch erst die Beatles sind es, die den Ska mit „Ob-la-di Ob-la-da" auch für den ambitionierten Pop gesellschaftsfähig machen.

In der Erstfassung des Songs, der von akustischen Gitarren geprägt ist und noch kein Klavier enthält, ist der Ska-Rhythmus noch wenig ausgeprägt. Die letzte Strophe wird dann auch noch in Bauern-Terzen dreistimmig gesungen, was unerträglich kitschig klingt (siehe und höre „The Beatles Anthology 3"), kein Wunder, dass Paul McCartney diese Fassung verwirft – erstaunlicherweise aber erst nach drei Tagen intensiver Studioarbeit, so dass dieser Song den anderen drei Beatles schon gehörig auf den Geist geht. Der Songschreiber und damit auch Kapellmeister während der Aufnahmen dieses Songs berichtet von der Studioarbeit aus seiner Sicht: Paul McCartney: „Ich weiß noch, wie ich mit George und Ringo im Studio an einer akustischen Version des Songs arbeitete. John kam verspätet zu dieser Session, doch als er dann auftauchte, stürmte er gutgelaunt das Studio und entschuldigte sich bei uns – er setzte sich ans Klavier und hämmerte auf der Stelle dieses Blue-Beat-Intro in die Tasten. Diese Einstellung gefiel uns. Sie riss uns mit, und der Song bekam dadurch eine völlig neue Qualität." (Miles 1998, 611).

Wie unterschiedlich doch Erinnerungen sein können, bzw. Sachverhalte dargestellt werden. Der 2003 verstorbene britische Musikkritiker Ian MacDonald hat die gleiche Szene deutlich anders beschrieben: „Am vierten Tag steckte ein total zugedröhnter und frustrierter Lennon seine ganze Energie in eine schnellere, auf Music Hall getrimmte Intro, die er am Klavier hämmerte. McCartney setzte zwar noch mal zu einem weiteren Remake an, aber schließlich blieb es dann doch bei diesem Take." (MacDonald 2003, 312).

Diese Darstellung wird gestützt von den tagebuchähnlichen Aufzeichnungen des Tontechnikers Geoff Emerick, der die Aufnahmesession als diensthabender Techniker betreute. Er beschreibt Pauls Perfektionismus und seine wachsende Unzufriedenheit mit dem Ergebnis der über drei Tage sich erstreckenden Aufnahmen. Aus Pauls Unzufriedenheit erwächst allgemeine Frustration bei allen Beteiligten, weil der Komponist offenbar selbst nicht so recht weiß, wie es denn besser zu machen sei.

Geoff Emerick: „Als Paul ein paar Abende später verkündete, er wolle mit dem Song lieber ganz von vorn anfangen, drehte John durch. Er stürmte mit Yoko im Schlepptau wutentbrannt hinaus. ... Aber ein paar Stunden später stürmte er schon wieder ins Studio, und zwar offenkundig in einem vollkommen anderen Geisteszustand. ‚Ich bin fucking stoned', brüllte er von der Treppe herunter. ... , ‚Und so', fuhr Lennon knurrend fort, ‚sollte dieser fucking Song auch gespielt werden.' Mit unsicheren Schritten ging er die Treppe hinunter, setzte sich ans Klavier und hämmerte mit aller Kraft in die Tasten. Er spielte die berühmten Akkorde, mit denen das Stück anfing, und zwar in einem halsbrecherischen Tempo. Paul war ziemlich wütend, als er sich vor Lennon hinstellte. Einen Moment lang fürchtete ich schon, sie würden sich prügeln. ‚Also gut, John', stieß McCartney hervor und starrte seinem derangierten Bandkollegen in die Augen. ‚Machen wir es auf deine Art.' ... Das Remake war zugegebenermaßen ziemlich gut ... und als es fertig war, atmeten wir alle auf, weil wir an diesem Song nicht mehr arbeiten mussten." (Emerick/ Massey 2007, 386).

Sieben Studiotage verbringen sie mit den Arbeiten an „Ob-la-di Ob-la-da", spielen verschiedene Varianten durch, stellen sogar schon eine komplette Fassung mit Saxophon-Overdubs fertig, doch der Songkomponist ist nicht zufriedenzustellen. Viel Zeit sei mit diesem Song vertrödelt worden, ärgert sich John Lennon und spricht damit eine für alle Beteiligten unverständliche Reaktion Paul McCartneys an. Trotz der allgemein für gut befundenen Neuaufnahme, die mit Johns Bluebeat-Klavier in Fahrt gekommen ist, besteht Paul am nächsten Tag darauf, eine weitere Neuaufnahme in Angriff zu nehmen. Dies ist tatsächlich ein Angriff des pedantisch und selbstherrlich sich gebärdenden Paul gegen der Rest der Welt im Studio.

Obwohl alle erbost bis wütend reagieren, erzwingt Paul mehrere Durchläufe, bis er schließlich aufgibt. Was sich danach verbal zwischen den Streithähnen abspielt, bringt das Fass zum Überlaufen, und zwar bei ihrem langjährigen Toningenieur Geoff Emerick, der am Ende der aufreibenden Aufnahmen von „Ob-la-di Ob-la-da" das Handtuch wirft.

Barry Miles: „Er konnte die Spannungen, das Gezänk, das Herumgefluche und Gemecker im Studio nicht mehr länger ertragen." (Miles 1998, 611).

WHO THE F... IS DESMOND?

Dann war da noch die Frage, ob Paul McCartney mit dem Namen seines männlichen Helden eine gedankliche Verbindung zu dem Ska-Sänger Desmond Dekker herstellen will? Paul McCartney: Der Song „handelt von zwei Leuten, die es nicht wirklich gegeben hat, von Desmond und Molly. Die Namen der Leute in meinen Songs sind mir immer sehr wichtig gewesen. Desmond ist ein in der Karibik sehr gebräuchlicher Name, aber ich hätte auch Winston nehmen können, denn dieser Name passt mindestens genauso gut." (Miles 1998, 515).

Für die Wahl von Winston als Name des Songhelden hätte sich John Lennon sicher bedankt, denn schließlich lautet sein zweiter Vorname, laut Geburtsurkunde, Winston – und was John Winston Lennon von „Ob-la-di Ob-la-da" hält, ist bekannt: „Lennon verabscheute diese McCartney-Komposition zutiefst." (Emerick/ Massey 2007, 397). Wie kann man ein so harmloses kleines Lied nur „verabscheuen"? Eine Gassenhauer-Allerweltsmelodie, die alle sofort mitsingen können, weil sie jeder schon im Ohr hat, denn sie besteht aus altbekannten, gestanzten Versatzstücken – eine Harmonik, die absolut berechenbar ist, und, bis auf die beiden Mollakkorde im Refrain, alle Hörgewohnheiten bestätigt, selbst die primitivsten – eine Textstory, die jeder originellen Erzählweise Hohn spricht und vorwiegend Klischees aneinanderreiht (und nur durch einen gesanglichen Patzer, von dem noch die Rede ist, einen Moment der Überraschung vermittelt) – diese Komposition ist wahrlich kein Ruhmesblatt für Paul McCartney und, gemessen an der berühmten Songkunst des genialen Songschreiberduos Lennon/McCartney, ein Rückfall in die Steinzeit der unbedarften „Love Me Do"-Anfänge.

Für Paul McCartney geht es indes hier ganz bewusst nicht um höhere kompositorische Weihen, sondern um das Ruhmesblatt, einen modernen Gassenhauer geschaffen zu haben. Die meisten Musikkritiker allerdings rümpften die Nase. „Trotz des ansteckenden Refrains und der schrulligen Geschichte ist ‚Ob-la-di Ob-la-da' ein Musterbeispiel der schmalzigen McCartney-Musik, die Lennon immer weniger verkraften konnte." (Hertsgaard 1995, 174). Der britische Musikjournalist David Quantick dagegen bricht eine Lanze für den McCartney-Schmalz. Er hält „Ob-la-di Ob-la-da" für einen fantastischen Song und schreibt sinngemäß, wer Ob-la-di Ob-la-da nicht liebe, könne nur ein Feind des Vergnügens, der Melodiösität und der Menschenfreundlichkeit sein. Wer „Ob-la-di Ob-la-da" vehement ablehne, müsse entweder Lou Reed sein, oder einer von den drei anderen Beatles. (Quantick 2002, 81).

Was um des Himmels Willen findet der Musikjournalist Quantick, dessen fachliche Kompetenz über jeden Zweifel erhaben ist, an diesem Song so fantastisch? Für ihn ist „Ob-la-di Ob-la-da" der fröhlichste, positivste und schwungvollste Song im gesamten Beatles-Songkatalog. Die Stimmung des Songs sei ebenso kess wie optimistisch und übertrage auf den Hörer ein Gefühl von Lebensfreude und Leichtigkeit und vermittle die Schönheit der Einfachheit und die Freude an der Kindlichkeit. Die nachpfeifbare Melodie und der unkaputtbare Refrain würden im Schädel festsitzen, noch lange nachdem das kritische Hirn längst verfault sei. Okay, wenn man will, kann man es auch so sehen: Paul McCartney besitzt die Gabe, sich und seinen Zuhöreren die Welt schön, einfach und fröhlich zu komponieren. Und wahrscheinlich hat er beim Schreiben solcher Lieder immer die rosarote Brille auf.

Desmond – ein Transvestit?
In der Schluss-Strophe verwechselt Paul die Namen von Desmond und Molly. Und plötzlich wird Desmond – unbeabsichtigt – zu einem Transvestiten, der zuhause bleibt und sich sein schönes Gesicht schminkt. Die andern mochten den Lapsus, weshalb Paul die letzte Strophe nicht nochmals richtig singen musste. Viele halten ja Pauls Panne für das Aufregendste des ganzen Songs.

Kommentare, Meinungen, Deutungen
„Thank you", hört man ganz am Ende des Songs John Lennon mit Kopfstimme sagen – und man spürt die Erleichterung, dass es endlich vorüber ist. Was sich in der Endabmischung so fröhlich und locker und leicht und spielerisch anhört, ist in Wirklichkeit eine schwere Geburt, die böses Blut und eine nachhaltig vergrätzte Stimmung hinterlässt. Geradezu unglaublich, dass die Songaufnahme eine heile Welt an Fröhlichkeit und gelöster Atmosphäre ausstrahlt und vor guter Laune geradezu strotzt, obwohl die Studio-Aufnahmen von Hickhack und Kleinkrieg bestimmt waren. Die Einfachheit und Leichtigkeit des Songs hat ihren Ursprung in der friedlichen Erfahrung während des Indien-Aufenthaltes der Beatles.

Paul McCartney: „Während ich dort war (in Rishikesh) habe ich ein paar kleine Sachen geschrieben. Ich schrieb ein Stück von ‚Ob-la-di, Ob-la-da'. Wir haben uns mal in einem Dorf einen Film angesehen. Da hatte ein Typ einfach so eine tragbare Leinwand aufgestellt, und alle Dorfbewohner waren begeistert. Ich erinnere mich, dass ich mit meiner Gitarre einen schmalen Dschungelpfad entlang zum Dorf gegangen bin. Und ich spielte: ‚Desmond has a barrow in the market place.'" (Beatles Anthology 2000, 284).

The Ballad of Jimmy
In Paul McCartneys Lebensphilosophie spielt die Kismet-Einstellung eine wichtige Rolle, dass man es nehmen muss, wie es kommt – „come rain, come shine – qué será será, whatever will be will be, the future's not ours to see". Der Doris Day-Song von 1956 gehört zu den Lieblingsliedern des damals 14-jährigen Paul. Der Slogan „Live goes on" ist für ihn deshalb weniger Allge-

meinplatz als vielmehr Lebensweisheit. Paul McCartney: „Ich war mit einem Conga-Spieler aus Nigeria namens Jimmy Scott befreundet. Jimmy lief mir regelmäßig in den Londoner Clubs über den Weg. Er verfügte über ein festes Repertoire an Redewendungen, und eine davon lautete: ‚Ob la di ob la da, life goes on, bra.' Dieser Spruch gefiel mir. Und wenn jemand zum Beispiel die Floskel ‚Too much' in den Mund nahm, dann entgegnete er: ‚Nothing's too much, just outta sight.' Für mich hatte er was von einem Philosophen." (Miles 1998, 514).

In den fünfziger Jahren kommt Jimmy Anonmuogharan Scott Emuakpor, wie er mit vollständigem Namen heißt, nach England und spielt mit verschiedenen Jazz-Bands in Soho. Er ist Mitglied bei Georgie Fame and the Blueflames und begleitet Stevie Wonder auf dessen UK-Tour 1965. Nachdem sein Spruch, der aus der Yoruba-Sprache stammt, durch McCartneys Song weltweit berühmt gemacht worden war, gründet er seine eigene „Ob-La-Di Ob-La-Da-Band". Jimmy Scott darf bei der Beatles-Aufnahme von „Ob-La-Di Ob-La-Da" am 5. Juli 1968 Conga spielen. (Allerdings wird diese Fassung von Paul McCartney verworfen – mitsamt der Conga) Dies ist aber seine einzige Zusammenarbeit mit den Fab Four. Und das ist ihm entschieden zu wenig, dafür, dass sein Spruch die Refrainzeile eines Welthits der Beatles darstellt. Also fordert er von McCartney eine Beteiligung an den Tantiemen, was Paul zurückweist, schließlich habe Scott keinen künstlerisch-kreativen Beitrag zur Komposition des Songs geleistet.

Als Jimmy Scott in London verhaftet wird und ihm eine Einlieferung in das Gefängnis von Brixton droht, weil er seinen Unterhaltsverpflichtungen seiner Ex-Frau gegenüber nicht nachgekommen ist, bittet der damals finanziell gerade mal nicht flüssige Scott die Polizei, Paul McCartney zu kontakten, weil dieser noch Schulden bei ihm habe. Paul schickt dann tatsächlich einen Scheck über den erforderlichen Betrag, der Jimmy Scott aus seiner misslichen Lage befreit, aber mit der Auflage, dass damit alle eventuellen Forderungen von Scott an McCartney in Sachen „Ob-La-Di, Ob-La-Da" -Tantiemenstreit abgegolten sind. Das Problem von beiden ist damit vom Tisch, und: „La-la, how the life goes on".

Doch das weitergehende Leben sollte den Nigerianer noch mit einem furchtbaren und existentiellen Problem konfrontieren. Dem als Musiker hochgeschätzten Jimmy Scott, der auf dem Album „Beggars Banquet" der Rolling Stones zu hören ist, der beim Hyde-Park-Konzert mit den Stones auf der Bühne steht und später noch der Ska-Revival-Band Bad Manners angehört, sollte das soziale Problem des Rassismus in England 1986 zum Verhängnis werden. Als er von der US-Tour der Bad Manners nach England zurückkehrt, wird er auf dem Londoner Flughafen von Zollbeamten einer Leibesvisitation unterzogen. Zwei Stunden lang lässt man den damals 65-jährigen nackt in einer Zelle schmoren. Dabei zieht er sich eine Lungenentzündung zu, an deren Folgen er am nächsten Tag stirbt.

Memorabilia

Paul McCartney will „Ob-La-Di Ob-La-Da" als Single veröffentlichen. Doch die andern haben von der zähen und nervigen Studioarbeit so sehr die Schnauze voll, dass sie von diesem Song nichts mehr hören wollen. Die schottische Band Marmalade zieht damit das große Los, denn ihre Coverversion von „Ob-La-Di Ob-La-Da" steht im Januar 1969 drei Wochen lang auf Platz 1 der britischen Charts. Es sollte der einzige Top-Hit der Schotten bleiben. In der Bundesrepublik und in der Schweiz erscheint „Ob-La-Di Ob-La-Da" im Jahre 1969 interessanterweise als Beatles-Single und klettert bis an die Spitze der Westdeutschen und Schweizer Hitparade.

Im Song „Savoy Truffle" singt George Harrison in seiner vorletzten Zeile: „Wir alle kennen noch Ob-la-di, Ob-la-da". Was man kennt, muss man nicht unbedingt mögen und gut finden. Erklärtermaßen haben John und George den Song ja nicht gerade geschätzt, um es sehr diplomatisch auszudrücken.

Trivia

Leute mit sozusagen mikroskopischem Gehör wollen herausgehört haben, dass nach Pauls Zeile „Desmond lets the children lend a hand" John im Hintergrund rufen würde „foot", gefolgt von George mit „leg". Witzig wär's ja.

Es soll männliche Wesen geben, die den Song erotisch finden, nur weil das Wort „bra" im Refrain vorkommt („bra" steht für „brassière" = Büstenhalter).

Die deutsche Schlager-Fassung trug als Überschrift die unschlagbare Zeile: „Hoppla-di, Hoppla-da". Eine bessere Übersetzung – allerdings schlechter singbar – lieferte der Fußballtrainer Steppi mit: „Lebbe geht weiter". Weitere Übersetzungsversuche aus Kölle lauten: „Et kütt wie et kütt" oder „Et hätt noh immer joht jejange."

Im November 2004 wird eine Online-Umfrage über den schlechtesten Song aller Zeiten durchgeführt. Platz 1 belegt welcher Song? – Richtig vermutet. – Womit man natürlich dem Beatles-Song bitter Unrecht tut. Aber ja!

Coverversionen/Interpretationen (Auswahl)

Marmalade (Album „Help! The Songs of The Beatles Vol. 2"). Joyce Bond (Album „Trojan Beatles Tribute Box Set"). 1970 England World Cup Squad (Sampler „All You Need is Covers"). Los Rolin (Album „Por Rumbas", 1991). Johnny Prytko and the Connecticut Hi-Tones (Sampler „The Exotic Beatles, Part Two", 1993). Celia Cruz (Sampler „RMM Tropical Tribute To The Beatles", 1996). Phish (Album „Live Phish Volume 13", 2002). Maria Muldaur (Sampler „The Blues White Album", 2002). Madoo (Album „To The Fab Four

From Liverpool ... A Tribute From India", 2004). Laurenz-Cedric Wenk (Album „Laurenz", 2008). Gabriella Cilmi (Sampler „Mojo's White Album Recovered", September 2008).

Persönliche Bemerkung

Das war Pauls ungeschminkte Sozialkritik, die damals alle aufgerüttelt hat und die protestierenden Studenten zum Weinen brachte.

In unserer Band sprach sich keiner dafür aus, diesen Song ins Programm aufzunehmen. Obwohl der Song total leicht zu spielen war und in den Dorfdiscos sicher total gut angekommen wäre. Aber auch wir hatten unsern Stolz. Und so eine Nullnummer, so ein Flachlied und musikalischer Tiefflieger war unter unserer Würde. Auch für uns war das die meistgehasste Nummer des Albums. Charlys Spruch zu „Ob-La-Di Ob-La-Da" lautet: „Oh-wie-platt das-Ding-da" (ha-ha Charly, hattest auch schon originellere Gags auf Lager, oder?).

WILD HONEY PIE

Fakten

Autorenangabe: Lennon / McCartney, tatsächlich geschrieben von: Paul McCartney. Schnitt: LP 1 A/5 (105) CD1 005 Laufzeit/Spieldauer: 0'52.
Besetzung/Instrumentierung: Paul McCartney (Hauptgesangsstimme, Bassgitarre, Sologitarre, akustische Gitarre, Schlagzeug, Chorgesang).
Aufnahmedaten: 20. August 1968, Abbey Road Studio 2.
Produzent: George Martin, Aufnahmetechniker: Ken Scott.
Anzahl der Aufnahmen/letztlich veröffentlicht: Take 1.

>Tonart: G-Dur
>Akkorde: / G^7 / F^7 / E^7 Es^7 / D^7 G^7 /
>Schluss: / c-moll^6 / G^7 / c-moll^6 / G /

Textübersetzung
(Meine) Süße

Die Musik

Was ist denn das? Ein schlechter Trip? Das Demotape einer Bande extraterrestrischer Hamster? Nein, der Herr Komponist geruhte zu erläutern, dass es sich hierbei um ein „kleines experimentelles Stück" handelt. Nicht wenige halten das kleine Stück für ein Experiment in Sachen akustischer Folter. Wie kann man nur das Werk eines musikalischen Bildhauers so völlig missverstehen?

Paul McCartney: „Ich fing mit der Gitarre an. ... Ich nahm einfach dieses kurze Stück auf, und darüber legte ich dann mehrere Gesangsspuren mit meinem Harmoniegesang – hier ein Stückchen, da ein Stückchen, und nach und nach baute ich das Stück auf, ein bisschen so wie ein Bildhauer, mit viel Vibrato auf den Saiten (der Gitarre), wobei ich wie verrückt zupfte. Daher kommt das ‚wild' im Titel des Songs." (Miles 1998, 618).

Zumindest weiß man jetzt, wie der jaulende und spinett-ähnliche Klang auf der Gitarre vom Erzeuger manipuliert wurde. Mit der Komposition geht es, harmonisch gesehen, schrittweise abwärts. Fünf Septime-Akkorde (fast) chromatisch aneinandergereiht, das ist nicht wirklich eine kompositorische Glanztat. Die Klanggestaltung ist da schon sehr viel eigenwilliger.

„'Wild Honey Pie' hört sich an, als würde jemand mit einem Hammer auf eine riesige Taschenuhr eindreschen, bis alle Federn zersprungen sind. Vermutlich handelt es sich hier um die extremste Maßlosigkeit des Albums." (Hertsgaard 1995, 174). Hingewiesen sei hier auch noch auf die verblüffende Wandlungsfähigkeit des Sängers und seine erstaunliche Variationsbreite an bescheuerter Stimmgebung. Man kann das natürlich auch als ein Beispiel für den typisch britischen Humor ansehen, wie man ihn ab 1969 etwa von Monty Python hören konnte – von Monty Python allerdings noch um einiges witziger.

Kommentare, Meinungen, Deutungen

Der beknackte Chor singt acht mal hintereinander „Honey Pie", sonst nichts. Sehr experimentell! Als spontaner Singalong-Song sei „Wild Honey Pie" in Rishikesh entstanden und wäre dort ein Lieblingssong von Pattie Harrison gewesen. Will man ihr also die Schuld in die Schuhe schieben, dass dieses unsägliche Machwerk aufgenommen und sogar ins Songprogramm des Weißen Albums aufgenommen wird? Ausgerechnet Pattie, für die ihr Mann die wunderschöne Liebes-Ballade „Something" schreibt und ihr späterer Verehrer und Partner Eric Clapton die Song-Klassiker „Layla" und „Wonderful Tonight", ausgerechnet sie soll verantwortlich gemacht werden für diesen 52-sekündigen Schmarrn von einem Song? Ist das fair? Und hat sie das verdient?

Paul McCartney: „Es war nur das Fragment eines Instrumentals, mit dem wir nichts anzufangen wussten." (Turner 2002, 154).

Und was macht man mit etwas, mit dem man nichts anzufangen weiß? Genau. Man veröffentlicht es auf einer Platte. Paul McCartney hat dieses Werk als One-Man-Band ganz alleine aufgenommen. Niemand sonst war beteiligt oder wäre zu Schaden gekommen. Es ist das kürzeste Stück – Gott sei's gedankt, das je auf einer Beatles-Platte veröffentlicht wurde.

Spass am Rumprobieren

„Ich will mal was versuchen", sagt Paul McCartney zu dem Tontechniker, bevor er loslegt. Etwas Neues ausprobieren, auch und gerade etwas Verrücktes anstellen, das ist die typische Einstellung jener Zeit. Das Ungewöhnliche und Unerwartete tun, Grenzen überschreiten und sich selbst etwas zutrauen, was man sich zuvor noch nicht getraut hätte, sich also selbst herausfordern, – auch das ist ein Ansporn in jenen Tagen, charakteristisch für den Zeitgeist von 1968. Insofern ist „Wild Honey Pie", ganz gleich, ob's einem gefällt oder nicht, ein typisches Zeitdokument.

Man experimentiert damals mit großer Lust. Und jedes mutige Experiment, jeder noch so verrückte Einfall gilt als interessant und wird positiv angenommen, zunächst ganz ohne Ansehen der Qualität, sondern nur weil es um ein ungewöhnliches Experiment geht. Kritische Distanz zur positiven Experimentierlaune gibt es noch nicht, hätte allerdings nicht geschadet.

Trivia

Die US-amerikanische Plattenfirma der Beatles, Capitol, brachte eine Promo-Single zum Weißen Album heraus mit dem kürzesten Beatles-Song „Wild Honey Pie" auf der A-Seite und dem längsten „Revolution 9" auf der Rückseite.

Coverversionen/Interpretationen

Pixies (Album „Pixies at the BBC", 1998). Phish (Album „Live Phish Volume 13", 2002). The Suppliers (Sampler „Mojo's White Album Recovered", September 2008).

Persönliche Bemerkung

Lausig! Das Beste an diesem Song ist, dass er nach 52 Sekunden vorüber ist. Bei keinem anderen Beatles-Song dauern 52 Sekunden so lang wie bei diesem. Charlys Kommentar zu dieser Besprechung: „Ziemlich viel Text für das bisschen Musik."

THE CONTINUING STORY OF BUNGALOW BILL

Fakten

Autorenangabe: Lennon / McCartney, tatsächlich geschrieben von: John Lennon. Schnitt: LP 1 A/6 (106) CD1 006 Laufzeit/Spieldauer: 3'04
Besetzung/Instrumentierung: John Lennon (Hauptgesangsstimme, Chorgesang, akustische Gitarre, Orgel), Paul McCartney (Bassgitarre, Chorgesang), George Harrison (akustische Gitarre, Chorgesang), Ringo Starr (Schlagzeug, Tamburin, Chorgesang), Yoko Ono (Gesang, Chorgesang), Maureen Starkey

(Chorgesang), Chris Thomas (Mellotron). Aufnahmedaten: 8. und 9. Oktober 1968, Abbey Road Studio 2.
Produzent: George Martin, Aufnahmetechniker: Ken Scott.
Anzahl der Aufnahmen: 3, letztlich veröffentlicht (mit Overdubs): Take 3.

Tonart: C-Dur
Akkorde: Refrain / C G^7 / C f-moll / C f-moll / (2/4) G^7 /
/ A E^7 / A d-moll / A d-moll / E^7 /
Strophe / a-moll C^6 / F G / a-moll C^6 / F G / E G / a-moll f-moll / f-moll /

Textübersetzung
Der Fortsetzungsroman von Bungalow Bill
Hey Bungalow Bill, was hast du erlegt, Bungalow Bill? / Er ging auf die Tigerjagd mit seinem Elefanten und seinem Gewehr / Für den Fall eines Unfalls war immer seine Mama dabei / Er ist das uramerikanische Knallkopfsachsenmuttersöhnchen / Alle Kinder singen: / Hey Bungalow Bill, was hast du erlegt, Bungalow Bill? / Im tiefen Dschungel, wo der mächtige Tiger lebt / Da wurden Bill und seine Elefanten überrascht / Weshalb Hauptmann Marvel direkt zwischen die Augen zielte / Alle Kinder singen: / Hey Bungalow Bill, was hast du erlegt, Bungalow Bill? / Die Kinder fragten ihn, ob das Töten nicht eine Sünde wäre? / „Nicht, wenn er (der Tiger) so grimmig dreinschaut", funkte seine Mutter dazwischen. / Wenn Blicke töten könnten, dann hätte es uns erwischt, nicht ihn. / Alle Kinder singen: / Hey Bungalow Bill, was hast du erlegt, Bungalow Bill?

Die Musik
Olé? Eine virtuos gespielte Flamenco-Gitarre ist als Intro zu hören. Über den Namen des Gitarristen gibt es keinerlei Informationen – jedenfalls wäre wohl keiner der Beatles in der Lage gewesen, einen rasanten Gitarrenlauf dieser Geschwindigkeit unfallfrei zu spielen. Die Vermutung in veschiedenen Publikationen, das Solo der Flamenco-Gitarre sei mithilfe eines Mellotrons erzeugt worden, ist sicherlich falsch (allenfalls war die komplette Gitarrenaufnahme im System des Mellotrons als Band hinterlegt und auf Tastendruck abrufbar). Offenbar wird das Solo einem kommerziellen Tonträger mit Musik- und Geräuscheffekten entnommen.

ALL THE CHILDREN SING
Was sich als Kinderlied zum Mitsingen anhört, entpuppt sich bei genauerer Betrachtung als ein relativ raffiniert gemachter Folksong. Gleich mit dem Refrain in einen Song hineinzustürmen, ist schon nicht so ganz üblich, aber ei-

nen Kehrreim, der zum Mitsingen animieren soll, durch zwei verschiedene Tonarten laufen zu lassen, erst C- dann A-Dur, das ist schon eher ungewöhnlich. Denn ein Tonartwechsel ist zwar kein unüberwindbares Hindernis für den normalen Duschkabinen-Tenor, stellt aber schon gewisse Ansprüche an sein Gehör und seine gesangliche Intonation. Auch die harmonische Führung innerhalb der Strophe, ausgehend von a-moll über F-, G- und E-Dur mit einem Break auf f-moll endend, ist ein außergewöhnlicher kompositorischer Einfall.

Der Songkomponist John Lennon beweist auch mit einem bewusst gesetzten rhythmischen Stolpereffekt, durch den Einschub eines 2/4-Takts im 4/4-Gefüge – in der Mitte des Refrains –, einen gewissen Gestaltungswillen, den man bei ähnlichen Singalong-Songs aus der Schreibe von Paul McCartney manchmal schmerzlich vermisst. In der ursprünglichen Demo-Fassung ist der Stolperstein im rhythmischen Fluss noch deutlicher hörbar, weil unmittelbar vor der Wiederholung der Refrainzeile nur eine Zählzeit eingefügt wird. Der Flow des Rhythmus wird mit Beginn jeder Strophe deutlich verlangsamt, was den Song insgesamt abwechslungsreicher macht, zumal ein Zwischenteil mit einer neuen musikalischen Idee fehlt und der Mitsing-Refrain mit jeder Wiederholung nicht gerade attraktiver wird. Die Aufnahme atmet die spontane Atmosphäre des Ortes, wo der Song als einfaches Gitarrenlied entstanden ist.

Paul McCartney: „Und ich erinnere mich noch daran, wie John in Rishikesh ‚Bungalow Bill' gesungen hat, einen seiner ganz großen Songs." (Miles 1998, 517). Wie eine Lagerfeuerstimmung hören sich die geschrummten Akustikgitarren, das Tambourin und der munter, auch mal schief singende Chor an. Arrangmenttechnisches Raffinement, aufwändige Instrumentierung oder clevere Studiotricks sind hier nicht gefragt: Live eingespielt, brauchen die Beatles nur drei Takes – und die Songaufnahme ist im Kasten. Die einzige instrumentale Besonderheit steuert der gelegentliche Co-Produzent des Albums Chris Thomas bei. Er spielt das Mellotron und entlockt diesem Tasteninstrument, mit dem verschiedenartige Instrumentenklänge abrufbar sind, erst mandolinenähnliche Sounds und, gegen Schluss des Songs, bläserähnliche Töne, die eine Posaune imitieren sollten. Über das Ende des Chorgesangs und Instrumentenspiels hinaus, trötet, von Applaus begleitet, seine Bläsermelodie einsam weiter. Darunter klimpert jemand in den Schluss-Sekunden wie gedankenverloren vor sich hin.

Die eigentliche Sensation dieser Aufnahmesession aber findet vor dem Mikrofon statt. Während der Playbackaufnahmen des Gesangs dreht sich John Lennon plötzlich zu Yoko Ono um: „'Weißt du, ich glaube, du solltest das singen.' Paul sang gerade eine Zeile. Er sah John ungläubig an und ging dann empört weg. George und Ringo saßen etwas abseits und wechselten einen zweifelnden Blick. Unbeeindruckt reichte Lennon ihr die Kopfhörer und sie trat vor das Mikro. Damals tauchte Yoko Ono zum ersten Mal auf einer Beatles-Platte auf, obwohl John der einzige Beatle war, der das wollte." (Emerick/ Massey 2007, 368). Yoko habe die Zeile ‚Not when he looked so fierce' „weggeträllert", urteilt knapp und abfällig der Musikkritiker Mark Hertsgaard. Auch Ringos damalige Ehefrau Maureen darf mitsingen, allerdings nur im Hintergrund als anonyme Chorstimme. Dass John seine Yoko für drei Sekunden zum Bandmitglied macht – und ihr damit den einzigen weiblichen Soloauftritt auf einer Platte der Beatles beschert – hängt auch mit Lennons Idee zusammen, seine Songgeschichte zumindest ansatzweise als szenisches Dramolett mit verteilten Rollen anzulegen. Yoko übernimmt die Rolle der Mutter des Tigerjägers Bungalow Bill, die mit strafendem Blick ihrem Sohn beispringt und die hochnotpeinliche Frage zurückweist, ob Töten nicht eine Sünde sei. Und diese Rolle spielt Yoko mit wackliger Intonation und leicht nerviger Stimme doch recht gut.

Kommentare, Meinungen, Deutungen

Der Text handelt ausnahmsweise mal nicht vom Autor selbst, sondern ist mitten aus dem Leben von Rishikesh gegriffen, und erzählt die wahre Geschichte einer realen Person namens Richard A. Cooke III. Der sportliche Collegeboy und Sohn einer reichen US-amerikanischen Anhängerin des Maharishi besucht seine Mutter in Rishikesh zu der Zeit, als auch die Beatles im Ashram des Gurus weilen. Ob aus Langeweile oder Abenteuerlust, Richard macht Urlaub vom Meditationskurs, geht auf Tigerjagd – nicht ohne seine Mutter – erlegt einen Tiger und kehrt danach ins Meditationszentrum zurück. Diese Story ist natürlich ein gefundenes Fressen für den sarkastischen Ironiker Lennon.

John Lennon: „Die Idee kam mir wegen eines Typen, der sich kurz Urlaub genommen hatte, um einen armen Tiger totzuschießen, und dann zurückkam, um wieder Zwiesprache mit Gott zu halten. Es gab früher eine Comicfigur namens Jungle Jim. Und die habe ich mit Buffalo Bill kombiniert. Das ist ein bisschen Teenager-Sozialkritik und eine Prise Ulk." (Beatles Anthology 2000, 284).

Aber wer hatte denn jetzt eigentlich den Tiger erlegt, Richard A. Cooke der Dritte, alias Bungalow Bill, oder – wie es im Text heißt – Captain Marvel, offenbar ein weiteres Mitglied der Safari? Direkt zwischen die Augen zielt Captain Marvel, singt John Lennon: Tatsächlich dringt das tödliche Projektil durch das Ohr in den Schädel des Tigers, abgefeuert vom „uramerikanischen Muttersöhnchen". Captain Marvel ist keine Lennon-Erfindung, sondern eine US-amerikanische Comicfigur, ein magischer Superheld, der in den 1940er Jahren erfolgreicher war als „Superman". (Elvis soll sich seine berühmte Schmalztolle bei Captain Marvels Juniorpartner abgekuckt haben.) Als der Maharishi von der Tigerjagd hört, ist er entsetzt, dass einer seiner Schüler so etwas tun konnte. John Lennon soll den Jäger gefragt haben, ob ihm nicht bewusst sei, dass er Leben zerstöre, worauf die Entgegnung mit einem bösen Blick gekommen sei: wenn es um Leben und Tod gehe, müsse es heißen: der Tiger oder wir. In der Songgeschichte sieht Bills Mom die bösen Absichten des Tigers durch dessen grimmigen Gesichtsausdruck bestätigt. Daraus resultiert Lennons brillante Textzeile: „If looks could kill, it would have been us instead of him."

Paul McCartney: „‚Bungalow Bill' ist immer noch eines meiner Lieblingsstücke, denn es steht für viele Dinge, die ich heute vertrete. ‚Musstest du wirklich diesen Tiger abknallen?' – das ist die Botschaft des Songs. ‚Bist du nicht schon ein großer Junge? Musst du beweisen, dass du ein tapferer Typ bist?' Ich denke, John hat das sehr gut herausgearbeitet." (Miles 1998, 517).

Die allermeisten Kritiker teilen McCartneys Begeisterung für den Lennon-Song nicht. Deren Einschätzung reicht von „Ausrutscher in schwülstige Banalität" (Ian MacDonald) bis „Tiefpunkt für Lennon auf dem Weißen Album" (David Quantick). Diese sicher überzogene Kritik verkennt, dass John Lennon hier eine bissig-witzige Songsatire in der Tarnung eines Kinderliedes gelungen ist – wobei man zugeben muss, dass der Witz des Liedes keine mehrmalige Wiederholung verträgt. Aber auch in diesem Punkt ist Lennons ehemaliger Songpartner anderer Ansicht. Und er macht John Lennon im Nachhinein noch zum Aktivisten der überzeugten, bekennenden Vegetarier und Tierschützer.

Paul McCartney: „Das Schöne an vielen Beatles-Stücken liegt unter anderem darin, dass sie kein bisschen zu altern scheinen, und ‚Bungalow Bill' ist ein gutes Beispiel für einen Song, der mit den Jahren noch besser geworden ist. Er wird von Jahr zu Jahr wichtiger. Wenn man an die Praktiken bei der Kälbermast denkt und sich dann dieses Lied anhört, oder wenn man sich ansieht, wie vom Aussterben bedrohte Tierarten massakriert werden, Tiger und Nashörner etwa, dann ist das ein wirklich guter Song – vor diesem Hintergrund ist er einfach fabelhaft." (Miles 1998, 517).

Trivia

Auf der Internetseite „songmeanings.web" wird darüber diskutiert, ob mit Bungalow Bill ein US-GI gemeint ist, der im Vietnamkrieg nicht mehr wissen konnte, ob er im Dschungel Vietnams Zivilisten oder Vietcong-Soldaten getötet habe. Alleinunterhalter können sich eine zickige Instrumentalfassung als Midifile im Internet für 10,50 EUR bestellen. Doch dem Hersteller Jeridu Music sind bei der Refrainmelodie gleich mehrere Fehler unterlaufen.

Die deutsche Übersetzung des Refrains liest sich auf der Webseite lyricsfreak.com so: „He Bungalowrechnung, was Sie tötete Bungalowrechnung?"

Coverversionen/Interpretationen (Auswahl)

Klaus Beyer (Album „The Exotic Beatles, Part Two", 1993). The Beatles Revival Band (Album „Beatles Songs Unplugged", 1994). Young Blood (Album „All You Need is Covers", 2001). Phish (Album „Live Phish Volume 13", 2002). Beatle Jazz (Album „All You Need", 2007). Dawn Kinnard & Ron Sexsmith with The Suppliers (Sampler „Mojo's White Album Recovered", Sept. 2008).

Persönliche Bemerkung

Nee, das war ja kein schlechter Song, aber absolut keine Herausforderung mehr, objektiv sogar ein Rückschritt. Wir haben den Song damals in unser Band-Repertoire mit aufgenommen, aber nur, weil er so einfach zu spielen war und um mal wieder was Neues von den Beatles unserm Wochenend-Tanz-Publikum bieten zu können – das auch positiv auf diesen Mitgröhl-Song reagierte. Aber wir fühlten uns unterfordert, auch wenn wir nur mehr oder minder stümpernde Amateurmusiker waren. Und wir durften doch behaupten, gelehrige Schüler zu sein, hatten jeden Entwicklungsschritt der Beatles verfolgt und immer versucht, jede Neuerung nachzuvollziehen – natürlich nicht selten ohne Erfolg, ganz einfach weil uns die handwerklich spieltechnischen Mittel fehlten. Aber wir übten, probierten, bastelten. Und mit jedem kleinen Schritt einer halbwegs gelungenen Imitation wurden wir auch als Musiker ein klein bisschen besser. Seit „A Hard Day's Night" war es nur aufwärts gegangen. Jede folgende Single überraschte uns, forderte uns heraus und erweiterte unseren musikalischen Horizont. Jeder neue Beatles-Song spornte uns an: kriegen wir das so hin, dass es zumindest ähnlich klingt? Das war für uns eine wunderbare, glückvolle Entwicklung, mit dem Imitieren unserer Vorbilder allmählich selbst zu wachsen.

KOPIEREN NICHT MÖGLICH, ODER DOCH?

Dann kam das Album „Revolver", das uns weitgehend überforderte und bei „Sgt. Pepper" ging kaum noch was: zu kompliziert und vor allem klanglich für uns nicht nachahmbar. Und damals ging es noch nicht um eine eigene Song-Interpretation, jedenfalls nicht für Bands unseres unterbelichteten Kalibers. Entweder man packte es, einen Beatles-Originalsong zumindest annähernd ähnlich klingend hinzukriegen, oder man blamierte sich und wurde ausgelacht. Aber jetzt, bei vielen Songs des Weißen Albums hatten wir wieder Erfolgserlebnisse und waren doch nicht zufrieden. Vielleicht blöd von uns, aber je leichter ein Song wie „Bungalow Bill" oder „Ob-La-Di ..." für uns nachspielbar war, umso weniger attraktiv war er für uns. Je mehr wir uns an einem Song die Zähne ausbissen, je mehr wir beim Nachspielen an unsere Grenzen kamen, umso mehr Respekt hatten wir vor diesem Song, um so besser bewerteten wir diesen Song. Und insofern landete Bungalow Bill bei uns in der Kategorie:

ganz nett. Für Charly aber gibt es bis heute keinen besseren Refrain, den man spontan singen kann, wenn einem in der Innenstadt Streifenpolizisten mit Knarre im Halfter begegnen.

WHILE MY GUITAR GENTLY WEEPS

Fakten

Autor: George Harrison. Schnitt: LP 1 A/7 (107) CD1 007 Laufzeit/Spieldauer: 4'40.
Besetzung/Instrumentierung: George Harrison (Hauptgesangsstimme, Chorgesang, Akustikgitarre, Hammondorgel), Paul McCartney (6-saitiger Bass, Piano, Orgel, Chorgesang), John Lennon (Rhythmusgitarre), Ringo Starr (Schlagzeug, Tamburin), Eric Clapton (Sologitarre).
Aufnahmedaten: 25. Juli 1968, Abbey Road Studio 2, weitere Aufnahmen (und overdubs): 03., 05., 06. September.
Produzent: George Martin, Aufnahmetechniker: Ken Scott.
Anzahl der Aufnahmen: 44, letztlich veröffentlicht (mit Overdubs): Take 25.

Tonart: a-moll
Akkorde:
Strophe / a-moll / a-moll/g (C^6) / a-moll/fis (D^7) / a-moll/f (d-moll^7)
Refrain / a-moll / G / D / E^7 /
Zwischenteil / A / cis-moll / fis-moll / cis-moll / h-moll / E /

Textübersetzung
Während meine Gitarre leise weint

Ich schaue auf euch alle und sehe die schlafende Liebe / während meine Gitarre leise weint / Ich schaue auf den Boden und sehe, er müßte gekehrt werden / während meine Gitarre leise weint / Ich weiß nicht, warum euch niemand gesagt hat / wie sich eure Liebe entfaltet / Ich weiß nicht, warum euch jemand beherrschen konnte / sie kauften und verkauften euch / Ich schaue auf die Welt und merke, sie dreht sich / während meine Gitarre leise weint / Mit jedem Fehler lernen wir sicher dazu / und noch immer heult meine Gitarre / Ich weiß nicht, warum ihr abgelenkt wart / ihr wurdet auch verführt / Ich weiß nicht, warum ihr bekehrt wurdet / aber niemand warnte euch / Ich schaue auf euch alle und sehe, dass die Liebe schläft / während meine Gitarre leise weint / Schaut auf euch alle ... / Während meine Gitarre leise weint.

Die Musik

Mit effektvollen, einzeln angeschlagenen Tönen wie Morsezeichen übernimmt das Klavier (gespielt von Paul) die Führung zu Beginn dieser Gitarrenkomposition von George Harrison, die spätestens mit dem Einsatz der E-Gitarre nach 15 Sekunden signalisiert, dass hier etwas Besonderes bevorsteht, was die klangliche Gestaltung und instrumentale Akkuratesse angeht. Angefangen bei Ringos vorgezogenen Hi-Hat-Akzenten und der perkussiven Klöppelei, die sich wie ein swingendes Schreibmaschinengeklapper anhört, über Pauls dynamisches Bass-Spiel, das mal im rhythmischen Stakkato den Beat unterstützt, mal mit variantenreichen Umspielungen kleine Gegenmelodien einstreut, über die von George Harrison gespielte Hammond-Orgel, die mit stehenden Akkorden und dem changierenden Ton eines verhaltenen Leslie-Effekts speziell in den beiden Mittelteilen für einen schwebenden Klangteppich sorgt, bis zur exzellenten Gitarrenarbeit des Sologitarristen, dessen handwerklich überzeugende und emotional ausdrucksvolle Einwürfe immer wieder für ein Aufhorchen sorgen. Doch anfänglich musste der Song-Komponist George befürchten, dass sein schöner Song aus Desinteresse der beiden Hauptkomponisten ein Stiefmütterchendasein fristen würde.

George Harrison: „Wir versuchten es aufzunehmen, aber Paul und John waren so daran gewöhnt, immer nur ihre eigenen Stücke runterzunudeln, dass es manchmal sehr schwierig war, sich ernsthaft hinzusetzen und eines von meinen aufzunehmen. Es wurde einfach nichts. Sie nahmen die Sache nicht ernst. Und ich glaube, sie spielten nicht mal alle mit. Und so bin ich an dem Abend nach Hause und habe gedacht ‚jammerschade', weil ich wusste, dass das ein ziemlich guter Song war." (Beatles Anthology 2000, 306).

Harrison findet einen Weg, die scheinbare, für ihn offensichtliche Unlust von John und Paul augenblicklich in großes Interesse zu wenden. Er spricht seinen Freund Eric Clapton an, ob er nicht Lust hätte, ins Studio zu kommen und bei „While My Guitar Gently Weeps" mitzuspielen. Clapton ist zu dieser Zeit als Mitglied von Cream der herausragende Gitarrist der britischen Rock- und Bluesszene. (Gemeinsam mit George Harrison schreibt Clapton später den Song „Badge" für das Abschieds-Album „Goodbye" von Cream, das im Mai 1969 veröffentlicht wird. Clapton wirkt auch auf George Harrisons erstem Solo-Album, dem Soundtrack „Wonderwall" mit, dem allerersten Solo-Album eines Beatle, das im November 1968 erscheint). Eric Clapton ist geschmeichelt von dieser Offerte, zögert aber mit seiner Zusage. Er befürchtet, die andern Beatles würden seine Beteiligung nicht gutheißen, schließlich hat noch nie zuvor ein fremder Gitarrist oder irgendein namhafter Pop/Rock-Musiker auf einer Beatles-Platte mitgespielt. Doch schließlich gibt Clapton dem Drängen von George Harrison nach. George Harrison: „Also kam er. Ich sagte: ‚Eric spielt bei diesem Stück mit' – und das war gut, denn sofort haben sich alle zusammengerissen. Paul ging ans Klavier und spielte ein hübsches Intro. Und alle nahmen die Sache ernster." (Beatles Anthology 2000, 306).

Wenn der damals beste Gitarrist Großbritanniens, der erklärtermaßen kein Freund von Mainstream-Pop ist, diesen Song gut findet, dann hat das Gewicht und wertet den Song wie den Autor erheblich auf – auch in den Augen der beiden Ober-Beatles. Paul McCartney: „Eric kam vorbei und er war sehr nett, sehr zuvorkommend und bescheiden und ein guter Musiker. Er wurde ganz aufgeregt und wir haben's alle gebracht. Es hat richtig Spaß gemacht. Sein Stil passte sehr gut zum Stück und ich glaube, George lag viel daran, dass Eric es spielte." (Beatles Anthology 2000, 306). Und wie er spielt. Claptons Leadgitarre dominiert die Aufnahme-Session. Sein Solo ist „kraftvoll, fließend, zurückhaltend, dringlich, eine Meisterarbeit" (Mark Heertsgaard). Und der Ton seiner Les Paul macht eindrucksvoll hörbar, was die Titelzeile beschwört: While My Guitar Gently Weeps. „Clapton lässt Harrisons legendäre ‚Lucy'-Gitarre – eine weinrot lackierte ‚Gibson Les Paul' – mittels eines ‚Flanger'- Effektgeräts wimmern, weinen und heulen und macht das Lied zum Paradox einer ‚jubilierenden Klage'" (Kemper 2007, 99).

Claptons Gitarrensolo wird am Abend des 6. September 1968 aufgenommen, einen Tag, nachdem Ringo wieder zur Band zurückgekehrt ist (am 22. August verließ er frustriert das Abbey Road-Studio und verkündete seinen Ausstieg aus der Band). Auch John Lennon ist sehr beeindruckt von der Zusammenarbeit mit Eric Clapton und befreundet sich mit ihm in der Folgezeit (Clapton spielt später auch auf einigen Soloalben von John Lennon mit und begleitet ihn beim ersten Konzertalleingang eines Beatle mit neuer Band, der Plastic Ono Band – Live Peace in Toronto 1969. Die gleichnamige LP ist der Mitschnitt des Konzertes vom 13. September 1969). Als George Harrison 1969 droht, die Beatles zu verlassen, sollen John und Paul überlegt haben, Eric Clapton als Ersatz zu verpflichten.

In den Credits des Weißen Albums taucht Clapton unter dem Pseudonym L'Angelo Misterioso auf. (Unter diesem witzigen Pseudonym beteiligt sich George Harrison 1969 am Solo-Album „Songs For A Taylor" von Jack Bruce, Claptons Kollege bei Cream). Dank der äußerst fruchtbaren Zusammenarbeit zwischen den Beatles und Eric Clapton gehört „While My Guitar Gently Weeps" zu den herausragenden Songs des Weißen Albums.

Kommentare, Meinungen, Deutungen

Dieses unflätig respektlose „Ey-oh" ganz am Anfang, das so klingt, als würde der kleine Stinker der Schönen, die ihn abblitzen ließ, hinterher blaffen, das will so gar nicht zu dem passen, was im Anschluss folgt: das „zarte Weinen" der Gitarre und das Philosophieren des Textschreibers über die Liebe, die in allen Menschen schläft.

George Harrison: „'While My Guitar Gently Weeps' habe ich im Hause meiner Mutter in Warrington geschrieben. Ich dachte gerade über das I-Ging nach, das chinesische ‚Buch der Wandlungen'. Im Abendland glauben wir, der Zufall sei etwas, das einfach so passiert – rein zufällig sitze ich hier und der Wind weht mir durch die Haare und so weiter. Aber die östliche Vorstellung ist die, dass alles was geschieht, vorbestimmt ist und es so etwas wie Zufall gar nicht gibt – jede Kleinigkeit, die passiert, hat ihren Sinn. ‚While My Guitar Gently Weeps' war ein simples Experiment mit dieser Theorie. Ich beschloss, einen Song zu schreiben, der auf der ersten Sache basieren sollte, die mir in die Augen fiel, wenn ich ein beliebiges Buch aufschlug – weil sie sich auf diesen bestimmten Moment beziehen würde, auf diesen Zeitpunkt. Ich nahm wahllos ein Buch in die Hand, öffnete es, las ‚gently weeps', legte das Buch wieder weg und begann das Lied." (Beatles Anthology 2000, 306).

Merkwürdig nur, dass der Textinhalt durch die Zufälligkeit von Endreimen bestimmt wird. Nach der hochgeistigen und poetischen Formulierung, dass die Liebe in allem schläft, folgt die unsäglich banale Feststellung: „ich sah, dass der Boden eine Reinigung braucht" – und das nur, weil sich „sleeping" halt so gut auf „sweaping" reimt. Auch im weiteren Textverlauf scheint das Reimlexikon die Hauptinspirationsquelle gewesen zu sein. Es klingt partout nach „reim dich, oder ich fress dich", wenn Harrison wie ein pedantischer Buchhalter reimt: „diverted, perverted, inverted, allerted". Irgendwie kriegt er bei den Wortaneinanderreihungen, die als Zeile vor dem Endreim stehen, noch halbwegs sinnträchtige Aussagen zustande – allerdings klingen deren Botschaften ziemlich altväterlich, lehrmeisterhaft und herablassend. So gut die Musik und so großartig deren Realisierung ist, so zweifelhaft ist die Qualität des Textes.

Die Gitarre weint sanft, aber unterschiedlich

Auf dem collagierten Beatles-Album „Love", das zum Weihnachtsgeschäft 2006 erscheint, ist eine nachträglich arg vergeigte Version von „While My Guitar Gently Weeps" enthalten, die neben der neuen Abmischung und dem neuen Streicherarrangement eine wirkliche Überraschung enthält, nämlich eine im Originalsong nicht berücksichtigte Textstrophe. Diese Zeilen, die zum Ausdruck bringen, dass sich die Welt weiter dreht, auch ohne Einflussnahme des Ich-Erzählers, sind aber nicht völlig unbekannt. Denn die „Love"-Neufassung basiert auf einer Probeaufnahme, die George Harrison zur eigenen Begleitung auf der Akustikgitarre am 25. Juli 1968 im Studio gesungen hat. Diese ungemein reizvolle, melancholisch und fast meditativ klingende Demo-Aufnahme erscheint 1996 im „The-Beatles-Anthology"-Album Nummer 3.

Trivia

1992 erlöst das Originalmanuskript von „While My Guitar Gently Weeps" bei einer Versteigerung 8.500 britische Pfund. Wu Tang Clan veröffentlicht 2007 „The Heart Gently Weeps" mit Elementen aus George Harrisons Originalsong.

Memorabilia

Im „Concert For George" am 29. Dezember 2002, anlässlich des ersten Todestages von George Harrison in der Londoner Royal Albert Hall, stehen mit Paul McCartney, Ringo Starr und Eric Clapton die drei letzten übriggebliebenen Überlebenden der Originalaufnahme auf der Bühne und zelebrieren eine, wie man lesen kann, „zu Herzen gehende" Live-Fassung von „While My Guitar Gently Weeps".

Coverversionen/Interpretationen (Auswahl)

Jeff Healey (Album „Hell To Pay", 1990). Carlos Fregtman (Album „Exploring The Beatles in the New Age", 1992). Badi Assad (Album „Chameleon", 1998). Joe Sachse, Ernst Bier (Album „Helter Skelter – Beatles Forever", 2002). Eric Clapton/Paul McCartney/Ringo Starr (Album „Concert For George", 2002). Joe Louis Walker (Sampler „The Blues White Album", 2002). Todd Rundgren (Sampler „Songs From The Material World – A Tribute To George Harrison", 2003). Peter Frampton (Album „Now", 2003). Martin Luther McCoy (Sampler „Across The Universe", Oktober 2007). Virgin Passages (Sampler „Mojo's White Album Recovered", September 2008).

Persönliche Bemerkung

„Dieses weinerlich jammernde Gegreine, dass er endlich seinen süßen Lord sehen wolle, das hat sich bei Herrn Harrison hier schon angedeutet", unkt unser Freund Charly. Eigentlich wollten wir den Song in unser Bandrepertoire aufnehmen, doch unser Gitarrist gab vor, den Song nicht zu mögen. Diese Abneigung war aber mit Sicherheit nur vorgeschoben. In Wahrheit fürchtete er den Spott, oder schlimmer noch: das Mitleid der anderen, weil er wusste, diese begnadeten Fill-ins, dieses göttliche Solo würde er niiiiemals auch nur ansatzweise hinkriegen, selbst wenn er Tag und Nacht bis zu seinem Lebensende üben würde.

HAPPINESS IS A WARM GUN

Fakten

Autorenangabe: Lennon / McCartney, tatsächlich geschrieben von: John Lennon. Schnitt: LP 1 A/8 (108) CD1 008 Laufzeit/Spieldauer: 2'41

Besetzung/Instrumentierung: John Lennon (Hauptgesangsstimme, Chorgesang, Rhythmus-Gitarre, Sologitarre, Klavier), Paul McCartney (Bassgitarre, Chorgesang), George Harrison (Sologitarre, Chorgesang), Ringo Starr (Schlagzeug, Tamburin), Yoko Ono (Gesang, Chorgesang).
Aufnahmedaten: 23. und 24. September 1968, Abbey Road Studio 2, weitere Aufnahmen (overdubs): 25. und 26. September.
Produzent: Chris Thomas, Aufnahmetechniker: Ken Scott.
Anzahl der Aufnahmen: 70, letztlich veröffentlicht (mit Overdubs): Take 53 und 65 zusammengefasst.

Tonart: C-Dur, a-moll
Akkorde: Intro (4/4) II: a-moll^7 a-moll^6 / e-moll^9 e-moll :II
Strophe (4/8) / d-moll^6 / d-moll^6 / d-moll^6 / a-moll / a-moll /
II: d-moll^6 / d-moll^6 / a-moll / a-moll /II: d-moll^6 / d-moll^6 /
(2/8) d-moll^6 /(4/8) a-moll /(4/8) a-moll
Instrumental (3/8) : A^7 (7 Takte) / C / C / a-moll / a-moll^7 /
"I need a fix" (3/8) : A^7 (7 Takte) / C / C / a-moll / a-moll^7 /
"Mother Superior" (3/8): II: A^7 / C / C / A^7 / G^7 /(4/8) G^7 :II
(3 mal)
Refrain "Happiness .. " (4/4): II: C a-moll / F G^7 :II
"When I hold you ..." (3/8): II: C / a-moll / F / G^7 :II
Refrain "Happiness .. " (4/4): II: C a-moll / F G^7 :II
Schluss "Happiness . " (4/4): / f-moll /II: C a-moll / F G^7 :II/ C /

Textübersetzung
Das Glück ist ein warmes Schießeisen

Sie ist kein Mädchen, das viel verpasst / Sie ist wohl vertraut mit der Berührung der sanften Hand / Wie eine Eidechse auf der Fensterscheibe / Der Mann in der Menge mit den vielfarbigen Spiegeln / auf seinen genagelten Schuhen / Er lügt mit den Augen, / während seine Hände geschäftig Überstunden machen / Ein Seifenabdruck seiner Frau / die er verspeiste / und der Nationalen Treuhand spendete / Ich brauche einen Schuss, weil es mir immer schlechter geht / Runter zu den Miezen, die ich im Wohnviertel verlassen habe / ich brauche einen Schuss, weil es mir immer schlechter geht / Mutter Oberin jump th gun / Glück ist ein warmes Schießeisen - peng peng, bumm bumm / Wenn ich dich in meinen Armen halte – oh ja / Und ich fühle meinen Finger auf deinem Abzugshahn – oh ja / Dann weiß ich, dass mir keiner etwas anhaben kann – oh ja / Denn: Glück ist ein warmes Schießeisen / So ist es. Peng peng, bumm bumm.

Die Musik
Wie aus dem Nichts kommend dringt plötzlich John Lennons Stimme ganz nah ans Ohr des Zuhörers. Das ist nicht die Stimme eines sarkastischen Zynikers. Die kühle Distanz, die schneidende Schärfe, oder die emphatische bis verzweifelt-quälerische Schrei-Inbrunst, die man sonst von ihm kennt, weicht hier dem Ausdruck einer zurückgehaltenen Sehnsucht. Wie verloren schwebt die sensible, melancholisch klingende Stimme allein im fast leeren Klangraum. Nur eine E-Gitarre „orgelt" im Hintergrund Einzeltöne trauriger Moll-Akkorde.

Mit der in Rishikesh von Donovan gelernten Zupftechnik spielt der gitarristische Minimalist John eine kleine Melodiefigur (g, fis, fis, e) auf der hohen E-Saite und braucht dabei den kleinen Finger nur um einen Bund zu verschieben (Beim a-moll-Sept-Akkord greift der kleine Finger den Ton g. Mit dem Verschieben des kleinen Fingers um einen Bund auf den Ton fis entsteht der a-moll-Sext-Akkord. Der kleine Finger bleibt auf fis, während Mittel- und Ringfinger e-moll greifen, wodurch der reibungsvolle e-moll-None-Akkord entsteht. Mit dem Abheben des kleinen Fingers und Anschlagen der leeren E-Saite ist die kleine Melodie vollendet). Dann folgt mit schnellen Sechzehnteln im Auftakt der Einstieg von Schlagzeug und Bass – synchron im Paarlauf. George Harrisons verzerrte Gitarre schneidet mit einem kurzen Akkord ins Gefüge hinein, setzt seinen Akkord-Schlag auf die Eins; Pauls Bass tupft trockene Viertel-Töne, und die Band geht im kompakten Zusammenspiel in die erste Strophe hinein. Die sirenenähnliche Zweiton-Melodie der Strophe, die ständig den schnellen reibungsvollen Wechsel zwischen Spannung der Sexte und Entspannung der Quinte sucht, wird von John zunächst alleine gesungen, dann setzt Paul eine zweite Stimme darüber und schließlich ergänzt George mit einer dritten Stimme den schön schrägen, perfekten Chorsatz (eventuell wurde die dritte Stimme nicht von George, sondern nochmals von Paul playback gesungen).

JETZT WIRD'S TRICKY

Der erste Taktwechsel schließt sich an und schickt ein Gitarrenthema im 3/8-Takt ins Rennen – mit noch angezogener Handbremse. Das gravitätisch swingende Thema voller Bluenotes, das in einem düster majestätischen, mächtig verzerrten Gitarrenton zelebriert wird – wie ihn später die Metal-Rocker bevorzugen werden – findet anschließend eine gesungene Wiederholung mit einem ähnlich dunklen Ton in der effektvoll tiefer gelegten Stimme von John Lennon. Nach der Zeile „I need a fix 'cause I'm going down", singt Paul mit – und zwar eine Oktave höher, was die leicht geheimnisvoll-dämonische Stimmung noch verstärkt. Abrupt folgt ein erneuter Takt- und Tempowechsel, und das „Mother Superior"-Thema springt im unorthodoxen Metrum durch die nächsten 20

Sekunden, angetrieben vom rhythmischen Beifall des Tamburins und dem Unisono-Lauf aus flott trabendem Bass und zerrender E-Gitarre. Im rhythmisch vertracktesten Song dieses Albums (und ihres bisherigen Songkataloges) demonstrieren die Beatles die hohe Kunst der Themen- und Taktmontage in einer souveränen Gruppenleistung.

John Lennon: „Ich mag es sehr. Ich finde, es ist ein schönes Stück. Ich mag die verschiedenen Dinge, die darin ablaufen. Ich hatte drei Teile von verschiedenen Songs zusammengesetzt. Es schien durch all die verschiedenen Arten von Rockmusik zu laufen." (Beatles Anthology 2000, 306).

Dass die Montage von insgesamt fünf verschiedenen Musikthemen (hat sich der Komponist verzählt?) unterschiedliche Rockstile von Hardrock bis Doo-Wop miteinander verbindet, ist nicht das wirklich Herausragende an diesem Song. Was Staunen lässt, ist die mutige Mixtur der Metren. Die Zeile „Mother Superior jump the gun" basiert erst auf neun Zählzeiten – mit der verblüffenden Betonung auf die „8", dann – Huch – bei der Wiederholung sind es plötzlich 10 Zählzeiten geworden. Warum? Weil statt der drei gleichmäßigen 3/8-Takte nun, bei der Wiederholung, nach dem zweiten 3/8- unvermutet ein 4/8-Takt angehängt wird. Die spinnen die Beatles? Nein, sie erfinden einfach mal so en passant die rhythmische Komplexität des progressiven Art Rock, der ab 1969 mit Taktwechseln und verschachtelten Metren die Tanzbeine der Poptänzer zum Stolpern und Verknoten bringen sollte und die Anhänger von Art Rock-Bands wie King Crimson, Yes, Genesis und Gentle Giant zum andächtig verharrenden Zuhören auf die Stühle oder in den Schneidersitz zwingt.

Zwischen Stolpern und Ballern – Was weiter geschah

Nach dem knifflig gallopierenden „Mother Superior"-Thema, wird's vergleichsweise einfach und harmonisch. Man findet sich rhythmisch wieder zurecht. Dank des braven 4/4-Takts weiß man endlich wieder wo die 1 ist. Danke. Und der Refrain jauchzt, brummt und trällert mit Haupt- und grummelnder Bass-Stimme, darüber ein alberner, doch wunderbar geschlossen feuernder „Peng-Peng"-Chor, dass es eine wahre Happiness ist. Aber dann – Hoppla – stolpert man in einen fast schon schunkelnden Dreier im Doo-Wop-Stil, und John, der doch so zartfühlend begonnen hat, brüllt sich die pure Lust am Sex aus dem Leibe.

Der Rückfall in den Vierer-Takt mit den brillant soft-ballernden „bang, bang, shoot, shoot"-Chorstimmen beendet den Song dann viel zu früh – mit einer Fermate auf F-Moll und mit Johns hinaufschießendem „gun", auf dem hohen C der Kopfstimme, noch kurz höher gezogen auf das D und sogleich abfallend auf das A, – ach wie schön, weil das Glück noch nicht vorbei und das Pulver noch nicht ganz verschossen ist. Der Refrain schwingt sich noch einmal auf, bevor er dann doch nach den vielen „bangs" und „shoots" getroffen zu Boden sinkt – mit einem letzten aushauchenden „Yeah". Im Nachhall des Ausklangs setzt Ringo noch zur Markierung des endgültigen Endes zwei trockene Abschläge wie Ausrufezeichen. Soll heißen: Was für ein Song!! – Alleine die fünf trickreichen Taktwechsel in nur zwei Minuten und 40 Sekunden sind einen Eintrag wert im noch zu schreibenden Guiness-Buch der regelüberschreitenden Wunderwerke des popmusikalischen Weltkulturerbes.

Kommentare, Meinungen, Deutungen
Sex and Drugs and Violence – ist das die Botschaft des Songs? Für alle drei Themenbereiche gibt es etliche Indizien. Schauen wir uns den Text genauer an und fahnden zunächst nach Hinweisen zum Thema Sex. Eine überdeutliche Bestätigung, dass mit der Textzeile „Mother Superior jump the gun" eine sexuelle Konnotation verbunden wird, liefert die britische BBC, die den Song auf den Index setzt, weil „gun" als phallisches Symbol verstanden wird und „jump the gun" als Umschreibung der Reiterstellung. Und damit ist der Text für Puritaner Schweinkram. Im Sinne von: wenn's denn sein muss, ist die Missionarsstellung erlaubt, aber alles andere: Pfui Deibel!

John Lennon selbst gibt später gerne Auskunft über seine damals leidenschaftlich entbrannte erotische Liebe zu Yoko Ono. Zu Beginn seiner Verliebtheit sei er sehr stark sexuell orientiert gewesen. In diesen Wochen hätten Yoko und er die gemeinsame Zeit entweder im Studio oder im Bett verbracht. Yoko, die er mit dem (speziell für Psychoanalytiker interessanten) Kosenamen „mother" anspricht, ist für ihn eine „Liebesgöttin" und in jeder Weise überragend, eben „superior". Dass „Mother Superior" auch noch für „Mutter Oberin" steht, kann dem an Mehrdeutigkeiten und Wortspielereien immer interessierten Texter Lennon nur recht sein. Im weiteren Textverlauf setzt er noch eins drauf, was sexuelle Anspielungen angeht, und greift ungeniert in den weiblichen Intimbereich.

"Der Schluss von ‚Happiness Is A Warm Gun' mit Lennons orgiastischem Gebrüll 'When I hold you in my arms. And I feel my finger on your trigger' scheint mir die eindeutigste Anspielung auf das Stimulieren der Klitoris zu sein, die je gesungen wurde." (Woodall 1997).

Lennons „Gebrüll" ist wohl weniger orgiastisch als viel mehr spöttisch zu verstehen. Sein pathetisch angelegter Sprechgesang und das Harmonieklischee der erweiterten Kadenz (C, a-moll, F, G7) darf als ironische Verspottung der schlagerhaften Herz-Schmerz-Balladen der 1950er Jahre ausgelegt werden. Das heißt also: sexuelle Anzüglichkeiten sind zweifellos vorhanden, aber eine Prise Satire darf auch nicht fehlen. Und noch eine Prise von verwirrendem, weil verschlüsseltem Doubletalk macht sich in Lennons Lyrik immer gut.

Und wie steht es um den beharrlich geleugneten Drogenbezug? Die mögliche Heroin-Assoziation muss dem Texter Lennon mit Sicherheit bewusst gewesen sein. „Gun" steht im Fixerjargon für Spritze. Und bei der Formulierung „I need a fix, cause I'm going down" braucht man nicht viel Fantasie, um sich vorzustellen, dass der Fixer einen Schuss braucht, weil es ihm zunehmend dreckig geht. Doch Lennon hat dieser Deutung immer energisch widersprochen.

John Lennon: „‚Happiness Is A Warm Gun' war noch so ein Stück, das nicht im Radio laufen durfte, weil es angeblich vom Drogenschießen handelte. Aber die haben für Schusswaffen geworben und ich fand das so abartig. Deshalb habe ich einen Song daraus gemacht. Mit ‚H' (Heroin) hatte das nichts zu tun." (Beatles Anthology 2000, 306).

Sicher ist, dass John und Yoko in dieser Zeit Heroin nehmen und allmählich drohen, in Abhängigkeit zu geraten – was ein Jahr später im selbstquälerischen „Song Cold Turkey" über den Entzug thematisiert wird. Warum es soweit kommt, darüber kursieren diverse Gerüchte und Aussagen. In ihren extremsten Positionen reicht das von: „die japanische Hexe hat ihn zum Experimentieren mit Heroin verführt", bis: „ohne Yoko wäre John wahrscheinlich der prominenteste Drogentote jener Zeit gewesen."

Und wie verhält es sich mit einer etwaigen Verherrlichung von Gewalt? John Lennon: „George Martin hatte mir das Cover eines Magazins gezeigt, auf dem stand: ‚Glück ist ein warmes Schießeisen'. Ich fand das absolut krank. Ein warmes Schießeisen bedeutet, dass man gerade auf etwas geschossen hat." (Beatles Anthology 2000, 306).

Der Titel des Waffenmagazins lautet in voller Länge „Happiness is a warm gun in your hand" und bezieht sich ironisch auf einen Buchtitel des Peanuts-Zeichners Charles Schulz von 1962 „Happiness is a Warm Puppy". Der Buchautor David Quantick stellt die Frage, wie ein distinguierter Gentleman George Martin in den Besitz eines Magazins für Waffennarren kommt und fragt weiter, warum er dieses Heft John Lennon gegeben habe? Das wäre doch fast so seltsam, als hätte er ihm ein schlüpfriges Herrenmagazin á la „Big Tits" in die Hand gedrückt. Er vermutet mal zu beider Ehrenrettung, dass der Beatles-Produzent ahnt, mit diesem obskuren Slogan John Lennon eine Steilvorlage für einen sarkastischen Song liefern zu können. An Lennons pazifistischer Grundeinstellung gibt es niemals nur den Hauch eines Zweifels. Immer wieder hat er sich für die Ächtung von Waffen und gegen die US-amerikanischen Waffengesetze ausgesprochen.

Paul McCartney: „Es ist schon eine bittere Ironie des Schicksals, dass ausgerechnet John, der unter so tragischen Umständen erschossen wurde, dieses Lied geschrieben hat." (Miles 1998, 617).

Und was haben die unverständlichen Textbilder am Anfang des Songs zu bedeuten? Diese kryptischen Zeilen der ersten Strophe sind natürlich von Experten längst dechiffriert worden. Ob sie das assoziative Ergebnis eines gemeinsamen LSD-Trips von Lennon und Freunden sind, oder auf wahren Begebenheiten beruhen – oder beides – das ist nicht so ganz klar. Derek Taylor, der damalige Pressesprecher der Beatles erinnert sich an die Hintergründe der metaphorischen Bilder. Mit seinen Erzählungen habe er John Lennon die entscheidenden Anregungen gegeben.

Was bedeutet: „She's well acquainted with the touch of the velvet hand"? Derek Taylor: „Ich habe die Geschichte von einem Typen erzählt ... von der Isle of Man. Der machte sich einen Spaß daraus, die Urlauber zu veräppeln. Wir saßen spät abends in der Bar, und dieser Insulaner sagte plötzlich zu uns: ‚Ich trage gerne Satin-Handschuhe. Wisst ihr, das gibt dem so einen extra Kick, wenn ich mit meiner Freundin zugange bin.' Und dann: ‚Ich will nicht in die Details gehen.' Wollten wir auch nicht." (Turner 2002, 157).

Welchen Hintergrund hat die Zeile: „Like a lizard on a window pane"? Derek Taylor: „Für mich stand das für eine ganz schnelle Bewegung. Als wir noch in Los Angeles wohnten, sah man ständig klitzekleine Eidechsen am Fenster hinaufhuschen." (Turner 2002, 157).

Hat die Zeile „The man in the crowd with the multicoloured mirrors on his hobnail boots" einen konkreten Hintergrund? Derek Taylor: „Die Polizei in Manchester hatte einen Typen verhaftet, weil er Spiegel auf seinen Schuhspitzen hatte, so dass er Mädels unter den Rock schauen konnte. Wir dachten, dies sei ein unglaublich mühsamer und verschrobener Weg, sich einen billigen Thrill zu holen. Und so wurden es ‚multicoloured mirrors' und ‚hobnail boots' wegen der Silbenzahl. Dichterische Freiheit." (Turner 2002, 157).

Was hat es auf sich mit der Zeile: „Lying with his eyes while his hands are busy working overtime"? Derek Taylor: „Auch das hatte ich gelesen. Ein Mann in einem Mantel legte stets zwei künstliche Hände auf den Ladentisch, während er unter seinem Mantel Sachen abgriff und sie in einen Beutel an seiner Hüfte stopfte." (Turner 2002, 157).

Was der Zeile „A soap impression of his wife which he ate" zugrunde liegt, kann auch Derek Taylor nicht aufklären. Doch die Bedeutung der Zeile „and donated to the National Trust" kennt er genau: „Die Spende an den ‚National Trust' stammt aus einer Unterhaltung, die wir mal über den Horror geführt hatten, in und um Liverpool spazieren zu gehen, wo die Leute überall hinter Büsche und in alte Bunker geschissen hatten. Das Spenden einer Mahlzeit an den ‚National Trust' (britische Vereinigung zur Erhaltung landschaftlich schöner Gegenden) würde man heutzutage das ‚Hinterlassen von Fäkalien auf öffentlichem Boden im Besitz des National Trust' nennen." (Turner 2002, 157).

Diese verschiedenen Zeitungsmeldungen und Anekdoten fügt John Lennon zu einem surrealen Gemälde aus Worten und Klangfarben zusammen. Wie schon so oft zuvor, geht es ihm auch hier nicht um die Schilderung einer logischen Geschichte oder bedeutsamen Aussage, sondern um den Ausdruck fragmentarischer Impressionen und starker Empfindungen. Den Song-Interpretationen sind kaum Grenzen gesetzt.

Der verstorbene Journalist Ian MacDonald hatte seine eigene Sichtweise: „Der Song erhebt sich aus einer anfänglichen Stimmung tiefer Depression über Ironie, selbstzerstörerische Verzweiflung und geheimnisvoll erneuerte Ernergie zu einem Finale, das in der Qual noch erschöpfte Erfüllung findet. Den Song anzuhören ist schmerzhaft und zugleich fesselnd, und die Verschmelzung aus Sarkasmus und Aufrichtigkeit bleibt bis zum letzten Nachschlag am Schluss unauslöslich." (MacDonald 2003, 338, 339).

John Lennon hielt „Happiness Is A Warm Gun" für einen seiner besten Songs. Paul und George sollen den Song als ihr Lieblingsstück des Albums bezeichnet haben.

Die Nadel des Plattenspielers läuft in die Auslaufrille. Die erste Plattenseite des Weißen Albums ist zu Ende gegangen mit einem wegweisenden Ausnahme-Song, der Maßstäbe setzt. Was kann danach noch kommen?

Trivia

Wenn man genau hinhört, bemerkt man am Ende des Instrumentalparts bei 0:57 einen Klangrest des Wort „down". Ursprünglich liegt über dieser Gitarrenpassage John Lennons Gesang von „I need a fix ..." bis „... going down". Dann entschließt man sich den Gitarren-Riff alleine stehen zu lassen und löscht den Gesang – bis auf den kleinen hörbaren Rest.

In einem Internet-Blog ist zu lesen „Happiness Is A Warm Gun" sei ein prophetischer Song über das Schicksal des heronabhängigen Selbstmörders Kurt Cobain.

Memorabilia

In der ersten Demo-Fassung des Songs fügt John Lennon nach der Zeile „Mother Superior jump the gun" ein kleines Zwischenspiel ein, in dem er singt: „Yoko O-no-no, Yoko O-no-yes" – nachzuhören im Doppelalbum „Anthology 3".

Unter dem Titel „Happiness Is A Warm Gun" dreht der Schweizer Filmemacher Thomas Imbach 2001 einen Dokumentarfilm über das tragische Liebespaar Petra Kelly und Gerd Bastian, beide Ikonen der Friedens- und Ökologiebewegung in Deutschland.

Michael Moore verwendet den Song „Happiness Is A Warm Gun" 2002 in seiner satirischen Filmdokumentation "Bowling For Columbine" über die US-Waffenlobby und den Waffenhandel, ausgehend vom Schulmassaker an der Columbine High School in Littleton 1999.

Im Oktober 2007 kommt der Film „Across The Universe" von Julie Taymor in die amerikanischen Kinos. Die Filmmusik enthält 33 Beatles-Songs, darunter auch „Happiness Is A Warm Gun", gesungen von verwundeten Vietnam-

Gls. Die britische Band Radiohead lässt sich von „Happiness Is A Warm Gun" inspirieren, den ähnlich aus verschiedenen Themen aufgebauten Song „Paranoid Android" für ihr Album „OK Computer" zu produzieren.

Coverversionen/Interpretationen (Auswahl wichtiger Künstler)
U2 (Single „Last Night On Earth", 1997). The Breeders (Album „Pod", 1990 und Sampler „Instant Karma 2002 – a Tribute to John Lennon"). Tory Amos (Album „Strange Little Girls", 2001). Phish (Album „Live Phish Volume 13", 2002). Anders Osborne (Sampler „The Blues White Album", 2002). Jim Basnight (Sampler „It Was 40 Years Ago Today – Tribute To The Beatles", 2004). Charlie Wood (Sampler „Memphis Meets The Beatles, Fried Glass Onions, Vol. 1", Januar 2005). Joe Anderson (Sampler „Across The Universe", Oktober 2007). Aidan Smith (Sampler „Mojo's White Album Recovered", September 2008).

Persönliche Bemerkung
Diese rhythmisch verzwirbelte Herausforderung war dann doch eine Nummer zu verdrechselt für uns Amateurmusiker. Mal hat der Schlagzeuger gepennt, mal der Gitarrist den Einsatz verpasst, mal verzählte sich der Bassist. Und Charly? „Ich nehm doch nicht extra Nachhilfe in Mathe, um diesen Dreisatz mit vier Unbekannten zu lösen, so weit geht die Liebe zu den Beatles denn auch wieder nicht. Aber, wie war das noch mal? Erst bis 9, und dann bis 10 zählen, oder was?"

Uns andere machte der Song eher sprachlos. Mit offenem Mund starrten wir auf den kleinen Lautsprecher des mickrigen Tonbandgerätes, mit dem Charly den Song aufgenommen hatte und ständig sagte einer: „Stop, fahr noch mal zurück, hast du das eben gehört, das war doch irre." Und wie ihm geheißen, spulte Charly zurück; wir starrten und lauschten und zogen den Hut.

LP 1 B-Seite
MARTHA MY DEAR

Fakten
Autorenangabe: Lennon / McCartney, tatsächlich geschrieben von: Paul McCartney. Schnitt: LP 1 B/1 (201) CD1 0(0) Laufzeit/Spieldauer: 2'26 Besetzung/Instrumentierung: Paul McCartney (Hauptgesangsstimme, Bassgitarre, Piano, Sologitarre, Schlagzeug, Händeklatschen), Bernhard Miller (Geige), Lou Sofier (Geige), Leo Birnbaum (Bratsche), Henry Myerscough (Bratsche), Frederick Alexander (Cello), Reginald Kilbey (Cello), Leon Calvert (Trompete, Flügelhorn, Ronny Hughes (Trompete), Stanley Raynolds (Trompete),

Tony Tunstall (Waldhorn), Ted Parker (Posaune), Alf Reece (Tuba). Aufnahmedaten: 04. und 05. Oktober 1968, Trident Studios.
Produzent: George Martin, Aufnahmetechniker: Barry Sheffield.
Anzahl der Aufnahmen: 1, letztlich veröffentlicht (mit Overdubs): Take 1.

Tonart: Es-Dur
Akkorde: Intro und Strophe / Es / D^7 g-moll F / C^7 / F / F / B / $As^{6/9}$ / B^7 / As^6 / B^7 / As / B^7 /
Mittelteil 1 (Hold your head up) / d-moll / g-moll^7 / F^6 / C^7 / g-moll / C^7 A / d-moll / d-moll^7 / g-moll^7 /
Mittelteil 2 (Take a good look) / d-moll / G^9 / C^{11} / B^{7+} / g-moll^7 / d-moll^7 / g-moll^7 / Coda / B^7 / Es B Es /
(Angegeben sind nur die Akkordwechsel, nicht aber die tatsächliche Taktzahl).

Textübersetzung
Martha, meine Liebe

Martha, meine Liebe, auch wenn ich meine Tage mit Reden verbringe / bitte, erinnere dich an mich / Martha, meine Geliebte, vergiss mich nicht / Martha, meine Liebe / Halte den Kopf hoch du dummes Mädchen, schau, was du getan hast / Wenn du mitten im Schlamassel steckst / Hilf dir selbst mithilfe dessen, was um dich herum ist / Dummes Ding / Schau dich gut um / Schau dich gut um, dann musst du einfach sehen / dass wir, du und ich, füreinander bestimmt sind / Dummes Mädchen / Halte deine Pfoten hoch, dummes Mädchen, schau, was du getan hast / Wenn du mitten im Schlamassel steckst / Hilf dir selbst mithilfe dessen, was um dich herum ist / Dummes Ding / Martha, meine Liebe, du warst immer eine Inspiration für mich / Bitte, sei gut zu mir, Martha, meine Geliebte / Vergiss mich nicht, Martha, meine Liebe.

Die Musik
Fröhlich aber belanglos? Ein musikalisches Kabinettstückchen, aber ohne Seele? – So jedenfalls wurde Kritik geäußert. Aber schauen wir uns die Komposition und Aufnahme mal genauer an. Das Klavier-Intro ist hübsch und nichts für zwei linke Hände. Beide Hände haben voll zu tun, denn die Melodie- und Bassläufe sind teilweise gegenläufig und für einen ungeübten Pianisten eine echte Herausforderung.

Paul McCartney: „Als ich mir das Klavierspielen beibrachte, wollte ich herausfinden, wie weit ich es damit bringen konnte. ‚Martha My Dear' begann zunächst als ein Stück, wie man es vielleicht in der Klavierstunde lernen würde. Ich kann es nur mit äußerster Konzentration spielen, denn man muss dazu beide Hände (asynchron) einsetzen. ... Eigentlich reichen meine technischen

Fertigkeiten nicht dafür aus, aber ich habe es in genau dieser Form geschrieben – als ein Stück, das im Grunde zu anspruchsvoll für mich ist." (Miles 1998, 619).

Nicht wie eine langweilige Klavieretüde schlurft die Introfigur durch die ersten Takte, sondern tänzelt munter und springlebendig durch luftige Läufe, über vier Sechzehntel-Anschläge eines bittersüßen Akkordes (As-Dur mit Sexte und None) und durch einen unsymmetrischen aber völlig logisch klingenden Takteinschub, und entfaltet eine ausgesprochen unbeschwerte Melodie – harmonisch auskomponiert mit vielen kleinen Akkord-Finessen. Auch die Wiederholung des Themas, jetzt von Pauls Gesang getragen und von einem feinen Streicherarrangement unterstützt, läuft scheinbar brav durch die erste Strophe. Erst beim genaueren Hinhören und Mitzählen stellt man überascht fest, der Binnenrhythmus hat's in sich. Da muss irgendwo ein rhythmischer Trick eingebaut sein.

Also noch mal mitzählen: 1-2-3-4, 1-2-3-4, äh – was ist jetzt? – Huch, nach der Silbe „säij" (phonetisch notiert) mitten im Wort „conversation" verschwindet plötzlich die „1". Wo isse hin? Das gibt's doch nicht. Nochmal zählen, jetzt doppelt so schnell im Achtelrhythmus. Und da wird's klar: Im vierten Takt muss man bis 6 zählen, dann stimmt's wieder. Da hat der Herr Komponist mal kurz einen cleveren Überraschungstakt eingebaut. Vielleicht weil ein paar Tage zuvor John Lennons rhythmisch genial vertrackter Song „Happiness Is A Warm Gun" so toll aufgenommen wurde – was sowohl das Studiotechnische als auch die allgemeine Zustimmung anging? Wollte Komponist Paul McCartney hier – mal mehr im Detail versteckt – beweisen, dass er so etwas auch drauf hat?

Ein Auftritt für Balu?

Die tiefen Tuba-Töne, die mit der Zeile „Hold your head up" einsetzen, klingen, als würde ein tapsiger Bär aus dem Dschungelbuch auf das „silly girl" zustapfen, um ihm Mut zuzusprechen. Sehr nett, wie der Tuba-„Bär" erst auf die Eins und die Drei voranstapft und dann plötzlich einen kleinen vorgezogenen Hopser macht bei der Textstelle „When you ...". Und immer noch kein Schlagzeug, kein Bass, keine Gitarre zu hören. Das ändert sich aber schlagartig ab dem Mittelteil, der mit „Take a good look ..." beginnt. Da rockt's locker los. Der Rest ist Variation und Wiederholung, offeriert aber auch neue Reize: den Tonartwechsel, eine Hörnerfanfare und einen immer stärker sich in den Vordergrund spielenden Bass – souverän und einfallsreich. All das ist sehr beeindruckend, klingt aber dennoch merkwürdigerweise so ein wenig nach perfekt gemachter Routine. Das ganz Besondere an dieser Aufnahme ist: Paul McCartney hat alles selbst eingespielt, ohne auch die kleinste Hilfe der anderen in Anspruch zu nehmen. Sogar das Arrangement der Streicher und Bläser hat er den Studiomusikern Note für Note vorgesungen und vorgespielt (denn er war damals kein Notist, konnte weder Noten lesen noch schreiben). Das heißt: auch Produzent George Martin, der ansonsten alle Orchesterarrangements schreibt, bleibt hier arbeitslos. (Es gibt allerdings auch Quellen, die George Martin als Urheber des Bläser- und Streicherarrangements angeben (Mojo 2008, 87).

Was hat das zu bedeuten, dass ein Beatles-Stück, das wie ein Zusammenspiel der kompletten Band klingt und mit aufwändiger Instrumentierung arrangiert ist, im absoluten Alleingang von Paul McCartney produziert wird?

Kommentare, Meinungen, Deutungen

Wer ist Martha? Geht es um Pauls geliebte englische Hirtenhündin Martha, oder um eine zweibeinige Geliebte – verflossen oder zukünftig – oder gar um eine abstrakte Muse? Oder ist der Text ganz einfach etwas wirr? Es gibt Fans, die behaupten steif und fest, der Text handele von Jane Asher, Pauls langjähriger Freundin, die am 20. Juli die Verlobung löst. Der Trennungsgrund soll neben einer kurzzeitigen Affäre (bei der Jane ihren Paul inflagranti erwischt) die sich anbahnende Beziehung zu Linda gewesen sein. Linda Eastman lebt damals noch in New York und trifft Ende September in London ein, um mit Paul künftig zusammenzuleben.

In den Wochen und Monaten zuvor sind viele Telefonate zwischen London und New York geführt worden. So würde der Text Sinn machen: „Martha (Jane) my dear, though I spend my days in conversation, please remember me, don't forget me". Auch die Zeile "Hold your head up you silly girl", könnte noch durchgehen als Aufmunterung für Jane, nachdem die Beziehung traurigerweise zu Ende ging, obwohl die beiden doch für einander bestimmt waren – wie es später heißt. Aber, Moment mal. Die Ex-Verlobte, die man zwar gerade geschasst hat, allerdings noch immer angeblich liebt, mit „silly girl" anzumachen, das wäre nicht die feine englische Art, für die Paul doch eigentlich bekannt ist (anders als John). Nein, Jane kann nicht gemeint sein. Warum? Die vorwurfsvoll strafende Vorhaltung „See what you've done", kann sich eigentlich – das will man doch hoffen – nur an einen Hund richten, der, beispielsweise, gerade dem Nachbarn auf den englischen Rasen geschissen hat, oder tollpatschig die chinesische Vase aus der Dingdong-Dynastie umschmiss, und jetzt vom erbosten Herrchen mit der Nase in den Kack- respektive Scherbenhaufen gestubst wird.

Paul McCartney: „Der Gedanke, dass es an ein Mädchen namens Martha gerichtet ist, liegt natürlich nahe, aber in Wirklichkeit ist Martha eine Hündin, und ich schwöre, meine Beziehung zu ihr ist eine rein platonische gewesen." (Miles 1998, 619).

Trivia

„Der Song ist über mich geschrieben, ich habe Paul zwar nie getroffen, und er hat den Song komponiert, lange bevor ich geboren wurde, aber trotzdem bin ich fest davon überzeugt, dass ich gemeint bin." (Martha Agnus, USA - Eintrag im Web-Blog songfacts.com).

Coverversionen/Interpretationen (Auswahl)

Slade (Album „Beginnings", 1969). Phish (Album „Live Phish Volume 13", 2002). The Beale Street Soncopaters (Sampler „Memphis Meets The Beatles, Fried Glass Onions, Vol. 2", Dezember 2005). Fool's Garden (Album „Go And Ask Peggy For The Principal Thing", 1997 und Sampler „All Together Now – Beatles-Songs by Superstars, Beatles-Platz Hamburg", 2006). Will Taylor and Strings Attached (Album „The White Album Live", 2006). Vashti Bunyan & Max Richter (Sampler „Mojo's White Album Recovered", September 2008).

Persönliche Bemerkung

„Das ist der Unterschied", sagt Charly. „John schreibt über ein Walross, einen totgeschossenen Tiger oder über Eidechsen an der Fensterscheibe. Und Paul dagegen singt über seinen Wau-Wau. Aber zum Glück haut der immer mal wieder ein fröhliches kleines Liedchen raus – nur so zum Vergnügen. Gäb's nur diesen düsteren Wahnwitz des Herrn Dr. Psycho Lennon würde man ja depressiv." Charlys Meinung war in unserer Band nicht mehrheitsfähig. „Martha My Dear" hätte nie einer von uns vorgeschlagen, ins Band-Repertoire aufzunehmen. Aber den nächsten Song auf der Platte, den wollte jeder spielen.

I'M SO TIRED

Fakten

Autorenangabe: Lennon / McCartney, tatsächlich geschrieben von: John Lennon. Schnitt: LP 1 B/2 (202) CD1 010 Laufzeit/Spieldauer: 2'03.
Besetzung/Instrumentierung: John Lennon (Hauptgesangsstimme, Sologitarre, akustische Gitarre, Orgel), Paul McCartney (Bassgitarre, E-Piano, Chorgesang), George Harrison (Sologitarre, Rhythmusgitarre, Chorgesang), Ringo Starr (Schlagzeug). Aufnahmedaten: 08. Oktober 1968, Abbey Road Studio 2.
Produzent: George Martin, Aufnahmetechniker: Ken Scott.
Anzahl der Aufnahmen: 14, letztlich veröffentlicht (mit Overdubs): Take 14.

> Tonart: A-Dur
> Akkorde: Strophe / A Gis / D E^7 / A fis-moll / D^6 E^7 / A E^+ / fis-moll d-moll /

Refrain / A / E / D / A / Coda / D / A / D / A /

Textübersetzung

Ich bin so müde

Ich bin so müde, habe kein Auge zu getan / Ich bin so müde, mein Kopf ist im Eimer / Soll ich aufstehen und etwas trinken? / Nein, lieber nicht / Ich bin so müde, weiß nicht, was ich tun soll / Ich bin so müde und meine Gedanken kreisen um dich / Ich frag mich, ob ich dich anrufen sollte / Aber ich weiß schon, was du tun würdest / Du würdest sagen, ich hätte dich angemacht / Aber das ist kein Witz, das macht mir zu schaffen / Ich kann nicht schlafen, kann meinen Kopf nicht ausschalten / Das geht jetzt schon drei Wochen so, ich dreh noch durch / Ich würde dir alles geben, was ich habe / nur für ein bisschen Seelenfrieden / Ich bin so müde, fühle mich so daneben / Doch obwohl ich so müde bin, zünde ich mir noch eine Kippe an / Und verfluche Sir Walter Raleigh / Er war ein total borniter Schwachkopf.

Die Musik

Mir einem leichten Gähnen quittiert man den etwas müden Einstieg in den Song. Dieser stereotype Bass-Auftakt verheißt nicht gerade originelle musikalische Entdeckungen. Ein somnambuler Lennon, dessen Gesang sich wie in Zeitlupe durch die erste Strophe bewegt, scheint zu wach zu sein, um einschlafen zu können und zu müde, um aufzustehen und sich einen Drink zu genehmigen.

Doch plötzlich steht er senkrecht im Bett und schreit sich seinen Frust aus dem tranigen Hals. Er hat eine Schuldige gefunden, die er für seine Schlaflosigkeit verantwortlich machen kann, weil sie seine Gedanken okkupiert hat. Ist „sie" seine Ehefrau, die er verlassen möchte, oder die Neue, nach der er sich sehnt? Auf jeden Fall rockt der zuvor wie von Trance-Nebeln umwaberte Lennon plötzlich mit Wucht und Schärfe, steigert sich in den Hilferuf, er würde ihr alles geben, für ein wenig Seelenfrieden – und tritt im nächsten Moment auf die Bremse. Totalstopp und 1.1/2 Sekunden lang gespentische Ruhe.

Dann beginnt das nervenzehrende Spiel von vorn: er kann immer noch nicht schlafen, ärgert sich erneut, lässt seine Wut diesmal an einem gewissen Sir Walter Raleigh aus und wiederholt seine flehentliche Bitte nach etwas Seelenfrieden. Die Band spielt diesen Wechsel von müder Wachheit und rockender Angriffslust – die sich allerdings aus dem Zustand von Erschöpfung und lethargischer Schlappheit herausquält – unspektakulär aber effektiv. Die Trägheit und gleichzeitige Anspannung, die zum explosionsartigen Wut- und Verzweiflungsausbruch führen kann, ist ständig präsent – in allen instrumentalen Beiträgen des sehr homogen arbeitenden Quartetts. Und John Lennon singt all diese verschiedenen Gefühlsabstufungen hervorragend – sowohl was die Vokaltechnik als auch die Ausdruckskraft und Authentizität angeht. Kein Wunder – Schlafen, das war immer sein Thema – in allen Varianten.

Die Klappsmühle wurde gestrichen

Die Demo-Aufname des in Rishikesh entstandenen Songs, eingespielt in George Harrisons Kilfaun-Anwesen, enthält einen zusätzlichen Sprechgesang-Mittelteil, der fast identisch ist mit dem spöttischen Doo Wop-Zitat aus der Endfassung von „Happiness Is A Warm Gun". Lennon singt und spricht im Demo von „I'm So Tired" eine veralberte Textvariante: „When I hold you in your (!) arms / When you show each one of your charms / I wonder should I get up and go to the funny farm – no, no, no." („Wenn ich dich in deinen (sic!) Armen halte / wenn du jeden einzelnen deiner Reize zeigst / überlege ich, ob ich aufstehen und in die Klapsmühle gehen soll – nein, nein, nein!").

Kommentare, Meinungen, Deutungen

Warum ist John Lennon so oft müde? Hat er sich nicht schon im Album „Revolver" als Schlafmütze geoutet? Ist das nun Teil zwei von „I'm Only Sleeping"? Und wer bitte ist Sir Walter Raleigh? – Und warum wird er von Lennon als „total borniertes Schwachkopf" beschimpft? Immerhin wird dem Spross altenglischen Adels doch ein pfiffiger Spruch als famous last words in den Mund gelegt: „Wenn das Herz am rechten Fleck ist, spielt es keine Rolle, wo der Kopf ist." – das sollen die letzten Worte von Walter Raleigh gewesen sein, vor seiner Enthauptung am 29. Oktober 1618. Fragt sich nur, was dieser Ausflug ins altenglische Empire mit dem eigentlichen Thema des Songs zu tun hat, der extrem Müdigkeit und Schlaflosigkeit des Songschreibers im Frühjahr '68?

Und warum war er so wütend auf diesen ehrenwerten, hochwohlgeborenen „Schwachkopf"? Vielleicht weil der bei Hofe letztlich in Ungnade gefallene Raleigh den Tabak nach England gebracht hat und somit letzlich der Schuldige ist an Lennons Raucherei? Und weil es bei anhaltender Schlaflosigkeit keine gute Idee ist, auch noch die Inhaltsstoffe eines Tabak-Glimmstengels voller aufputschendem Nikotin zu inhalieren. Aber was kann Sir Walter Raleigh für die Nikotin-Sucht eines psychisch ramponierten Sängers?

Paul McCartney: „‚I'm So Tired' ist Johns Kommentar zum Stand der Dinge, ein Kommentar, der für ihn typisch war. Es gibt darin die Zeile ‚And curse Sir Walter Raleigh, he was such a stupid git'. Das ist eine klassische John Lennon-Zeile. Niemand außer ihm wäre auf die Idee gekommen, Walter Raleigh als blöden Trottel zu verfluchen. Es steht außer Frage, dass dieser Song auf Johns Konto geht. Ich denke, er ist zu hundert Prozent sein Baby. Müde zu sein, das war eines seiner großen Themen. ... Ich denke wir waren damals alle ziemlich müde, aber er war derjenige, der darüber einen Song schrieb." (Miles: 1998, 517).

Waren es noch die Nachwirkungen des Jetlag, warum er im Ashram nicht schlafen kann? Eher unwahrscheinlich, wenn die Schlafprobleme nach der dritten Woche in Rishikesh sogar noch zunehmen. Dann ist der Grund doch eher die Gemengelage aus der aufrüttelnden neuen Meditationserfahrung, dem ständigen Kopfkino, in dem Yoko Ono die Hauptrolle spielt und der inneren Unruhe, ob und wie er seine Ehe beenden könne, gepaart mit dem schlechten Gewissen seiner Frau und seinem Sohn Julian gegenüber. Das dürfte reichen als Ursache für schlaflose Nächte. Zudem ist das Leben im Ashram drogen- und alkoholfrei, was zur Folge hat, dass nichts zur Benebelung der Sinne verfügbar ist und alles, was an Gedanken, Erkenntnissen und Ängsten im Kopf auftaucht nicht durch die üblichen Hilfsmittel zu vertreiben ist. Kein Wunder, dass Lennons Reaktionen zwischen Wut („I can't sleep"), Verzweiflung („I'm going insane") und Flehen („for a little peace of mind") hin und her kippen.

Ganz am Schluss ist Lennons berühmtes unverstandliches Murmeln zu hören, das wilde Spekulationen auslöste, was es bedeuten könne. Die Verfechter der Paul-ist-tot-Paranoia führen dieses Gemurmel als Beleg an für die Richtigkeit ihrer These. Denn rückwärts abgespielt würde man Lennon sagen hören: „Paul is dead, miss him, miss him." Was man aber tatsächlich hört, ist rückwärtslaufendes, unverständliches Gemurmel.

Trivia
Ganz am Schluss des Songs, nach Lennons Murmeln und unmittelbar bevor Pauls Gitarre mit „Blackbird" beginnt, ist für einen winzigen Moment eine hohe Stimme zu hören, die Experten als Yoko Onos Organ erkannt haben wollen.

Coverversionen/Interpretationen (Auswahl)
Alex Chilton (Sampler „Words & Music by John Lennon and Paul McCartney, 1993, p 1980). Phish (Album „Live Phish Volume 13", 2002). Chris Duarte (Sampler „The Blues White Album", 2002). Kashmir (Sampler „Celebrating The Eggman – A Tribute to John Lennon", Februar 2007). Phil Campbell (Sampler „Mojo's White Album Recovered", September 2008).

Persönliche Bemerkung
Nicht als Schlaflied geeignet für Menschen, die an Agrypnie leiden. Eigentlich überhaupt nicht als Schlaflied zu empfehlen. Schließlich fährt der übermüdete Lennon nach 37 Sekunden plötzlich wie aus einem Albtraum hoch und fängt das Schreien an. Kein Wunder, dass er nicht schlafen kann.

Freund Charly schwört Stein und Bein, dass Lennon gleich zu Beginn seines anonsten unverständlichen Murmelns ganz klar hörbar brummelt: „Mist un' Blödsinn!" Ach Charly, warum sollte John Lennon plötzlich deutsch reden und wie sollte er das überhaupt können? – „Erstens ist John alles zuzutrauen, und zweitens hat er in Hamburg auf der Reeperbahn einige Brocken Deutsch gelernt. Hör's dir doch an. Er sagt ganz eindeutig: „Mist un' Blödsinn'." Beweis gefällig? Selber anhören: http://www.jeffmilner.com/backmasking.htm

BLACKBIRD

Fakten

Autorenangabe: Lennon / McCartney, tatsächlich geschrieben von: Paul McCartney. Schnitt: LP 1 B/3 (203) CD1 011 Laufzeit/Spieldauer: 2'11.
Besetzung/Instrumentierung: Paul McCartney (Gesang, akustische Gitarre).
Aufnahmedaten: 11. Juni 1968, Abbey Road Studio 2.
Produzent: George Martin, Aufnahmetechniker: Geoff Emerick.
Anzahl der Aufnahmen: 32, letztlich veröffentlicht (mit Overdubs): Take 32.

> Tonart: G-Dur
> Akkorde:
> Intro G a-moll^7 G/b G (im 10. Bund gegriffen)
> Strophe G a-moll^7 G/b G (im 10. Bund) C A^7/cis D^7 Dis° e-moll
> Dis^{+5} (e-moll^{7+}) D A^7/cis C c-moll G$^{/b}$ A^7 D^{7sus4}/$_a$ G
> Refrain F C/e d-moll C B^6 C / F C/e d-moll C B^6 A^7
> d-moll D^{7sus4}/a G

Textübersetzung
Amsel

Die Amsel singt in der Morgendämmerung / Nimm die gebrochenen Flügel und lerne zu fliegen / Dein ganzes Leben / hast du nur darauf gewartet, dass dieser Moment kommt / Die Amsel singt in der Morgendämmerung / Öffne die blinden Augen und lerne zu sehen / Dein ganzes Leben / hast du auf diesen Augenblick gewartet, frei zu sein / Flieg, Amsel, flieg / In das Licht der tiefschwarzen Nacht / Die Amsel singt in der Morgendämmerung / Nimm die gebrochenen Flügel und lerne zu fliegen / Dein ganzes Leben / hast du nur darauf gewartet, dass dieser Moment eintritt.

Die Musik

Chapeau! Auch Gitarre spielen kann er richtig gut. Aber die Komposition klingt nach Johann Sebastian McCartney. In einem Interview des Jahres 2006 sagt Paul McCartney, Johann Sebastian Bachs „Borée in e-moll" habe ihn zu seinem Gitarrenthema inspiriert. Schon in jungen Jahren hätten er und George Harrison den bekannten 5. Satz aus Bachs „Suite in e-moll für Laute" einstudiert, um damit vor anderen Gitarristen, Freundinnen etc. Eindruck machen zu können. Für das gleichzeitige Anschlagen der Bass- und Melodietöne auf den tiefen und hohen Saiten bedarf es schon einiger gitarristischer Fingerfertigkeiten. Paul McCartney: „George und ich haben das Stück schon sehr früh zu spielen gelernt – er übrigens sehr viel besser als ich. Zur Struktur dieses Stücks gehört eine besondere harmonische Verknüpfung zwischen Melodie und Bassbegleitung, was mich von Anfang an faszinierte. Bach war schon immer einer unserer Lieblingskomponisten gewesen; wir fanden, dass wir viel mit ihm gemeinsam hatten. ... Uns gefielen auch die Geschichten, die wir über ihn hörten, etwa die, dass er sich als Kirchenorganist wöchentlich eine Komposition aus dem Kreuz leierte, denn im Grunde machten wir ja nichts anderes." (Miles 1998, 602).

Die gitarristische Grundstruktur ist im indischen Rishikesh entstanden, wahrscheinlich angeregt durch Donovans folkorientierte Finger-picking-Spielweise, die vor allem bei John Lennon aber auch bei Paul großes Interesse weckte. Ausgearbeitet habe Paul den Song auf seiner Farm in Schottland; die Textidee sei ihm gekommen, als er von einer Amsel aufgeweckt wurde, die kurz nach Sonnenaufgang vor seinem Fenster losträllerte. (siehe MacDonald 2003, 309).

Ein gitarristisches Kabinettstück des Linkshänders Paul

Die metrische Struktur der Gitarrenkomposition klingt sehr einfach und flüssig, weist aber tatsächlich unregelmäßige Takt-Wechsel von 3/4, 4/4 und 2/4 auf. With a little help from his friend Johann Sebastian ist Paul eine ausgesprochen hübsche Melodie gelungen. Und nicht minder gut gelungen ist die harmonisch differenzierte Ausdeutung durch Fingersätze, die sich in Viertelnoten-Schritten ständig variieren und sozusagen die gesamte Wegstrecke des Gitarrengriffbretts durchwandern. Sehr hübsch klingt es zum Beispiel, wie die beiden lang angehaltenen Melodietöne des Refrains „Blackbird fly", von der (nahezu) chromatisch absteigenden Gitarrenfigur begleitet werden, so als würde die abwärts laufende Gitarrenmelodie die Schwierigkeit beschreiben, mit gebrochenen Flügeln losfliegen zu können. Doch bei der Gesangzeile „into the light of the dark black night" steigt die Gitarrenfigur auf, schwingt sich hoch in die Oktave und lässt die Amsel in die Nacht hinausfliegen.

Die Amsel, die Gitarre, die Stimme und zwei Füsse

Manchmal braucht ein großartiger Song nicht mehr als eine Gitarre, eine Stimme und natürlich eine gute Komposition. In diesem Fall gesellt sich noch das rhythmische Tappen von Pauls Füßen hinzu und eine Amsel aus dem Geräuscharchiv der Abbey Road Studios. Sie habe ihre Sache gut gemacht – die Amsel – hat Paul McCartney später bekundet. „Blackbird" ist ein weiterer Beatles-Song, bei dem Paul McCartney keinen weiteren Beatle brauchte, wahrscheinlich auch nicht dabeihaben wollte.

Kommentare, Meinungen, Deutungen

War's die Lerche oder die Nachtigall? Nein, wir wissen's doch längst, die Amsel war's. Oder ist eine schwarze Bürgerrechtlerin gemeint? Hinter der Naturmetapher von einem schwarzen Vogel mit gebrochenen Flügeln, der in der Morgendämmerung singt, wird von vielen Leuten, die sich von dem Song angesprochen fühlen und sich mit seiner Botschaft beschäftigen, auch eine zweite Bedeutungsebene vermutet. Könnte der Text auch als eine Art poetischer Solidaritätsadresse an die schwarze Bürgerrechtsbewegung der USA verstanden werden? Der Buchautor David Quantick weist darauf hin, dass „Blackbird" ein Schlüsselbegriff in der schwarzen Literatur jener Zeit gewesen sei und dass ein Musical mit dem Titel „Fly Blackbird Fly" zu Ehren von Martin Luther King aufgeführt wurde. (Quantick 2002, 107).

Paul McCartney: "Ich dachte dabei weniger an einen Vogel, sondern stellte mir eher eine schwarze Frau vor. Es war die Zeit der Bürgerrechtsbewegung, und deren Ziele lagen uns wirklich am Herzen. In ‚Blackbird' wende ich mich also eigentlich an eine schwarze Frau in den USA, die ständig mit dieser Diskriminierung konfrontiert ist: ‚Ich möchte dir Mut machen. Lass dich nicht unterkriegen. Schau nach vorn. Es gibt Hoffnung.'" (Miles 1998, 602).

Für diese Deutung gäbe es, abgesehen von McCartneys Aussage, „keinerlei stützende Beweise", entgegnet der Autor des Beatles-Songlexikons Ian MacDonald. Die „vorherrschende Stimmung des Songs", die „sanft und romantisch" angelegt sei, widerspreche der Vorstellung, der Song könne eine Metapher für den Kampf der schwarzen Bürgerrechtler Amerikas sein. (siehe MacDonald 2003, 310).

Und auch der Kritiker David Quantick ist skeptisch und äußert Zweifel, ob all das, was die Beatles viele Jahre später über die Bedeutung ihrer eigenen Songs gesagt haben, auch wirklich dem entspricht, was sie damals dachten, fühlten und in ihren Songs zum Ausdruck bringen wollten. Oder ob nicht ihre eigene Erinnerung im Laufe der Jahre und aufgrund der vielen Kommentare vielleicht etwas beeinflusst wurde, speziell von den komplexeren Deutungen und attraktiv klingenden Interpretationen der vielen Text-Exegeten in den Feuilleton-Redaktionen namhafter Zeitschriften und Verlage. Wie dem auch sei, viele Menschen verstehen „Blackbird" damals als Ermutigung, und beziehen Hoffnung und Kraft aus diesem romantischen und wunderschönen Gitarrensong.

An einem warmen Sommerabend 1968 überrascht Paul die meist weiblichen Fans, die immer vor seiner Haustüre ausharren, um irgendetwas von ihrem Idol zu erhaschen, mit einem kurzen Privatkonzert. Mit seiner Gitarre setzt er sich ans offene Fenster seines Musikzimmers im obersten Stock seines Hauses und spielt zur großen Freude seiner Fans „Blackbird". „You were only waiting for this moment to arise." – Es soll ein magischer Moment gewesen sein.

Memorabilia

Paul Mc Cartneys Sammlung von Gedichten und Songs aus den Jahren 1965 bis 1999, als Buch 2001 veröffentlicht, trägt den Titel „Blackbird Singing".

Von keinem anderen Beatles-Song gibt es dermaßen viele Gitarristen-Demonstrations-Videos auf YouTube wie von „Blackbird".

Trivia

Ornithologen haben behauptet, die eingeblendeten Vogelstimmen stammten nicht von einer Amsel, sondern von einer Drossel. Außerdem würden auch noch Spatzen und Finken mitmischen. Und ein Specht würde sich auch anders anhören. Das angesprochene Klopfen ist allerdings Pauls rhythmische Schuhsohle. Und das leise Tirilieren von Spatzen und Finken hat sich auf dem Band verewigt, weil der Song auf Pauls Wunsch im Freien, unmittelbar vor dem Studioausgang, aufgenommen wurde – und an diesem warmen Sommerabend sang Paul eben nicht alleine.

Verschiedentlich ist zu lesen, die Klopfgeräusche in der Aufnahme, die den Takt angeben, seien von einem Metronom verursacht, oder gar durch Kratzer-Markierungen, die in die Mastermatritze eingeritzt worden seien. Humbug. In der Anthology-DVD kann man Pauls rhythmisch bewegte Füße in Großeinstellung sehen – und kann das Geräusch hören, dass seine schicken Schuhe, abwechselnd mal der rechte, mal der linke, hervorrufen.

Coverversionen/Interpretationen (Auswahl)

Jaco Pastorius (Album: „Word Of Mouth", 1981). Crosby, Stills & Nash (Album „Allies", 1983). Bobby McFerrin (Album „The Voice", 1984). Billy Preston (Album „Music Is My Life", 1972; Sampler „Lennon & McCartney Songbook Vol. 2", 1990). Kresten Korsbaek (Album „Beatles for Classical Guitar", 1986). Marillion (Album „Live At The Walls", 1998). Mike Batt, Justin Hayward (Sampler „All You Need is Covers", 2001). Sarah McLachlan (Soundtrack-Sampler „I am Sam", 2001). Julian Lennon (Charity-Album „Women Against Cancer – Linda McCartney", 2001). La Fragua (Album „De Los Andes A Los Beatles", 2001). Joe Sachse, Ernst Bier (Album „Helter Skelter – Beatles Forever", 2002). Colin Linden (Sampler „The Blues White Album", 2002). Paul McCartney (Live-Album „Back In The World", März 2003). Maria Joao & Mário Laginha (Album „Undercovers", März 2003). Jackie Johnson (Sampler „Memphis Meets The Beatles, Fried Glass Onions, Vol. 1", Januar 2005). Stephen Bennett (Album „Beatles Acoustic Guitar Solos", Juli 2005). Evan Rachel Wood (Sampler „Across The Universe", Oktober 2007). Julie Fowlis (Sampler „Mojo's White Album Recovered", September 2008).

Persönliche Bemerkung

„Blackbird" ist Pauls allerschönstes Gitarrenlied ever. Aber Freund Charly unkte: „Ich brauch keine Lieder über Amsel, Drossel, Fink und Meise, und die ganze Vogelsch...". Seine Abneigung war leicht zu durchschauen. Er hatte versucht, den Song nachzuspielen, bekam es aber nur äußerst stümperhaft hin – oder zutreffender gesagt: überhaupt nicht.

PIGGIES

Fakten

Autor: George Harrison. Schnitt: LP 1 B/4 (204) CD1 012 Laufzeit/Spieldauer: 2'02.
Besetzung/Instrumentierung: George Harrison (Hauptgesangsstimme, akustische Gitarre), Paul McCartney (Bassgitarre, Chorgesang), John Lennon (Chorgesang, Bandschleifen), Ringo Starr (Tamburin), Chris Thomas (Cembalo), Eric Bowie (Geige), Henry Datyner (Geige), Norman Lederman (Geige), Ronald Thomas (Geige), Keith Cummings (Bratsche), John Underwood (Bratsche), Eldon Fox (Cello), Reginald Kilbey (Cello), George Martin (Streicherarrangement)
Aufnahmedaten: 19. September 1968, Abbey Road Studio 2, weitere Aufnahmen (overdubs): 20. September und 10. Oktober.
Produzent: George Martin, Chris Thomas (Co-Produzent), Aufnahmetechniker: Ken Scott.
Anzahl der Aufnahmen: 11, letztlich veröffentlicht (mit Overdubs): Take 12.

Tonart: As-Dur – Original-Tonart: G-Dur
Akkorde: 1. Strophe: / G D^7 / G D^7 / G D^7 / e-moll A / e-moll^7 A^7 / D e-moll^7 Fdim D/$_{fis}$ / G D / G D /
2. Strophe: / G D^7 / G D^7 / G D^7 / e-moll A / e-moll^7 A^7 / D e-moll^7 Fdim D/$_{fis}$ / G D / G H^7 /
Zwischenteil: / a-moll H^7 / C G / D / a-moll H^7 / C D / D^7 /
Schluss: / G D / g-moll D / g-moll D / A^7 D / - As - Es

Textübersetzung
Schweinchen

Hast du die kleinen Schweinchen im Dreck kriechen sehen? / Für alle diese Schweinchen wird das Leben verdammt hart / Haben immer Dreck um sich herum zum Suhlen / Hast du die größeren Schweinchen in deren steifen weißen Leibchen gesehen ? / Du wirst merken, dass die größeren Schweinchen den Dreck aufwühlen / Haben aber immer saubere Leibchen an, um zu spielen / In ihrem Stall mit all der Rückendeckung / kümmern sie sich nicht, was rund um sie passiert / In ihren Augen fehlt es an etwas / was sie brauchen, ist eine Tracht Prügel / Überall sind viele Schweinchen / die ihr Schweinchenleben führen / Du kannst sie ausgehen sehen / mit all ihren Schweinchenfrauen / Schnappt euch Gabel und Messer, um ihren Schinkenspeck zu essen.

Die Musik

Grunzende Schweine und Cembalo-Klänge, das sind die hervorstechenden Klangreize dieser Komposition im Stil einer altenglischen Salon-Weise am Hofe eines Potentaten, der sich lustig macht über die Piggies unter seinen Hofschranzen und Untertanen. Gerade hat er eines dieser Schweine enthaupten lassen. Und nun muss er weiterregieren und -herrschen über all diese anderen grunzenden Piggies. Wie schrecklich. – Ein etwas hochnäsiger Unterton ist nicht zu überhören in diesem Song und seinem Text, den George Harrison als Sozialkritik verstanden wissen will.

Dieser „Protestsong" beginnt mit einem Cembalo-Präludium (gespielt von Chris Thomas, dem damals 22-jährigen Assistenten des Beatles-Produzenten George Martin), danach setzt die fast kindlich unschuldig klingende Gesangsstimme von George Harrison ein, begleitet von seiner Akustikgitarre und grundiert von „schweinischen" Basstönen, die an Grunzgeräusche erinnern. Wenig später wird dann ein erstes Original-Grunzen eingeblendet.

Schweine im Himmel mit Streichern

Die bis dahin sehr konventionelle, liedhafte Harmonik erfährt nun zum Strophenende eine harmonische Ausdifferenzierung in einem Cembalo-Aufgang in Vierteltönen über einen seltenen, verminderten Akkord zur Dominante, woran sich die Wiederholung des Cembalo-Vorspiels anschließt. Das danach einsetzende Streicher-Oktett verstärkt noch den Charakter der höfischen Kammermusik, ironisch gebrochen durch den infantilen Spaß, den sich der Sänger erlaubt mit einem ausdrücklichen Zischlaut auf dem Schluss-„S" des Wortes „shirts".

Schweine am Telefon und ein Grunzen zum Schluss

Im sich anschließenden Mittelteil, in dem George Harrisons Gesang technisch zur „Telefonstimme" verfremdet wird, wobei die dramaturgische Logik dieses Effekts unklar bleibt, ist ein kleiner Gag zu hören. Die konzertanten Instrumente Cembalo und Streicher spielen unvermutet eine kurze Blues-Phrase, die in dieser klassischen Instrumentierung witzig klingt. In der letzten Strophe werfen sich die Sänger George, Paul und John förmlich in die Brust und schmettern den dreistimmigen Satzgesang, nicht ohne Ironie, als wären sie Chor-Mitglieder des Liederkranzes Sängerlust (oder ähnlich). Der Schluss wartet nochmals mit einer Überraschung auf. Erst kippt das strahlende Dur-Thema des

Cembalo-Vorspiels in trauriges Moll, dann folgt nach der Dirigenten-Ansage „one more time" eben nicht das Gleiche nochmals, sondern: ein Tonartwechsel, großes Streicherpathos und abschließendes Grunzen. Der Demo-Fassung, veröffentlicht auf der Doppel-CD „Anthology 3", kann man entnehmen, dass die Original-Tonart des Songs G-Dur ist. Wer bei der Endfassung auf dem Weißen Album mitspielen will, muss aber As-Dur greifen, was die Vermutung nahe legt, dass die Bandaufnahme beschleunigt wurde.

Kommentare, Meinungen, Deutungen

Verbirgt sich hinter dieser kinderlied-ähnlichen Melodie ein Angriff gegen das „Schweinesystem"? Soll man den Piggies-Text als Häme auf Polizisten verstehen? Oder stand hier George Orwells kommunismus-kritischer Roman „Farm der Tiere" Pate für einen Popsong? Für alle diese Deutungen und Vermutungen gibt es gläubige Anhänger, die mehr oder minder stichhaltige Indizien anführen. George Harrison selbst „bezeichnete Piggies als gesellschaftskritisch" (Turner 2002, 160). Bislang kannte man kritische Töne von ihm nur aus seinem Song „Taxman", in dem er das britische Steuersystem und die verantwortlichen Politiker angreift. Sein Unmut über den „Steuereintreiber" hatte natürlich persönliche Gründe, weil ein Spitzenverdiener wie er vom britischen Fiskus ordentlich geschröpft wird.

Dagegen hatte er sich mit Sozial-und Kapitalismus-Kritik bislang noch nicht hervorgetan. Ein seltsamer Beigeschmack bleibt, wenn man bedenkt, dass ausgerechnet der spirituellste Beatle einen Song schreibt, in dem er Menschen mit Schweinen vergleicht. Dies eingedenk, feuert der Autor des Beatles-Songlexikon, Ian MacDonald, eine Breitseite in Richtung Georg Harrison ab, und schießt damit über das Ziel hinaus: „Dass hinter religiöser Frömmigkeit oft nichts weiter als Menschenhass steckt, zeigt sich in Harrisons böser Satire auf die Spießergesellschaft." (MacDonald 2003, 336). Eine gewisse Neigung zu einer milden Form von Überheblichkeit oder herablassender Besserwisserei darf man George Harrison durchaus unterstellen, nicht aber Menschenhass.

Eine vergessene Strophe

Die Verbindung zur Thematik des Romans "Animal Farm" von George Orwell kann man herauslesen aus der Schlusspointe der vierten, verschollenen Strophe, wo mit „pig brother" nicht nur die Assoziation zu „Napoleon", dem „Stalin" unter den Ober-Schweinen, aus der Farm der Tiere hergestellt wird, sondern auch zu „Big Brother" aus Orwells Roman 1984. Warum die vierte Strophe in der Songfassung des Weißen Albums fehlt, ist nicht bekannt. In den späteren Solokonzerten hat George Harrison diese Strophe immer gesungen – nachzuhören auf seinem Live-Album von 1992 „Live In Japan" mit Eric Clapton. Die vierte Strophe lautet: „Everywhere there's lots of piggies playing piggie pranks / You can see them on their trotters at the piggy banks / Paying piggy thanks / To thee pig brother." (überall gibt es viele Schweinchen, die ihre Schweinchen-Streiche spielen. Man kann sie auf ihren Schweinsfüßchen in den Schweinchen-Banken sehen, wo sie ihren Schweinchen-Dank zahlen an den erhabenen Schweine-Bruder).

In der Demofassung lautet die Schlusszeile der dritten Strophe: „Clutching forks and knives to cut their pork chops". Wegen der holprigen Singbarkeit der „pork chops" schlägt John Lennon vor, den Text zu ändern in „... to eat their bacon", eine nicht minder kannibalistische, aber leichter singbare Formulierung. Der Textbeitrag von George Harrisons Mutter Louise, die für die Zeile „what they need's a damn good whacking" zuständig ist, sollte für grausame Konsequenzen herangezogen werden.

„PIGGIES" ALS ANSTIFTUNG ZU MORD UND TOTSCHLAG

Louise Harrisons Textbeitrag „was sie brauchen, ist eine ordentliche Tracht Prügel" wird von Charles Manson, dem psychopathischen „Todesengel von Hollywood" als Anstiftung zu Attacken auf die Polizei verstanden. Darüberhinaus glaubt er, aus den Songs „Piggies" und „Helter Skelter" eine an ihn gerichtete Botschaft herauszuhören, wonach die Beatles vor einem bevorstehenden Chaos warnen. Er entwickelt eine krude, rassistische Theorie, die er aus den Beatles-Songs empfangen haben will, wonach ein Aufstand der schwarzen US-Amerikaner gegen die weiße Bevölkerung zu erwarten sei. Als diese für 1969 von ihm vorausgesagten gewalttätigen Unruhen nicht stattfinden, meint er, den „dummen Schwarzen" Nachhilfeunterricht erteilen zu müssen, „wie man Weiße tötet" (Manson). Um ein Exempel zu statuieren und um möglichst viel Aufmerksamkeit zu erregen, wählt er als Opfer reiche Berühmtheiten von Hollywood aus. Seine erste Attacke soll ursprünglich dem bekannten Musikproduzenten Terry Melcher, Sohn von Doris Day, gelten. Der Grund: der Byrds-Produzent Melcher lehnte es ab, den Möchtegern-Musiker Charles Manson zu produzieren. Manson ist allenfalls ein mittelmäßiger Musiker, träumt aber von einer Popstar-Karriere und hat sich mit dem flippigen, aber auch zu Depressionen neigenden Beach Boys-Drummer Dennis Wilson befreundet. Wilson zeigt sich von der sardonischen Ausstrahlung des Charles Manson fasziniert, produziert für ihn ein Demoband und schreibt sogar ein paar Songs gemeinsam mit Manson. Der leichtlebige Dennis Wilson profitiert eine Weile von der sexuellen Freizügikeit der weiblichen Mitglieder aus Charles Mansons Family.

MANSONS MÖRDERISCHE SEKTE

Durch LSD und Suggestion hat Manson eine Gruppe von labilen jungen Frauen und Männern an sich gebunden. Die Mitglieder dieser „Manson Family" sind ihrem Anführer fast hörig und folgen seinen Anweisungen blind. In der

Nacht vom 8. auf den 9. August 1969 schickt Charles Manson seine Family zur Adresse des Produzenten Terry Melcher. Doch Melcher hat sein Haus inzwischen an den Regisseur Roman Polanski und dessen Frau Sharon Tate vermietet. Die Manson Family dringt in das Anwesen ein und ermordet auf bestialische Weise alle Anwesenden. (Polanski hält sich zu dieser Zeit in Europa auf). Mit dem Blut der erstochenen, hochschwangeren Sharon Tate schmiert eine der Manson-Mörderinnen das Wort „PIG" an die Haustür. Bei weiteren Morden schreiben die Manson-Leute die Worte „political piggy" und „death to pigs" mit dem Blut der Opfer an die Wände. In den Bauch eines der Opfer rammen die Mörder eine Gabel – ein deutlicher Hinweis auf die letzte Textzeile im Song Piggies („Clutching forks and knives ...").

Trivia
Ein gewisser David Noel, Vorsitzender der US-amerikanischen christlich-fundamentalistischen Organisation „Antikommunistischer Kreuzzug" wettert gegen den Song „Piggies", dies sei der Beweis, dass die Beatles ganz bewusst, die kommunistische Ideologie in den Köpfen der jungen Generation verankern wollen.

Der Song „Piggies" wird auf dem Weißen Album mit Bedacht zwischen zwei Songs platziert, deren Titel ebenfalls Bezug zu Tieren haben: „Blackbird" und „Rocky Raccoon".

Coverversionen/Interpretationen
R.A.M. Pietsch (Album „Norwegian Wood", 1988). Steven King (Sampler „The Beatles NOT", 2001). Phish (Album „Live Phish Volume 13", 2002). Beatle Jazz (Album „With A Little Help From Our Friends", 2005). Pumajaw (Sampler „Mojo's White Album Recovered", September 2008).

Eine Bemerkung über die Schweinerei im Pop

Im Tierreich der Popmusik gehören die Schweine neben den Pferden, Hunden und Katzen zu den beliebtesten Vierbeinern. Ob Steve Vai, Soft Machine, Captain Beefheart, die Queens of the Stone Age oder die Dave Matthews Band, alle zollten dem „pig" ihren Tribut. Berühmt wurde das fliegende Schwein in den Pink Floyd-Shows der 1980er Jahre und der dazugehörige Song „Pigs" aus dem zehnten Pink Floyd-Album „Animals" von 1977. Ähnlich wie George Harrisons Song „Piggies" hat auch das vornehmlich von Roger Waters geschriebene Album „Animals" einen sozialkritischen Anspruch und vergleicht die Menschen mit Tieren. Bei Pink Floyd sind Schweine die Moralisten unter den Menschen, im Verhalten selbstgerecht bis tyrannisch und letztlich bedauernswert. Taucht ein Schwein in Poptexten auf, ist meistens der erhobene Zeigefinger nicht weit. Das gilt für Styx mit ihrem Song „Bourgeois Pig", ebenso wie für Roy Harpers „Male Chauvinist Pig Blues", oder Procol Harums „Piggy Pig Pig", aber auch für Die Prinzen mit „Du musst ein Schwein sein". Der Titelsong des Latin Quarter-Albums „Long Pig" hat auch mit Menschen zu tun. Kannibalen der Südsee stellten fest, dass das Fleisch des Weißen Mannes geschmacklich dem des Schweins sehr nahe kommt. Als einziger Unterschied wurden Differenzen in der Längenausdehnung festgestellt. Der Mensch als armes Schwein ist nicht nur in Poptexten, sondern erst recht in der Alltagssprache ein vertrauter Bekannter. Dort begegnet man zum Beispiel dem Schimpfwort „alte Sau". Populär wurde auch das geflügelte Wort im Sport: „Quäl dich du Sau", wenn einer nicht schwitzt wie ein Schwein. In der Kunst wie im Pop ist das Bewusstsein unter erfolglosen Künstlern verbreitet, dass man Perlen vor die Säue wirft. Die einen halten Schweine für unrein, die andern für schlau. Der eine hat Schwein gehabt, dem andern geht's saumäßig schlecht. Ob man das Ferkel als Inbegriff des Glücksschweins oder des Saustalls begreift, ist eine sauschwere Entscheidung.

Und um auf die Beatles zurückzukommen: Auf einem Foto des Lennon-Albums „Imagine" sieht man John Lennon, wie er ein Schwein an den Ohren hält. Das Foto ist eine Parodie auf das Cover von Paul McCartneys Album „RAM", wo man Paul sieht, wie er einen Schafsbock an den Hörnern packt. Das Lieblingstier unseres Freundes Charly ist ein Schweinchen namens Babe. Und seine beiden Lieblingszitate lauten: „Welches Schweinderl hätten's denn gern?" Und, als juristisch abgesichertes Statement: „Die Aussage, Bullen sind Schweine ist keine Beleidigung, sondern eine Meinungsäußerung."

George Harrison stellte klar, dass sein Song „Piggies" weder etwas mit „Polizisten zu tun" habe, noch mit „kalifornischen Vollidioten".

ROCKY RACCOON

Fakten

Autorenangabe: Lennon / McCartney, tatsächlich geschrieben von: Paul McCartney. Schnitt: LP 1 B/5 (205) CD1 013 Laufzeit/Spieldauer: 3'30.
Besetzung/Instrumentierung: Paul McCartney (Hauptgesangsstimme, akustische Gitarre, Sologitarre, Schlagzeug, Percussion, Chorgesang), John Lennon (6-saitige Bassgitarre, Harmonium, Mundharmonika, Chorgesang), George Harrison (Chorgesang), Ringo Starr (Schlagzeug), George Martin (Honky-Tonk Piano).
Aufnahmedaten: 15. August 1968, Abbey Road Studio 2, weitere Aufnahmen (overdubs): 23. August. Produzent: George Martin, Aufnahmetechniker: Ken Scott.
Anzahl der Aufnahmen: 10, letztlich veröffentlicht (mit Overdubs): Take 10.

Tonart: C-Dur
Akkorde: / a-moll^7 / D^7 / G^7 / C / C/$_h^{7+}$ / a-moll^7 / D^7 / G^7 / C / C/$_h^{7+}$ /

Textübersetzung
Rocky Waschbär

Irgendwo in den Schwarzen Bergen von Dakota / Lebte ein junger Bursche namens Rocky Waschbär / Eines Tages brannte seine Frau mit einem anderen durch / Das traf den jungen Rocky sehr. Rocky mochte das gar nicht / Er sagte, den Kerl kauf' ich mir / Und eines Tages ging er in die Stadt / Und nahm sich ein Zimmer in der örtlichen Kneipe / Rocky Waschbär bezog sein Zimmer / Und fand dort nichts als Gideons Bibel / Rocky hatte sein Gewehr dabei / Um seinen Rivalen aus den Schuhen zu pusten / So wie es aussah, hatte sein Rivale all seine Träume zerstört / weil der ihm seine Traumfrau weggenommen hatte / Ihr Name war Magill, doch sie nannte sich Lill / aber alle kannten sie nur als Nancy / Nun, sie und ihr Neuer, der sich Dan nannte / Waren im Raum nebenan und ließen die Sau raus / Rocky stürzte hinein und grinste gemein / Er sagte: Danny, mein Junge, jetzt bist du dran / Aber Daniel war auf Zack, zog schneller und schoss / Und Rocky brach in der Ecke zusammen / Der Doktor kam rein, stank schwer nach Gin / Und waltete auf dem Tisch seines Amtes / Er sagte, Rocky, mit dir geht's zu Ende / Rocky sagte, Doktor, das ist doch nur ein Kratzer / Das wird schon wieder, das wird schon wieder / Sobald ich dazu in der Lage bin / Rocky Waschbär schleppte sich in sein Zimmer zurück / Und fand dort wieder nur Gideons Bibel / Gideon zog aus und ließ sie zurück / zweifellos, um zu helfen bei Rockys Auferstehung.

Die Musik

Breitbeinig wie der Pistolen-Held nach dem dramatischen Duell mit dem Widersacher verlässt man das Kopf-Kino nicht – am Ende dieses Western-Songs. Rocky Waschbär ist nun mal nicht Wyatt Earp, und Paul McCartney ist nicht Ennio Morricone, der legendäre Filmmusik-Komponist berühmter Spaghetti-Western. Der Songkomponist McCartney hat es sich relativ einfach gemacht. Ob Strophe oder Refrain, der Harmonieablauf beißt sich in den Schwanz, wird ständig wiederholt als wär's eine Platte, die hängt. Das Akkordeschema, das ohnehin nicht viel mehr als eine erweiterte Kadenz darstellt, wird auch nicht mal durch einen Zwischenteil kurz abgelöst. Das heißt: musikalische Abwechslung wird hier nicht unbedingt geboten. Dafür gibt's eine witzig gemeinte Western-Parodie mit Eifersuchtsdrama und einem Showdown zwischen den Rivalen. Und Paul McCartneys verstellte Stimme klingt, als wolle er einen Country-Hinterwäldler persiflieren – oder gar einen bekannten Singer/Singwriter? Paul McCartney: „Die Aufnahme von ‚Rocky Raccoon' war eine knifflige Angelegenheit, denn dieser Song musste in einem Take aufgenommen werden. Wegen des eigenartigen Gesangsstils war es praktisch unmöglich, verschiedene Tonspuren zusammenzufummeln. Ich brauchte mehrere Versuche, bis ich den richtigen Tonfall getroffen hatte. Die Aufnahmen haben mir aber viel Spaß gemacht." (Miles1998, 521).

Paul versucht sich hier als launiger Parodist. Oder gar als Stimmenimitator? Hat er Dylans nasale Stimme und gedehnte Singweise im Visier? Zumindest andeutungsweise? Zielt auch John Lennons wenig professionelle Zieh/Blastechnik an der Mundharmonika in die selbe Richtung?

Der Song beginnt mit einem Sprechgesang in der Form eines Talking Blues, der für Dylan in den frühen 1960er Jahren typisch ist. Auch die simplen Folk-Akkorde mit dem gitarristischen Standardübergang von C-Dur auf a-moll und dem absteigenden Klischee-Bass von C über H zu A klingen sehr nach einem ironischen Zitat der Folk- und Protestsong-Tradition á la Dylan.

Paul McCartney: „‚Rocky Raccoon' ist ein kurioser Song und irgendwie typisch für mich. Ich stehe auf Talking Blues-Stücke und deshalb begann ich Rocky Raccoon in dieser Manier. Anschließend folgte meine kleine Westernparodie, in die ich ein paar lustige Zeilen hineinschmuggelte. Das Ganze sollte so kurzweilig wie möglich sein." (Miles 1998, 520).

Auch wenn Paul nie bestätigt hat, dass sein parodistischer Tonfall in „Rocky Raccoon" auf Dylan abzielt, machten sich die Beatles bei Proben und privaten Sessions gerne mal den Spaß, Bob Dylans leicht zu imitierende Singweise durch den Kakao zu ziehen, siehe und höre John Lennons diverse Fassungen seiner Dylan verhohnepipelnden Steggreif-Songs „The News Of The Day". Womöglich hat Dylan Pauls parodistische Einlage selbst als ironische Hommage verstanden und später darauf geantwortet? In seinem „Beatles-Lexikon" macht Rainer Bratfisch darauf aufmerksam, dass der Dylan-Song „Lily, Rosemary & The Jack Of Hearts" aus dem Jahre 1974 stark an „Rocky Raccoon" erinnere. (Bratfisch 2008, 545).

„Does Humour Belong In Music?"

Das Arrangement und die Beiträge der Instrumente sind nicht darum bemüht, musikalische Pointen zur Unterstützung der tragikomischen Songgeschichte zu liefern. Die anfänglich einsame Akustikgitarre erfährt ab und an eine kurzzeitige Begleitung durch wenig kunstvolle Mundharmonika-Einwürfe, die als ironische Trapper/Cowboy/Dylan-Zitate durchgehen könnten. Nach einer Dreiviertelminute setzt eine minimalistische Rhythmusbetonung ein: Schläge auf die geschlossene Hi-Hat, immer auf die „3" – mehr nicht. Zehn Sekunden später gesellt sich ein ebenso spartanisch reduzierter Bass hinzu, der mit scheppperndem Sound nichts als die Grundtöne jeweils auf die „1" punktiert. Ziemlich lahm bislang dieser Wildwest-Soundtrack, denkt man gähnend. Doch dank des Honky-Tonk Pianos, gespielt von George Martin, kommt dann endlich Leben in den Wildwest-Saloon.

Der Song nimmt Fahrt auf, um kurz darauf auch schon wieder abgebremst zu werden. Hat irgendwer auf den Pianisten geschossen? Nein, Rocky wurde angeschossen. Deshalb brummt jetzt im Hintergrund das Harmonium wie auf einer Beerdigung in Tombstone; der Altherrenchor der Kirchengemeinde erhebt noch mahnend die wackligen Stimmen. Und zum Schluss lässt das Honky-Tonk Piano nochmals alle und niemand auf den Tischen tanzen. Und das war's dann auch.

Die musikalische Grundstruktur von „Rocky Raccoon" ist in Rishikesh entstanden – bei lockeren Abend-Sessions auf der Dachterrasse von Pauls Bungalow, hoch über dem Ganges. Der Spass beim gemeinsamen Jammen mit John Lennon und Donovan, die beide beim Texten ausgeholfen haben, ist dem Song anzuhören. Auch wenn „Rocky Raccoon" wohl kein Ruhmesblatt für den Komponisten McCartney darstellt, allen Hobbygitarristen hat er damit eine Freude gemacht, weil der Song so leicht nachzuspielen ist und bei Gartenpartys und am Baggersee-Lagerfeuer immer ankommt.

Kommentare, Meinungen, Deutungen

Hat da jemand gelacht? Über den Comedy-Text? Über die Musik? Über die Witzigkeit des Songs kann man geteilter Meinung sein. Paul McCartney sprach über „Rocky Raccoon" als Versuch eines „Mack Sennett-Films im Songformat". Der US-amerikanische Filmproduzent und Regisseur Mack Sennett produzierte in den 1920er Jahren berühmte Slapstick-Komödien mit Stummfilm-Komikern wie Charlie Chaplin oder dem genial schielenden Ben Turpin. Mit diesem Vergleich greift der Songautor ziemlich hoch. Paul McCartney: „Ich schrieb gewissermaßen ein Theaterstück, einen kleinen Einakter, in dem die Figuren ausgiebig zu Wort kamen. Rocky Raccoon ist die Hauptfigur, und dann ist da noch dieses Mädchen, das sich Lil nennt, aber in Wirklichkeit Magill heißt und überall unter dem Namen Nancy bekannt ist." (Miles 1998). Der Buchautor David Quantick erinnert an eine Ballade des kanadischen Novellisten Robert W. Service mit dem Titel „The Shooting of Dan McGrew", deren Hauptfiguren Dan und Lil heißen. In der Ballade von Service heißt es zum Namen von Lil: „she was known as Lil".

McCartney singt: „she called herself Lil, but everyone knew her as Nancy". Wahrscheinlich lässt sich Paul von dieser Ballade inspirieren. Doch während das dramatische Gedicht des Schriftstellers Robert W. Service von Liebe und Verrat handele, habe McCartneys Song-Geschichte von Dan und Lil nichts an Inhalt anzubieten, außer ein paar müden Gags. (Quantick 2002, 14). Paul McCartney hält seinen Text für lustig und kurzweilig, und auf eine Textpointe ist er sogar richtig stolz.

Das „Geheimnis" um Gideon

Eine Person, die im Songtext zwar nicht zu Wort kommt, aber eine geheimnisvolle Rolle am Song-Anfang und -Ende spielt, ist ein gewisser Gideon, der eine Bibel in Rockys Zimmer zurücklässt. Wer ist Gideon? „The Gideons International" ist eine internationale Vereinigung evangelischer Geschäftsleute und Akademiker, 1899 in den USA gegründet, mit dem Ziel, Menschen für Jesus Christus zu gewinnen, unter anderem durch das Auslegen von Bibeln in Hotels und Pensionen.

Paul McCartney: „‚Rocky Raccoon' ist so ein Bursche mit einer Waschbärenmütze, ein Typ wie Davy Crocket. Wie er im Hotelzimmer diese Gideons-Bibel entdeckt und denkt, jemand namens Gideon habe seine Bibel für den nächsten Gast zurückgelassen, das fand ich ziemlich witzig. Gideon ist sozusagen eine reale Figur innerhalb des Songs. Diese Vorstellung gefiel mir. Man weiß, was gemeint ist, kann aber gleichzeitig darüber lachen. Ein harmloser kleiner Witz. Und der Doktor, der Rocky wieder zusammenflicken soll, ist natürlich betrunken." (Miles 1998, 520).

„Rocky Raccoon" ist ein durchaus humorvoller Song, dessen Witz sich aber bereits nach einmaligem Hören erschöpft hat – der Spaß am Hören und Singen des Songs allerdings nicht. Im Doppelalbum „Anthology 3" ist eine Probefassung enthalten, die den Songinhalt und den alternativen Introtext seriös und ernsthaft interpretiert. Das allerdings klingt unfreiwillig komisch. Am witzigsten ist Pauls Versprecher „sminking of gin".

Trivia

Ursprünglich heißt der Song „Rocky Sassoon" – entweder benannt nach dem 1967 verstorbenen englischen Schriftsteller Siegfried Louvain Sassoon, der bekannt wurde durch seine Erzählungen über den 1. Weltkrieg, oder – mit größerer Wahrscheinlichkeit – nach dem Szene-Friseur der Sechziger Jahre Vidal Sassoon, der unter seinem Namen eine erfolgreiche Haarpflege-Serie vermarktet. Der nach Gin stinkende Doktor aus der vierten Strophe scheint aus Pauls wahrem Leben gegriffen zu sein. Die zittrige Hand des besoffenen Arztes war wohl der Grund für Pauls Schnurrbart jener Tage. Er ließ sich den Schnauzer wachsen, um die hässliche Naht auf seiner Oberlippe zu verdecken. Die anderen Beatles machten es ihm nach. So präsentierten sich alle vier auf dem „Sgt. Pepper"-Album auch mit Haaren unter der Nase.

Beatles-Fan Margo Bird: „Paul hatte ein Moped, mit dem er im Mai 1966 hinfiel. Er war leicht bekifft, verletzte sich am Mund und ein Zahn splitterte. Der herbeigerufene Arzt stank nach Gin, und zu allem Übel hatte er keine ruhige Hand beim Nähen. Deshalb hatte Paul einige Zeit eine lästige Schwellung auf der Lippe." (Turner 2002, 161). Aus der Gemeinde der raunenden Beatles-Geheimbündler kommt der Hinweis auf eine düstere Prophetie des

Songs, schließlich sei im Text von „Dakota" die Rede und handele von einem niedergeschossenen Mann. Worauf verweist das? Auf John Lennon, der vor dem Dakota Building erschossen wurde.

Coverversionen/Interpretationen (Auswahl)

Richie Havens (Album „Sings Beatles and Dylan", 1992). Phish (Album „Live Phish Volume 13", 2002). Andy Fairweather Low (Album „Wideyed and Legless: A&M Recordings", Juni 2006). James Blunt (live, 2007), Jack Johnson (live, 2007). Johnny Flynn (Sampler „Mojo's White Album Recovered", September 2008).

Persönliche Bemerkung

Die Wildwest-Thematik war eine Novität im Pop Anno '68. Auch damit bewiesen die Beatles, dass es für sie keine Limitierung gab, weder in den Sujets noch in den Stilformen. Eine Dylan-Parodie, die gleichzeitig auch als eine moderne Art des Pop-Bänkelgesangs eine schauerliche Moritat auf witzige Weise erzählt, das gab es zuvor noch nicht.

Freund Charly, ein Fan von Wildwest-Helden wie Tom Mix und Lucky Luke, liebt „Rocky Raccoon", hätte es allerdings lieber gesehen, wenn es zwischen Dan und Rocky keine Schießerei, sondern eine zünftige Prügelei gegeben hätte, so im Stile von Bud Spencer – mit der Rechten eine auf die 12. Schließlich verweist der Vorname Rocky auf den boxenden Kinohelden Balboa, der in der Folge V von seinem Junior angemacht wird, er würde aussehen wie ein Waschbär. Worauf der Champ fragt: „What, like Rocky Raccoon?" – Charly träumt davon, zur Musik von Rocky Raccoon ein Homevideo zu drehen, eine Wildwest-Slapstick-Komödie, irgendwo angesiedelt zwischen Sergio Leone, Lucky Luke und Old Shatterhand. Einen Titel hätte er schon: „Zwei Fäuste für ein Waschbär-Hallelujah".

DON'T PASS ME BY

Fakten

Autor: Ringo Starr. Schnitt: LP 1 B/6 (206) CD1 014 Laufzeit/Spieldauer: 3'49. Besetzung/Instrumentierung: Ringo Starr (Hauptgesangsstimme, Schlagzeug, Klavier-Overdubs, Glöckchen), Paul McCartney (Bassgitarre, Piano), Jack Fallon (Geige).
Aufnahmedaten: 05. Juni 1968, Abbey Road Studio 3, weitere Aufnahmen (overdubs): 06. Juni, 12. und 22. Juli.
Produzent: George Martin, Aufnahmetechniker: Geoff Emerick, Ken Scott.
Anzahl der Aufnahmen: 7, letztlich veröffentlicht (mit Overdubs): Take 7.

Tonart: C-Dur
Akkorde: / C / F / G /

Textübersetzung

Übergeh mich nicht (Geh nicht an mir vorbei)
Ich höre auf deine Schritte in der Zufahrt / Ich höre auf deine Schritte, die nicht kommen / Ich warte auf dein Klopfen an meiner alten Haustür / Doch ich höre nichts / Hat das zu bedeuten, dass du mich nicht mehr liebst? / Ich höre das Ticken der Uhr auf dem Kaminsims / Sehe wie die Zeiger sich bewegen / Doch ich bin allein / Ich frage mich, wo du heute Nacht bist / Und warum ich alleine bin / Ich sehe dich nicht / Hat das zu bedeuten, dass du mich nicht mehr liebst / Geh nicht an mir vorbei / Bring mich nicht zum Heulen / Mach mich nicht traurig / Denn du weißt doch Liebling, ich liebe nur dich / Du wirst es nie verstehen, wie sehr es mich verletzt / Wie sehr ich es hasse, wenn du gehst / Geh nicht an mir vorbei, bring mich nicht zum Heulen / Verzeih mir, wenn ich an dir gezweifelt habe / Das war so unfair von mir / Du hattest einen Unfall und hast dein Haar verloren / Du sagtest, du würdest dich um ein oder zwei Stunden verspäten / Ich sagte, das ist in Ordnung, ich warte auf dich / Ich warte, von dir zu hören.

Die Musik

Wer klimpert da auf den Tasten, zu Beginn des ersten selbstverfassten Songs von Ringo Starr? Es wird wahrscheinlich Paul Mc Carrney sein, der Ringo als einziger der restlichen Fab Four bei der Aufnahme dieses Song-Unikats und - Unikums unterstützt. Auch Ringo soll bei dieser Aufnahme irgendwo Klavier spielen. Aber, ist hier überhaupt ein herkömmliches Klavier im Einsatz? Denn dieses hörbare Tastenintrument klingt ja fast wie eine Jahrmarktsorgel durch all die Unmengen an Hall- und Echo-Beimischungen, mit denen man den Klavierton verfremdet und aufgepept hat. Nach der Intro-Klimperei und dem Schlagzeugauftakt steigt das Klavier zu früh ein, setzt ab und beginnt von Neuem an der richtigen Stelle. Nun startet eine gnadenlose Rumpelmaschine aus Jahrmarkts-Klavier und Bass, die nicht mehr zu stoppen ist. Deren unsäglicher und penetrant durchgehaltener Hum-ta-Uff-ta-Rhythmus wird nur ab und an durch Ringos rollende Wirbel etwas aufgelockert. Der Songschreiber betätigt sich mit seiner berühmt-berüchtigten, wackligen, intonationsunsicheren Sympath-Stimme als Country-Crooner. Das macht er gar nicht mal so schlecht.

LÄSST SICH LANGEWEILE WEGFIEDELN?

Der Sound klingt insgesamt äußerst schwammig, weil die musikalische Dürftigkeit durch Effekträume aufgebauscht und die simple Struktur durch zu viele Overdubs hochgemotzt wird. Das Arrangement ist für Beatles-Verhältnisse erstaunlich variationsarm und eindimensional. Wäre da nicht die munter fiedelnde Country-Geige, die Ermüdungserscheinungen würden den Song schon weit vor der Halbzeit zum Schnarchsack des Albums degradieren. Man ist dankbar für jede kleine Abwechslung und Überraschung, etwa, dass unter dem Wort „unfair" eine Klingel zu hören ist. Dann passiert endlich mal etwas richtig Aufregendes: Nach dem zweiten Refrain, ab 2'39, hört man Ringo im Hintergrund im Sprechgesang von eins bis acht zählen. Toll! Gleich danach, bei 2'45 folgt ein Break. Himmlische Ruhe herrscht mit einem Mal, und man denkt, es ist geschafft. Aber zu früh gefreut, es war nur eine Tacet-Stelle von drei Sekunden. Ringo dengelt mit fünf wuchtigen Auftakt-Schlägen zum Einstieg in die Refrain-Wiederholung. Und spätestens bei der Textzeile „I hate to see you go" denkt man „ich hasse ihn, wenn er nicht bald geht".

Ringo Starr: „‚Don't Pass Me By' habe ich geschrieben, während ich zuhause rumsaß. Ich kann nur drei Akkorde auf der Gitarre und drei auf dem Klavier. Ich habe so auf dem Klavier rumgeklimpert – ich hämmer einfach so drauf los – und wenn dann eine Melodie kommt und irgendwelche Worte, brauche ich einfach nur dran zu bleiben. So ist es gewesen." (Beatles Anthology 2000, 306).

Muss noch mehr über den Song gesagt werden? Okay, die meisten Bands der Punk-Revolte kannten auch nicht mehr als drei Akkorde. Aber hier sind keine Punks, sondern die Beatles zugange, die schöpferischste Kraft der sechziger Jahre ... hast du gehört Ringo? ... die größten Song-Genies des Popuniversums! Und das ist Ringos Beitrag zum „kreativen Überschwang" des Weißen Albums: „Don't Pass Me By". Knapp vorbei geschrammt am musikalischen Offenbarungseid. Mit einem klimpernden Piano beginnt der Song, mit einer vor sich hinfiedelnden Geige endet er. Dazwischen ist nicht viel.

Kommentare, Meinungen, Deutungen

„Übergeh mich nicht / geh nicht an mir vorbei", barmt Ringo Starr – zu Recht. Die meisten Beatles-Fans lassen diesen Song links liegen. Bei der Jury-Auswahl „Die Guten ins Töpfchen, die Schlechten ins Kröpfchen" – welcher Song bliebe auf der Strecke, wenn das Doppelalbum auf eine Einzel-LP reduziert werden müsste – steht „Don't Pass Me By" immer ganz oben auf der Streichliste.

Geoff Emerick: „Don't Pass Me By war alles andere als ein Meisterwerk, es hatte nur drei Akkorde, keine wirklich eingängige Melodie und ein langweiliges, von Countrymusik beeinflusstes Arrangement. Aber es war der zweite Track, den die Band aufnehmen wollte. Wir bekamen keine Erklärung, und George Martin war genauso fassungslos wie ich. Wir konnten es uns nur so vorstellen, dass die anderen hinter den Kulissen offenbar gemerkt hatten, dass Ringo allmählich die Nase voll hatte. Sie versuchten, ihn bei Laune zu halten."

(Emerick/ Massey 2007, 371). Die Studiocrew wundert sich, dass die Beatles ihre Aufnahme-Sessions für das neue Album mit einem solchen Leichtgewicht an Song beginnen. Sie sind es gewohnt, dass am Anfang die meiste Zeit und Energie in komplexe Songs investiert wird. So hatten sie die „Sgt. Pepper"-Sessions mit den absolut hochkarätigen Songs „Strawberry Fields Forever" und „Penny Lane" begonnen. Die Klasse der Songs und der Ehrgeiz der gesamten Mannschaft, etwas Einzigartiges zu kreieren, beflügelte die gesamte folgende Produktionszeit. Und jetzt das. Gleich zu Beginn: Ringos Country-Pop für Arme. Aber der Arme wartet ja auch schon lange genug darauf, dass sein Song endlich mal für ein Beatles-Album aufgenommen wird. Schon 1964 spricht er in einem Radio-Interview in Neuseeland davon, dass auch er einen Song geschrieben habe.

Ringo Starr (1964): „Ob die Beatles das Lied aufnehmen werden? Keine Ahnung. Ich glaube es eigentlich nicht. Jedesmal wenn wir eine Platte aufnehmen, versuche ich, sie dahin zu kriegen." – Paul McCartney: „Dummerweise haben wir nie genug Zeit, um Ringos Lied auf Platte zu bekommen. Er schreibt es nie fertig." (Turner 2002, 162).

Um den Song interessanter zu machen, schlägt John Lennon vor, eine orchestrale Einleitung im Stil Ravels voranzustellen. Das von George Martin arrangierte Orchesterstück wird auch aufgenommen – zu hören auf der Doppel-CD „Anthology 3" – aber man stellt fest, dass diese Orchester-Introduktion „zu bizarr war, also haben wir sie wieder ausrangiert" (George Martin). Besser bizarr als öde. Der Kontrast hätte dem Song sicher gut getan.

Trivia
Der Arbeitstitel lautet erst „Ringo's Tune", dann „This Is Some Friendly". Als unfreundlichen Akt empfinden es die Country-Hasser, dass sich ausgerechnet „Don't Pass Me By" dermaßen breit machen darf. Es ist der längste Song auf der B-Seite des Weißen Albums.

Die Zeile „you were in a car crash" befeuert natürlich die „Paul-is-dead"-Theorie, nach der Paul bei einem Autounfall ums Leben gekommen sei, weil er nur Augen für "Lovely Rita" hatte und an der Ampel übersah, dass „the lights had changed". Die Zeile "and you lost your hair" wird verstanden als Verweis auf Pauls Song „When I'm Sixty-Four".

Memorabilia
Die britische Band Field Music bereichert Ringos bescheidene Komposition durch eine musikalische Verquickung mit den Beatles-Songs „Don't Let Me Down" (aus dem Album „Let It Be") und „Ob La Di Ob La Da" und hat damit eine geniale Coverversion geschaffen, die nachträglich noch mit Ringos musikalischer Bescheidenheit versöhnt.

Coverversionen/Interpretationen
The Georgia Satellites (Album „Open All Night", 1988). Phish (Album „Live Phish Volume 13", 2002). T Bone Wolk (Sampler „The Blues White Album", 2002) und (Sampler „Eleanor Rigby", 2006). The Punkles (Album „Pistol", 2004). Field Music (Sampler „Mojo's White Album Recovered", September 2008).

Persönliche Bemerkung
Dieser Song war damals ein Liebestöter. Die zweite Album-Seite eignete sich eigentlich recht gut als Hintergrundmusik für ein téte-à-téte. Die ersten fünf Songs erzeugten eine angenehme Stimmung. Aber dann kam dieser unsägliche Ringo-Country.

Das bedeutete, sich aus den Armen der Liebsten losreißen, zum Plattenspieler tappern, Deckel öffnen, Tonarm hochheben und vorsichtig weiterschieben und die richtige Rille finden; dann wieder Deckel zu und schleunigst zurücktigern. Aber das dauerte alles, und inzwischen konnte die Freundin schon eingeschlafen sein, oder die Lust verloren haben. Schuld war nur der olle Ringo. Hoffentlich war die Liebste noch nicht völlig abgetörnt, denn jetzt folgte doch die definitive Anmach-Nummer, bei der es abging ... und manchmal auch der BH-Verschluss auf – dank ausdauernder Fummelei.

WHY DON'T WE DO IT IN THE ROAD?

Fakten
Autorenangabe: Lennon / McCartney, tatsächlich geschrieben von: Paul McCartney. Schnitt: LP 1 B/7 (207) CD1 015 Laufzeit/Spieldauer: 1'40.
Besetzung/Instrumentierung: Paul McCartney (Gesang, Sologitarre, akustische Gitarre, Bassgitarre, Piano, Schlagzeug, Händeklatschen), Ringo Starr (Schlagzeug, Händeklatschen).
Aufnahmedaten: 09. und 10. Oktober 1968, Abbey Road Studio 1.
Produzent: Paul McCartney, Tontechniker: Ken Townshend.
Anzahl der Aufnahmen: 6, letztlich veröffentlicht (mit Overdubs): Take 6.

Tonart: D-Dur
Akkorde: / D / D / D^7 / G^7 / D^7 / A^7 / G^7 / D /

Textübersetzung
Warum tun wir's nicht auf der Straße?
Warum tun wir's nicht auf der Straße? / Niemand wird sich daran stören / Warum treiben wir's nicht auf der Straße?

Die Musik
Das geht ja gleich gut los mit rhythmischen Bumps gegen die Rückfront ihres Körpers – des Klangkörpers der akustischen Gitarre. Schlagzeug und klatschende Hände nehmen den stoßenden Körper-Rhythmus auf, und über diesen flotten Dreier an Perkussionselementen röhrt Paul mit seiner gepresst heiseren „dirty Blues"-Stimme die provozierende Frage heraus, die dem Song den Titel gibt. Klavier, Bass und Schlagzeug hämmern den Klopfer-Rhythmus stur durch das 12-Takte-Blues-Schema, nur eine dumpf jaulende E-Gitarre sorgt für etwas Abwechslung, allerdings mit immer dem gleichen Lick.

Der instrumentale Blues-Teppich ist für Beatles-Verhältnisse sehr dünn gestrickt und scheint nicht mehr sein zu wollen als eine wenig ablenkende Grundlage für die vokalen Kapriolen des Sängers. Und der besorgt's ihr dann richtig, dieser blutleeren, schwachbrüstigen Bluesnummer. Erst beginnt er mit dem kleinen aber feinen Gag, den Einsatz der absteigenden Gesangszeile am Ende des ersten 12-Takte-Ablaufs unorthodox vorzuziehen und lässt damit die gesamte Zeile als Offbeat vorauseilen, dann brüllt er wie am Spieß, schreit wie besessen aber völlig kontrolliert, und schließlich lässt er seine ekstatisch kreischende Stimme ins Falsett überschnappen und setzt dabei Obertöne frei, fast wie ein mongolischer Kehlkopf-Oberton-Sänger. Das ist natürlich Weltklasse, und alleine mit diesem genialen Geplärre an der Schmerzgrenze hat sich Paul McCartney einen Ehrenplatz im Olymp der manischen Bluesrock-Shouter gesichert. Doch nur der Vokalpart entspricht den höchsten Beatles-Maßstäben, der instrumentale Rest ist fast zum Vergessen. Was hätte das für ein Hammer-Song werden können...

EGOISMUS? NARZISSMUS? – VERSCHENKTER KLASSE-BLUES!
Während Lennon und Harrison im Studio 2 mit Overdubs und Abmischungen beschäftigt sind, verschwindet der eigensinnige Narziss McCartney klammheimlich im Studio 1 und spielt alle Instrumente selbst ein. Nur ein bisschen Schlagzeug und Klatschen darf Ringo beitragen; und das auch nur, weil der sonst untätig hätte rumsitzen müssen und keine Lust hatte, schon wieder Karten zu spielen – wie so oft, wenn die drei andern Ego-Maniacs am Werkeln waren. Das instrumentale Grundplayback, das alleine auf McCartneys Kappe geht – with a little help from Ringo – ist eines Beatles-Songs eigentlich nicht würdig. Man müsste es fast als grottenlangweilig bezeichnen, hätte McCartney nicht kurz vor Schluss noch einen trickreichen Basslauf rausgehauen. Allerdings reicht das auch nicht mehr zu seiner Ehrenrettung.

Hätte Lennon mit seinem brillanten Wortwitz hier an einer Texterweiterung mitarbeiten und mit seinen nicht minder hervorragenden Sänger-Qualitäten eine Gegenstimme dazu beitragen können, wäre Harrison mit seiner gitarristischen Klasse eingestiegen, und hätten sie alle zusammen, mit einem gut aufgelegten Ringo am Drumset, das instrumentale Grundgerüst so druckvoll, federnd und mitreißend ausgestaltet, wie man es von dieser hochkarätigen Rockband gewohnt war und erwarten durfte, was hätte dieser freche Song für eine Karriere im Beatles-Kosmos machen können. Hätte, wäre, wenn – ist nicht. So bleibt es nur bei einer netten Idee und einer letztlich unbedeutenden Fußnote im Archiv der Beatles-Songpreziosen – mit dem bitteren Nachgeschmack, dass hier (durch Eigensinnigkeit und Mangel an Selbstkritik?) eine große Chance vertan wurde.

Kommentare, Meinungen, Deutungen

Verrohung der Sitten? Anstiftung zum GV? Um irgendein Wettrennen auf der Straße oder einen Protestmarsch für die Verkehrsberuhigung der Straße geht es im Text jedenfalls nicht. Die Idee zu diesem Song kommt Paul McCartney, als er in Rishikesh beim Meditieren gestört wird – ausgerechnet durch die Beobachtung jenes sehr diesseitigen Vorgangs.

Paul McCartney: „Mein Blick fiel auf eine Horde Affen, die durch den Dschungel strolchte, und ich sah, wie ein Männchen auf eines der Weibchen hüpfte und mal eben eine Nummer schob, wie es so schön heißt. Das Ganze dauerte zwei, drei Sekunden und dann sprang er wieder runter und schaute unbeteiligt in die Gegend, so als wollte er sagen: ‚Ich war's nicht.' Nachdem sie einen kurzen Blick über ihre Schulter geworfen hatte – so als hätte sie sich von irgend etwas belästigt gefühlt – schien sie sich zu sagen: ‚Komisch. Ich muss wohl geträumt haben.' Und dann zog sie weiter. Ich sagte mir: ‚Verflixt und zugenäht! Genau! Das bringt die Sache auf den Punkt. So einfach ist das mit dem Zeugungsakt. Dieser verdammte Affe! Springt mal eben rauf und gleich wieder runter!' Die verspüren das Bedürfnis dazu, und dann tun sie's, und damit hat sich's. So einfach ist das. Wir haben damit enorme Probleme, aber für die Tiere ist das was völlig Normales. Und das brachte mich auf die Idee zu ‚Why Don't We Do It In The Road' " (Miles 1998, 620).

Ein Lob dem Quickie?

Mögliche Bild-Schlagzeile: „Der rehäugige Mädchenschwarm – spitz wie ein Affe und fix wie ein Rammler?" Müssen jetzt alle weiblichen Fans von Paul ihre idealistische Vorstellung vom sanften und einfühlsamen Kavalier revidieren? Haben Feministinnen nun Grund, in Paul einen sexistischen Macho zu sehen, der auf das weibliche Bedürfnis nach einem langen Vorspiel und einer allmählich sich steigernden Erregungskurve keine Rücksicht nimmt, nur weil er sich geoutet hat, dass er offenbar nichts gegen eine schnelle Nummer einzuwenden habe? Tatsache ist, dass sein Text direkt zur Sache kommt und nur wenig Worte macht. Und nach genau einer Minute und 38 Sekunden ist der Song zu Ende; okay, den Nachhall des ausklingenden Beckens mitgerechnet: 1'40 –

das ist laut Kinsey Report deutlich schneller als der Durchschnittsmann, der in der Regel nach 2'30 fertig hat. Immerhin 2'10 dauert die Probefassung des Songs, die auf „Anthology 3" zu hören ist. Paul singt da zu seiner akustischen Gitarre ständig im Wechsel zwischen verhaltener Kopfstimme und extrem herausgeschrieener Bruststimme, so als würde er ein Rollenspiel vorführen und den lautstark fordernden Macho-Mann genauso karikieren wie das interessierte aber zurückhaltende weibliche Verhalten.

PAUL WILDERT IN JOHNS REVIER

Wer den Song zum ersten Mal hört, denkt sofort: Typisch Lennon. Die provokante textliche Anzüglichkeit, der aggressive Tonfall des Gesangs und die ruppige, ungeschliffene Pock-Power – diese Art von vor die Füße geworfener Song-Attacke, das ist bislang eindeutig John Lennons Domäne. Entsprechend sauer ist er, nicht, dass sich Paul in Lennons ureigenem Stil profiliert – er bezeichnet den Song später, völlig überzogen (oder ironisch?), als einen der besten, die Paul je geschrieben habe – er ist aufgebracht darüber, dass Paul den Song ohne ihn aufgenommen hat und seine Mitarbeit nicht einmal in Erwägung zieht. Dazu kommt noch, dass Paul die abschließenden Aufnahmen ausgerechnet an Johns Geburtstag, seinem 28., zu Ende bringt, wohl wissend, dass John an seinem Ehrentag nicht im Studio sein würde.

John Lennon: „Das war typisch Paul. Er nahm diesen Song doch tatsächlich ganz allein auf, in einem anderen Raum ... Ich weiß nicht, wie George das empfunden hat, aber ich bin immer verletzt gewesen, wenn Paul etwas ausbrütete, ohne uns daran zu beteiligen. Aber so war das halt damals." (Sheff 2000).

Lennon blendet hierbei allerdings generös aus, dass auch er – und zwar vorher schon – bei den Aufnahmen zum Weißen Album Paul McCartney außen vor gelassen hatte. Und das bei der Soundkollage, an der Paul gerne beteiligt gewesen wäre, weil er selbst mit Bandmaschinen, Geräuschen und Montagetechniken schon oft experimentiert hatte. Zur Ausarbeitung von „Revolution 9" hat John als kreativen Partner seine neue Liebe Yoko Ono auserwählt. Also liegt die Vermutung nah, dass es sich hier um eine Art Revanche handelt.

Paul McCartney: „Bei ‚Revolution 9' hat John doch genau das gleiche gemacht. Er zog sich zurück und machte dieses Stück ohne mich. Aber darüber verliert niemand ein Wort." (Davis 2006).

Diese gegenseitigen Anwürfe klingen eher nach verletzter Eitelkeit, Eifersüchtelei und kleinlichem Gezänk als nach souveränem Umgang mit den allseits bekannten Eigenheiten des langjährigen Vertrauten, Freundes und Partners. Sehr schade, wo doch dieser Song eindeutig zu Höherem berufen war. Hadayatulla Hübsch: „Es ging darum, in der Lotusposition auf dem Trafalgar Square mit der Geliebten zu schlafen, das wäre der Ausbruch der Revolution."

(Bratfisch 2008, 673). Ging es wirklich darum ? In der „Lotusposition"? Wie war das noch mal? Hatte sich Paul nicht von kopulierenden Affen inspirieren lassen?

Trivia

Züchtige Menschen sind davon überzeugt, dass Paul mit diesem Text seine Kollegen fragt, warum sie nicht mal auf offener Straße live auftreten sollten. Tatsächlich gab es die Idee eines Beatles-Konzertes auf einem Sattelschlepper, der langsam eine Straße hinunterfahren sollte. Aber höchst unwahrscheinlich, dass dann die zweite Song-Zeile zutreffend gewesen wäre: „no one will be watching us."

Gleich im Anschluss an diesen zweifellos sexuell motivierten Schreihals-Blues folgt auf der Platte Pauls zartbesaitete Liebesballade „I Will". Und diese sanft geflötete Schmeichelei klingt im Kontrast zum schnellen Sex davor wie: „Ich war's nicht" – was Paul dem kopulierenden Affen von Rishikesh in den Mund gelegt hatte. Natürlich liest sich die Aufeinderfolge der beiden Song-Überschriften wie ein Frage-Antwort-Spiel mit klarer abschließender Zustimmung: „Why Don't We Do It In The Road?" – „I Will!"

Ein gewisser Jim aus Arcata, Kalifornien „beschwerte" sich in einem Web-Blog bei Paul, er, Jim, hätte sich durch den Song herausgefordert gefühlt und habe es ausprobiert. Aber er könne nur davon abraten: der harte Asphalt sei kein guter Ort, „to do it".

Die Titelzeile „Why don't we do it in the road" könnte sich auf einen Ausspruch von Queen Victoria (1819 – 1901) beziehen, die auf eine Anhebung der Moral in England erpicht war und auf die Frage, ob „romantisches Verhalten" (gemeint war Händchenhalten und züchtiges Küssen) in der Öffentlichkeit zu dulden sei, antwortete: „It's acceptable, as long as they don't do it in the road and scare the horses." – es sei akzeptabel, solange es nicht auf der Straße passiere und die Pferde nicht scheu gemacht würden.

Coverversionen/Interpretationen (Auswahl)

Lowell Fulson (Album „In A Heavy Bag", 1970). Lydia Lunch (Sampler „Downtown Does The Beatles Live At The Knitting Factory", 1992). Jimmy Thackery & The Drivers (Sampler „The Blues White Album", 2002). Phish (Album „Live Phish Volume 13", 2002). Toxic Audio (Album „Word Of Mouth", 2005). Z-Da (Sampler „Memphis Meets The Beatles, Fried Glass Onions, Vol. 2", Dezember 2005). Will Taylor (Album „White Album Live", 2006). Fred James (Sampler „Beatles Blues – The Blues Meets The Beatles", 2007). Babel (Sampler „Mojo's White Album Recovered", September 2008).

Persönliche Bemerkung

Der Songtext war eine Steilvorlage für uns hormongesteuerte Jungs, mit anzüglichen Bemerkungen unsere Freundinnen oder weibliche Bekannte in Verlegenheit zu bringen. Die Variationen der Kernfrage waren Legion: „Why don't we do it on the kitchen table, on deck, on the Flokati, on the backseat of my VW, on the Hochsitz ... in the airplane, in the classroom „inflagranti" etc. Die Schlusszeile "no one will be watching us" in Verbindung mit Örtlichkeiten wie einem ausverkauften Fußballstadion, einem Zugabteil oder einem Open Air-Konzert hatte da einen besonders provozierenden Reiz.

Die beiden Textzeilen dieses Songs sind und bleiben vermutlich die berühmtesten, unvergesslichsten und meist zitierten Songzeilen des Weißen Albums – jedenfalls bei Charly.

I Will

Fakten

Autorenangabe: Lennon / McCartney, tatsächlich geschrieben von: Paul McCartney.
Schnitt: LP 1 B/8 (208) CD1 016 Laufzeit/Spieldauer: 1'44.
Besetzung/Instrumentierung: Paul McCartney (Hauptgesangsstimme, Bass-Stimme, akustische Gitarre, Chorgesang), John Lennon (Percussion, Chorgesang), George Harrison (Sologitarre), Ringo Starr (Cymbals, Bongos, Maracas).
Aufnahmedaten: 16. September 1968, Abbey Road Studio 2, weitere Aufnahmen (overdubs): 17. September.
Produzent: Chris Thomas, Aufnahmetechniker: Ken Scott.
Anzahl der Aufnahmen: 67, letztlich veröffentlicht (mit Overdubs): Take 68, basierend auf Take 65 .

> Tonart: F-Dur
> Akkorde: Strophe / F d-moll / g-moll^7 C^7 / F d-moll / a-moll F^7 /
> B C^7 / d-moll F / B C^7 / F d-moll / g-moll^7 C^7/
> Zwischenteil: / B a-moll^7 / d-moll / g-moll^7 C^7 / F^{7+} F^7 /
> B a-moll^7 /d-moll / G^7 / C^7 /
> letzte Strophe: / F d-moll / g-moll^7 C^7 / F d-moll / a-moll F^7 / B C^7
> / d-moll b-moll F F / B C7 / d-moll b-moll F F / B C7 / d-moll b-moll
> F F$_{dim}$ / g-moll^7 C^7 / Des / Des^7 / F / F F^7 /
> Schluss: / B a-moll^7 / d-moll / G^7 / C^7 / F /

Textübersetzung
Ich will

Wer weiß, wie lange ich dich schon liebte / Du weißt, ich liebe dich noch immer / Werde ich ein einsames Leben lang warten? / Wenn du mich haben willst – ich will / Wann immer ich dich sah / Bekam ich deinen Namen nicht mit / Aber es spielte wirklich keine Rolle / Ich werde immer das selbe fühlen / Lieb' dich für immer und ewig / Lieb' dich von ganzem Herzen / Lieb' dich, wann immer wir zusammen sind / Lieb' dich, wenn wir getrennt sind / Und wenn ich dich schließlich finde / Wird dein Lied die Luft erfüllen / Sing es laut, damit ich dich höre / Mach' es möglich, Dir nahe zu sein / Wegen der Dinge an Dir, die so gewinnend sind / weißt du, dass ich will / Ich will.

Die Musik

Der Kontrast könnte nicht größer sein. Gerade hat Paul noch seine Sexwünsche machohaft und wenig verklausuliert herausposaunt, umschmeichelt seine Stimme nun die Auserwählte mit allem Schmelz und Charme, zu dem Pauls Crooner-Timbre fähig ist. Schließlich geht es ja auch nicht um eine schnelle Nummer, sondern um die große Liebe, die natürlich für immer und ewig andauern soll. Leicht und beschwingt tänzelt ein angedeuteter Calypso-Rhythmus durch den sanft pulsierenden Strom der Töne. Ab Mitte des Songs erinnert das trippelnde Klangmuster der Perkussionsinstrumente an ein galoppierendes Pony, das allerdings immer gezügelt im Zaum gehalten wird. Das brave Harmoniegefüge würde auch keinen Raum geben für musikalischen Übermut. Erst am Songende finden sich kurze, ungewöhnliche Harmonie-Erweiterungen im ansonsten konventionellen Akkord-Gerüst. Überraschend kippt am Ende der dritten Strophe ein Durakkord ins Moll (b-moll), danach folgt der Einschub eines verminderten Akkords (Fmin), was hörbar macht, dass Paul McCartney immer ein Ohr für kompositorische Finessen hat.

<small>WELCHE MELODIE IST DIE SCHÖNSTE DES ALBUMS?</small>

Über der erweiterten Kadenzharmonik des Songs schwingt sich eine hübsche Melodie, die sofort nachpfeifbar ins Ohr geht, sich aber nicht wie ein platter Gassenhauer andienert. Dafür macht sie zu viele Quintsprünge und hüpft zu lebendig bewegt über eineinhalb Oktaven auf und ab. So etwas tut der gemeine Ohrwurm nicht.

Paul McCartney: „Die Melodie von ‚I Will' ist sicher eine der schönsten, die ich je geschrieben habe. Man hat nur hin und wieder das Glück, eine Melodie zu komponieren, die tatsächlich perfekt ist, aber ich finde, die Melodie von ‚I Will' zählt zu dieser Kategorie. Sie lässt kaum etwas zu wünschen übrig." (Miles 1998, 516). „Schön" ist relativ. Wenn die musikalische Schönheit einer Melodie dadurch definiert ist, dass sie den meisten Zuhörern gefällt ... warum? –

weil sie die gespeicherte Erfahrung und Zuschreibung von melodischer Schönheit bestätigt ... warum? – weil der Verlauf der einzelnen Melodieteile vertraut und vorhersehbar ist ... warum? – weil alle Melodiemotive aus dem Reservoir der bekannten und als schön empfundenen Wendungen schöpfen, dann ist die Melodie von „I Will" unzweifelhaft sehr schön. Und deshalb ist „I Will" für romantische Gemüter das perfekte Liebeslied schlechthin. Für nüchterne Kritiker allerdings „schreit die Sentimentalität von ‚I Will' geradezu nach korrigierender Bearbeitung durch Lennon". (Hertsgaard 1995, 175).

Aber Lennon klopft hier nur rhythmisch mit einem Holzstock auf Metall. Mehr darf er zu diesem Song nicht beitragen. Vielleicht will er es auch nicht – aus Desinteresse oder aus Respekt gegenüber McCartneys Vorgabe. Als besonderen Arrangementeinfall hat McCartney seine Bass-Linie nicht gespielt, sondern gesungen. Verschiedentlich schon hatte er beim Austüfteln einer Bassmelodie die Tonfolge sich selbst erst vorgesungen, bevor er sie spielte. Hier nun entscheidet er sich erstmals für seine Bass-Stimme statt seiner Bassgitarre.

Wer spielt die Sologitarre bei dieser Aufnahme? Dazu gibt es unterschiedliche Quellenangaben. Die meisten Quellen schließen eine Beteiligung von George Harrison aus. Tatsächlich sind am 16. September nur Paul, John und Ringo im Studio anwesend, als das Grundplayback von „I Will" eingespielt wird. Doch tags darauf arbeitet Paul weiter an der Komplettierung des Playbacks und fügt eine zweite Stimme und seinen Bassgesang hinzu. Da könnte sich auch George hinzugesellt haben, um die fein gesetzten solistischen Einwürfe auf der akustischen Gitarre einzuspielen. Von der spieltechnischen Charakteristik spricht mehr für George als Urheber der Gitarren-Fill-ins als für Paul. (siehe auch: Moers/ Meier/ Bühring/ Budéus 2000, 522).

Selbst das Jammen in der Pause trägt Früchte

Das Beatles-Trio – ohne George – hat mit der Einspielung des Grundplaybacks für diesen so leicht und einfach klingenden Song doch seine liebe Mühe. Insgesamt 67 Durchläufe benötigen die drei, um eine verwertbare Aufnahme hinzubekommen. Man einigt sich dann auf Take 65, der allen Beteiligten am gelungensten erscheint. Um den Studiokoller nicht aufkommen zu lassen, spielen sie zwischendurch, erst nach Take 19 und später nochmals bei Take 35, zur Auflockerung vier kurze Songs mehr oder weniger improvisiert. Davon werden drei auf Band konserviert. „Step Inside Love" und „Los Paranoias" sind zu hören auf der Doppel-CD „Anthology 3".

Vom dritten, dem 2'20 Minuten langen „Can You Take Me Back Where I Came From", findet sich ein Ausschnitt von 28 Sekunden auf dem Weißen Album, und zwar eingefügt zwischen „Cry Baby Cry" und „Revolution 9" (mehr dazu am Ende dieses Kapitels). Der vierte Song, wohl mehr ein Fragment,

„The Way You Look Tonight", wird nicht dokumentiert. Es ist wohl eine spontane Variation über Textzeilen aus „I Will". (siehe: Lewinsohn 1988).

Auf seiner Tournee von 2005 singt McCartney „I Will" nur zur eigenen Gitarrenbegleitung. Schaut man sich das Konzertvideo an und sieht beim Umschnitt ins Publikum die verzückten Gesichter der jungen und älteren Konzertbesucher, dann spürt man, welche emotional anrührende Kraft dieses kleine Liebeslied bis heute in sich trägt. Gerade in der Einfachheit liegt seine Schönheit. Es ist einfach schön.

Kommentare, Meinungen, Deutungen

„Who knows how long I've loved you". Mit dieser Einstiegszeile erinnert Paul McCartney an die ur-romantische Vorstellung von einer vorbestimmten, schicksalhaften Liebe. Dass da zwei Menschen für einander bestimmt sind, dass sie wie zwei unvollständige Hälften durch die Welt irren, im festen Glauben daran, dass es die andere Hälfte irgendwo gibt – diesen einen Menschen, den man schon immer geliebt hat und immer lieben wird und den man nur noch finden muss. John Lennon hat dieses Pendant in Yoko Ono gefunden, und, erstaunlicherweise, kurz danach findet auch Paul seine Linda. Für sie schreibt er „I Will". Die Melodie des Songs, deren Ausstrahlung an seine frühen Liebes-Balladen erinnert, entsteht schon vor geraumer Zeit. Doch es wollen sich lange keine passenden Worte für dieses Lied finden.

Paul McCartney: „In Rishikesh bastelte ich an ‚I Will' herum, einem Song, für den ich schon seit längerem die Melodie, aber noch keinen Text hatte. Ich erinnere mich daran, dass ich mit Donovan und vielleicht noch ein paar anderen Leuten zusammensaß. Wir hingen einfach nur so rum. Es war Abend, und wir hatten unser tägliches Meditationsprogramm hinter uns. Ich spielte ihm die Melodie vor. Sie gefiel ihm, und wir versuchten, ein paar dazu passende Worte zu finden. Schließlich saugten wir uns ein paar Zeilen aus den Fingern, irgendwas über den Mond, aber so richtig überzeugen taten sie mich nicht. Schließlich schrieb ich meinen eigenen Text, sehr einfache Zeilen, schlichte, geradezu klassische Liebesliedzeilen. Ich finde sie recht überzeugend." (Miles 1998, 515).

Noch während der Aufnahmen des Songs feilt Paul an den Formulierungen, verändert ganze Zeilen. Dieser Song, dieser Text ist ihm wichtig. Es ist sein allererstes Liebeslied für seine spätere Frau. Was Paul selbstbewusst als gelungene, klassische Liebesliedzeilen preist, ist für viele (überwiegend männliche) Kritiker nichts als schlager-hafter, sentimentaler Kitsch. Vielleicht steckt in einer solch abwertenden Kritik aber auch so etwas wie Abwehr von tiefgehenden Gefühlen, oder Misstrauen gegenüber jeder verliebten Schwärmerei. Doch McCartneys Text handelt von Gefühlen jenseits einer schwärmerischen Verliebtheit. Es geht ihm zweifellos um eine tief empfundene Liebe, für die er den richtigen Ausdruck sucht. Eine große Liebe kann man zwar mit poetischen Metaphern ausschmückend umschreiben, doch wenn es um ein klares Bekenntnis geht, gibt es nicht viele Worte, die ehrlich und eindeutig klingen. Dazu kommt, dass diese Liebesliedzeilen für einen Mann des Jahres 1968 alles andere als selbstverständlich sind. Da streckt ein Liebender seine Hand aus, bietet sich selbst und seine Liebe für immer und ewig. Er begibt sich aus der schützenden Deckung. Ohne zu wissen, ob auch sie ihn will, offenbart er sich vorbehaltlos, liefert sich fast aus – ohne Hintertürchen, ohne Fangnetz. Für Paul McCartney geht es gut aus. Sechs Monate später sind er und Linda verheiratet.

Die Liebe hält tatsächlich – bis dass der Tod die beiden scheidet. Linda McCartney stirbt an Brustkrebs am 17. April 1998, im Alter von 56 Jahren.

Trivia

Der Song „I Will" über die große Liebe, die „forever and forever" währen soll, dauert übrigens gerade mal 5 Sekunden länger als der Testosteron-Blues „Why Don't We Do It In The Road".

Coverversionen/Interpretationen (Auswahl wichtiger Künstler)

Tim Curry (Album „Read My Lips", 1978). Maureen McGovern (Album „Baby I'm Yours", 1992). Hugh Masekela (Album „Reconstruction", 1994). Alison Krauss (Album „Now That I've Found You", 1995). Ben Taylor (Soundtrack „Bye Bye Love", 1995). Art Garfunkel (Album „Songs From A Parent To A Child", 1997). Tuck & Patti (Album „Paradise Found", 1998 und „As Time Goes By", 2001). Real McCoy (Sampler „All You Need is Covers", 2001). La Fragua (Album „De Los Andes A Los Beatles", 2001). Phish (Album „Live Phish Volume 13", 2002). Walter & The Dairy Kings Clevenger (Sampler „It Was 40 Years Ago Today – Tribute To The Beatles", 2004). Beatle Jazz (Album „With A Little Help From Our Friends", 2005). Diana Ross (Album „I Love You", 2007). Joan as Policewoman (Sampler „Mojo's White Album Recovered", September 2008).

Persönliche Bemerkung

Gute Balladen, die sich für das Stehblues-Programm am fortgeschrittenen Abend eignen, braucht jede Band, die zum Tanz aufspielt. Doch keiner in unserer Band wollte „I Will" ins Repertoire aufnehmen.

Obwohl wir Fans von Pauls Liebes-Balladen waren, erschien uns „I Will" im Jahre '68 als zu großer Rückschritt in die unbedarfte Zeit von „And I Love Her" und „I'll Follow The Sun". Beides waren zweifellos hübsche Lieder und wir mochten sie, doch jetzt, Anno '68, erschien uns ein Lied in diesem naiven Stil irgendwie unpassend. Ein zeitgemäßes Liebeslied das musste jetzt für uns klingen wie „Little Wing" von Jimi Hendrix (erschienen im Dezember 1967) oder wie „Suzanne" von Leonard Cohen (veröffentlicht im Februar 1968). Für uns' Charly war „I Will" Kaffeetanten-Musik – und wir widersprachen ihm nicht ernsthaft.

JULIA

Fakten

Autorenangabe: Lennon / McCartney, tatsächlich geschrieben von: John Lennon. Schnitt: LP 1 B/9 (209) CD1 017 Laufzeit/Spieldauer: 2'52.
Besetzung/Instrumentierung: John Lennon (Gesang, akustische Gitarre).
Aufnahmedaten: 13. Oktober 1968, Abbey Road Studio 2.
Produzent: George Martin, Aufnahmetechniker: Ken Scott. Anzahl der Aufnahmen: 3, letztlich veröffentlicht (mit Overdubs): Take 3.

Tonart: D-Dur (eigentlich in C-Dur von Lennon komponiert und auch im Griffmuster des C-Dur-Akkords auf der Gitarre gespielt, allerdings mit Kapodaster im 2. Bund, deshalb transponiert zu D-Dur).
Akkorde Refrain: D / h-moll^7 / fis-moll / fis-moll /
/ D / h-moll^7 / fis-moll^7 / A^7 / D /
Strophe: / D / h-moll^7 / a-moll^7 / a-moll$^{7/9}$ / H^7 / H^7 / G^9 / g-moll^7/ D / h-moll^7 / fis-moll / A^7 / D /
Mittelteil: / cis-moll / cis-moll / D / D / h-moll^7 / h-moll^6 / fis-moll^7 / fis-moll^6 / fis-moll$^7/_d$ / fis-moll /
Schluss: / h-moll^7 / a-moll^7 / a-moll$^{7/9}$ / H^7 / H^7 / G^9 / g-moll^7/ D / h-moll^7 / fis-moll / D / fis-moll / D / fis-moll / A^7 / D^{7+}

Textübersetzung
Julia

Die Hälfte von dem, was ich sage, ist bedeutungslos / Aber ich sage es, nur um dir nahe zu kommen, Julia / Julia, das Kind des Ozeans, ruft mich / Und ich singe ein Lied der Liebe, Julia / Julia, mit ihren Augen wie Seemuscheln und dem Lächeln des Windes, ruft mich. Und ich singe ein Lied der Liebe, Julia / Ihr Haar schimmert wie der schwebende Himmel / flimmernd in der Sonne / Julia, Morgenmond, berühre mich / Und ich singe ein Lied der Liebe, Julia / Wenn ich nicht von Herzen singen kann / Dann lasse ich meine Gedanken sprechen, Julia / Julia, schlafender Sand, stille Wolke, berühre mich / Und ich singe ein Lied der Liebe, Julia / Und ich singe ein Lied der Liebe für Julia, Julia, Julia.

Die Musik

Diese Stimme. Sie klingt ungemein zart und leise – für Lennons Verhältnisse – auch ein wenig unsicher. Sie klingt nach Innigkeit, Melancholie und einer gewissen Vorsicht und Zurückhaltung, auch Behutsamkeit im Umgang mit der eigenen starken Emotionalität. Und gleich zu Beginn singt diese sanfte Stimme 14 Sekunden und zwei Zeilen lang immer nur auf ein und demselben Ton A. Erst als John den Namen seiner Mutter Julia zum ersten Mal liebevoll im Munde führt, fällt die Einton-Melodie in einer Schleife hinunter zum D, und beginnt überlappend sofort wieder von Neuem auf A. John singt mit sich selbst im Duett, doch nicht wie üblich zweistimmig. Während die erste Stimme das „Julia" zu Ende singt, beginnt die zweite überschneidend schon mit einem neuen „Julia", so, als sollte dieses magische Wort wie ein Mantra in einem ständig ineinander greifenden Kreislauf klingen.

Interessant auch, dass Lennon niemals „Julia" singt, sondern immer: „Juuuuuuulia". Bei dem lang anhaltenden „U" sind die Lippen gespitzt wie bei einem Kuss. Wenn man sich von einem geliebten Menschen verabschieden muss, dann schickt man ihm einen letzten Abschiedskuss hinterher, formt die Kusslippen mit einem imaginären „U", berührt mit den Fingerspitzen die eigenen Lippen und pustet den Kuss über die offene Handfläche oder wirft den Handkuss mit einer winkenden Armbewegung in Richtung des geliebten Menschen, der im Auto oder Zug davonfährt. – In seinem Fall musste John sich schon vor 10 Jahren auf tragische und traumatisierende Weise von seiner Mutter verabschieden (was ihm letztlich aber erst gelingt mit dem „Goodbye" in seinem Urschrei-Song „Mother" von 1970).

Ein dissonantes Lied der Liebe?

Der weitere Verlauf der Melodie bleibt fast linear, wird beim Wort „me" nur um einen Halbton angehoben, was eigentlich dissonant klingen müsste, hier aber nur als bittersüßer Reizpunkt wahrgenommen wird innerhalb der minimalistischen Melodie. Erst mit dem Zwischenteil „Her hair …" kommt die Melodie in Bewegung – mit einer Tonfolge, die aus der Tiefe emporsteigt und in ein fast orientalisch anmutendes, in vier Tönen absteigendes Melodiemotiv mündet. Die Refrainzeile „so I sing a song of love", die stets als Eintonmelodie gesungen wird, überrascht erst in der letzten Wiederholung mit einem plötzlichen Terzsprung, der wie ein wohliger emotionaler Kick wirkt, weil er die trance-ähnliche „Eintönigkeit" durchbricht.

John Lennons vokale Intonation ist mehrmals unsauber. Und wohl auch bewusst so belassen. Denn Präzision wäre in diesem einfühlsam und leicht brüchig vorgetragenen Bekenntnislied auch völlig fehl am Platz. Die kleinen, reibungsvoll schief gesungenen Töne erhöhen nur den Grad der Authentizität. Das einzige Begleitinstrument zu Lennons ungekünsteltem und berührendem

Gesang ist seine Akustikgitarre, die er in der neu erlernten Fingerpicking-Technik anschlägt. Im indischen Rishikesh hatte sich John diese für ihn neue Zupftechnik von Donovan zeigen lassen.

Donovan: „John wollte unbedingt meine Fingerpicking-Technik lernen, und er war ein begabter Schüler. Paul hatte bereits ein paar Grundkenntnisse in Sachen Fingerpicking, und George war mit seinem Chet Atkins Stil zufrieden. Als John ‚Julia' und ‚Dear Prudence' schrieb, griff er auf die Zupftechnik zurück, die ich ihm beigebracht hatte." (Miles 1998, 518).

Fast so wie die konstant ablaufende Tonmechanik einer aufgezogenen Spieluhr klingt der fortwährend rollende Kreislauf der gezupften Gitarrentöne – einer folgt dem anderen im stetigen Auf und Ab. Doch nur der fließende Tonrhythmus bleibt unverändert im gleichmäßigen Muster der zupfenden Fingerkuppen; die Melodie der angeschlagenen Töne ändert sich ständig im Wechsel der Akkorde. Dabei fällt im sanft pulsierenden Abrollmuster der Töne gar nicht auf, dass mitunter ein paar Dissonanzen entstehen, weil der Komponist Lennon ganz bewusst einige reibungsvoll „schräge" Akkorde eingebaut hat. Für diese makellose Demonstration seiner neu erlernten Fingerpicking-Technik, benötigt John Lennon nur drei Durchläufe. Und der dritte Take wird dann auch genommen – als Basis für zwei weitere gesangliche Overdubs.

„Julia" ist Lennons einziges Solostück, das je auf einem Beatles-Album veröffentlicht wurde, es ist auch der allerletzte Song, der für das Weiße Album aufgenommen wird. Es fällt auf, dass die Abmischung von „Julia" einen deutlich geringeren Pegel aufweist als die übrigen Songs des Albums (mit der Ausnahme von Harrisons „Long, Long, Long"). Was hier von Vorteil sein kann, denn, wenn etwas leiser ist, hört man genauer hin. Und das hat „Julia" wahrlich verdient.

Kommentare, Meinungen, Deutungen

Unwillkürlich vergleicht man die beiden Liebeslieder, die am Ende der ersten LP unmittelbar aufeinander folgen: McCartneys beschwingt melodiöses „I Will" und Lennons introvertiert melancholisches „Julia". Und man ist geneigt, schnell zu urteilen, dass „I Will" oberflächlich wirkt, im Vergeich zu der Seelentiefe von „Julia", diesem fragilen, fast privatimen Lied, das inhaltliche Substanz hat, sowohl in der musikalischen Komposition als auch in der Bildsprache des Textes. Würde man aber McCartneys freundlichem Liebeslied einen substanziellen Gehalt absprechen, müsste man im Grunde jedes einfach wirkende künstlerische Produkt mit positiver Ausstrahlung als unbedeutendes Leichtgewicht abtun. Beide Lieder sind prototypisch für die unterschiedlichen Charaktere und Persönlichkeiten von McCartney und Lennon. Die Verschmelzung ihrer beider verschiedenartigen Gefühls- und Erfahrungswelten hat einige der begnadedsten Songs der Popgeschichte hervorgebracht. Den meisten ihrer späteren solistischen Produktionen fehlt gerade dieses befruchtende Kontrastelement und bereichernde Korrektiv des früheren Partners.

Geklaut wird nur bei den Besten

Lennons Text beginnt gleich mit einem poetisch formulierten Eingeständnis: „Half of what I say is meaningless, but I say it just to reach you." Er adaptiert damit zwei Zeilen eines Gedichts des libanesischen Poeten und Mystikers Kahlil Gibran (1883 – 1931). Die Originalzeilen aus dem Poem „Sand and Foam" von 1926 lauten: "Half of what I say is meaningless; but I say it so that the other half may reach you." Auch Lennons lyrische Zeilen „When I cannot sing my heart, I can only speak my mind" sind von Gibrans Gedicht "Sand and Foam" inspiriert. Da heißt es: „When life does not find a singer to sing her heart, she produces a philosopher to speak her mind."

„Julia" ist Johns Liebeslied für die beiden wichtigsten Frauen seines Lebens: seine früh verstorbene Mutter Julia und seine große Liebe und Inspiration – auch sein Mutterersatz – Yoko. Im Text ruft sie nach ihm: „Ocean child calls me." Yoko heißt auf Japanisch „Meereskind", und John spürt, dass er dem Ruf des Meereskindes folgen will, wenn nicht gar folgen muss. Es hat den Anschein, als wolle John mit diesem Lied seiner Mutter Julia die neue Liebe Yoko vorstellen, und: als würde seine Liebe zu den beiden Frauen verschmelzen, so wie die Verehrung für beide in den lyrischen Bildern des Songtextes ineinander fließt.

Julia und Yoko begegnen sich in Indien

Die Gitarrenkomposition und ein Großteil des Songtextes entsteht in Rishikesh. Bei den Meditationsübungen im Camp des Maharishi stößt John Lennon auf etwas tief in ihm Verborgenes, was er lange verdrängt hatte: seine starken, auch schmerzlichen Gefühle für seine Mutter. Gleichzeitig intensiviert sich seine gedankliche Beschäftigung mit Yoko Ono und auch seine Sehnsucht nach ihr. Sie schickt ihm regelmäßig Briefe und Postkarten nach Rishikesh mit poetischen Aphorismen, wie etwa: sie sei eine Wolke am Himmel und er solle nach ihr suchen. So könnten sich die beiden Metaphern in Lennons Songtext „floating sky" und „silent cloud" vor allem auf Yoko beziehen, doch die durchgehende Beschwörung weiblicher Schönheit und der fast flehentliche Gestus in seiner Stimme richtet sich vorwiegend an seine Mutter.

Mama don't go. Daddy come home

Julia ist eine aufgeschlossene und unkonventionelle, gleichermaßen attraktive wie lebenslustige Frau. Schon mit 14 lernt sie ihren späteren Mann kennen, Alfred „Freddie" Lennon, ein unruhiger Geist wie sie. Am 3. Dezember 1938 heiraten die beiden. Tags drauf heuert er als Schiffs-Steward an und ist in den nächsten Monaten mehr auf See als zuhause bei seiner Frau. John Lennon wird am 9. Oktober 1940 geboren, während sein Vater auf einem Truppentransporter der britischen Armee Dienst tut. Alfred Lennon lässt sich in der Folgezeit immer seltener bei seiner Familie blicken, schickt zwar bis 1943 regelmäßig Schecks an seine Frau, doch danach bleiben er und seine Schecks für zwei Jahre verschollen. Julia ist inzwischen mit einem Soldaten aus Wales liiert. Aus der Verbindung kommt eine Tochter zur Welt, die auf Druck der Familie von Julia zur Adoption freigegeben wird.

Johns Vater taucht überraschend wieder auf und verspricht, künftig für John und Julia zu sorgen. Julia ist davon nicht angetan. Es kommt zum Streit zwischen Johns Eltern, und sein Vater verlangt, dass sich der 5-jährige John entscheiden solle, bei wem er künftig leben will. John ist hin und hergerissen, fühlt sich überfordert. Erst will er mit seinem Vater gehen, entscheidet sich dann aber weinend für seine Mutter. Vater Alfred verschwindet danach völlig aus Johns Leben.

Der verlorene Vater. Die verlorene Mutter. Der verlorene Sohn?

Seine Mutter geht eine neue Beziehung ein, woraufJulias Familie darauf drängt, dass der kleine John in die Obhut von Julias älterer Schwester Mimi und deren Mann George gegeben wird. Mit Zucht und Disziplin versucht die gestrenge, herzenskühle Tante Mimi, die nichts von Gefühlsduseleien hält, mit dem kreativ-wachen, aber unkonventionellen und oft ungezogenen Neffen klar zu kommen. Natürlich will sie nur sein Bestes, kriegt es aber nicht. Zuhause bei Mimi macht er auf braven Jungen, doch draußen entwickelt sich John zu einem kleinen Rabauken. Das strenge Regiment von Tante Mimi sorgt zunächst dafür, dass John nur selten Kontakt mit seiner Mutter Julia hat. Doch allmählich ergibt sich wieder eine Annäherung zwischen den beiden. Julia schenkt ihm eine Gitarre, zeigt ihm die ersten Akkorde, bemerkt, dass er sich schwer tut mit dem Gitarrenspiel und schenkt ihm deshalb ein Banjo, das leichter zu spielen ist, weil es nur 4 Saiten hat. Sie bringt ihm einige Lieder bei und weckt sein Interesse am Rock'n'Roll von Elvis, für dessen Musik Julia sich begeistert. Manchmal sieht man die beiden vergnügt in Julias Küche tanzen.

Der grösste Fan der Quarrymen

Als John seine erste Skiffle-Band The Quarrymen gründet, darf er in Julias Haus proben, weil Tante Mimi laute Musik nicht vertragen kann. Beim ersten größeren Auftritt der Quarrymen, der 1957 in der St. Barnabas Hall in Liverpools Penny Lane stattfindet – damals schon mit Paul McCartney und George Harrison – ist Julia nicht nur anwesend, sondern fällt besonders auf, weil sie im Publikum am meisten klatscht und pfeift und Johns Quarrymen anfeuert. Julia, die gerne eine Brille ohne Gläser aufsetzt, hat einen ähnlich skurrilen

Humor wie ihr Sohn, unterstützt ihn bei seinen verrückten Ideen, die Tante Mimi mit eiserner Hand zu vereiteln trachtet. Doch Tantchen hat dabei nur äußerst geringen Erfolg – zumal John jetzt eine Verbündete hat, die ihn fördert. Er ist fasziniert von Julia, die er als Mischung aus Teilzeitmutter und großer Schwester erlebt. John blüht auf, ist oft zu Besuch im Haus seiner Mutter, die inzwischen zwei Töchter mit ihrem neuen Lebenspartner hat. Und Julia besucht häufig John und ihre Schwester Mimi. Diese für John äußerst glücklich verlaufende Wiederannäherung an seine Mutter findet am 15. Juli 1958 ein jähes, tragisches Ende.

Julia ist auf dem Heimweg nach einem Besuch in Mimis Haus, geht zur Bushaltestelle in der Menlove Avenue, überquert die Straße und wird vom Auto eines Polizisten, einem Fahranfänger, erfasst und 20 Meter durch die Luft geschleudert. Sie stirbt noch an der Unfallstelle (in einigen Quellen ist zu lesen, der Polizist sei außer Dienst und betrunken gewesen. Tante Mimi, die zur Unfallstelle gerannt sei, habe ihn als Mörder beschimpft).

"MY MUMMY'S DEAD, I CAN'T GET IT THROUGH MY HEAD"

John, damals 17 Jahre alt, ist nicht in der Lage, mit dem Unfalltod seiner Mutter und mit seinen Gefühlen umzugehen. Bei der Beerdigung klammert er sich an seine Tante Mimi und verbirgt sein Gesicht. Es überfordert ihn, seiner Mutter die letzte Ehre zu erweisen. Beim Defilee vor dem aufgebahrten Leichnam wendet er sich ab. Er schafft es nicht, seine tote Mutter anzuschauen. Sein Gesicht ist wie versteinert, Tränen sieht man bei ihm nicht. Er hat seine Mutter zum zweiten Mal, und nun endgültig, verloren. Ein damaliger Jugendfreund erzählt später, John habe wie hysterisch gelacht, aber ansonsten kein Wort darüber verloren. Der plötzliche Tod seiner Mutter hat den Teenager John traumatisiert. In der Folgezeit neigt er zu unkontrollierten Wutausbrüchen, provoziert Schlägereien und ertränkt seinen Schmerz in Alkoholexzessen.

"I CAN'T EXPLAIN, SO MUCH PAIN.
I COULD NEVER SHOW IT. MY MUMMY'S DEAD"

Als zunehmend stabilisierendes Element erweist sich die Musik und seine Band. Auch Paul McCartney hat seine Mutter früh verloren. Sie starb 1956 an Brustkrebs. Dieses gemeinsame Schicksal verbindet die beiden und trägt zur wachsenden Freundschaft und kreativen Partnerschaft zwischen John und Paul bei.

"Julia" ist ein versöhnlicher Song über seine Mutter, die schmerzlichen, selbstquälerischen "My Mummy's Dead" und "Mother" folgen erst später. Das schmerzlich-sehnsüchtige, hingebungsvolle Liebeslied an Julia und Yoko endet mit einem offenen Akkord, dem Großen-Septakkord, der eigentlich dissonant klingt, weil zwei nebeneinanderliegende Halbtöne gleichzeitig erklingen. Zwei Töne, die sich so dicht aneinanderschmiegen, dass sie fast miteinander verschmelzen, machen ihr Schicksal in schmerzlicher Einsicht hörbar – weil die Einheit letzlich nicht möglich ist. Auch wenn man sich noch so sehr liebt und nahe kommt, bleibt man doch getrennt. Wer will, kann das hören im Schlussakkord D^{7+}, den John Lennon bewusst gewählt hat.

Memorabilia

Sean Lennon spielt den Song live am 2. Oktober 2001 in New Yorks Radio City Music Hall, während der Benefiz-Veranstaltung „Come Together – A Night For John Lennon's Words And Music Concert". Auf dem collagierten Beatles-Album „Love" von 2006 ist die Gitarrenfigur von „Julia" am Ende des neu abgemischten McCartney-Songs „Eleanor Rigby" zu hören. In Lennons „Julia"-Motiv sind Elemente aus vier anderen Lennon-Songs eingeblendet: die Atmo-Aufnahme spielender Kinder aus der Benefiz-Fassung von „Across The Universe", ein Cello aus „A Day In The Life", die Krankenwagensirene aus „Revolution 9" und die Radiostationssuche aus „I Am The Walrus".

Trivia

Nach Erscheinen des Weißen Albums steigt der Name Julia in der Rangliste der beliebtesten Mädchenvornamen Englands und Nordamerikas signifikant.

In David Lettermans Late Night Show wird „Julia" immer dann von Lettermans Hausband Paul Shaffer and The Late Show Orchestra angespielt, wenn Julia Roberts zu Gast ist.

Coverversionen/Interpretationen (Auswahl)

Ramsey Lewis, (Album „Sky Island", 1993). Bongwater, (Compilation „Box of Bongwater", 1998). Chocolate Genius (Soundtrack-Sampler „I am Sam", 2001). Phish (Album „Live Phish Volume 13", 2002). Sean Lennon (DVD „Come Together – a night for John Lennon's words & music – dedicated to New York City and its people", 2003). Neil Hubbard (Sampler „It Was 40 Years Ago Today – Tribute To The Beatles", 2004). MNO Michael Emenau (Sampler „Backspin: A Six Degrees 10 Years Anniversary Project", 2007). Die Vision (Sampler „Celebrating The Eggman – A Tribute to John Lennon", Februar 2007). A Girl Called Eddy (Sampler „Mojo's White Album Recovered", September 2008).

Persönliche Bemerkung

Am Abend des 9. Dezember 1980 war ich beauftragt, die Sondersendung von hr3-TopTime zum Tode von John Lennon zu moderieren und die Musik auszuwählen. Seit ich von seiner Ermordung gehört hatte, hing ich total durch. Einer meiner größten Helden war von einem gestörten Wirrkopf über den Haufen geschossen worden. Zwar hatte ich schon zehn Jahre Radio-Erfahrung, war mir aber trotzdem nicht sicher, ob ich in dieser Situation eine brauchbare und vor allem angemessene Sendung hinbekommen würde. Es zeigte sich aber sehr rasch, dass die Beschäftigung mit der Sendungsvorbereitung das beste Mittel war, mit der Trauer und dem Entsetzen umzugehen. Als Einstieg in die Sendung legte ich John Lennons kleines verstörendes Lied „My Mummy's Dead" auf. Ich übersetzte den Text und las anschließend meine erste Moderation, die ich mir aufgeschrieben hatte: „Heute muss man den Text umschreiben: Ich krieg es nicht in meinen Kopf, ich kann's nicht erklären, so viel Schmerz: John Lennon ist tot". Dann spielte ich seine großen Song-Klassiker „Strawberry Fields Forever", „A Day In The Life", „Across The Universe", „I Am The Walrus", „Imagine" usw., kommentierte und würdigte sein Genie und konnte meine eigene Betroffenheit nicht verbergen.

Am Ende der Sendung rief eine Hörerin an – der Stimme nach zu urteilen, eine ältere Frau – und fragte mich, warum ich nur „My Mummy's Dead" gespielt habe und nicht auch „Julia"? Schließlich sei doch dieses Lied, das er für seine Mutter geschrieben habe, ein Schlüsselsong für John Lennon gewesen. Seine Einsamkeit, sein Schrei nach Hilfe in „Help", seine Sinnsuche und Suizidgedanken (sie meinte sicher die Zeile „Yes I'm lonely, wanna die" aus dem „Yer Blues"), das alles hätte doch mit dem schrecklichen Tod seiner Mutter zu tun. Ich hätte nur den Intellektuellen und großen Songschreiber Lennon dargestellt, nicht aber seine weiche und verletzliche Seite. Ich antwortete entschuldigend, in der Kürze der Sendezeit könne man halt nicht alle Aspekte berücksichtigen. Das schien ihr aber kein einleuchtendes Argument zu sein und ich konnte ihr nicht widersprechen, denn sie hatte recht. Dann sagte sie etwas, das mich irritierte: Ihr sei aufgefallen, John Lennon würde davon singen, dass seine Mutter Julia nach ihm ruft. Jetzt sei er dem Ruf gefolgt und wäre nun bei seiner Mutter. Das fand ich total abwegig. John Lennon war gestern einem Gewaltverbrechen zum Opfer gefallen und diese Hörerein sprach davon, er sei dem Ruf seiner Mutter ins Totenreich gefolgt. Ich wollte aber nicht unhöflich sein, sagte sinngemäß, das sei ein interessanter aber auch sehr eigenwilliger Gedanke und beendete das Gespräch rasch. Am Tag nach John Lennons Ermordung mochte ich so etwas nicht hören.

Inzwischen weiß man ja, dass der Ruf, den John Lennon vernahm, nicht von Julia, sondern von „Ocean Child" Yoko ausging. Das Telefonat habe ich über all die Jahre nicht vergessen, und immer wenn ich den Song „Julia" irgendwo höre, muss ich daran denken. Zwei Tage später, in meiner regulären all-donnerstäglichen hr3-Sendung „Volkers Kramladen", in der mein Thema natürlich erneut John Lennon war, habe ich dann „Julia" gespielt.

LP 2 A-Seite

BIRTHDAY

Fakten

Autorenangabe: Lennon / McCartney, tatsächlich geschrieben von: Paul Mc Cartney. Schnitt: LP 2 A/1 (301) CD2 001 Laufzeit/Spieldauer: 2'41.
Besetzung/Instrumentierung: Paul McCartney (Hauptgesangsstimme, Piano, Händeklatschen), John Lennon (Sologitarre, Chorgesang, Händeklatschen), George Harrison (6-saitige Bassgitarre, Händeklatschen), Ringo Starr (Schlagzeug, Tamburin, Händeklatschen), Yoko Ono (Chorgesang, Händeklatschen), Pattie Harrison (Chorgesang, Händeklatschen), Mal Evans (Händeklatschen).
Aufnahmedaten: 18. September 1968, Abbey Road Studio 2.
Produzent: Chris Thomas, Aufnahmetechniker: Ken Scott.
Anzahl der Aufnahmen: 20, letztlich veröffentlicht (mit Overdubs): Take 22.

> Tonart: A-Dur
> Akkorde: Intro / A^7 / A^7 / D^7 / A^7 / E^7 / A^7 /
> Strophe / A^7 / A^7 / D^7 / A^7 / E^7 / A^7 /
> Zwischenteil / E / E^7 /
> Refrain / C / G^7 / C / G^7 / C / G^7 / C / G^7 / e-moll / E /

Textübersetzung
Geburtstag

Du sagst, du hast Geburtstag / Auch ich hab Geburtstag, ja / Man sagt, du hättest Geburtstag. Dann wollen wir doch mal feiern. / Ich freue mich, dass du Geburtstag hast / Herzlichen Glückwunsch zum Geburtstag / Ja, wir gehen auf eine Party-Party / Ich möchte gerne, dass du tanzt - Geburtstag / Ergreife die Cha-Cha-Chance - Geburtstag / Tanze.

Die Musik

Rock'n'Roll!? – Harder Rock'n'Roll! Die Beatles beamen sich zurück ins Jahr 1956 und antizipieren gleichzeitig den Hardrock, der etwa ein Jahr nach Veröffentlichung des Weißen Albums lautstark die Szene stürmt. Mit einem eintaktigen Riff beginnt dieses Geburtstaglied der rockenden Art. Von Gitarre und Bass synchron gespielt, läuft dieser nicht gerade aufregende Riff durch die Standard-Harmonik des Blues-Schemas. Nichts Neues also, auch nichts Besonderes, aber es sind ja erst 20 Sekunden vergangen. Immerhin beweist dieser Riff Geschichtsbewusstsein, indem er die sehr ähnlichen Tonfolgen aus Little Richards „Lucille" und Roy Orbisons „Pretty Woman" aufgreift und variiert. Exakt das gleiche, gerade gehörte Riff- und Harmoniemuster ist nun in der Wiederholung der Hintergrund für einen vokalen Auftritt von Paul McCartney als gesanglicher Berseker und John Lennon mit einer dagegen eher braven Begleitstimme. Das so angesungene Geburtstagskind dürfte hier erschreckt den Kopf einziehen, denn statt des üblichen und meist fröhlich-freundlichen „Happy Birthday"-Geträllers in Zimmerlautstärke bekommt das Geburtstagskind die Glückwünsche von den Beatles rüde in die Ohren gebrüllt und hardrockend um selbige gehauen.

Nach der ersten Strophe schließt sich ein 8-taktiger Rhythmus-Break an. Hey Ringo, 8 Takte nur für Dich! Das ist die einmalige Gelegenheit, loszulegen und endlich mal ein zumindest kurzes Schlagzeug-Solo in einem Beatles-Song unterzubringen. Aber was macht Ringo? Er kloppt von vorn bis hinten nur seinen sturen Einheits-Beat und legt später noch Tambourin-Gerassel drüber. Und die Chance ist verpasst, sich mit ein paar geschickt gesetzten Wirbeln als Drummer von Stil und Können zu profilieren.

VON RINGO KAM NICHTS, JETZT IST JOHN DRAN. MACHT ER'S BESSER?
Mit kraftvoll und gerade durchgeschrummten E-Dur-Akkorden auf der E-Gitarre beginnt John Lennons kompositorischer Anteil an diesem McCartney-Song. Acht Takte lang E-Dur, eine dreifach wiederholte Melodie von vier Tönen, die brav in geordneter Reihe absteigen, dazu noch Geklatsche im Achtelrhythmus – nein, auch das ist alles andere als eine kompositorische Großtat. John Lennon singt diese seine bescheidene Melodie zum noch bescheideneren Text „Yes we're going to a party-party" zuerst alleine; die erste Wiederholung ist dann zweistimmig, die dritte – wer hätte das gedacht – dreistimmig. Und auch das ist wahrlich keine kühne Arrangement-Idee, um die Spannung zu steigern, die ohnehin und insgesamt vom bisherigen musikalischen Input nicht gerade befeuert wurde. Der überraschende Tonartwechsel auf C-Dur (tatsächlich die einzige musikalische Überraschung im ganzen Song) leitet die nächste Sparversion an kompositorischer Eingebung ein. Die viermalige Aneinanderreihung des simpelsten aller denkbaren Harmoniewechsel, nämlich Tonika und Dominantseptakkord, geht auf McCartneys kompositorische Kappe. Immerhin rattert ein Riff wie in einer Berg- und Talfahrt über die Kadenzharmonik und durchbricht nach der vierten Wiederholung weiter himmelwärtssteigend die dünne Decke der gestalterischen Ideen.

Erwähnt werden sollte noch, dass Paul bei diesem als Refrain fungierenden dritten Teil des Songs in seiner Little Richard-Shouter-Stimme den Ton angibt und, dass Yoko Ono und Pattie Harrison im Hintergrund dreimal „Birthday" singen. Dieser Refrain im angedeuteten Boogie-Rhythmus endet mit einem Crescendo, bei dem Paul wieder mal als energetischer Schreihals die Grenzen seiner Stimmbänder testet.

Eineinhalb Minuten sind vergangen. Passiert's jetzt?
Der merkwürdige Klavierklang, der im Anschluss daran zu vernehmen ist, wird durch Verwendung eines Leslie-Kabinetts erzeugt. (Der Klavierton wird dabei durch ein System rotierender Lautsprecher geschickt, wodurch ein seltsam schwebender Klang entsteht, ausgelöst durch das Phänomen der Veränderung wahrgenommener Frequenzen, genannt Doppler-Effekt). Vor der Wiederholung des Refrains wird immerhin noch eine Variation des Hauptriffs eingebaut, viel mehr hat der Song aber nicht zu bieten, wenn man den Gag unberücksichtigt lässt, dass bei der Abmischung das instrumentale Playback mono belassen wurde, während der Gesang im Stereo-Panorama zu hören ist. Wenn man die Geschwindigkeit bedenkt, in der dieser Song erdacht, ausgeführt und fertig abgemischt wurde – es sollen insgesamt nicht mehr als acht Stunden Produktionszeit gewesen sein – dann beurteilt man die eingeschränkte Qualität des Songs nicht mehr ganz so kritisch, dafür aber die geringe Selbstkritik der Beatles in dieser Phase. Für eine andere Band wäre diese Songaufnahme eine gut vorzeigbare Produktion. Nicht aber für die Beatles. Gemessen an deren eigenem, damals erreichten Entwicklungsstand, ist „Birthday" ein krasser Rückschritt. Offenbar gewollt, oder zumindest so hingenommen? Ging es ihnen darum, mal auf die Schnelle einen Song aus dem Hut zu zaubern?

Paul McCartney: „Wir dachten uns, wie wär's, wenn wir zur Abwechslung mal was improvisieren?' Also legten wir los, und schon bald hatten wir einen Riff in Arbeit – und um diesen Riff herum arrangierten wir dann das Stück. Wir sagten: ‚Lass uns ein paar Takte diesen hier machen und ein paar Takte lang den hier.' Als nächstes ließen wir uns einen Text dazu einfallen. ... Birthday ist eine Fifty-fifty-Koproduktion von John und mir, ein Stück, das an Ort und Stelle entstanden ist und noch am selben Abend fix und fertig auf Band war." (Miles 1998, 616).

Interessant, dass Paul McCartney ständig von „wir" spricht und auf den gleichen kompositorischen Anteil von Lennon verweist. „Birthday" wird von den meisten Krikern – zu Recht – als einer der schwächeren Songs des Weißen Albums bezeichnet. Lennon selbst kanzelt den Song zwölf Jahre später in einem Interview sogar als „Schrott" ab. Betont deshalb Paul McCartney im zitierten Interview, das Mitte der Neunziger Jahre geführt wurde, ausdrücklich die „Wir"-Verantwortlichkeit für den Song? Denn der diensthabende Produzent am Abend der Aufnahme hat eine ganz andere Erinnerung über die Entstehung von „Birthday".

Chris Thomas: „Paul war als erster im Studio, und er spielte den „Birthday"-Riff. Als die anderen auftauchten, war das Stück praktisch fertig – er hat es im Studio einfach so aus dem Ärmel geschüttelt." (Miles 1998, 617).

Wie die Gewichtung der kompositorischen Anteile auch immer war, „Birthday" ist der einzige Song des Weißen Albums, bei dem McCartney und

Lennon tatsächlich kompositorisch zusammengearbeitet haben und sich auch den Lead-Gesang teilen. Doch wenn man vergleicht, was die beiden genialen Songschreiber in besseren Tagen der Zusammenarbeit kreiert haben – man denke nur an „A Day In The Life" – dann wird einem arg wehmütig ums Herz. Und das kritische Hirn tendiert fast dazu, dem übertrieben negativen Urteil Lennons zuzustimmen.

Kommentare, Meinungen, Deutungen

Wir hauen kräftig auf die Pauke. Alles Gute, du Rabauke. Ist das, in geraffter Form, die Botschaft des Textes? Sehen sich die Beatles hier als Dienstleister, um auch der jungen Generation zu einem angemessenen Geburtstagslied zu verhelfen – nicht betulich, sondern frech lärmend, rockend und witzig – zumindest witzig gemeint? Oder wollen die Beatles mit „Birthday" das Gleiche für Geburtstagsfeiern erreichen, was „White Christmas" für Weihnachten bedeutet?

Paul McCartney: „Wenn man einen Song hat, der sich auf Weihnachten bezieht oder auf Geburtstage im Allgemeinen, dann entwickelt er – wenn er gut ist – mit der Zeit so etwas wie ein Eigenleben, denn die Leute werden ihn dann bei ihren Geburtstagsparties auflegen. Ich bin mir ziemlich sicher, dass diese Überlegung damals auch eine gewisse Rolle gespielt hat." (Miles 1998, 616).

Die Idee, einen Song wie „Birthday" aufzunehmen, kommt Paul McCartney offenbar auch, weil er weiß, dass seine neue Liebe Linda Eastman in ein paar Tagen 26 Jahre alt wird und sie dann von ihrem bisherigen Wohnort New York zu ihm nach London ziehen wird. Die Inspiration für die Rock'n'Roll-Attitüde des Songs bezieht er aus „The Girl Can't Help It", dem Kultfilm von 1956 mit Jayne Mansfield in der Hauptrolle und mit Gastauftritten der Rock'n'Roll-Heroen Gene Vincent, Little Richard, Eddie Cochran und Fats Domino. Am Abend des 18. September 1968 soll dieser berühmte Film, der im Rock'n'Roll-Milieu spielt, zum ersten Mal von der BBC im englischen Fernsehen ausgestrahlt werden. Das ist für Rock'n'-Roll-begeisterte Musiker wie die Beatles ein Ereignis, das nicht verpasst werden darf. Also wird die Planung der Studioaufnahmen an diesem Mittwoch, dem 18. September ganz nach der Sendezeit des Films ausgerichtet.

Paul kommt gegen 17 Uhr ins Studio und, weil noch kein anderer da ist, klimpert er am Piano herum, bis sich allmählich der Riff des späteren Songs „Birthday" herauskristallisiert. Nachdem die andern eingetrudelt sind, schlägt Paul vor, von diesem Riff ausgehend und mit den weiteren Ideen, die er bereits entwickelt hat, einen neuen Song auszuarbeiten, der den Geist von „The Girl Can't Help It" aufgreift. Eigentlich ist geplant, an einem anderen, bereits begonnenen Song weiterzuarbeiten, aber weil sich alle auf den Film freuen, hat keiner etwas dagegen. Sie beginnen mit den Proben des Riff-Parts, brechen aber bald ab, weil sie den Beginn des Films nicht versäumen wollen.

Jayne Mansfield singt sogar – doch Little Richard & Co stehlen ihr die Show

Gemeinsam mit der Studiocrew gehen sie in die nicht weit entfernt liegende Wohnung von Paul und schauen sich die rasante Filmsatire über das US-amerikanische Jukebox-Geschäft der frühen Fünfziger Jahre an. Angeknipst von der „optisch und akustisch einfallsreich lärmenden Komödie im Comic-strip-Stil mit zeitkritischen Akzenten", so das Lexikon des Internationalen Films, kehren die Beatles gegen 23 Uhr wieder ins Studio zurück und legen zünftig rockend los. Vor allem Little Richards Filmauftritt hinterlässt Spuren in Paul McCartneys weiterer Vorgehensweise. Denn Paul, der erklärte Fan von Little Richards vokaler Ekstase, singt für den Rest der Aufnahme nur noch im Stil seines Shouter-Helden. Die Beatles erlauben sich den Spaß der Regression und der Rückwärtsbewegung in die Zeit des simplen, unbeschwerten Rock'n'Rolls; sie tauschen die Instrumente: George spielt Bass, John Lead-Gitarre und Paul Klavier; sie ziehen einen zünftigen Rock'n'Roll durch und verpassen ihm ein modernes hardrockendes Klang-Gewand – und was macht die Kritikerzunft? Dankt es ihnen nicht, sondern rümpft mäkelnd die Nase.

Trivia
Wegen der Riffstruktur mit nachfolgender Pause eignet sich „Birthday" besonders gut für die Poser und Rocker an der Luftgitarre.

Memorabilia
„Dieser Song ist für eine Frau, die 400 Jahre alt ist. Herzlichen Glückwunsch zum Geburtstag, Quebec", mit diesen Worten, auf Französisch, kündigt Paul McCartney den Song „Birthday" an, den er am 20. Juli 2008 mit seiner Begleitband live in Quebec spielt, anlässlich der 400-Jahrfeier der Stadt.

Coverversionen/Interpretationen
Underground Sunshine (Single „Birthday", 1969). The Inmates (Album „Meet the Beatles: Live in Paris", 1988). Paul McCartney (Live-Album „Tripping The Live Fantastic", Nov. 1990). Hair Rave Up (Sampler „All You Need is Covers", 2001). Phish (Album „Live Phish Volume 13", 2002). The Ruby Suns with Esau Mwamwaya (Sampler „Mojo's White Album Recovered", Oktober 2008).

Persönliche Bemerkung

Als allseits geschätztes Geburtstagslied hat sich „Birthday" nie durchgesetzt. Das „Happy Birthday to you" ist irgendwie zu sehr geplärrt. Wer will an seinem Geburtstag auch schon angeschrieen werden. Da fummelt man doch lieber am Tonarm herum, um exakt die Stelle zu finden, bei der Stevie Wonder seinen „Happy Birthday"-Refrain beginnt und danach mehrfach wiederholt – im Song „Happy Birthday" für Martin Luther King aus dem Album „Hotter Than July" von 1980. Denn dieser „Happy Birthday"-Refrain hat wenigstens eine schön geschwungene, Gratulanten-würdige Melodie.

Freund Charly hat allerdings mit wachsender Begeisterung alle seine Freunde an deren Geburtstag telefonisch mit Pauls Berserker-Stimme erschreckt. Wenn das Geburtstagskind abhob, drückte Charly, ohne was zu sagen, auf den Startknopf seines Kassettenrekorders, und der verdutzte Angerufene hörte das „Happy Birthday"-Gekreische von Paul McCartney als Endlosschleife hintereinandergeschnitten.

YER BLUES

Fakten

Autorenangabe: Lennon / McCartney, tatsächlich geschrieben von: John Lennon. Schnitt: LP 2 A/2 (302) CD2 003 Laufzeit/Spieldauer: 3'56.
Besetzung/Instrumentierung: John Lennon (Hauptgesangsstimme, Sologitarre, Chorgesang), Paul McCartney (Bassgitarre), George Harrison (Sologitarre), Ringo Starr (Schlagzeug).
Aufnahmedaten: 13. August 1968, Abbey Road Studio 2 und kleiner Nebenraum, weitere Aufnahmen (overdubs): 14. und 20. August.
Produzent: George Martin, Aufnahmetechniker: Ken Scott.
Anzahl der Aufnahmen: 14, letztlich veröffentlicht: Take 17 (Zusammenschnitt von Take 6 und 14, mit Overdubs).

>Tonart: E-Dur
>Akkorde: Strophe / E / E^7 / A^7 / E / G / H^7 /
>Zwischenspiel / E / (D) E / (D) E / E^7 / A^7 / E / G / H^7 /
>Solo / E / E / E / E A^7 / A^7 / E / E / G / H^7 / E A / E H^7 /
>/ E / E / E / E / A^7 / A^7 / E / E / G / H^7 / E /

Textübersetzung

Ja, ich bin einsam, möchte sterben
Ja, ich bin einsam, möchte sterben / Falls ich nicht schon tot bin, oh Mädchen, du weißt warum / Schon morgens möchte ich sterben / und abends

möchte ich sterben / Sollte ich nicht schon tot sein, oh Mädchen, du weißt warum / Meine Mutter war vom Himmel / Mein Vater war von dieser Erde / Doch ich bin aus dem Weltall / Und du weißt, was das wert ist / Ich bin einsam, möchte sterben / Sollte ich nicht schon tot sein, oh Mädchen, du weißt warum / Der Adler hackt mir die Augen aus / Der Wurm nagt an meinen Knochen / Mir ist so sehr nach Selbstmord wie Dylan's Mister Jones / Bin einsam, möchte sterben / Sollte ich nicht schon tot sein, oh Mädchen, du weißt warum / Eine schwarze Wolke zieht durch meinen Kopf / Dunkler Nebel umwabert meine Seele / Mir ist so sehr nach Selbstmord / Ich hasse sogar meinen Rock'n'Roll / möchte sterben, ja, möchte sterben / Sollte ich nicht schon tot sein, oh Mädchen, du weißt warum.

Die Musik

Hört her. Auch Bluesrock haben wir drauf. Hättet ihr nicht gedacht, was? – So könnte man diesen Rückgriff der Beatles auf die Blues-Form interpretieren. Auch als eine Kreuzung aus Solidarisierung mit der Blues-Bewegung jener Tage und gleichzeitiger Ironisierung des britischen Blues-Booms, der ja teilweise recht seltsame Begleiterscheinungen zeitigt. Wenn sich etwa weiße britische Kunststudenten, aus gutsituierten Familien stammend, plötzlich gerieren als im Geiste verwandt mit den schwarzen, teils elend lebenden Blues-Sängern von den Baumwollfeldern der Südstaaten Amerikas.

Schon Mitte der sechziger Jahre ist in Kreisen der ambitionierten Musiker der Hitparaden-Beat verpönt und wird als „kommerziell" gebrandmarkt, oder gar verachtet. Bands wie The Animals oder Pretty Things verbitten es sich, als Beat-Bands verunglimpft zu werden. Sie nennen ihre Musik Rhythm'n'Blues und wollen sich damit abgrenzen von den auf Hits abonnierten Bands wie den Hollies, Walker Brothers, Manfred Mann, Tremeloes etc. Ein gewisser naserümpfender Dünkel spielt bei dieser Abgrenzung von den Niederungen der Hitparade wohl auch eine Rolle. Dass sich die beiden aufstrebenden Jungstars unter den britischen Gitarristen Jeff Beck und Eric Clapton von ihrer Band The Yardbirds abwenden, hat nicht nur mit der verstärkten Hinwendung der Yardbirds zu mehr massenkompatiblen Songs zu tun, sondern auch mit der recht banalen Tatsache, dass ein hit-orientierter Song nur den Sänger ins Scheinwerferlicht setzt, dem Sologitarristen aber nur wenig Raum der Selbstdarstellung lässt. Und für eine Weiterentwicklung als Instrumentalist bieten formatierte Hitkonzepte ohnehin wenig Raum.

„Take a sad song and make it louder"

Mit dem britischen Blues-Boom des Jahres 1968 geht eine enorme handwerklich-spieltechnische Entwicklung der Instrumentalisten einher. Die Virtuosen betreten die Szene. Doch musik-inhaltliche Innovationen sind eher Mangelware. Der britische Blues reklamiert für sich, ehrlich, echt und glaubwürdig zu sein – und nicht so verlogen, nur auf Geld und Erfolg schielend wie die Konkurrenz von der Hitfraktion. Das ist die eigentliche, auf dem Feld der Moral operierende Innovation des britischen Blues. Tatsächlich aber spielt so manche neue Bluesband die uralten Blues-Standards fast im Stile einer Cover-Band wenig originell nach. Und der auffälligste Unterschied zu den Originalfassungen ist, dass der melancholische bis schwermütige Blues nur lauter aufgedreht ist und elektrisch verstärkt rockt. Auch wenn es großartige Ausnahmen gibt, wie Cream und Peter Green's Fleetwood Mac, die sich auch rasch über das Blues-Schema hinaus entwickeln, haftet auch vielen Eigenkompositionen britischer Bluesbands eine gewisse dogmatische Enge und formale Begrenztheit an. Die Inanspruchnahme von Glaubwürdigkeit als Alleinstellungsmerkmal des britischen Blues hat die Band Liverpool Scene treffsicher ironisiert: „I've Got Those Fleetwood Mac Chicken Shack John Mayall Can't Fail Blues".

Hier habt ihr euern Blues: Yer Blues

Lennons Blues-Adaption ist zwar zitathaft im Blues-Schema angelegt, kann sich aber ein paar Eigenheiten nicht verkneifen. So steht das Hauptthema der Strophen im blues-untypischen 3/4-Takt, wobei die Form der Motivstruktur als 6/4-Zählzeit zu verstehen ist. Doch jeweils beim Break am Ende des Blues-Durchgangs schummelt Lennon noch einen 2/4-Takt ein, sodass plötzlich eine 8/4-Zählzeit entsteht. Der erste Abschlag im Zwischenteil auf „my mother" ist noch klar im Takt, doch die beiden folgenden Abschläge und der Wiedereinstieg in den 6/4-Takt folgen einem intuitiven Metrum: mitzählen ausgeschlossen. Vor allem der Übergang vom letzten Abschlag des Zwischenspiels wieder zurück in das 6/4-Hauptthema ist ein rhythmischer Drahtseilakt, den Ringos Wirbel und Pauls geradlinige Achteltöne am Bass über die Klippen lotsen. Wer gleich beim ersten Hören an dieser Stelle die „1" findet, kann sich was drauf einbilden. Zu den rhythmischen Besonderheiten des „Yer Blues" tragen auch noch die Triolen bei, die von der Rhythmusgitarre immer wieder akkordisch eingeworfen werden.

Damit nicht genug; nach der Textzeile „even hate my Rock'n'Roll", wechselt Lennon in den Rock'n'Roll-typischen 4/4-Takt, um anschließend, nach dem Solo, wieder ins ursprüngliche 6/4-Thema zurückzukehren. Diese „Rückkehr" bei 3'17 hört sich aber mehr wie der operative Eingriff eines harten Bandschnitts an, und weniger nach einem organisch erspielten Übergang.

Einsamkeit und Lebensmüdigkeit mit Ausrufezeichen

Über den Textinhalt ist später noch zu reden. Um zunächst nur die formale Gestaltung von Text und Musik anzuschauen: Lennon schleudert seine

Bekenntisse von Einsamkeit und Schmerz als Phrase von jeweils vier Tönen aus sich heraus, stets beanwortet von einem wuchtigen Gitarrenriff, der wie ein überdimensionales Ausrufezeichen seinen dramatischen Worten noch zusätzlichen Nachdruck verleiht. John Lennons ebenso energisch wie wütend und verzweifelt klingendem Aufschrei mit appellativem Signalcharakter antwortet ein dissonantes Echo, bestehend aus der akkordisch kurz tremolierenden Rhythmusgitarre mit verzerrtem Ton, dem gedehnten Riff der Lead-Gitarre und dem rhythmisch stoischen Gleichmaß von Bass und Schlagzeug.

Vorm geistigen Auge des Zuhörers erscheint kein Lebensmüder mit zitternden Knien, der auf der Brüstung einer Brücke steht und in das tosende Wasser hinunterschaut. Eher sieht man auf der Showbühne einen tobsüchtigen Sänger mit aufgerissenen Augen und irrem Blick, dessen infernalische Performance jeden Moment in zerstörerische Gewalt kippen könnte. Doch auf offener Bühne – dies ist gewiss – wird er sich kein Messer in die Brust rammen, sondern allenfals den Gitarrenhals in den Lautsprecher seines Verstärkers. Das Herausschreien des Todeswunsches ist Katharsis und Show-Eskapismus, und: die Vergewisserung der Wirkung jenes elementaren Heilmittels: „The Blues is the Healer". Das verstrickte Muster aus gesanglicher Pein und furioser Klangwucht treibt Lennon durch die Blueskadenz – so als wolle er den inneren Belzebub-Dämon austreiben durch attackierende Disharmonie.

Schräger geht's nimmer

$E^{4/7/10}$ – so müsste man den Grundakkord des „Yer Blues" darstellen. Nicht nur die blues-typische Blue Note der kleinen Terz, die einen Schwebezustand zwischen Dur und Moll herstellt, ist hier zu hören (bei E-Dur ist es der Ton G – in der Gesangsmelodie auf den Silben „lone-" und „die" zu hören – hier im Akkordsymbol als 10 dargestellt). Der erste Ton der Strophenmelodie ist ein D, die Septime (7). Der Gitarrenriff beginnt mit dem Ton A, der Quarte (4), wobei die Gitarrensaite zusätzlich gezogen wird, sodass sich der Ton A, gleichsam stufenlos gedehnt, noch um mehr als einen Viertelton erhöht. Das heißt, ein schrägerer, mit mehr Dissonanzen ausgestatteter Akkord als dieser Anfangs- und Hauptakkord $E^{4/7/10}$ des „Yer Blues" ist kaum vorstellbar.

Den fast schon kakophonisch klingenden Zweiklang von kleiner Terz und Septime (G und D bei E-Dur) wiederholt Lennon bei seinem Solo geradezu nervtötend lange und versinnbildlicht damit den sägenden Schmerz der Verzweiflung.

Auch seine heisere Stimme geht immer wieder bis an die Schmerzgrenze, mitunter im quälerischen Schreiton auch darüber hinaus. Doch bei der Zeile „girl you know the reason why" kann man einen satirischen Unterton und eine gewisse Selbstironie nicht überhören. In der letzten Strophe klingt seine Stimme wie ein Echo aus dem Jenseits, als hätte er den Schritt ins Schattenreich vollzogen. Doch der Grund für die Ferne, aus der seine Stimme zu kommen scheint, ist ganz banal.

DAS CAVERN-FEELING – SCHULTER AN SCHULTER

Der klaustrophobische Sound des „Yer Blues" entsteht im Kabuff. In einer winzigen Abstellkammer direkt neben dem Studio 2 bauen sie ihre Instrumente, Verstärker und das Schlagzeug auf. Sie wollen das Sardinendosen-Gefühl einer Minibühne in einem verschwitzten, stickigen Club rekonstruieren, um einen authentischen, ungeschliffenen aber dichten Gruppensound zu erzeugen, wie weiland auf der Reeperbahn oder im Cavern. Ringos Vorzähler „two, three" macht hörbar, dass die Band im „Yer Blues" wieder zu den alten Zeiten des Live-Spiels im Studio zurückgekehrt ist. Auch wenn die Chemie untereinander während dieser Aufnahme-Session stimmt, tun sich die vier im Zusammenspiel relativ schwer. Das blinde Verständnis früherer Tage scheint nicht mehr so leicht abrufbar zu sein. Sie brauchen immerhin 14 Durchläufe bis sie die Aufnahmen beenden. Doch mit keinem der Takes sind sie von Anfang bis Ende vollends zufrieden. Deshalb entschließt man sich, die Takes 6 und 14 zusammenzuschneiden. Der Gesang wird später playback hinzugefügt. Doch zur besseren Orientierung während des live aufgenommenen Zusammenspiels der Instrumente singt John Lennon eine Pilotstimme mit, die zwar nicht aufgenommen wird, aber ungewollt über das Schlagzeug-Mikrofon aufs Band kommt.

Deshalb hört man Lennons Stimme aus der Ferne, nicht nur überdeutlich in der ausgeblendeten Schluss-Strophe – für die eigentlich noch ein Gitarrensolo geplant war – sondern über die gesamte Länge des Songs. Bei genauem Hinhören ist Lennons Pilotstimme im Hintergrund ständig zu vernehmen, wobei er manchmal einen alternativen Text singt, der von der Schlussversion des playback aufgenommenen Hauptgesangs abweicht. Der Grund für die unterschiedlichen Textstellen ist der Tatsache geschuldet, dass Lennon noch im Laufe der Aufnahmen Textveränderungen vornimmt.

Verglichen mit den aufwändigen Klangtüfteleien und collagierten Soundexperimenten des „Sgt. Pepper"-Albums wirkt die Klanggestalt des „Yer Blues" karg, spartanisch und rückschrittlich. Dieses reduzierte Klangbild, das sich auf nichts als die vier Instrumente der live spielenden Beatles konzentriert, ist eine Vorwegnahme der „Let It Be"-Sessions und der ersten Solo-LP-Produktionen von John Lennon.

Kommentare, Meinungen, Deutungen

„Bin einsam, möchte sterben", das singt einer der größten Mega-Stars jener Zeit auf der Höhe seiner Karriere als gefeierter Beatle. Ist das der Ausdruck des „lonely at the top"-Syndroms, unter dem viele labile Stars leiden, die mit der Schere zwischen ihrer ruhmreichen Außenwirkung und der subjektiv empfundenen, inneren Schwäche und Leere nicht klarkommen? Ist es der kokettierende Flirt eines saturierten, selbstverliebten Pop-Egomanen mit dem Hades? Oder der dramatische Hilfeschrei einer gequälten Seele? Im friedlichen Umfeld des Meditationszentrums in Rishikesh schreibt John Lennon diese verstörenden Zeilen. Was ist los mit ihm? Alle fühlen sich entspannt, die Atmosphäre zwischen den Beatles, ihrem Anhang und den Musikerkollegen, die ebenfalls am Meditationskurs teilnehmen, ist freundschaftlich, manchmal gar heiter; das Zusammensein in Rishikesh wird von allen als positiv empfunden. Hoch über dem Ganges ist das Leben im Ashram durchgängig friedvoll. Auch Lennon genießt das Aufatmen und die Freiheit in diesem landschaftlich wunderschönen Refugium am Fuße des Himalaya. Er fühlt sich wohl und schreibt trotzdem: „wanna die" und: „I'm lonely". Er ist alles andere als allein. Seine Freunde und Band-Kollegen, mit denen er sich in diesen Tagen wieder ausgesprochen gut verträgt, sind um ihn. Und seine Frau ist an seiner Seite. Ist sie die falsche?

Lennon im Zwiespalt

Kurz vor dem Abflug nach Indien hat er ernsthaft darüber nachgedacht, ob er Yoko Ono nach Rishikesh mitnehmen, oder zu einem Besuch einladen sollte. Er besinnt sich dann gottlob eines besseren. Dafür geht es ihm jetzt richtig schlecht, zumindest teilweise. Ist das eine Art Urlaubsdepression, die manchen überkommt, der nach lang-monatiger Arbeitsüberforderung die Tretmühle verlässt und, während er die Beine hochlegt, die eigene Gemütslage abstürzen sieht? Stars ereilt dieses Phänomen genauso wie Normalos: nach dem permanenten Verdrängen und Inschachhalten schwieriger psychischer Probleme durch die Anforderungen der alltäglichen Arbeitshektik öffnen sich alle Überlastungs-Ventile – grade jetzt, in der Phase des Entspannens und Loslassen-könnens, wo der Deckel nicht mehr auf dem brodelnden Kessel gehalten wird. Und der dem Hamsterrad grade Entronnene wird von der Wucht der aufbrechenden schmerzlichen Defizite in eine depressive Verstimmung gestürzt. Nach hektischen Wochen, die nicht nur arbeitsintensiv waren, sondern auch emotional anstrengend, kommt John Lennon in die Abgeschiedenheit des Ashrams.

Meditation und Seelenqual

Durch die meditative Versenkung angeregt, findet Lennon Zugang zu seinen verdrängten Gefühlen und psychischen Wunden, kommt wieder in Berührung mit dem Kindheitstrauma, seine Mutter so grausam verloren zu haben. Die Achterbahn der psychischen Nöte beschleunigt sich. Wut und Ohnmacht, Verlustängste und Ausbruchsphantasien, Größenwahn und Minderwertigkeitsgefühl treiben ihn durch eine innere Berg- und Talfahrt der Emotionen. Und Aussteigen ist nicht möglich. Außerdem wird ihm klar, dass er die Bindung an seine Ehefrau Cynthia lösen muss, weil ihn die geradezu magnetischen Gedanken an diese neue reizvolle Frau, die gleichermaßen faszinierende wie irritierende Künstlerin Yoko Ono, nicht mehr loslassen.

Und er weiß, wenn er geht, wird er seinen 5-jährigen Sohn Julian wahrscheinlich genauso psychisch verletzen, wie er selbst beschädigt wurde. In dieser ausweglosen Zuspitzung von Ängsten und Schuldgefühlen, mit denen er alleine fertig werden muss, aber nicht fertig werden kann, ist es nicht verwunderlich, wenn sich Selbstmordgedanken aufdrängen. Der Tod verspricht eine Lösung all dieser Probleme.

"I FEEL SO SUICIDAL, JUST LIKE DYLAN'S MR. JONES"

John Lennon singt im zweiten Zwischenspiel: „Mir ist so sehr nach Selbstmord wie Dylan's Mister Jones". Die innere Konfusion, in der sich John Lennon befindet als er den Text des „Yer Blues" schreibt, zeigt sich auch in diesem Verweis auf „Mr. Jones", eine von Wahnvorstellungen heimgesuchte Figur aus dem Song „Ballad Of A Thin Man" von Bob Dylan. Der Refrain des Dylan-Textes lautet: „Because something is happening here / But you don't know what it is / Do you, Mr. Jones?" („Weil irgendetwas hier geschieht / Aber du weißt nicht, was es ist / Oder, Mister Jones?").

Der Zustand der Verwirrung äußert sich im „Yer Blues" auch in düsteren Sprachbildern, wie dem von der schwarzen Wolke, die durch seinen Kopf zieht, oder vom dunklen Nebel, der seine Seele umwabert. Diese wenig verklausuliert umschriebene Depression mit Selbstmordgedanken führt schließlich dazu, dass er hasst, was er doch eigentlich liebt: seinen Rock'n'Roll. Für seine dramatische Gefühlslage findet er ausdrucksstarke Metaphern: vom Adler, der ihm die Augen aushackt und dem Wurm, der an seinen Knochen nagt. Ist das gleichzeitig eine Überhöhung des Größenselbst, wenn er singt, seine Mutter war vom Himmel, sein Vater von der Erde, er selbst aber sei aus dem Universum? Aber das hilft ihm auch nicht weiter, so relativiert es die gleich sich anschließende Zeile („and you know what it's worth"). Bei all der suizidalen Gefährdung des Ich-Erzählers und Textschreibers ist eine gewisse Form von Ironie unverkennbar; wenn John Lennon am Ende jeder selbstmord-androhenden Strophe singt – immer von einem „wuh" unterbrochen: „If I ain't dead already – wuh – girl, you know the reason why." („Falls ich nicht schon tot bin, oh Mädchen, du weißt schon warum"). Und wer das Mädchen ist, das ihn vor dem Freitod erettet hat, das dürfte unschwer zu erraten sein.

Memorabilia

Der „Yer Blues" hat für John Lennon eine solch große Bedeutung, dass er den Song noch zu „Lebzeiten" der Beatles zweimal live mit anderen Musikern zusammen aufführt. Zum einen am 11. Dezember 1968 mit Eric Clapton (Leadgitarre), Keith Richards (Bass) und Mitch Mitchell (drums) beim Rolling Stones „Rock and Roll Circus", einer BBC-Produktion, die erst 1996 als CD und DVD veröffentlicht wird. Lennon nennt diese Liveband „The Dirty Mac", wohl als Anspielung auf die britische Bluesgruppe Fleetwood Mac. Die zweite Live-Aufführung findet am 13. September 1969 in Toronto statt, enthalten im Album „The Plastic Ono Band – Live Peace In Toronto 1969" – mit Eric Clapton (Leadgitarre), Klaus Voorman (Bass), Alan White (Drums) und Yoko Ono (Vocals).

Coverversionen/Interpretationen (Auswahl)
Jeff Healey Band (Album „Cover To Cover", 1995 und: „Live At Montreux 1999", veröffentlicht 2005). Matmosphere (Album „Without The Beatles", 1996). Lucky Peterson (Sampler „The Blues White Album", 2002). Phish (Album „Live Phish Volume 13", 2002). The Beat Generation (Sampler „Memphis Meets The Beatles, Fried Glass Onions, Vol. 1", Januar 2005). Eugene McGuiness (Sampler „Mojo presents The White Album Recovered", 2008).

Persönliche Bemerkung
Unsere Nachspiel-Band hat nicht mal nur in Erwägung gezogen, diesen Bluesrock ins Band-Programm aufzunehmen. Da waren wir zu schnäubig. Ein Vier-Akkorde-Blues, das war für uns ein Rückschritt, nachdem wir doch gerade von den Beatles auch im harmonischen Bereich so viel gelernt hatten. Das britische Blues-Revival war damals noch nicht bis an unser Ohr gedrungen. Und dieses ewige „wanna die"-Geschrei ging uns ziemlich auf die Nerven. Als Schmerzenmann mochten wir unseren Helden John durchaus. Als lebensmüden Selbstmordkandidaten mochten wir ihn nicht sehen. Freund Charly fand gerade diese Eigenart von Lennon „einfach tödlich gut".

MOTHER NATURE'S SON

Fakten
Autorenangabe: Lennon / McCartney, tatsächlich geschrieben von: Paul McCartney. Schnitt: LP 2 A/3 (303) CD2 003 Laufzeit/Spieldauer: 2'45
Besetzung/Instrumentierung: Paul McCartney (Hauptgesangsstimme, akustische Gitarre, Schlagzeug, Timpani), Bläserarrangement unbekannter Musiker (2 Trompeten, 2 Posaunen).
Aufnahmedaten: 09. August 1968, Abbey Road Studio 2, weitere Aufnahmen (overdubs): 20. August.
Produzent: George Martin, Aufnahmetechniker: Ken Scott.
Anzahl der Aufnahmen: 25, letztlich veröffentlicht: mit Overdubs Take 26.

Tonart: D-Dur
Akkorde
Strophe / D D^{sus4} / G(D) D / h-moll h-moll^7(A) h-moll^6(Gis) E^7 /
/ A A^4 A A^4 / A A^4 A A^4 / D d-moll^7 G D / D d-moll^7 G D /
Refrain (do do do do) / D / G D / D / D G / D D^{7+} / D^7 / G g-moll
/ D /Schluss / D d-moll^7 / G D^7

Textübersetzung
Der Sohn von Mutter Natur / Naturbursche
Als armer Junge auf dem Land geboren / Den ganzen Tag lang sitze ich hier und singe Lieder für jedermann / Ich sitze neben einem Gebirgsbach / und schaue zu, wie das Wasser steigt / höre auf die schönen Klänge der Musik, wie sie fliegen / Sucht mich auf meiner Wiese voller Gras / den Sohn von Mutter Natur / Wiegende Gänseblümchen singen ein entspanntes Lied unter der Sonne / Naturbursche.

Die Musik
Was für ein Kontrast. Nach dem lebensmüden Leidensmann, das unbedarfte Naturkind; nach dem schwer beladenen Bluesrock, ein leicht fließender Folksong; nach dem seelenkranken Lennon, ein fröhlich-optimistischer McCartney. Die G-Saite „snared" etwas nach. Mit einem leicht rasselnden Gitarrenton, so als würden die Snare-Saiten der kleinen Schlagzeugtrommel mitschwingen, beginnt „Mother Nature's Son". Paul McCartney schlägt die G-Saite seiner Akustikgitarre mit Nachdruck an, sodass die schwingende Saite mit dem nächst gelegenen Metallbund oberhalb des greifenden Fingers in Berührung kommt und somit den leicht rasselnden Ton erzeugt. Ja natürlich gibt es Wichtigeres über diese Songaufnahme zu sagen, aber tatsächlich wendet Paul McCartney für manche der kleinen Klangdetails eine Menge Zeit auf und setzt diese unscheinbaren Klangbausteine bewusst ein. So hat er zum Beispiel die drei Paukenschläge, die nach dem Gitarrenvorspiel folgen, im Flur vor dem Studio aufgenommen – nur um den spezifischen Ton dieses Raums einzufangen.

Was für ein Aufwand! Den Unterschied hört doch kein Mensch, könnte man schnell dahinsagen – zumal Schlaginstrumente innerhalb des Songs ohnehin nur spärliche Verwendung finden. Aber wie sehr eine besondere Sound-Färbung einzelner Perkussions-Instrumente den Gesamtraumklang eines Songs beeinflussen kann, wird in der „Do Do Do"-Passage hörbar. Nur Paukenschläge als Viertelnoten sind da zu hören und eine Trommel mit Achtel- und Sechzehntelschlägen, die sich wie das Ticken eines Metronoms anhören. Beide Schlaginstrumente sind im Gang außerhalb des Studios aufgenommen worden und eröffnen damit dem Klangpanorama tatsächlich einen neuen Raum.

Die D-Dur-Variationen

Der wohl beliebteste Gitarrenakkord der Akustikgitarristen ist der D-Dur-Akkord. Die besondere Griffstellung der Finger und die für D-Dur günstige Stimmung der unteren Leer-Saiten ermöglicht es dem Gitarristen durch geringfügige Verschiebungen der Finger sowohl kleine Melodien als auch eine Vielzahl harmonischer Veränderungen zu erzeugen. Das Spiel mit der minimalen Fingerverschiebung des D-Dur-Griffs hat John Lennon zum Harmoniegerüst von „Dear Prudence" verholfen (früher auch schon zu „Norwegian Wood"). George Harrisons Hauptthema von „While My Guitar Gently Weeps" basiert auf diesem Prinzip (später wird es George auch noch bei „Something" und „Here Comes The Sun" anwenden), nun greift auch Paul McCartney die vielfältigen Variationen des D-Dur-Griffes auf und zeigt mit seinem variablen Spiel, dass auch er ein versierter Akustikgitarrist ist. Im Songrepertoire der Beatles hat er ein eigenes Sub-Genre der Gitarren-Folkballaden geschaffen, das reicht von „And I Love Her" bis „I Will". Natürlich finden sich bei seinen Balladen-Kompositionen da und dort auch wiederkehrende Elemente oder auch mal ein Selbstzitat. „Mother Nature's Son" ist vom Stil her verwandt mit „Blackbird" und die ryhthmische und thematische Gestaltung der „do do do do"-Passage erinnert an „Fool On The Hill".

Melodieseligkeit und Arrangementgespür

Lässt man die Ausstrahlung dieses Liedes auf sich wirken, dann kann man tatsächlich das Bild einer Wiese vorm geistigen Auge sehen, den plätschernden Gebirgsbach und den jungen Burschen, der versunken dem Murmeln des Bachs und den Klängen seiner Gitarre lauscht. Dieser kontemplativen Anmutung folgend, setzt die Melodik des Liedes nicht auf überrumpelnde Grandezza, sondern auf eine eher schlichte Schönheit der Melodiebögen. Und wiedereinmal beweist Paul McCartney, dass er eine Gabe für gefällige Melodien hat, die sich trotz leichter Nachpfeifbarkeit jeder Plumpheit und Anbiederung entziehen. Mit „Mother Nature's Son" gelingt ihm der heikle Balanceakt zwischen Kinderlied und Kunstlied. Das wohlgesetzte Bläserarrangement trägt zur Kunstfertigkeit des Liedes nicht wenig bei. Die leisen Posaunen- und Trompeten-Töne im Hintergrund klingen teilweise wie Waldhörner einer fernen Jagdgesellschaft, dann aber, bei den kurzen Aufgängen der melodischen Überleitungen treten sie auftrumpfend in Erscheinung wie die Dicke-Backen-Bläser bei einem Volksfest.

Im zweiten „Do do do do"-Refrain bekommt das Arrangement eine fast konzertante Note, wenn die Posaunen einen tuba-ähnlichen Grundrhythmus melodisch pupsen, die Bläsergruppe modulierend Glanz verbreitet und die nach Metronom klingende Trommel zusammen mit der Pauke perkussive Variationen liefert. In der letzten Strophe, die Paul McCartney summt, spielt er playback eine zweite Gitarrenfigur, die im Schlussabschnitt erst eine schrittweise absteigende Tonfolge beschreibt und sich dann emporschwingt zum strahlenden D-Dur, das von den Bläsern aufgegriffen, über eine kurze Mollstimmung zum Schlussakkord geführt wird – einem spannungsvoll offenen Tonika-Sept-Ausklang. Darüber liegt die behutsam intonierende Tenorstimme von Paul McCartney, die zum Abschluss nochmals den Songtitel in den Raum stellt.

Der Gesang ist die Seele des Liedes

Natürlich ist McCartneys Stimme das führende Leitelement des Songs. Sein zurückhaltender und einfühlsamer Gesang gibt der hübschen Melodie und dem leicht kitschigen Text einen Hauch von kindlicher Unschuld; das hörbare aber unaufdringlich eingesetzte Können in seiner Stimmgebung bewahrt den Song aber vor Rührseligkeit und Infantilität. Im sanften Rhythmus darf die Kinderseele schaukeln. Die erwachsene Hand hält die Kamera, drückt auf den Auslöser, wird das Bild aber nicht retuschierend schönen. Das Abbild ist schön genug. Und das gilt auch für den Nachklang im Ohr.

Der Sohn von Mutter Natur liegt im Trend

Die britische Folkbewegung hat sich längst etabliert. Auch wenn der schottische Freund der Beatles Donovan seit 1967 psychedelische Töne anschlägt, seine Folksänger-Vergangenheit leugnet er nie. Donovan vor allem ist es, der John und Paul während ihrer gemeinsamen Zeit in Rishikesh den Impuls in Richtung Folkmusik gibt, zum Beispiel mit seiner Unterweisung in die Fingerpickingtechnik der Folkgitarre.

Der ebenfalls in Schottland aufgewachsene Singer/Songwriter John Martyn veröffentlicht im Oktober 1967 sein folkorientiertes Debütalbum. Die erste Supergruppe des britischen Folkrock, Fairport Convention unter der Führung von Richard Thompson, betritt Anfang 1968 die Bühne. Im Juni '68 wird das viel beachtete Debütalbum von Pentangle veröffentlicht, jener Folkband um die beiden hoch verehrten Folkgitarristen Bert Jansch und John Renbourn. Auch die Gruppe Traffic mit den Starmusikern Steve Winwood, Dave Mason und Jim Capaldi ist seit Mitte 1967 erfolgreich, mit einem Songkonzept, das auch Folk miteinschließt. Und die famose Incredible String Band der beiden schottischen Folk-Multiinstrumentalisten Robin Williamson und Mike Heron ist bereits seit Mitte '66 ein Begriff in England und genießt in Musikerkreisen großes Ansehen.

Das heißt, Paul McCartneys Folk-Balladen „Blackbird", „I Will" und „Mother Nature's Son" – aber auch John Lennons „Julia" – sind absolut im Trend und reflektieren eine wichtige Musikströmung jener Zeit. Und noch für einen weiteren Trend steht Pauls „Mother Nature's Son": für den der Individuierung, des Hervortretens der Solisten aus dem Gruppengefüge. Auch „Mother Nature's

Son" ist eine absolute Soloproduktion von Paul McCartney. Keinen anderen seiner Bandkollegen hat er für die Aufnahme gebraucht oder eingeladen. Lässt man die nicht zwingende Beteiligung von Ringo bei „Why Don't We Do It In The Road" außer Acht, dann ist dies bereits der fünfte Solo-Song von Paul McCartney auf dem Weißen Album. Bereitet sich da jemand schon auf eine Solo-Karriere vor?

Kommentare, Meinungen, Deutungen

Öko-Kitsch der frühen Sorte? Eine Hommage an die englische Bewegung der Naturfreunde von 1968? Die Songidee kommt Paul McCartney nach einem Vortrag des Maharishi zum Thema Natur und Harmonie, Himmel und Erde, Werden und Vergehen, Leben im Einklang mit Mutter Natur. Inmitten der großartigen Landschaft um Rishikesh am Fuße des Himalaya hört auch John Lennon die Worte des Maharishi in dessen Meditations-Camp, wohin sich alle vier Beatles mit ihren Frauen im Frühjahr 1968 zurückgezogen haben, um den Geist und die Technik der Meditation kennenzulernen. Und auch Lennon schreibt einen Song mit ähnlicher Thematik: „I'm just a child of nature". Wie Paul bringt auch John seine Songskizze mit nach Hause. Doch anders als er, lässt Paul seinen Song „Mother Nature's Son" nicht liegen, sondern arbeitet ihn weiter aus und komponiert und schreibt ihn im Hause seines Vaters in Liverpool zu Ende. Musikalische Anregung bezieht er aus Nat King Coles Ballade „Nature Boy". Direkte musikalische Bezüge zwischen beiden Songs sind allerdings kaum auszumachen.

Paul McCartney: „In diesem Fall war ich selbst das Naturkind. Das Lied ‚Nature Boy' hat mir schon immer gefallen: ‚There was a boy, a very strange and gentle boy...'. Dieser Junge liebt die Natur, und bei ‚Mother Nature's Son' ließ ich mich von diesem Lied inspirieren. Die Natur hatte ich schon immer geliebt, ... Kann sein, dass John mir bei dieser oder jener Strophe ein bisschen geholfen hat." (Miles 1998, 608).

John Lennon weiß nicht, dass Paul seinen Song „Mother Nature's Son" alleine aufnimmt, während er und Ringo in einem anderen Studio noch am Sound des gerade fertiggestellten „Yer Blues" arbeiten. Als John und Ringo im Studio kurz auftauchen, sinkt das Thermometer des Studioklimas binnen Minuten in frostige Tiefen. Die ohnehin in diesen Tagen angespannte Studio-Atmosphäre kann sich für John Lennon nicht verbessern, wenn er feststellen muss, dass er seinen eigenen Song „Child Of Nature" nun in die Abfalltonne werfen kann, weil Kollege McCartney mit seiner Song-Aufnahme vollendete Tatsachen geschaffen und das Thema Natur-Kind okkupiert hat.

Ken Scott (Tontechniker): „Paul und George (Martin) gingen gerade das Arrangement der Bläser durch. Die Stimmung war blendend. Als plötzlich John und Ringo hereinkamen, änderte sich die Atmosphäre sofort. Die Luft war wie zum Schneiden. Als sie nach 10 Minuten wieder gegangen waren, kehrte die gute Stimmung wieder zurück. Das war eine sehr bizarre Erfahrung." (Lewisohn 1989). John Lennon erkennt offenbar an, dass Paul McCartneys Song „Mother Nature's Son" gut gelungen ist. Er soll es sogar gewesen sein, der die Anregung zu einem Blechbläser-Arrangement gegeben habe, das George Martin dann ausführte. Lennon legt seinen eigenen Naturburschen-Song auf Eis und wird ihn später mit völlig neuem Text als „Jealous Guy" auf seinem zweiten Soloalbum „Imagine" wieder auferstehen lassen. Die miese Stimmung während der Aufnahme-Sessions im August '68 kulminiert zwei Tage nach der Studio-Begegnung der frostigen Art in der ersten personellen Erosion der Beatles als Gruppe. Nach einer Auseinandersetzung mit Paul verlässt Ringo das Studio und erklärt seinen Austritt aus der Gruppe. Doch nach einem Erholungsurlaub kehrt er wieder zurück (siehe „Back in the U.S.S.R.").

Gebirgsbach, Gras und Gänseblümchen

Paul McCartneys Songtext drückt die romantische Wunschvorstellung von Großstadtkindern nach der heilen Welt ländlicher Idylle aus. Die Blumenkinder des „Summer of Love" von 1967 bevölkern die Parks und naturnahen Randregionen der Städte, die Hippies ziehen aufs Land und gründen ihre Wohn- und Lebensgemeinschaften in ländlicher Abgeschiedenheit. Vergleichbar der deutschen Wandervogel-Bewegung Ende des 19. Jahrhunderts, als Jugendliche und junge Erwachsene aus zumeist bürgerlichen Verhältnissen vor dem autoritären Druck der Gesellschaft in die Natur flüchteten („Schnür dein Bündel und wandere"), so setzt auch nach 1967 ein massenhafter Exodus der Teilzeit-Aussteiger und Freizeit-Hippies in den USA und auch in England ein. Anders als die Elterngeneration mit ihrer Schrebergarten-Ideologie und dem ritualisierten Sonntagsspaziergang im Grünen versucht der hippie-orientierte Teil der Jugendbewegung die Naturverbundenheit auch im Alltag zu leben. Zurück zur Natur heißt bei vielen der überzeugten Blumenkinder auch: bewusster Verzicht auf die Annehmlichkeiten im All-inclusive-Hotel Mama, Absage an die Glücksverheißungen und Luxusverlockungen der Konsumgesellschaft, Rückkehr zum einfachen Leben und Reduktion auf das, was wirklich wichtig ist.

Paul McCartneys Song-Erzählung von einem auf dem Land geborenen Jungen, der arm ist, aber alles hat, was er braucht, um glücklich zu sein, bedient diese kollektive Sehnsucht nach einem einfachen und erfüllten Leben. Dass die „Blaue Blume der Romantik" in McCartneys Text ein Gänseblümchen ist, mag ein Hinweis sein auf die kindliche Naivität von „Mother Nature's Son" wie der ganzen Blumenkinder-Ära. In der Öko-Bewegung ist der Song immer wieder positiv aufgenommen und zitiert worden. Auf YouTube finden sich Videos von Öko-Initiativen, in denen der Song mit wunderschönen, teilweise kitschigen Naturaufnahmen illustriert wird. Genau das macht Paul McCartney auch selbst während seiner Live-Tour von 2002. Von einem Akkordeonspieler begleitet, singt er „Mother Nature's Son", während auf der Leinwand im Hintergrund die schönsten Naturaufnahmen aus den Archiven der Werbeagenturen zu sehen sind. Beim Umschnitt ins Publikum sieht man nur ergriffene Gesichter von verzückt lächelnden Fans – und natürlich haben alle Tränen in den Augen.

Memorabilia

Paul McCartney spielt 25 Durchläufe des Songs ein. Take 24 wird als bester ausgewählt und als Basis für die nachfolgenden Overdubs der Bläser, der Percussion und der zweiten Gitarrenstimme verwendet. Take 2 erscheint 1996 im Doppelalbum „Anthology 3" und dokumentiert eine sehr intime, gänzlich solistische Urfassung des Songs.

Trivia

2005 erscheint eine Biografie von John Denver unter dem Titel „Mother Nature's Son".

Coverversionen/Interpretationen (Auswahl)

Ramsey Lewis (Album „Mother Nature's Son", 1968). Harry Nilsson (Album „Harry", 1969). John Denver (Album „Rocky Mountain High", 1972). Carlos Fregtman (Album „Exploring The Beatles in the New Age", 1992). Gryphon (Album „Raindance", 1974 und Sampler „All You Need is Covers", 2001). Sheryl Crow (Soundtrack-Sampler „I am Sam", 2001). Phish (Album „Live Phish Volume 13", 2002). Paul McCartney (Album „Back In The U.S. Live 2002", November 2002). Glay (EP-Single „Ashes", 2007). Neville Skelly (Sampler „Mojo presents The White Album Recovered", Oktober 2008).

Persönliche Bemerkung

Bis zum „Sgt. Pepper"-Album hatten wir die Beatles mehr oder weniger als Einheit gesehen. Natürlich waren die unterschiedlichen Charaktere der vier schon sehr früh sichtbar geworden, wozu ja auch die bewusste und strategisch eingesetzte Imagebildung beigetragen hatte. Aber all die tollen Songs, die wir liebten, oder auch mal weniger mochten, waren „Beatles-Songs"- und nicht McCartney- oder Lennon-, oder Harrison-Songs, obwohl wir genau wussten: wer den Titel singt, hat auch den größten Anteil daran. Die sofort identifizierbaren Songs von George und Ringo spielten schon immer eher eine Nebenrolle – von Ausnahmen wie Georges „Taxman" oder „Within You, Without You" mal abgesehen – waren aber dennoch ganz klar „Beatles-Songs". Die Lennon/McCartney-Kompositionen, die wir alle favorisierten und die für uns die eigentlichen Songs der Beatles waren, lernten wir, zu unterscheiden. Auch wenn wir damals noch nicht wussten, dass die beiden Ober-Beatles nach 1965 immer seltener gemeinsam ihre Songs schrieben, hörten wir doch die typischen Merkmale und Unterschiede zwischen den Songs, die eher Paul oder eher John zuzuordnen waren. Was ja im Grunde auch ganz einfach war: man musste nur hören, wer die Hauptstimme sang. Und so bildeten sich in unserm Freundes- und Beatlesfan-Kreis so allmählich gewisse Vorlieben heraus. Der eine mochte vor allem die melancholisch eingefärbten Bekenntnis-Lieder von John wie etwa „I'm A Loser", „Help", oder „Nowhere Man". Ein anderer liebte Pauls melodische Liebeslieder wie „And I Love Her", „Michelle" oder „Here There And Everywhere". Aber dennoch waren das alles immer noch Songs der Beatles als Einheit. Und wir konnten uns alle schnell einigen, wenn es darum ging, die Songs zu benennen, für die wir uns alle gleichermaßen begeisterten. Das waren dann auch überwiegend die frühen Gruppen-Songs wie „She Loves You", „A Hard Day's Night", „I Feel Fine", „Ticket To Ride" und „Paperback Writer".

Erst nach 1968 bildete sich in ausgeprägterem Maße als vorher bei uns eine Fraktionierung heraus. Wohl nicht vergleichbar mit dem Ausmaß der strikten Abgrenzung zwischen Beatles- und Stones-Fans war aber bei uns Beatles-Anhängern eine klare Trennung in der Vorliebe für Paul-Songs, oder John-Songs, und zunehmend auch George-Songs erkennbar. Jetzt gab es zum ersten Mal in unserer Beatles-Clique das Phänomen, dass manche von uns, bestimmte Songs nicht mehr als „richtige" Beatles-Lieder akzeptierten und einzelne Songs und deren Urheber regelrecht abwatschten. Gerade bei der Reaktion auf persönliche und solistische Songs wie „Mother Nature's Son" gab es regelrechte Frontenbildungen.

Diejenigen, die schon immer für Pauls Balladen schwärmten, zeigten sich entzückt von der Melodiösität, Leichtigkeit und Fröhlichkeit dieses Songs, andere hatten dafür nur Spott und Häme übrig.

Kommentar unseres Freundes Charly zu „Mother Nature's Son": „Typisch Paul, typisch Muttersöhnchen!"

EVERYBODY 'S GOT SOMETHING TO HIDE EXCEPT ME AND MY MONKEY

Fakten

Autorenangabe: Lennon / McCartney, tatsächlich geschrieben von: John Lennon. Schnitt: LP 2 A/4 (304) CD2 004 Laufzeit/Spieldauer: 2'24.
Besetzung/Instrumentierung: John Lennon (Hauptgesangsstimme, Rhythmus-Gitarre, Percussion, Händeklatschen), Paul McCartney (Bassgitarre, Percussion, Chorgesang, Händeklatschen), George Harrison (Sologitarre, Percussion, Chor-

gesang, Händeklatschen), Ringo Starr (Schlagzeug, Percussion, Händeklatschen).
Aufnahmedaten: 26. Juni 1968, Abbey Road Studio 2, weitere Aufnahmen (overdubs): 27. Juni, 01. und 23. Juli.
Produzent: George Martin, Aufnahmetechniker: Geoff Emerick, Ken Scott.
Anzahl der Aufnahmen: 6, letztlich veröffentlicht: mit Overdubs Take 12.

>Tonart: E-Dur
>Akkorde: Intro / E / E / E / E /
>Strophe / E / E / E / E / E / E / A / A / D / D /
>Refrain / H^7 / H^7 /
>Zwischenspiel / (6/8): E D^7 / 4/4: G / (6/8): E G / (4/4): D /
>Schluss / E / D / D / D / E / E /

Textübersetzung

Alle haben etwas zu verbergen, außer mir und meinem Affen
Komm schon, auf geht's / Komm schon, solch eine Freude / Komm schon, nimm's leicht / Nimm's leicht / Alle haben etwas zu verbergen, außer mir und meinem Affen / Je tiefer du gehst, umso höher fliegst du / Je höher du fliegst, umso tiefer gehst du / Also komm schon / Ins Spiel zu kommen ist solch eine Freude / Komm schon, nimm's locker, geh es leicht an / Mach es dir nicht so schwer / Alle haben etwas zu verbergen, außer mir und meinem Affen / Dein Innerstes ist nach Außen gekehrt, dein Äußeres nach Innen / Dein Äußeres ist nach innen gekehrt und dein Innerstes nach außen / Also komm schon / Ins Spiel zu kommen ist solch eine Freude / Komm schon, geh es leicht an / Mach es dir nicht so schwer / Alle haben etwas zu verbergen, außer mir und meinem Affen.

Die Musik

Wie Stiletto-Stiche treffen die scharfen, glitzernden Gitarrenakkorde ins rhythmische Gerüst. Vier mal drei schneidende Akkordhiebe im viertaktigen Intro verwirren das Tanzbein und den Grund-Beat mit der synkopischen Betonung auf die „1-und", „2-und", „3-und" – und jetzt logischerweise auch noch „4-und"? Nix da. Fehlanzeige. Dafür folgt ein manisches Coming-Out der Kuhglocke, ein atemlos getriebenes „Come On, Come On" des Sängers und Songschreibers John Lennon und eine nervös fummelnde Leadgitarre, deren Riffstruktur im losstürmenden Uptempo untergeht.

Nein, das ist keine Kuhglocke, die da immer wieder im Verlaufe des Songs mit hektischem Gebimmel auftaucht. Der arme George Harrison (oder ist es nicht Paul?), der als Bediener der „hand-shaken bell" genannt wird, würde sich beim Anschlagen der Kuhglocke mittels Trommelstock den Wolf klöppeln.

Was man da hört, ist eine Art Feueralarm-Glocke, die nicht geschlagen, nicht gerührt, sondern geschüttelt wird. Das erste Mal, dass die Feuerwehrglocke ihr Alarmgebimmel einstellt, ist der Abschlag am Ende des Refrains auf dem Wort „monkey". Hier wird nicht nur ein überraschender 6/8-Takt ins 4/4-Metrum eingeschoben, hier setzt auch George Harrisons Lead-Gitarre Akzente mit einem melodiös geschwungenen Riffthema in zwei Stufen und ähnlich geformter Tonfolge – ein kleines melodisches Highlight in einem ansonsten melodiearmen Rocktitel. Lennon „shoutet", was die heisere Stimme hergibt, fordert Lunge und Kehlkopf bis zum Anschlag, bleibt dabei aber nicht alleine; im Hintergrund hört man ständig ekstatische Jauchzer, fröhliches Gekreische und infernalisches Gebrüll. Vor allem in der Schlussphase, wenn die E-Gitarren im Tutti drei Takte lang D-Dur breitwalzen, ist im Hintergrund, weit zurückgemischt, ein Schreihals zu hören, der den Eindruck macht, als sei ihm gerade der Leibhaftige begegnet – oder die leibhaftigen Tremeloes beim Tremolieren von „Silence Is Golden". Die Herren Lennon & Co schreien offenbar nicht nur wie am Spieß, sondern stressen das Studiopersonal auch mit exzessiven Tests der Leistungsfähigkeit ihrer Verstärker. Da lohnt sich ein Blick ins Studio mit der Beschreibung der Arbeitsatmosphäre aus der Perspektive des Tontechnikers im Aufnahme- und Kontrollraum:

Geoff Emerick: „Erneut spielten die Beatles im Studio unglaublich laut, aber diesmal hatten Lennon und Harrison ihre Amps so weit aufgerissen, dass Paul aufgab, mit ihnen mithalten zu wollen. Statt Bass zu spielen, stellte er sich neben Ringo und spielte eine Feuerglocke, während er seinen Drummer anfeuerte. ... Auch wenn mir der Song nicht gefiel, musste ich zugeben, dass sie zum ersten Mal bei den „White Album"-Sessions leidenschaftlich spielten. George Harrisons Leadgitarre war klar und wirkungsvoll, viel aggressiver, als es sonst sein Stil war. Der Basspart, den Paul overdubbte, klang ebenfalls gut. Er versuchte immer sein Bestes zu geben, ganz egal, was zwischen ihm und John vorging. Als der Track schließlich fertig war, hatte ich rasende Kopfschmerzen." (Emerick, Massey 2007, 382).

Nach insgesamt 32 Stunden Studioarbeit ist der Song fertiggestellt und abgemischt. Zu den letzten Arbeiten zählt das Einkürzen der Schluss-Jamsession, bei der die spielfreudigen Beatles kein Ende finden, was später den Produzenten George Martin zu der spitzen Bemerkung veranlasst, einige der Songaufnahmen seien ausgeufert, meist nicht zu ihrem Vorteil. Außerdem wird das Band leicht beschleunigt, um der Aufnahme noch mehr Tempo und Drive zu geben. Gemessen am musikalischen Potenzial der Beatles ist „Everybody's Got Something To Hide Except Me And My Monkey" kein wirklich großer Rocksong, wird aber in der allgemeinen Einschätzung der Uptempo-Rocker des Beatles-Katalogs unter Wert gehandelt.

Kommentare, Meinungen, Deutungen

Jeder hat etwas zu verbergen. Nur ich nicht – und mein Affe. Welcher Affe? Eine Menge von Spekulationen kursieren über den Textinhalt. Und wieder wird alles hineininterpretiert und herausgelesen, was zwischen Sex & Drugs und Rock-Manie so alles denkbar ist. Sind die vielen „come on" als „komm rein" und damit als eindeutige Anzüglichkeit zu verstehen? Haben die Leute recht, die behaupten „the deeper you go, the higher you fly" beziehe sich auf Masturbation, oder auf das Spritzen von Heroin? Ist das Spiel mit der Widersprüchlichkeit bei „your inside is out and your outside is in" höhere Philosophie, spirituelle Weisheit oder einfach nur Nonsens? Tatsächlich liegen abgrundtief banal klingende Zeilen wie „Come on, take it easy" neben scheinbar Abgehobenem wie der „inside/outside"-Botschaft. Sicher ist, dass die Strophentexte im indischen Meditationszentrum des Maharishis entstehen, während die Refrain- und Titelzeile erst sehr viel später dazukommt, das heißt: sogar erst kurz vor Aufnahme des Songs. Die ersten Bandkartons, in denen die frühen Probeaufnahmen aufbewahrt werden, sind mit „untitled", beziehungsweise „Come On Come On" beschriftet. Sollten die Strophentexte tatsächlich von den Vorträgen des Maharishi, von seinen Einführungen in die Transzendentale Meditation inspiriert sein, wie Insider behaupten? Einer der wichtigsten Teilnehmer müsste es wissen.

George Harrison: „Vieles was der Maharishi sagte, tauchte in den Texten auf, zum Beispiel ‚C'mon C'mon', C'mon it's such a joy' aus ‚Everybody's Got Something To Hide Except For Me And My Monkey'. Abgesehen von der Stelle über den Affen stammte das wortwörtlich vom Maharishi." (Beatles Anthology 2003; DVD 7.8).

Was hat es mit dem Affen auf sich? Ist das nur eine humoristische Spielerei, ein etwas seltsamer Kosename für Yoko oder die Andeutung eines sich zuspitzenden Drogenproblems? In den 1940er und 1950er Jahren galt die Formulierung „Monkey" oder „Monkey on my back" als Insider-Code für Heroinsucht.

Paul McCartney: „Er nahm nun härtere Drogen, als wir sie bis dahin gewohnt waren, und deshalb tauchten in seinen Songs auch immer häufiger Heroinbezüge auf. Bis dahin hatten wir in unseren Songs ein paar harmlose, eher indirekte Anspielungen auf Pot oder LSD untergebracht, aber jetzt begann John von ‚Fixen' und ‚Affen' zu reden – das waren härtere Ausdrücke, mit denen wir anderen nicht so vertraut waren. Als er mit dem Heroin anfing, waren wir ziemlich deprimiert, denn wir wussten nicht, wie wir ihm helfen sollten. Wir konnten nur hoffen, dass er die Sache im Griff hatte. Tatsächlich kam er wieder los davon, aber das war damals genau die Zeit, als er Heroin nahm. Es war schwer für ihn, aber Leidensdruck und Irrsinn führen ja gelegentlich zu guter Kunst – und bei John war das, glaube ich, der Fall." (Miles

1998, 604). John Lennon hat diese unterstellte Andeutung einer (das heißt: seiner) Heroinabhängigkeit immer weit von sich gewiesen. Der Affe ist für ihn ganz einfach die Schlusspointe einer cleveren Textzeile. Nicht mehr und nicht weniger.

John Lennon: „Das war einfach eine nette Zeile und ich machte einen Song daraus. Es geht darin um mich und Yoko. Alle schienen damals paranoid zu sein, außer uns beiden. Wir waren vom Glanz der Liebe erfüllt. Alle anderen um uns herum, waren irgendwie angespannt." (Rolling Stone 1980).

John Lennon stellt das zwölf Jahre später sehr geschönt und nur aus seiner Sicht dar. Denn er ist es, der die Spannung damals 1968 mit auslöst, weil er Yoko Ono ständig im Studio bei allen Aufnahmen bei sich haben will und es nicht für nötig findet, das mit den andern Beatles und der Studiocrew abzusprechen und auf deren verständliche Vorbehalte ausgleichend zu reagieren. Aber wenn er tatsächlich mit „me and my monkey" von sich und Yoko spricht, warum sollte er sie Affe nennen? Es gibt Vermutungen von Lennonologen dahingehend, dass er sich auf ein Cartoon aus einer englischen Musikzeitschrift jener Zeit bezieht. In dieser bösen Karikatur ist Yoko als Äffchen gezeichnet, das sich auf Johns Rücken festkrallt. In der britischen Presse, die Yoko gegenüber meist ablehnend eingestellt war, kursiert damals der Spruch über Yoko als „the monkey on John's back". Denkbar also, dass John diese Schmähung bewusst aufgreift und ins Positive wendet, im Sinne von: er und sein Äffchen, sie beide, die sie gemeinsam im Glanz der Liebe und der Ehrlichkeit strahlen, sie haben nichts zu verbergen – ganz im Gegensatz zu allen anderen. Sogar politische Implikationen sind dem Text zugeschrieben worden. Doch was in Lennons „Revolution"-Text offenkundig auf der Hand liegt, ob es tatsächlich auch auf diesen „Me and my Monkey"-Text zutrifft?

„Der deutsche Soziologe Niklas Luhmann, Jahrgang 1927, hat in der Nachbetrachtung des Song „Everybody's Got Someting To Hide Except Me And My Monkey" mit seiner bedeutungsschweren Textzeile ‚Your inside is out and your outside is in' (‚Das Innerste ist nach Außen gekehrt / Das Äußerste ist nach Innen gekehrt', was doch sehr an den Slogan ‚Das Private ist politisch / Das Politische ist privat' erinnert) als ein Zeichen, eine Art Symbol der 68er-Jugendbewegung verstanden. Es ging demnach darum, eine Position der radikalen Unschuld zu suchen (‚Everybody's got something to hide, except for me and my monkey'), irgendwo in der Welt, aber außerhalb der Gesellschaft' von der aus man dann diese ‚kritisieren, eventuell angreifen kann, ohne selbst dazuzugehören'. Ziel war es, die Verbindungen und Verpflichtungen zur etablierten Gesellschaft zu kappen, um die bestehenden Verhältnisse und Bedingungen zu verändern. Der größte Teil dieser Generation, die sich gegen Autoritäten und Eltern, gegen eine konservative und verkrustete Gesellschaft auflehnte, den ‚Muff von tausend Jahren unter den Talaren' endlich beseitigen und

‚alte Zöpfe' abschneiden wollte, musste es dafür in Kauf nehmen, vom Establishment nicht verstanden und als Idiot der Familie („me and my monkey') wahrgenommen zu werden. Das war der Preis, den viele 68er für ihr Aufbegehren zahlen mussten." (Luhmann 1988, Gäsche 2008, 114).

Auch der Beatles-Experte Ian MacDonald hört in diesem Song ein Echo des Subversiven, Umstürzlerischen des Jahres 1968: „‚Everybody's Got Someting To Hide Except Me And My Monkey' ist das ausgelassen fröhliche Gegenstück zum grüblerischen „Revolution 1". Es übernimmt dessen subversive Energie und verpasst ihr eine beschwingte Note. Auch wenn der Text hier kaum etwas explizit ausdrückt und die Worte genial nah am dummen Geschwätz sind, ist die umstürzlerische Absicht klar." (MacDonald 2003, 310). So ganz ernst gemeint kann die Textbotschaft dann doch nicht sein, wenn man sich das Durcheinandergebrabbel des „c'mon, c'mon" in der Ausblende genauer anhört. Und das Einzige, was wirklich als gesichert gelten darf: mit 47 Buchstaben hält die Titelzeile den einsamen Längen-Rekord unter allen jemals veröffentlichten Beatles-Songs.

Trivia

Abweichend vom gedruckten Songtitel singt Lennon „Everybody's got something to hide except for me and my monkey".

Im Juli 2008 erscheint im US-Rockmagazin Rolling Stone ein Foto des Sängers und Gitarristen Micah McCravey, der eine Bluesrock-Band gegründet hat mit dem Namen „Me And My Monkey" – als bewusste Referenz.

Unter dem Titel „Me And My Monkey" veröffentlicht Robbie Williams 2002 einen Song auf seinem Album „Escapology".

Coverversionen/Interpretationen

Fats Domino (Single 1969). The Feelies (Album „Crazy Rhythms", 1980). Kristin Hersh (EP „Echo", 1999, Album „Sky Motel"). Phish (Album „Live Phish Volume 13", 2002). My Brightest Diamond (Sampler „Mojo presents: The White Album Recovered", Oktober 2008).

Persönliche Bemerkung

Zwar fanden wir den Text irgendwie gaga, aber der Beat hatte so was überrumpelndes, und diese heftig bimmelnde Kuhglocke gefiel uns allen. Weshalb wir beschlossen, den Song einzustudieren. Und weil wir dachten, gaga können wir auch, versuchten wir, uns einen eigenen deutschsprachigen Text auszudenken. Durch einen Trick gelang es auch, unsern in solchen Dingen eigentlich widerspenstigen Bassisten einzubinden, indem wir ihm die Idee auf dem Silbertablett servierten und als seine eigene ausgaben. Schon war er davon angetan und kam mit dem prima Vorschlag, freche Kinderreime und Abzählverse für den Text zu verwenden. Charly, unser Chefdenker in solch schrägen Dingen, wurde beauftragt, passende Reime zusammenzutragen. Als Gegenleistung bekam er in diesem Fall den Job des Sängers und Kuhglockenspielers zugesprochen. Und so bot sich auch die Gelegenheit, Charly mal wieder auf die Bühne zu stellen, was nicht allzu oft passierte, weil Charly zwar festes Bandmitglied war, aber eigentlich keine konkrete Musiker-Funktion hatte. Sein Gitarrenspiel war noch deutlich bescheidener als das von uns anderen, der Posten des Bassisten war schon vergeben und seine Gesangs-„Performance" war fürs Publikum, wie für uns, etwas gewöhnungsbedürftig – um es vorsichtig auszudrücken. Deshalb kam er nur zu Spezialeinsätzen auf die Bühne – und „Me And My Monkey" das war so einer. Oder besser, wäre einer gewesen, wenn Charly geeignete Abzählreime angeschleppt hätte. War aber leider nicht. „Ene meene muh, du blöde Kuh!" – „Lirum, larum Löffelstiehl" – „Einmal rein, einmal raus, fertig ist der kleine Klaus" – das hörte sich ja alles ganz putzig an, aber es passte rhythmisch nicht auf die Melodie, auch wenn Charly da ganz anderer Meinung war und es uns auch vorführte – in einer Frühform von verquerem Freeform-Rap-Toasting-Sprechgesang: urkomisch und abgefahren. Aber unser seriöser Bassist hatte dann doch Bedenken, wir würden uns lächerlich machen. Ist also wieder ein „Highlight of Entertainment" der Menschheit erspart geblieben.

SEXY SADIE

Fakten

Autorenangabe: Lennon / McCartney, tatsächlich geschrieben von: John Lennon. Schnitt: LP 2 A/5 (305) CD2 005 Laufzeit/Spieldauer: 3'14.
Besetzung/Instrumentierung: John Lennon (Hauptgesangsstimme, Chorgesang, elektrische Rhythmusgitarre, Akustikgitarre, Hammondorgel), Paul McCartney (Bass, Piano, Chorgesang), George Harrison (Sologitarre, Chorgesang), Ringo Starr (Schlagzeug, Tamburin).
Aufnahmedaten: 19. Juli 1968, Abbey Road Studio 2, weitere Aufnahmen (overdubs): 24. Juli, 13. und 21. August.
Produzent: George Martin, Tontechniker: Ken Scott.
Anzahl der Aufnahmen: 21 (am 19. Juli), Take 25 – 47 (am 24. Juli), 8 neue Takes am 13. August (beschriftet 100 – 107). Take 107 wird verwendet als Basis für weitere Overdubs, letztlich veröffentlicht: Take 117.

>Tonart: G-Dur
>Akkorde: Intro / C D / G Fis^7 / F D^7 /
>Strophe / G Fis / h-moll / C D^7 / G Fis^7 / C D^7 / G Fis / F D^7 /

Zwischenspiel / G a-moll^7 / h-moll^7 C^{7+} /
G a-moll7 / h-moll7 C / A^7 As^7 /
Schluss II: h-moll^7 / C D / G Fis^7 / C D / G Fis^7 / F D^7 G Fis^7 :II

Textübersetzung
Sexy Sadie

Sexy Sadie, was hast du getan? / Du hast alle zum Narren gehalten / Sexy Sadie, ooh, was hast du nur getan ? / Sexy Sadie, du hast die Regeln gebrochen / Die du für alle sichtbar aufgestellt hast / Sexy Sadie, ooh, du hast die Regeln gebrochen / Eines sonnigen Tages wartete die Welt auf eine Geliebte / Sie kam daher, um alle anzumachen / Sexy Sadie, die Größte von allen / Sexie Sadie, wie konntest du nur denken / Die Welt würde nur auf dich warten? / Sexie Sadie, ooh, woher wusstest du das? / Sexy Sadie, auch du kommst noch dran / Für wie groß hältst du dich eigentlich? / Was glaubst du, wie groß du bist / Sexy Sadie, ooh, auch du kommst noch dran / Wir gaben ihr alles, was wir hatten, nur um an ihrem Tisch zu sitzen / Nur ein Lächeln genügte, um alles leichter zu machen / Sexy Sadie, sie ist die Neueste und Größte von allen / Sie hielt alle zum Narren / Sexy Sadie / Für wie groß hältst du dich eigentlich / Sexy Sadie.

Die Musik

Durch jede Menge Hall und Echo klanglich verfremdet, beginnt das Klavier mit den Intro-Akkorden, die gleich zu Beginn eine besondere harmonische Eigenart des Songs vorwegnehmen: die ungewöhnliche Akkord-Rückung in Halbtonschritten, die zu den simpelsten und gleichzeitig ungewöhnlichsten kompositorischen Einfällen John Lennons zählt und durch eine clevere melodische Verbindung vor der gestalterischen Plumpheit und kantigen Dissonanz bewahrt wird. Im Übergang vom Zwischenspiel zurück zur Strophe scheint er diesen kompositorischen Einfall mit der absteigenden Akkordfolge A As G Fis fast überzustrapazieren. Trotz dieser schrägsten aller denkbaren Harmoniewechsel in vier aufeinanderfolgenden chromatischen Halbtonschritten rollen nicht die Fußnägel hoch, sondern allenfalls Schauer des schönen Erschreckens über den Rücken.

Vom Schnellschuss zum Kunststück

Auch wenn die Grundzüge des Songs sehr schnell und aus dem Effekt heraus entstanden sind – mehr dazu im nächsten Abschnitt – ist die Komposition nicht einfach mal so aus dem Ärmel geschüttelt, sondern mit Sorgfalt ausgearbeitet. Dafür spricht die ausdifferenzierte Harmonik, die wohlgeformte Melodik und das bewusst und aufwendig gestaltete Arrangement des Songs. In harmonischer Hinsicht überrascht der Songkomponist Lennon nicht nur mit der bereits erwähnten außergewöhnlichen Chromatik, sondern am Ende auch mit einem harmonischen Kreislauf, der wie ein Perpetuum Mobile, einmal angestoßen, niemehr zum Stillstand kommt und nur ausgeblendet werden kann. Im Zwischenteil zitiert er die charakteristische Akkordprogression aus Paul McCartneys wunderschöner Ballade „Here, There And Everywhere".

John Lennons Haupstimme bewegt sich in teils kühn geschwungener Melodik über einen Tonbereich von zwei Oktaven, und die Chorstimmen beweisen wieder einmal den Einfallsreichtum der Beatles als Chorknaben der hintergründigen Art. Mal scheinen sie ein Wah-Wah-Pedal zu imitieren, mal klingt es nach Ironie, wenn sie auf Lennons investigatorisch aufdeckende Zeile „for all to see" mit einem scheinbar nachäffenden „see-see-see-see" antworten. Im Zwischnteil singt der Chor in vier aufsteigenden Schritten die lang gedehnten Silben „Se...xie... Sa...die...", gipfelnd auf der großen Septime, um dann wie in der Opera Buffa dem Vorsänger bestätigend zu antworten: „Sexy Sadie ... She's the greatest ... wah-wah-wah". Das ist nicht ohne Humor zu hören. Und auch das Arrangement wartet mit einem kleinen witzigen Detail auf: wenn Lennon wettert „You'll get yours yet" („Du kommst auch noch dran"), hämmert McCartney ein unterstreichendes Stakkato mit Pathos in die Klaviertasten. Im abschließenden Instrumentalteil spielt George Harrison eine mit Bedacht gesetzte, gleichsam kontrapunktische Gitarrenmelodie, ganz in der Tradition seiner geschmackvollen Schlussfiguren in „Michelle" und „Girl".

Und John Lennon lässt vor der Ausblende noch zwei großartig phrasierte Gesangsschleifen in der Kopfstimme hören. Danach geht „Sexy Sadie" trotz heruntergefahrener Regler auf eine ewige Umlaufbahn, sowohl im nicht endenden Kreislauf der Schluss-Harmonik als auch in den Schaltkreisen der Studioelektronik. Von niemandem mehr zu hören, doch im Geiste, wie im Universum der Halbleiter, sich weiter im Kreise drehend – ad infinitum.

Kommentare, Meinungen, Deutungen

Im Popquiz weiß das sogar Lieschen Müller: Mit „Sexy Sadie" singt John Lennon keine Frau an, sondern rechnet mit dem Guru Maharishi Mahesh Yogi ab, den er kurz vor der Beatles-Abreise aus der „Academy of Meditation" des Maharishi in Rishikesh von seiner unangenehmen Seite kennenlernen musste .... sagt John Lennon. Womöglich war das Unangenehmste für ihn aber auch, dass seine unrealistischen Erwartungen und Hoffnungen enttäuscht wurden – und die Erkenntnis, dass seine Enttäuschung auch mit ihm selbst und seinen übersteigerten Erwartungen zusammenhängt.

John Lennon: „Ich habe gesagt: ‚Wir reisen ab.' – ‚Warum?' – Na, wenn Sie wirklich so kosmisch sind, dann wissen Sie selbst warum.' Weil seine verschiedenen Vorzeigejünger ständig andeuteten, er würde Wunder vollbringen. Also habe ich gesagt. ‚Sie sollten wissen, warum.' Er sagte: ‚Ich weiß nicht warum, du musst es mir sagen.' Und ich sagte immer nur: ‚Sie müssten es aber wissen.' Und da hat er mir so einen Blick zugeworfen, á la: ‚Ich mach dich kalt, du Mistkerl!' So einen Blick. Und wie er mich so angesehen hat, wusste ich Bescheid, er hatte sich verraten. Ich bin ein bisschen grob mit ihm umgesprungen. Ich erwarte immer zu viel – ich erwarte immer meine Mama, und ich krieg sie nicht, das ist das ganze Problem." (Beatles Anthology 2000, 285).

Nicht nur nach seiner Mutter ist John Lennon auf der Suche, auch nach einer Vaterfigur, weil sein leiblicher Vater Fred Lennon ein unsteter Seemann und Herumtreiber war und ihn und seine Mutter schon früh verlassen hat. Und außerdem ist er dabei, sich neu zu orientieren, sucht nach Lebenssinn und womöglich auch nach einer Art spiritueller Führung. Dies scheint er in der Meditationslehre des Maharishi finden zu können. Lennon gehört im Ashram zu den eifrigsten Meditationsschülern, und er ist auch, neben George Harrison, derjenige Beatle, der die Persönlichkeit des Gurus anfänglich am meisten schätzt, man könnte fast sagen: verehrt. Aber es genügt schon ein Gerücht, der heilige Mann sei doch nicht ganz so heilig wie gedacht und erwünscht, schon kippt Lennons Bewunderung in Ablehnung.

Paul McCartney: „‚Sexy Sadie' sollte ursprünglich Maharishi heißen: „Maharishi what have you done? You made a fool of everyone". George konnte John jedoch dazu überreden, den Songtitel zu ändern. Er schlug ‚Sexy Sadie' vor, denn er war dagegen, dem Maharishi noch nachträglich am Zeug zu flicken. Es wäre einfach zu krass gewesen und, wie sich dann später herausstellte, auch noch ungerecht: Magic Alex hatte den Stein ins Rollen gebracht, und ich glaube, seine Anschuldigungen waren von vorn bis hinten erlogen." (Miles 1998, 530).

Bleibt die Frage, warum John Lennon so bereitwillig den Einflüsterungen des eifersüchtigen Magic Alex glaubt und nicht spürt, dass der Aufschneider Alex seine eigenen Interessen verfolgt und mit dieser Intrige versucht, einen Keil zwischen Lennon und den Maharishi zu treiben, um etwas gegen seinen schwindenden Einfluss speziell bei John Lennon zu tun. Im Songtext wird spürbar, dass sich Lennon vom Maharishi betrogen fühlt. Da heißt es, sie hätten ihm alles gegeben, gemeint ist sicher nicht Geld, sondern grenzenloses Vertrauen, nur um an seinem Tisch zu sitzen. Ein Lächeln von ihm habe genügt, um alles leichter zu machen. Die Leichtigkeit verfliegt aber, als die erhoffte, sehnlichst erwünschte und dringend erwartete Antwort auf die große Frage ausbleibt. Der Maharishi kann weder die Weltformel bieten noch die Dämonen bändigen, die der Meditationslehrling Lennon ungewollt ruft und nicht mehr los wird. Unbewusst scheint er den Lehrer für sein inneres Debakel verantwortlich zu machen. Was hat der Maharishi und die falsch gelaufene, schließlich abgebrochene Meditation ihm „angetan"? Jedenfalls geht es ihm psychisch schlechter als vorher. John Lennon: "Ich habe klein beigegeben und nicht geschrieben: 'Maharishi, what have you done? ...' Das Stück ist genau bei unserer Abreise entstanden, während wir darauf warteten, dass unser Gepäck in das Taxi geladen wurde, das überhaupt nicht mehr zu kommen schien. Wir dachten: ‚Die halten das Taxi extra auf, damit wir vom Camp dieses Verrückten nicht wegkommen.' Und wir hatten so einen irren Griechen bei uns (Magic Alex), der total paranoid war. Der sagte andauernd: ‚Das ist Hexerei, Mann, Hexerei. Du kommst hier niemehr weg.' Da ich jetzt hier bin, muss ich wohl weggekommen sein." (Beatles Anthology 2000, 286).

Der niemals bewiesene Vorwurf, der Maharishi habe Kursusteilnehmerinnen nicht nur eindeutige Avancen gemacht, sondern es hätten auch sexuelle Übergriffe stattgefunden, scheint als Grund für John Lennons scharfe Ablehnung des Maharishi nur vorgeschoben zu sein, wenn auch nicht bewusst. Lennon, der früher, in der heißen Phase der Beatlemania, selbst keinem sexuellen Abenteuer aus dem Weg ging, geriert sich plötzlich päpstlicher als der Papst.

Paul McCartney: „John in der Rolle des Moralapostels – unglaublich. Ich weiß noch, dass mich das ganz schön irritierte. Johns Reaktion auf diese Sexgeschichte war schon merkwürdig. ... das kam mir doch ziemlich prüde vor." (Miles 1998, 529).

Ein Küchen-Psychologe könnte auf die Idee kommen, das sei bei John Lennon alles nur Projektion gewesen. Schließlich verspürt Lennon in Rishikesh eine immer stärkere Neigung zum Ehebruch. Seine Ehefrau Cynthia ist bei ihm, er aber denkt nur noch an diese japanische Künstlerin, die ihn fasziniert, nicht nur auf künstlerischer, intellektueller Ebene. Wogegen man selbst zu kämpfen hat, unterstellt man auch anderen?

George Harrison: „Jemand hat das miese Gerücht über Maharishi verbreitet, und das war dann jahrelang in sämtlichen Medien. Es gab alle möglichen Storys, Maharishi sei nicht koscher oder was auch immer, aber das war nur der Neid der Leute. Das müsste man sich von einem Psychoanalytiker erklären lassen. Ich weiß nicht, was diesen Leuten so durch den Kopf geht, aber diese ganze Scheiße war von vorne bis hinten erlogen. ... Es gab einen Haufen Spinner, der ganze Laden war voll Spinner. Wir waren selbst welche." (Beatles Anthology 2000, 285).

Nach 25 Jahren ohne jeglichen Kontakt trifft George Harrison den Maharishi 1993 wieder und entschuldigt sich bei ihm, sinngemäß mit den Worten: wir waren damals noch sehr jung. Die Reaktion des Maharishi sei überaus freundlich und verständnisvoll gewesen. Für ihn seien die Beatles Engel in Menschengestalt, und über Engel könne er niemals verstimmt sein. (Quelle: Quantick 2002, 136). Ob John Lennons maßlose Enttäuschung und rigorose Abkehr vom Maharishi berechtigt und verständlich sein mag oder nicht, der Popgeschichte hat er mit dieser Frustverarbeitung einen starken Song beschert.

Memorabilia

Von Sadie Mae Glutz würde der Song handeln. Davon ist der Sektenführer und Psychopath Charles Manson felsenfest überzeugt, nachdem er das Weiße Album zum ersten Mal gehört hat. Andere Songs des Albums sind für ihn zwar noch wichtiger, weil er aus deren Texten konkrete Handlungsanweisungen für seine mörderischen Pläne ableitet, aber „Sexy Sadie" ist für sein krankes Hirn der Beweis, dass sich die Beatles mit dem Weißen Album speziell an ihn wenden. Für ihn sind die Beatles die leibhaftige Wiederkehr der vier Engel aus den Offenbarungen des Johannes, über die in der 9. Offenbarung („Number Nine") geschrieben steht, sie hätten das Antlitz von Männern, würden aber ihre Haare wie Frauen tragen.

Nur diese vier Engel, die Beatles also, konnten wissen, dass er seiner Lieblingsanhängerin Susan Atkins, die ihm hörig ist, den Spitznamen Sadie Mae Glutz gegeben hatte. Und diese Susan alias Sadie, die ihm in der Kommune seiner „Manson-Family" immer wieder beweisen darf, wie sexy sie ist, beauftragt er – neben zwei weiteren jungen Frauen und einem Mann aus seiner Gefolgschaft – die ersten Morde zu verüben. Die damals 21-jährige Susan Atkins tötet am 8. August 1969 gemeinsam mit den anderen „Manson-Family"-Mitgliedern vier Menschen in Roman Polanskis Haus, darunter auch dessen hochschwangere Frau Sharon Tate. Susan Atkins taucht ein Handtuch in das Blut von Sharon Tate, die auf bestialische Weise durch 16 Messerstiche getötet wird, und schreibt mit deren Blut das Wort „pig" an die Tür. Später gibt Susan Atkins vor Gericht lachend zu Protokoll, Sharon Tate habe sie angefleht, ihr Baby am Leben zu lassen, aber sie habe ihr geantwortet, dass sie kein Erbarmen mit ihr habe.

Am 10. September 2008 wird unter der Überschrift „Keine Gnade für die Gnadenlose" die Meldung verbreitet, das Gnadengesuch der inzwischen 60-jährigen Susan Atkins sei vom zuständigen Begnadigungsausschuss in Kalifornien abgelehnt worden, obwohl sie todkrank in einer Gefängnisklinik liegt. Der ehemalige Staatsanwalt Vincent Bugliosi, der Susan Atkins 1971 hinter Gitter bringt, setzt sich dagegen für eine Freilassung ein – auch weil die medizinische Behandlung der an einem Gehirntumor leidenden Mörderin den Staat bereits Hunderttausende Dollar gekostet habe. (Quelle: Frankfurter Rundschau vom 10. September 2008).

In einem Interview des Jahres 1969 erwähnt John Lennon, dass der Song „I've Been Good To You" von Smokey Robinson & The Miracles zu seinen frühen Favoriten gezählt habe. Der Song beginnt mit der Zeile: „Look what you've done, you made a fool out of someone." Lennon's Song Sexy Sadie beginnt: „What have you done? You made a fool of everyone."

Trivia

Das unverwechselbare Klavier-Intro von „Sexy Sadie" wird 30 Jahre später im Song „Karma Police" von Radiohead zitiert.

Coverversionen/Interpretationen (Auswahl)

Ramsey Lewis (Album „Mother Nature's Son", 1968). Paul Weller (Single-B-Seite „Out Of The Sinking", Oktober 1994, Album „The Beatles Not", 2001). Phish (Album „Live Phish Volume 13", Oktober 2002). Rachel Unthank & The Winterset (Sampler „Mojo presents The White Album Recovered", Oktober 2008).

Persönliche Bemerkung

Zum Auftrittsprogramm unserer Amateur-Band gehörte Anfang 1969 auch „Sexy Sadie". Wir spielten es für unsere Verhältnisse mehr recht als schlecht. Ich imitierte wie üblich den Gesang von John Lennon, so gut es mir eben gelingen wollte. Das größte Lob, das ich mir vorstellen konnte, war, als ein Fan mir während der Pause ins Ohr raunte: „Hörma, wenn du so weiter machst, dann klingst du ja bald so wie der Lennon." Wir wussten damals natürlich noch nichts vom Maharishi-Hintergrund des Songs – wie auch. Von unserem Freund Charly hörte man damals Sätze wie: „Der John hat völlig recht, so sind die Frauen. Die Sexy Sadies halten dich nur zum Narren. Erst machen sie dich an und dann hängen sie dich ab, lassen dich am langen Arm verhungern!" Zu seinen damaligen Lieblingssprüchen gehörte die Lennon/Hendrix-Kombination: „Sexy Sady Foxy Lady" – wobei er das „o" gerne (und unanständigerweise) als „a" aussprach.

HELTER SKELTER

Fakten

Autorenangabe: Lennon / McCartney, tatsächlich geschrieben von: Paul McCartney. Schnitt: LP 2 A/6 (306) CD2 006 Laufzeit/Spieldauer: 4'28
Besetzung/Instrumentierung: Paul McCartney (Hauptgesangsstimme, Bassgitarre, Sologitarre, Chorgesang), John Lennon (Sologitarre, Bassgitarre, Chorgesang, Tenorsaxophon), George Harrison (Rhythmusgitarre, Chorgesang), Ringo Starr (Schlagzeug), Mal Evans (Trompete).
Aufnahmedaten: 18. Juli 1968, Abbey Road Studio 2, weitere Aufnahmen (overdubs): 09. und 10. September.
Produzent: George Martin, Aufnahmetechniker: Ken Scott.
Anzahl der Aufnahmen: 21, letztlich veröffentlicht: mit Overdubs Take 21.

Tonart: E-Dur
Akkorde: 1. Strophe / E^7 / A / C / G / E^7 /
2. Strophe / E^{7-10} / E^{7-10} / E^{7-10} / E^{7-10} / E^{7-10} / G / A / E^7
Refrain / A^7 / E^{7-10} / A^7 / E /

Textübersetzung
(Holterdipolter)

Wenn ich bis ganz nach unten komme / Gehe ich zurück nach oben zum Anfang der Rutsche / Wo ich anhalte und mich umdrehe und (wieder) eine Fahrt mache / Bis ich ganz nach unten gelange und ich dich wieder sehe / Ja-ja-ja-ha-ha / Willst du, willst du nicht, dass ich dich liebe / Ich komme schnell herunter, aber ich bin Meilen über dir / Sag mir, sag mir, sag mir, komm schon, sag mir die Antwort / Du magst eine Liebhaberin sein, aber du bist keine Tänzerin / Holterdipolter Ja, Holterdipolter, ja, wow / Wirst du, wirst du nicht wollen, dass ich dich zwinge / Ich komme schnell herunter, aber lass mich dich nicht zerbrechen / Sag mir, sag mir, sag mir die Antwort / Du magst eine Liebhaberin sein, aber du bist keine Tänzerin / Pass auf, Holterdipolter / Holterdipolter, wow / Pass auf, denn hier kommt sie / Wenn ich zum untern Ende gelange / Gehe ich zurück nach oben zum Anfang der Rutsche / Und ich halte an und ich drehe mich um und ich mache eine Fahrt / Und ich gelange ganz nach unten und ich sehe dich wieder / a-ja-ja-ha / Nun, willst du, willst du mich nicht zum Gehen bewegen / Ich komme schnell herunter, aber lass mich dich nicht zerbrechen / Sag mir, sag mir, sag mir deine Antwort / Du magst eine Liebhaberin sein, aber du bist keine Tänzerin / Pass auf, Holterdipolter / Holterdipolter / Pass auf, Holterdipolter / Sie kommt schnell hinunter / Ja, sie kommt / Kommt hinunter / Holterdipolter, wow.
(Ringo schreit am Ende: „Ich habe Blasen an meinen Fingern!").

Die Musik

Ist das die Geburtsstunde des Heavy Metal? Oder richtiger: sind das die viereinhalb Geburtsminuten des Metal-Urknalls, der in der Folgezeit Bands wie Black Sabbath, AC/DC oder Metallica in die Rock-Umlaufbahn katapultiert? „Helter Skelter" ist die brutalste Lärmorgie, die je von den Beatles aufgenommen wurde. Das durchgängige und einzige Prinzip bei dieser Aufnahme scheint zu lauten, alle Schallquellen immer bis zum Anschlag im roten Bereich auszusteuern – und wenn es ginge, auch noch darüber hinaus. Doch auch dieses chaotische Getöse hat Struktur und ist mit Vorsatz geplant. Obwohl die Beatles in einem Teil ihres Herzens noch immer Rocker sind, entsteht „Helter Skelter" nicht einfach nur so aus einer Laune heraus, sondern hat auch in gewisser Weise mit Selbstbehauptung, Führungsanspruch und mit dem Annehmen einer Herausforderung zu tun.

Der ehrgeizige Paul McCartney fühlt sich angestachelt von einem Artikel, den er Ende 1967 in einem britischen Musikmagazin liest. Paul McCartney: „Als ich dann in Schottland war, habe ich im Melody Maker gelesen, Pete Townshend (Mastermind von The Who) hätte gesagt: ‚Wir haben gerade die dreckigste, lauteste, abgefahrendste Rock'n'Roll-Platte gemacht, die man je gehört hat.'" (Beatles Anthology 2000, 311).

Wer ist hier der Marktführer, die dominierende Band, wenn es um Superlative im Pop Anno 1967 geht, etwa The Who? – Na also! Das könnte Paul McCartney durch den Kopf gegangen sein, schließlich sind die Beatles Ende 1967 die alles und jeden überragende Größe der internationalen Szene. Für sie ist nichts unmöglich. Ihnen gelingt mit „Sgt. Pepper" das größte Popkunstwerk aller Zeiten. Aber sie können auch ganz anders. Wenn sie wollen, schütteln sie auch den lautesten, brutalsten, schmutzigsten und kompromisslosesten Rocktitel aus dem Ärmel. Kein Problem.

Paul McCartney: „Das hat mich angemacht, ihn (Pete Townshend) nur davon reden zu hören. Also habe ich zu den Jungs gesagt: ‚Ich glaube, wir sollten auch so einen Song bringen, was echt Wildes.' Und ich schrieb ‚Helter Skelter'. ... Wir haben versucht, es so laut wie möglich zu bringen. ‚Kriegt man das Schlagzeug nicht lauter hin?' Nur darum ging's mir eigentlich – mit den Beatles eine sehr laute, dreckige Rock'n'Roll-Nummer zu machen." (Beatles Anthology 2000, 311).

Dass es neben dem wiederentdeckten Spaß am Rock-Rabaukentum auch um die Behauptung der generellen Vormachtstellung in jeglicher Hinsicht und in jedem Stilbereich bei Paul McCartney & Co gegangen sein könnte, das bestätigt auch eine Bemerkung des Beatles-Kenners Ian MacDonald, der „Helter Skelter" als McCartneys „unbeholfenen Versuch" beschreibt, The Who „auszustechen". Am 18. Juli spielen sie drei verschiedene Versionen ein. Die letzte davon dauert über 27 Minuten, eine Marathon-Distanz, die einmalig in der Beatles-Geschichte bleiben wird. Die Studioverantwortlichen sprechen später von unkontrollierter Verschwendung der Studiozeit. Sogar Produzent George Martin moniert – vorsichtig – „gewisse Längen". Und der Beatles-Kritiker Ian MacDonald bemängelt später die Führungs- und Disziplinlosigkeit während der Aufnahmesessions. Die Beatles sehen das freilich ganz anders. Ringo Starr: „Bei ‚Helter Skelter' sind wir im Studio einfach voll ausgerastet. Manchmal musste man einfach die Sau rauslassen." (Beatles Anthology 2000, 311).

Der zweite Durchlauf ist dagegen „nur" 12 Minuten lang und wird 1996 für das Doppelalbum „Anthology 3" auf 4'37 gekürzt. Doch mit allen drei Versionen ist McCartney nicht zufrieden.

Diese Fassungen klingen zwar reizvoll hypnotisch, sind aber deutlich langsamer und im Sound weniger attackierend als die letztlich veröffentlichte Neufassung. Paul McCartney: „Nach der Probeaufnahme fanden wir: ‚Nein, das hört sich noch viel zu gesittet an. Das muss noch sehr viel lauter und schmutziger werden!' Wir versuchten alles mögliche, damit es noch gemeiner schepperte." (Miles 1998, 606).

Am 9. September beginnen sie wieder ganz von vorn und spielen insgesamt 18 Neuaufnahmen ein, von denen die letzte als Basis für weitere Overdubs verwendet wird. Im Tempo deutlich beschleunigt und wesentlich aggressiver gespielt, entspricht die Neuaufnahme nun McCartneys Vorstellung vom Dreckigsten, Lautesten und Gemeinsten, was man mit Instrumenten und Studiotechnik erreichen kann.

Brutalstmögliche Disharmonie

Wie das Fauchen eines bösen Tieres, das plötzlich aus der Dunkelheit hervorspringt, so erschrickt das erste Glissando auf den Saiten der extrem verzerrten E-Gitarre den unvorbereiteten Zuhörer. Das metallisch sägende, enervierend kreischende Stakkato der übersteuert lauten E-Gitarre ist für damalige Verhältnisse schockierend. Dazu kommt noch, dass die erste Gitarrenfigur geradezu stumpfsinnig simpel, aber brutal disharmonisch ist. McCartney schlägt nur die beiden oberen Gitarrensaiten, H und E, an, wobei die E-Saite leer klingt. Die enorme Übersteuerung, Verzerrung und Beimischung von Echo lässt den Zusammenklang von nur zwei Saiten wie einen elektronischen Monstersound orchestralen Ausmaßes erscheinen. Auf der H-Saite greift der Finger zunächst D, was mit der leeren E-Saite zusammen die Septime bildet – wenn die harmonische Basis E-Dur ist. Dann folgt in Halbtonschritten abwärts Cis (die Sexte [Harmoniesüchtige werden hier ein A-Dur hören wollen), danach C (die verminderte Sexte/erhöhte Quinte – die Harmoniesüchtigen werden hier ein stinknormales C-Dur hören), was die allergemeinste Disharmonie in E-Dur darstellt, und schließlich die Auflösung der Qual, der Ton H (die Quinte). Von wegen Erlösung aus der akustischen Pein! Die Tonika E-Dur ist angereichert nicht nur mit der Septime, sondern auch mit dem Ton G, was als Dezime zu bezeichnen ist und klangliche Reibungsschmerzen verursacht – nicht nur bei den Harmoniesüchtigen.

Paul als Berserker und alle spielen mit den Fäusten

Paul McCartneys Gesang ist nicht minder gehörverletzend, wenn man auf Wohlklang erpicht ist. Wie er gleich am Ende der ersten Strophe „see you agaiiiiiin" mit überschnappender Stimme herausquetscht, das hat nichts von einem freudigen Wiedersehen. McCartneys vokaltechnischer Ehrgeiz scheint hier vor allem darin zu bestehen, möglichst rowdie-mäßig, rüpelhaft zu schreien, zu brüllen und zu kreischen – und ein sardonisches Gelächter muss auch mal sein. Nach dem dritten „Helter Skelter"-Refrain, bei 2'32 und dem Ausruf „Look out" erreicht er auf der Silbe „out" ein schwindelerregend hohes G in der Kopfstimme. Doch anders als bei seinen lustvollen Hochton-Schreiereien in andern Songs wie etwa „Hey Jude" hat dieses Geschrei etwas Gespenstisches, im hysterischen Überschnappen des „coming down fast" sogar etwas Unheimliches, Aggressives. Die Chorstimmen im Hintergrund kommen wie aus weiter Ferne, singen erst lang anhaltende Töne, skandieren dann aber abgehackte Ha-Ha-Ha-Ha-Silben, die nicht nach stilisiertem Gelächter klingen, sondern nach einer hechelnden Meute. Die Gitarren- und Bass-Saiten werden nicht angeschlagen, sondern gedroschen, und der abwärts ratternde Unsisono-Riff im Refrain lässt die Assoziation von wütend knurrenden Kettenhunden zu. Ringo knüppelt, was das (Schlag-) Zeug hält und lässt die Becken zischen und scheppern. Der Sound ist brachial, die Spielweise wüst und es klingt, als würden alle Instrumente nicht mit den Händen und Fingern, sondern mit geballten Fäusten gespielt.

Paul McCartney: „Am Schluss hört man Ringo grölen: ‚Ich hab Blasen an den Fingern!' Das war nicht nur so dahingesagt: Als wir mit dem endgültigen Take fertig waren, hatte er so wild getrommelt, dass seine Hände tatsächlich bluteten! Bei diesem Song haben wir uns mächtig ins Zeug gelegt." (Miles 1998, 606).

Am Schluss traktiert Lennon ein unschuldiges Saxophon, und Beatles-Roadie Mal Evans vergeht sich nicht minder als ausdrucksvoller Dillentant an einer Trompete. Immer wieder tauchen im Songverlauf seltsame Töne auf, schrill wie Mövengeschrei; gegen Ende erhöht sich der geräuschhafte Anteil an Klängen, und die Gitarren-Sounds erinnern mehr an eine Metallverschrottungsanlage als an Musik. Nach einem Rhythmus-Stopp und einsetzender Kakophonie mit Ausklangtendenzen rappeln sich die Crash-Kids wieder auf und setzen ihr wildes, nervenaufreibendes Werk fort. Es folgt, gottlob, eine Ausblende, die sich allerdings hinzieht. Man denkt, es ist vollbracht, man hats geschafft, doch nach vier Sekunden erholsamer Stille brandet die Welle des atonalen Chaos wieder auf. Die Idee der Aus- und Wieder-Einblende kennt man schon von „Strawberry Fields Forever". Aber hier wird etwas anderes geboten: infernalischer Lärm und Missklang. Doch nach weiteren quälenden 40 Sekunden ist der Spuk endgültig vorüber. Und Ringo hat das (bereits bekannte) Schlusswort: „I got blisters on my fingers!"

Kommentare, Meinungen, Deutungen

Der erste Headbanger-Rock der Popgeschichte veruracht bei sensiblen Gemütern Kopfschmerzen und bei psychologisch Bewanderten Kopfzerbrechen, inwieweit der Textinhalt mit Obsessionen zu tun hat. „Do you, don't you ... will you, won't you ... tell me, tell me, tell me ..." – Klingt das nicht nach insistierender Penetranz? "I'm coming down fast, but don't let me break you" – Sind das nicht Andeutungen von sexueller Gewalt? „You may be a lover, but you ain't no dancer." – Schwingt da nicht ein höhnischer Ton und abwertende Kritik mit? Tiefenpsychologische Diskussionen über die Abgründe der menschlichen Seele lassen sich am Beispiel von „Helter Skelter" trefflich führen, auch darüber, ob dieser Song mit seiner Aura einer klanglichen Gewalt-Orgie beim Hörer Gewaltphantasien oder gar Gewaltbereitschaft auslösen kann. Für den Songautor Paul McCartney ist das natürlich alles Unsinn. Einer seiner Hauptgründe, „Helter Skelter" so und nicht anders geschrieben und aufgenommen zu haben, liegt an seinem Image des braven Buben und Balladen-Schnulziérs. Und dass er dagegen etwas tun wollte. Nur ab und an mal einen etwas härteren Rocksong zu schreiben wie „I'm Down" oder „Sgt. Pepper's Lonely Hearts Club Band" ändert nichts am Image des soften Lulli. Da bedarf es schon einer ruppigeren Gangart. Den Anfang macht „Helter Skelter", vier Wochen später reitet McCartney die zweite Attacke gegen sein Image als rehäugiger Mädchenschwarm: „Why Don't We Do It In The Road".

Paul McCartney: „Deswegen regt es mich auf, wenn die Leute sagen: ‚Du bringst immer nur die Balladen, du bist der Schmalzige.' Ich sage: ‚Seid ihr sicher? Habt ihr genau hingehört?' Nicht, dass ich mich gern rechtfertigen würde, aber das ist meine andere Seite." (Beatles Anthology 2000, 311).

„Was hat ‚Helter Skelter' mit dem Abstechen von Leuten zu tun?" fragt John Lennon (Beatles Anthology 2000, 311). Der verkrachte Musiker, selbst ernannte Guru-Schamane und Ex-Sträfling Charles Manson, dessen Geisteszustand und psychische Verfassung als verwirrt anzusehen ist, versteht den Song „Helter Skelter" als an ihn gerichtete Botschaft der Beatles, dass alles in Kürze außer Kontrolle geraten werde. Er entnimmt dem Song den persönlichen Auftrag, zu töten. „Helter Skelter" ist für ihn das Menetekel eines bevorstehenden Rassenkrieges und gleichzeitig der Code-Name für den mörderischen Feldzug seiner Manson-Family. (siehe auch hierzu Kapitel „Piggies").

Paul McCartney: „Als Symbol wählte ich das Helter-Skelter, die Rutschbahn auf dem Jahrmarkt, die rasende Fahrt vom Gipfel nach ganz unten – Aufstieg und Niedergang des Römischen Reiches –, und das hier war der Fall, der Abgang, der Sturz in die Tiefe. Im Grunde eine harmlose Nummer, aber dann bekam sie einen finsteren Beigeschmack, weil Charles Manson sie zu seiner Hymne erkor." (Miles 1998, 606).

Auf der Kühlschranktür eines Hauses, in dem zwei Morde verübt werden, findet sich am 10. August 1969 der mit dem Blut eines Opfers geschriebene Schriftzug „Healter Skelter" (irrtümlicherweise falsch geschrieben). Nach dem Manson-Prozess schreibt der Staatsanwalt Vincent Bugliosi, der die Anklage vertritt, ein Buch über die Morde der Manson-Family, Titel: „Helter Skelter". Das Buch, 1974 veröffentlicht, wird ein Bestseller und zwei Jahre später verfilmt. Auch wenn die Komposition, der Text, der Sound und die Songaufnahme in ihrer Ausstrahlung etwas Hysterisches, Apokalyptisches haben, mit dem mörderischen Wahnsinn des Psychopathen Charles Manson hat „Helter Skelter" nichts zu tun. Und wird diese Verbindung doch niemals los.

Memorabilia

Im Zusammenhang mit ihrer Live-Coverversion von „Helter Skelter", die Oasis für deren Live-Album „Familiar To Millions" im Sommer 2000 im Wembley Stadion aufnimmt, sagt Noel Gallagher in einem Interview, „Helter Skelter" markiere für ihn den Beginn der Punk-Bewegung. 1969, also ein Jahr nach Veröffentlichung des Weißen Albums, sind MC5 und The Stooges auf den Plan getreten und ihr Sound wäre damals absolut identisch mit dem von „Helter Skelter" gewesen. Der Beatles-Song, wie er im Original klingt und wie er gespielt wird, sei für ihn der Beginn des Punk-Rock, wie man ihn heute kenne.

Die vierte Strophe des Songklassikers „American Pie" von Don McLean beginnt mit der Zeile: „Helter Skelter in a summer swelter" und wird verstanden als Anspielung auf die Morde der Manson-Family im August 1969.

Im „Beatles re-worked"-Album „Love" sind Teile aus Paul McCartneys Gesangsspur von „Helter Skelter" über den Gitarrenriff von „I Want You (She's So Heavy)" gelegt, während im Hintergrund die Zirkusmusik-Collage aus „Being For The Benefit Of Mr. Kite" zu hören ist.

In der Rangliste der „111 größten Gitarrenmomente aller Zeiten", „anregend subjektiv" aufgelistet im Musikexpress, Ausgabe August 08, rangiert „Helter Skelter" auf Platz 21. In der Begründung von Josef Winkler heißt es: „Die Nase voll von seinem Image als softiger Popmeister bei den Beatles, ... setzte sich Paul McCartney hin und erfand mal flugs den Heavy Metal: mit diesem absurd wüsten, chaotischen Track voller klirrender, schreiender, sich aufs Blut gequält verstimmender Gitarren, die die ganze trotzige Absicht des Songs erkennen lassen." (JOLS 2008, 56).

Trivia

Während der „Helter Skelter"-Aufnahmen soll George Harrison durch das Studio gestürmt sein – mit seltsamer Gestik und einem brennenden Aschenbecher auf dem Kopf. Nein, keine Folge eines LSD-Trips, sondern die Karikatur der Feuerkrone, mit der „The God of Hellfire" Arthur Brown seinen Hit „Fire" damals überall feiert.

2002 veröffentlichen der Chemnitzer Gitarrist Helmut „Joe" Sachse und der Berliner Schlagzeuger Ernst Bier ihr Duo-Album „Helter Skelter – Beatles Forever", das 14 verschiedene Beatles-Songs in live eingespielten Improvisationen enthält – „Helter Skelter" ist nicht dabei.

Coverversionen/Interpretationen (Auswahl)

Siouxsie & The Banshees (Album „The Scream", 1978). Pat Benatar (Album „Precious Time", 1981). Ian Gillan (Album „Magic", 1982). Mötley Crüe (Album „Shout At The Devil", 1983. Hüsker Dü (EP „Don't Want To Know If You Are Lonely", 1984). Aerosmith (Album „Pandora's Box", 1991, p 1975). U2 (Album „Rattle And Hum", 1988). R.A.M. Pietsch (Album „Norwegian Wood", 1988). Oasis (Single „Who Feels Love?", 2000). Phish (Album „Live Phish Volume 13", 2002). Popdudes (Sampler „It Was 40 Years Ago Today – Tribute To The Beatles", 2004). The Twisted Ringos (Sampler „Memphis Rocks The Beatles, Fried Glass Onions, Vol. 3", Dezember 2006). Stereophonics (Single „It Means Nothing", 2007). Dana Fuchs (Sampler „Across The Universe", Oktober 2007). Derwood Andrews (Sampler „Mojo presents The White Album Recovered", Oktober 2008).

Persönliche Bemerkung

„Helter Skelter" kann vieles heißen: Rutschbahn, Hals über Kopf, Holterdipolter. Aber es konnte auch Spaltpiltz bedeuten – jedenfalls für unsere Clique. Denn an „Helter Skelter" schieden sich die Geister wie an keinem anderen Song der Beatles zuvor. „Dann geh doch gleich nach drüben – zu den Stones!", das war die eine Extremposition, die andere: „Endlich lassen sie mal die Sau raus!". Im Fall „Helter Skelter" stand die Beatles-Kunstfraktion der Beatles-Rockfraktion ziemlich unversöhnlich gegenüber. Doch die beiden Kontrahenten-Grüppchen waren auch in sich nicht homogen. In der Kunstabteilung gab es das orthodoxe Lager, das diesen „grobschlächtigen Brutalo-Horror" rigoros ablehnte, während das gemäßigte Lager mit diesem „krawalligen Song" „nur" erhebliche Schwierigkeiten hatte. Auch die Rockabteilung teilte sich in zwei Flügel auf, wobei die Hardcore-Radikalen, die in der Minderheit waren, die „Lärmattacke" enthusiastisch begrüßten und als „Anschlag auf den Spießerpop" feierten, während die gemäßigteren Rocker diesem „wilden Ventil" einiges abgewinnen konnten.

Auch innerhalb unserer Band, dem Nukleus unserer Clique, waren die Positionen der Meinungen ähnlich verteilt. Unser Keyboarder, der ein paar Jahre Klavierunterricht aufzuweisen hatte, „hasste" „Helter Skelter" (eigentlich kein Wunder, denn da war ja auch kein Keyboard vorgesehen) und schimpfte auf den „primitiven Lärm". Was ihm natürlich die Retourkutsche einbrachte: „Du redest wie die übelsten Spießer!" Bei den Proben wurde damals mehr diskutiert als geübt, was nicht so schlimm war wie die Kluft, die sich auftat zwischen der Rhythmusgruppe Bass und Schlagzeug, die „Helter Skelter" spielen wollte und dem Rest der Band, der den Titel nicht mal mit der Kneifzange anfassen wollte. Freund Charly stand natürlich auf Seiten der Rock-Provokation, also der Befürworter. Zum Ausruf am Ende des Songs hatte er seinen eigenen

Kommentar parat. Da ist Ringo zu hören mit seiner berühmten Beschwerde: „I got blisters on my fingers!" – O-Ton Charly: „Ooch, hat der Ärmste sich Blasen an den Fingern getrommelt? Mann! So ist Rock'n'Roll! Da wird nicht gejammert!"

LONG, LONG, LONG

Fakten

Autor: George Harrison. Schnitt: LP 2 A/7 (307) CD2 007 Laufzeit/Spieldauer: 3'02.
Besetzung/Instrumentierung: George Harrison (Hauptgesangsstimme, akustische Gitarre), Paul McCartney (Bassgitarre, Hammondorgel, Chorgesang), Ringo Starr (Schlagzeug), Chris Thomas (Piano).
Aufnahmedaten: 07. Oktober 1968, Abbey Road Studio 2, weitere Aufnahmen (overdubs): 08. und 09. Oktober.
Produzent: George Martin, Aufnahmetechniker: Ken Scott.
Anzahl der Aufnahmen: 67 (eventuell Protokollierungsfehler), letztlich veröffentlicht: mit Overdubs Take 67.

Tonart: F-Dur
Akkorde:
Vorspiel / g-moll / C^7 / g-moll / F / C / C
Refrain / B / a-moll / g-moll / F / g-moll / F /
Strophe C / C / g-moll / g-moll / F / C / g-moll /
g-moll / F / C / C / C^7
Zwischenspiel / B / F / C / g-moll / g-moll / g-moll / B / F
/ C / g-moll / B / C / C / C /
Schluss / F / C / g-moll / g-moll / F / C / g-moll / g-moll / F
/ C / g-moll / g-moll / F / C / C / C / C^4 g-moll[9-11]

Textübersetzung

Lang lang lang

Es ist eine lange, lange, lange Zeit vergangen / Wie konnte ich dich jemals verlieren / Wo ich dich doch liebte / Es dauerte eine lange, lange, lange Zeit / Nun bin ich so froh, dich gefunden zu haben / Wie (sehr) ich dich liebe / So viele Tränen, ich war auf der Suche / So viele Tränen, umsonst geweint / Nun kann ich dich sehen (erkennen), dich sein / Wie kann ich dich jemals falsch verstehen / Wie (sehr) ich dich haben will / Oh, ich liebe dich / Du weißt, dass ich dich brauche / Oh ich liebe dich.

Die Musik

Auf den lautesten Gewaltakt des Albums, auf „Helter Skelter" folgt der leiseste Song. Mit einer behend aber ruhig gespielten Gitarrenmelodie, die aus dem Dunkel der Tiefe nach oben strebt, beginnt wie von Ferne herkommend dieser fragil klingende, sanft schwingende Folksong im langsamen Walzerrhythmus. Die letzten drei Töne der aufsteigenden Gitarrenfigur rasseln etwas nach und erzeugen die Klanganmutung einer Sitar. (Oder sollte George Harrison für diese im Songverlauf immer wiederkehrenden Töne sogar eine Sitar verwendet haben?) Die einsetzende Hammondorgel spielt eine absteigende Melodie, die der aufwärts gerichteten Gitarrenfigur sozusagen entgegenkommt. So zurückhaltend leise singt George Harrison, dass man seinem Text kaum folgen kann. Dann plötzlich, nach 27 Sekunden, donnert Ringos Schlagzeug für zwei Takte explosiv in die kontemplative Ruhe hinein. Die sich danach wieder einstellt – bis zur nächsten wuchtigen Schlagfolge, die den betulichen 3/4-Takt kräftig aufmischt. Doch die kraftvoll wirbelnden Stöcke zerschlagen kein Porzellan. Die sensible Folkgitarrenstimmung wird durch Ringos markant getrommelten Einwürfe nicht zerstört, sondern in der Kontrastsetzung eher noch intensiviert. Auch jegliche Gefahr einer weinerlichen Larmoyanz und schläfrigen Trägheit, vor der manche Balladen von George Harrison nie so gänzlich gefeit sind, wird durch Ringos Trommelweckrufe gebannt.

Ist das F-Dur oder C-Dur? Oder gar Dylan?

Die Besonderheit in der Harmonik des Songs ist die Verschleierung der Grundtonart F-Dur. Speziell die Akkordfolge g-moll, F, C führt durch die dazugehörige Melodik eher zu einer gefühlten Tonart C- als F-Dur. Dieser Schwebezustand einer uneindeutigen Tonart dauert über die gesamte Länge des Songs an und trägt zum Reiz dieses seltsam wechselvollen Langsamen Walzers bei. Im forscher gespielten Zwischenteil wird der Walzerrhythmus etwas übertrieben, fast zickig betont. Dem Klischee der „hum-ta-ta"-Rhythmik setzt allerdings der klavierspielende Co-Produzent Chris Thomas eine angedeudete Blues-Boogie-Figur entgegen.

Eine kompositorische Nähe zu Bob Dylans berühmtem Mammutsong „Sad Eyed Lady Of The Lowlands" aus dem Meilenstein-Album „Blonde On Blonde" von 1966 hat George Harrison selbst erwähnt. „I can't recall much about it except the chords, which I think were coming from ‚Sad Eyed Lady Of The Lowlands' - D to E minor, A, and D - those three chords and the way they moved." (Harrison 1980). Ähnlichkeiten bis Übereinstimmungen zum Dylan-Song bestehen in der Melodie am Ende der Strophe, in der Akkordfolge g-moll, F, C (bei Dylan: e-moll, D, A) und im Metrum der Dreier-Zählzeit (bei Dylan ist es kein 3/4- sondern ein 6/8-Takt) – also nichts, was das Copyright betreffen könnte (da sollte es später, etwa mit „My Sweet Lord", sehr viel weitergehende kompositorische Übereinstimmungen geben, die zu Plagiatsvorwürfen führten). Über weite Strecken klingt „Long, Long, Long" wie eine kleine spirituelle Oase der Ruhe in einem wilden Wechselbad der Gefühle, das die unmittelbar vorausgegangenen Songs ausgelöst haben. Doch ein Paradies ist auch hier nicht zu finden – und wenn doch, die Vertreibung daraus steht bevor.

Das Ende mit Erschrecken

Der auffälligste, auch irritierendste Teil des Songs ist sein Schluss. Nach der durchgängig harmonischen Grundstimmung des Songs hätte man nicht unbedingt mit einem atonalen Ende gerechnet. Das vibrierende, sanft ratternde Geräusch, das eine halbe Minute vor dem endgültigen Abschlag einsetzt, klingt, als würde eine Münze auf einem Resonanzboden rotieren. Tatsächlich ist es eine wackelnde Weinflasche, die auf dem Leslie-Kabinett der Hammondorgel steht und durch eine bestimmte tiefe Frequenz des Orgeltons zum Mitschwingen angeregt wird. Ringo reagiert mit einem ähnlich klingenden, schnellen Wirbel auf der Snare-Drum, Paul an der Orgel setzt einen dräuenden Vorhalt-Akkord darüber und George erzeugt kratzend metallische Geräusche auf den Gitarrensaiten. Gleichzeitig beginnt er einen heulenden, klagenden Gesang anzustimmen, der ins Atonale kippt und langsam erstirbt. Ein letzter spukhafter Akkord, über die abgedämpften Saiten gestrichen. Und Ringos trockener Abschlag, wie eine Tür, die mit Rumms ins Schloss fällt. So endet die dritte Seite des Weißen Albums. Ein fürwahr seltsamer Schluss. John Lennon hat damit nichts zu tun. Er glänzt bei der gesamten Aunahme von „Long, Long, Long" durch Abwesenheit.

Kommentare, Meinungen, Deutungen

Darf ich bitten? Nein danke. Zwar ein langsamer Walzer, aber nicht zum Tanzen gedacht, sondern zum Einschwingen und Einstimmen in die Versenkung der tiefen Liebe, ist George Harrisons dritter Songbeitrag zum Weißen Album. Trauer über Liebesverlust, Sehnsucht und Freude, die Liebe wieder gefunden zu haben - darum kreisen die Zeilen des schlicht und ohne Sprachbilder formulierten Songtextes. Dies ist eines der ersten Liebeslieder von vielen, die später noch auf George Harrisons Soloalben folgen werden, von denen man nicht so recht weiß, ob eine bestimmte Frau, eine geliebte Person angesungen wird oder sein „Sweet Lord". „The ‚You' in Long, Long, Long is God" (George Harrison „I Me Mine" 1980). Unter den Beatles ist George Harrison derjenige, der am meisten an Spiritualität und religiöser Erfahrung interessiert ist und dies auch in sein Alltagsleben integriert. Er wäre auch alleine ins Meditationszentrum nach Rishikesh gereist, um die Transzendentale Meditation des Maharishi zu erlernen.

Doch die anderen Drei folgen ihm bereitwillig. Als deren Interesse nachlässt oder gar zeitweise in Ablehnung umkippt, bleibt George unbeirrt bei seiner indisch geprägten religiösen Orientierung. Auch er verlässt zwar die Gefolgschaft des Maharishi, findet aber eine neue spirituelle Heimat im Hinduismus der Krishna-Bewegung (Gaudiya Vaishnava). Er bekennt sich öffentlich zur Internationalen Gesellschaft für Krishna-Bewusstsein und glaubt bis zu seinem Tod an die Wiedergeburt. In seinen letzten Lebensjahren beschäftigt er sich intensiv mit indischer aber auch christlicher Religionsliteratur. Die Erfahrung von Rishikesh im Frühjahr 1968 verankert seine tiefe Verbindung zur indischen Philosophie und Religion. „Ashram life, to a great extent, is about the inward journey. And in his tender love song ‚Long, Long, Long' George wrote exquisitely about coming back into relationship with the divine, within himself". (Saltzman 2000). Seine innere Reise zu Gott wie zu sich selbst sollte George Harrison sein ganzes Leben lang begleiten.

Nicht während des Indienaufenthalts der Beatles in Rishikesh entsteht der Song, sondern mitten im Trubel der Schlussphase des Aufnahme-Marathons für das Weiße Album. Bis in die frühen Morgenstunden dauern die Aufnahmen des Grundplaybacks, insgesamt 67 Durchläufe werden protokolliert. Kein anderer Song des Weißen Albums wird so behutsam produziert, kein anderer bezieht aus dem dynamischen Wechsel von Stille und Impulsivität eine vergleichbare Eindringlichkeit. Mit einer gleichsam in sich gekehrten Stimme singt Harrison im Flüsterton von seiner Sehnsucht, seinen Tränen und seinem Glück, letztlich die Erfüllung in seiner Liebe zu Gott gefunden zu haben. Und doch scheint die gesamte Ausstrahlung des Songs die Textbotschaft der Erlösung nicht zu bestätigen – was, weiß Gott, ein subjektiver Eindruck ist. George Harrisons stetige Suche nach Transzendenz, seine wachsende Liebe zu Gott soll seiner irdischen Ehe, seiner Liebesbeziehung zu Pattie, seiner Ehefrau, nicht nur gut getan haben. Die beiden werden 1977 geschieden. Pattie hatte sich in den ganz diesseitigen Eric Clapton verliebt.

Trivia

Der Arbeitstitel des Songs lautet eine ganze Weile: „It's Been A Long Long Long Time".

Coverversionen/Interpretationen

Terry Scott Taylor (Album „A Briefing For The Ascent", 1987). Low (Single-Rückseite „Joan of Arc", 1997). Tom Hooper (Sampler „The Beatles Not", 2001). Phish (Album „Live Phish Volume 13", 2002). Robert Deeble (EP „This Bar Has No One Left", 2005). Tanya Donelly (Album „This Hungry Life", 2006). Gemma Ray (Sampler „Mojo presents The White Album Recovered", Oktober 2008).

Persönliche Bemerkung

„War ‚Long Long Long' wirklich auf dem Weißen Album drauf?" fragt unser Freund Charly heute. „Ja, und ist es immer noch." – „Ach komm, dann hab ich den damals glatt übersehen." – Und überhört. Sorry George.

LP 2 B-Seite

REVOLUTION I

Fakten

Autorenangabe: Lennon / McCartney, tatsächlich geschrieben von: John Lennon. Schnitt: LP 2 B/1 (oder 401) CD2 008, Laufzeit/Spieldauer: 4'12. Besetzung/Instrumentierung: John Lennon (Hauptgesangsstimme, Sologitarre, akustische Gitarre, Chorgesang), Paul McCartney (Bassgitarre, Hammondorgel, Piano, Chorgesang), George Harrison (Sologitarre, Chorgesang), Ringo Starr (Schlagzeug), Derek Watkins (Trompete), Freddy Clayton (Trompete), Don Lang (Posaune), Rex Morris (Posaune), Bill Povey (Posaune), J. Power (Posaune).
Aufnahmedaten: 30. Mai 1968, Abbey Road Studio 2, weitere Aufnahmen (overdubs): 31. Mai, 4. und 21. Juni.
Produzent: George Martin, Aufnahmetechniker: Geoff Emerick, Peter Bown, Brian Gibson.
Anzahl der Aufnahmen: 18. letztlich veröffentlicht: mit Overdubs Take 22.

Tonart: A-Dur
Akkorde:
Intro / A / A / A / A / E^7 /
Strophe / A / A^9 / D / A / A / A^9 / D / E^7 /
Zwischenteil / h-moll / E^6 / h-moll / G A Fis^7 / E /
Refrain: / A / D^6 / A / D^6 / A / D^6 / E^7 / E^7 /

Textübersetzung

Siehe Single B-Seite „Revolution"
Einzige Textänderung: „But when you talk about destruction, don't you know that you can count me out ... in". Doch wenn du von Zerstörung redest, dann solltest du wissen / Du kannst nicht mit mir rechnen / du kannst auf mich zählen.

Die Musik

Welten trennen diese Urfassung von der Version, die als Rückseite der Single „Hey Jude" am 26.08.1968 veröffentlicht wird. Geradezu betulich harmlos kommt die ursprüngliche Song-Einspielung angeschlurft – im Vergleich zur aggressiven und rhythmisch forsch attackierenden Single-Rückseite. Gemessen daran fehlt der LP-Version jegliche Schärfe. Der radikal klingende Text wird geradezu konterkariert durch zitathafte, in diesem Zusammenhang fast albern klingende Doo Wop-Chöre. Ist das eine ironische Brechung oder bewusste Abmilderung der textlichen Brisanz, wenn der brave, Beach-Boys-ähnliche Chor im Hintergrund ständig „Bah-um Schuubiduuwah" singt? Auch die Mehrstimmigkeit im Gesang der letzten Strophen und die nur nach illustrierendem Beiwerk klingenden Bläser-Arrangements tragen nicht gerade dazu bei, die Glaubwürdigkeit des politischen Textinhalts zu erhöhen. Wobei freilich kein Zweifel daran besteht, dass Lennon seinen Text bitterernst meint. Nur: die musikalische Umsetzung sendet entgegengesetzte Signale.

Ist Mr. Lennon noch ganz bei Trost?

Immer auf der Suche nach ungewöhnlichen Klangräumen und neuen Soundnuancen experimentiert John Lennon auch bei seinen Gesangsaufnahmen. Zur Verblüffung aller legt er sich auf den Studioboden und singt seinen Text auf dem Rücken liegend. Er will seinen Text möglichst entspannt und ruhig atmend rüber bringen. Der Textinhalt ist aussagekräftig genug, da ist kein emphatischer oder gar demagogischer Predigertonfall nötig – und erst recht kein schulmeisterlicher Besserwisser-Zungenschlag.

Die klare Ansage, dass er erst mal den Plan sehen will, bevor er einem Umsturz zustimmt, und dass er Leute, die nur von Hass getrieben sind, nicht unterstützt, diese unmissverständliche Position vermittelt sich besser, wenn sie in ruhigem, sachlichem Ton vorgetragen wird. So denkt Lennon jedenfalls im Mai und Juni, als er die erste relaxde Fassung, genannt „Revolution 1" aufnimmt. In der schnelleren Brachial-Version, die für die Single im Juli eingespielt wird, genannt „Revolution", hat ein Sinneswandel stattgefunden. Da schreit er wieder in der Tradition der Rockshouter.

Sexuelle Revolution?

Doch auch in der träge schaukelnden Urfassung verlässt Lennon gegen Ende die lässig gemeinte Nonchalance seiner liegenden Gesangsposition und mischt seinem politischen Statement einen sinnlichen Unterton bei. Ab 3'33 wird sein Tonfall eindeutig zweideutig. Die 12-malige Wiederholung des gestöhnten „ah ah ah", das in „alright" übergeht, vermittelt eine deutlich sexuelle Konnotation und erinnert an Robert Plants ähnlich klingende „ah's" im Led Zeppelin Klassiker „Whole Lotta Love" von 1969. Kurz vor der Ausblende übertreibt

Lennon fast mit einem brünftigen Gegrunze, als wolle er auch noch dem letzten Schwerhörigen klar machen, welche Form von Revolution er propagiert. Dass hier Yoko Onos Einfluss bemerkbar ist, die eine Avantgarde der sexuellen Befreiung vertritt, darauf macht der Beatles-Experte Ian MacDonald aufmerksam: „Ono kam aus der radikalen Kunstszene und vertrat eine entsprechend radikale Sexpolitik, die damals von der Gegenkultur als eine Alternative zum Maoismus der revolutionären studentischen Linken verkauft wurde. Die Philosophie, die sich auf die Schriften Wilhelm Reichs, Herbert Marcuses und Norman O. Browns gründete, zielte darauf ab, den verkrampften totalitären Reflex der Linken mit einer dionysischen Diät aus ‚Dope, Rock'n'Roll und Ficken auf der Straße' zu entspannen. Lennon interessierte sich zwar schon seit mindestens einem Jahr für die Ziele der britischen Gegenkultur, diese erotische Ideologie aber lernte er persönlich erst mit Ono kennen." (Mac Donald 2003, 299).

ZURÜCK ZUR EINFACHHEIT DES ROCK'N'ROLL, ABER NICHT ZUR PRIMITIVITÄT
Keine Künstlichkeit und keine Popkunst hat Lennon im Sinn, als er in Rishikesh mit dem Schreiben von „Revolution" beginnt. Die Klarheit des Textes bedarf einer Ehrlichkeit der Musik. Also liegt der Rückgriff auf die Basis aller populären Musikformen nah: den bluesbezogenen archaischen Rock. Doch Lennon vermeidet die Klischees. Sein Bluesrock zu „Revolution" ist nicht ohne Eigenart. Nach vier Takten im klassischen 4/4-Metrum fügt er in der Strophe einen 2/4-Takt ein, und wiederholt dieses Spiel unmittelbar vor Beginn des Refrains. Wie zur Bekräftigung seiner Kernaussagen „count me out/in", „you have to wait" usw., schiebt er wieder einen 2/4-Takt ein und unterbricht damit das allzu gerade Blues-Schema. Wer nicht darauf achtet, kriegt das gar nicht mit.

Das ist kein willkürlicher Stolpereffekt mit Vorführcharakter, sondern eine kleine clever eingebaute Unregelmäßigkeit, die den Fluss des Grooves nicht stört. Die Studio-Aufnahme Nr. 18, die als Grundlage für die weitere Bearbeitung ausgewählt wird, hat eine Laufzeit von 10'17 und endet mit Lennons Ausruf: „Ich hab genug, es reicht". Der lange Schluss einer 6-minütigen Improvisation über die beiden ständig wiederholten Grundakkorde A- und D-Dur, wird abgetrennt und dient als Grundlage der Klangcollage „Revolution 9".

Kommentare, Meinungen, Deutungen

Out oder In? Das ist hier die Frage. Nicht nur musikalische Welten, auch diese beiden Worte trennen die LP- von der Single-Fassung. Die Version, in der John Lennon seine Ambivalenz zur Gewaltfrage ausdrückt, ist diese langsamere Ur-Version, die auf dem Weißen Album landet. Er singt: „When you talk about destruction, don't you know that you can count me out/in."

John Lennon: "Ich wollte meine Gefühle für die Revolution zum Ausdruck bringen. Ich fand, es sei langsam an der Zeit, darüber zu reden, genauso wie ich fand, dass wir endlich damit aufhören müssten, zum Vietnam-Krieg zu schweigen. Ich hatte in den Bergen in Indien darüber nachgedacht und hatte in diesem Zusammenhang noch immer die Einstellung: ‚Der liebe Gott wird's schon richten. Es wird schon alles gut werden.' Deswegen das Stück. Ich suchte das Gespräch, wollte auch meinen Senf zum Thema Revolution dazugeben. Ich wollte jedem, der zuhört, sagen, mitteilen, erklären: ‚Was sagst du dazu? Ich sage das.' Den Song gab's in zwei Versionen, aber die radikale Linke hat sich auf die (Single) eingeschossen, in der es heißt: ‚count me out' (ohne mich). In der Fassung, die jetzt auf der LP ist, hieß es gleichzeitig auch: ‚count me in' (zähl auf mich). Ich habe beides reingenommen, weil ich mir nicht sicher war." (Beatles Anthology 2000, 298).

In der härteren und schnelleren Single-Fassung, die zwar später aufgenommen, aber früher veröffentlicht wird, ist er sich seiner Ablehnung jeglicher Gewalt sicher und singt: „count me out". Doch vier Tage nach Veröffentlichung der „out"-Single, singt er bei der Aufnahme des Promo-Films aber wieder „out/in".

REVOLUTION ODER REVOLUTION 1?

Zur Unterscheidung der beiden Songs erhält die ursprüngliche Fassung, mit der am 30. Mai die Aufnahmen zum Weißen Album beginnen, den Titel „Revolution I". Die im Juli als Single-Rückseite aufgenommene Neufassung behält den Titel „Revolution". Doch dann gibt es ja auch noch „Revolution 9", entstanden aus dem Grundplayback der ausufernden Schluss-Sequenz von „Revolution 1". Wer kann da noch folgen? Es sind also drei verschiedene Variationen des gleichen Themas entstanden – und damit drei eigenständige Musikstücke. Das gab es bei den Beatles noch nie zuvor und sollte es auch später nie wieder geben. Das Thema „Revolution" muss also dem Songautor Lennon sehr wichtig sein. So wichtig ist es ihm, dass er die Urfassung des Songs unbedingt als neue Single der Beatles durchsetzen will. Dagegen wehren sich die anderen Beatles vehement. Wahrscheinlich empfinden sie den Text als zu eindeutig politisch und in seiner Botschaft als eine persönliche Stellungnahme und Meinungsäußerung von John Lennon. Und diese, seine eigene politische Standortbestimmung ist seine Privatsache und solle nicht mit den Beatles als Band identifiziert werden – ist hinter vorgehaltener Hand damals zu hören.

DIE REVOLUTION ENTZWEIT DIE BEATLES

Auch wenn die andern drei nicht völlig anders denken als Lennon, geht es jetzt schließlich nicht mehr um eine harmlose Botschaft wie „All You Need Is Love", sondern um nichts weniger dramatisches als eine gesellschaftspolitische Revolution. Den anderen Beatles ist der Gedanke unbehaglich, ausgerechnet dieses Thema zu einer Single-Botschaft zu machen und damit die Beatles vor der

Weltöffentlichkeit zu politisieren. Außerdem behagt es ihnen nicht, dass ihr alter Anführer sie mit seiner Sicht des Themas Revolution überrumpelt und sie ungefragt in aller Öffentlichkeit zu Unterstützern seiner persönlichen politischen Ansichten machen will. Schließlich ist Lennon nicht „die Beatles". Erschwerend kommt hinzu, dass ihr Anführer zwar die Meinungsführerschaft beansprucht, sich aber gleichzeitig von den Anderen zurückzieht und sich dieser neuen Frau, der Avantgardekünstlerin Yoko Ono auf extreme Weise zuwendet, ständig auch im Studio mit ihr zusammen ist und scheinbar durch ihren Einfluss in seinen Ansichten radikalisiert wird. Und wie begründen die andern Beatles ihre Ablehnung von „Revolution" als neue Beatles-Single? Sie sagen, der Song sei zu langsam.

John Lennon: „Wir haben den Song zweimal aufgenommen. Die Stimmung unter den Beatles wurde allmählich ziemlich angespannt. Nach dem ersten Take (der Aufnahme der Ur-Fassung) waren George und Paul ziemlich sauer und meinten, das wäre nicht schnell genug. Nun, wenn man genau auseinander dividiert, was einen Hit ausmacht und was nicht – dann vielleicht. Aber die Beatles hätten es sich leisten können, die langsame, verständliche Version von ‚Revolution' als Single rauszubringen, egal ob nun eine goldene oder hölzerne Platte daraus geworden wäre. Aber weil sie sich über die Yoko-Geschichte so aufregten – und weil ich nach ein paar unproduktiven Jahren allmählich wieder so kreativ und dominant wie in der Anfangszeit wurde – ist daraus nichts geworden. Ich war wieder voll da, und sie waren das nicht gewöhnt." (Beatles Anthology 2000, 298).

Doch Lennon gibt nicht auf, fühlt sich sogar eher angestachelt. Das Argument, der Song sei zu langsam für eine Single, ist für ihn – nach erstem Frust – eine Steilvorlage, die andern drei dazu zu bringen, den Song nochmals in einer deutlich schnelleren Fassung aufzunehmen. Dagegen setzen sich die Rest-Beatles nicht zur Wehr, aber erneut gegen Lennons Forderung, die schnellere Neufassung von „Revolution", jetzt nachdem der kritisierte – angebliche – Mangel behoben ist, als nächste Beatles-Single zu veröffentlichen. Sie verweigern auch diesmal ihre Zustimmung und Lennon empfindet das als schmerzliche Niederlage. Ein Grund mehr für ihn, den allmählichen Weg des Ausstiegs aus der Band zu gehen.

Trivia

Tontechniker Geoff Emerick, dessen Stimme ganz am Anfang zu hören ist, sagt nicht: „I take two" („Ich nehme zwei"), sondern kündigt an, dass er den Take 2 als Playback einspielt. Geoff Emerick sagt: „ah, Take Two", oder „(r)ight, Take Two".

Coverversionen/Interpretationen (Auswahl)
Thompson Twins (Album „Here's To Future Days", 1985). R.A.M. Pietsch (Album „Norwegian Wood", 1988). Grandaddy (Soundtrack-Sampler "I am Sam", 2001). Phish (Album „Live Phish Volume 13", 2002). Kenny Neal (Sampler „The Blues White Album", 2002). Rudy Rotta (Album „The Beatles in Blues", 2008). Neil Cowley Trio (Sampler „Mojo presents The White Album Recovered", Oktober 2008).

Persönliche Bemerkung
Freund Charly, der notorische Sammler von Beatles-Bootlegs, berichtet von einer 23-minütigen Fassung von „Revolution 1", in deren Schlussphase Yoko Ono die Hauptstimme „singen" würde. Ob sie aber die ganze Zeit bis zum Ende „singen" würde, könne er nicht sagen, er habe sich die akustische Folter noch nicht angetan, den Song bis zu Ende anzuhören. Auch er habe seine Grenzen, was Masochismus angehe. – Nicht nett, Charly!

HONEY PIE

Fakten
Autorenangabe: Lennon / McCartney, tatsächlich geschrieben von: Paul McCartney. Schnitt: LP 2 B/2 (402) CD2 009 Laufzeit/Spieldauer: 2'40.
Besetzung/Instrumentierung: Paul McCartney (Gesang, Piano, Sologitarre), John Lennon (Sologitarre). George Harrison (6-saitige Bassgitarre, Chorgesang). Ringo Starr (Schlagzeug). Ronald Chamberlain (Saxophon), Jim Chester (Saxophon), Harry Klein (Saxophon), Rex Morris (Saxophon), Dennis Walton (Saxophon), Raymond Newman (Klarinette), David Smith (Klarinette).
Aufnahmedaten: 01. Oktober 1968, Trident Studios, weitere Aufnahmen (overdubs): 02. und 04. Oktober.
Produzent: George Martin, Tontechniker: Barry Sheffield.
Anzahl der Aufnahmen: 1. letztlich veröffentlicht: mit Overdubs Take 1.

Tonart: G-Dur
Akkorde:
Intro / e-moll A^6 a-moll/d / c-moll / G /
e-moll A^6 a-moll / d / c-moll / G / A^7 / D^7 /
Strophe 1 / G / G / Es / E^7 / A^7 / D^7 / G / Es D^{11} D^7 /
Strophe 2 / G / G / Es / E^7 / A^7 / D^7 / G / Es Fis F /
Zwischenspiel / e-moll / fis-moll $^{7-4}$ / G / G^7 d-moll^7 G^7 / C /
E^7 / a-moll / D^7 /

Textübersetzung
Honigkuchen

Sie war ein Freudenmädchen im Norden Englands / Nun ist ihre große Zeit gekommen / In den U.S.A. / Und wenn sie mich nur hören könnte / Wäre es dies, was ich ihr sagen würde / Honigkuchen, du machst mich verrückt / Ich bin verliebt, aber ich bin träge / Also komm doch bitte nach Hause / Oh Honigkuchen, meine Position ist tragisch / Komm und zeige mir die Magie / Deines Hollywood-Liedes / Du wurdest zu einer Legende der Leinwand / Und jetzt der Gedanke, dich zu treffen / Macht mir weiche Knie / Oh Honigkuchen, du treibst mich in den Wahnsinn / Segle über den Atlantik / Um dort zu sein, wo du hingehörst / Honigkuchen, komm zu mir zurück / Ich möchte dort sein, oh / Ich mag diese Art, jene heiße Art der Musik / Jene heiße Musik / Spiele sie für mich / Spiele für mich deinen Hollywood Blues / Würde der Wind, der ihr Boot über das Meer wehte / Sie freundlicherweise zurück zu mir segeln lassen / Jetzt, Honigkuchen, machst du mich verrückt / Ich bin verliebt, aber ich bin träge / Also komm doch bitte nach Hause / Komm, komm zurück zu mir, Honigkuchen.

Die Musik

Fred Astaire tänzelt durch die Kulissen auf der Suche nach Ginger Rogers. Doch sie steppt mit seinem Nebenbuhler und macht dem schöne Augen. Und dann dies: Hop, Flap, Shuffle, Hop, Step, Brush – Auftritt Paul. Er singt „Honey Pie". So hätte es sein können, wenn der nostalgie-verliebte Beatle 40 Jahre früher geboren worden wäre. Paul McCartney dreht die Uhr mal wieder zurück, versetzt sich in die „Roaring Twenties" und in die Ära des Music Hall-Entertainments der 1930er und -40er Jahre – und erweist damit außerdem seinem Vater die Ehre, der in Liverpooler Ragtime-Jazz- und Ballroom-Bands gespielt hat. Schon mit seinem „Sgt. Pepper"-Song „When I'm Sixty-Four" und in gewisser Weise auch mit „Your Mother Should Know" aus der „Magical Mystery Tour" taucht Paul McCartney in eine musikalische Vergangenheit ein, die in seinem Elternhaus eine wichtige Rolle spielt.

Paul McCartney: „John und ich hatten eine Schwäche für die Music-Hall-Tradition, was man in Amerika Vaudeville nennt. Ich bin mit dieser Musik aufgewachsen: als Kind hörte ich mir im Radio regelmäßig solche Sendungen wie die ‚Billy Cotton Band Show' an. Ich bewunderte aber auch Leute wie Fred Astaire. ... Ich mochte den Stil dieser Schnulzensänger, ihre schmalzige Art zu singen, und ‚Honey Pie' war ein Versuch, was in dieser Art zu schreiben, einen Song, der sich an eine imaginäre Frau jenseits des Ozeans richtet, an ein Leinwandidol namens ‚Honey Pie'. Es ist eines meiner Phantasielieder." (Miles 1998, 618). Der Komponist McCartney beweist mit „Honey Pie" erneut seine stilistische Vielseitigkeit und – wichtiger noch – wie perfekt es ihm gelingt, sich als junger Musiker in ein Genre aus längst vergangener Zeit hinein zu vertiefen. „Honey Pie" ist mehr als bloße Parodie. Die ganze formale Gestaltung des Songs, das rhythmisch freie Vorspiel, die clevere Idee, bei der dritten Textzeile „now she's hit the big time" das Knistern einer verkratzten 78er Schellackplatte einzublenden und gleichzeitig den Gesang wie aus einem Megaphon klingen zu lassen (damals, 1968, noch ein neuer Einfall), dann die ausdifferenzierte Harmonik mit auskomponierten Übergängen und die beeindruckend eingängige Melodik, das alles beweist ein profundes Handwerk des damals 26-jährigen Musikers. Doch diese lässige Cleverness des Machers klingt fast schon etwas selbstgefällig. Und letztlich hat „Honey Pie" dann auch nicht den Charme und die humorvolle Pfiffigkeit wie die verwandte Nostalgie-Komposition „When I'm Sixty-Four".

LIEBE ZUR NOSTALGIE ODER PARODIE?

Zum überzeugenden Vaudeville-Eindruck des Songs trägt natürlich auch das raffinierte, authentisch klingende Bläserarrangement von Beatles-Produzent George Martin bei, der dem Saxophon- und Klarinetten-Satz das ebenso kitschige wie zeittypische Flair verpasst. Am Ende des Soloteils und im zweiten Zwischenspiel dudeln die Klarinettentöne ebenso brillant wie witzig, die rhythmischen Breaks sind nicht ohne Augenzwinkern gespielt und Sänger Paul tremoliert bei der Zeile „hot kind of music, play it to me" in der Kopfstimme mit maniriertem Vibrato, als wolle er Tiny Tim übertrumpfen. Also doch Parodie? Paul McCartney: „Das Ganze ist keine Parodie, sondern eine Verbeugung vor der Vaudeville-Tradition, mit der ich aufgewachsen bin." (Miles1998, 618).

Das Gitarrensolo spielt John Lennon und wird dafür vom etatmäßigen Sologitarristen George Harrison gelobt, es sei ein brillantes kleines Jazz-Solo, das nach Django Reinhardt klingen würde. Es wäre so einer dieser besonderen Momente, wo man die Augen schließt, drauflosspielt und das Glück hat, dass alle Töne passen – sagt George Harrison sinngemäß 1987. Doch wer genau hinhört, bemerkt, dass Django Lennon gleich beim dritten Ton den ersten kleinen Hänger hat. „Honey Pie" lässt nicht nur den Fuß des Zuhörers munter wippen, sondern liftet auch ab und an dessen Mundwinkel, vor allem wegen Paul McCartneys kleiner, eingestreuter Vokalkapriolen – was darf man mehr erwarten von einem altmodischen Lied über eine Tussi/Torte/Schnitte namens „Honigkuchen".

Kommentare, Meinungen, Deutungen

Kamen sie nicht aus einem Hamburger Hurenhaus auf allen Vieren herausgekrochen? War Pauls Langzeitverlobte nicht eine halbwegs erfolgreiche Schauspielerin, die oft auf Theaterreisen war und ihren Paul alleine ließ, der sich dann notgedrungen anderweitig Zuwendung suchen musste? Könnten die Zeilen „So won't you please come home ... to be where you belong" nicht eine mehr oder minder bewusst formulierte Bitte an seine neue Liebe Linda Eastman sein, die noch in New York lebt, sie möge doch bitte zu ihm nach England kommen? Ob die Textstory tatsächlich ein reines Phantasieprodukt des Textautors ist, wie er sagt, oder doch konkrete Lebensbezüge hat, darüber lässt sich lange spekulieren.

„IT'S JUST ME PRETENDING I'M LIVING IN 1925" (PAUL MCCARTNEY)
Auffällig ist, dass der Musiker Paul McCartney eine besondere Affinität zu längst vergessenen Stilen der Unterhaltungsmusik aus der ersten Hälfte des 20. Jahrhunderts hat. Wie er selbst sagt, liebt er als Kind die Dance Hall-Shows, wo die singenden und tanzenden Entertainer mit Frack und Zylinder auftreten. Und er mag „die Schnulzensänger und ihre schmalzige Art zu singen". Die glamouröse Show-Attitüde dieser im Grunde erzkonservativen Fassadenwelt jener Zeit nicht wenigstens als Parodie mit einer frechen Brechung zu präsentieren, sondern als distanzlose „Verbeugung" zu zelebrieren, das ist gerade im ausklingenden Jahr 1968 für viele kritisch Denkende unter den Beatles-Fans eine Kröte, die kaum zu schlucken war.

Memorabilia
Charles Manson bezog auch diesen Song auf sich und verstand den Text als Einladung, nach England zu kommen, um die Beatles zu treffen. Er versucht die Beatles im Apple-Büro telefonisch zu erreichen, was aber nicht klappt. Gottlob? Oder hätte ein Telefonat des Borderliners Manson mit einem der Beatles den Wahnsinn womöglich verhindern können?

Trivia
Eine Textübersetzung der besonders schrägen Art findet sich auf der Website lyricsfreak (lyricsfreak.com).

Coverversionen/Interpretationen
Barbra Streisand (Album „What About Today", 1969). Tuck & Patti (Album „Love Warriors", 1989). Göran Söllscher (Album „Here, There And Everywhere", 1995). The Golden Gate Quartet (Album „The Very Best of ...", 1997). Nicky Scott (Sampler „All You Need is Covers", 2001). Phish (Album „Live Phish Volume 13", 2002). Pasadena Roof Orchestra (Album „Show Must Go On", 2005). A Cuckoo (Sampler „Mojo presents The White Album Recovered", Oktober 2008).

Persönliche Bemerkung
Freund Charly sagt dazu nur: „Oma-Musik!"

SAVOY TRUFFLE

Fakten

Autor: George Harrison. Schnitt: LP 2 B/3 (403) CD2 010 Laufzeit/Spieldauer: 2'57.
Besetzung/Instrumentierung: George Harrison (Hauptgesangsstimme, Sologitarre), Paul McCartney (Bassgitarre), Ringo Starr (Schlagzeug, Tamburin), Chris Thomas (Orgel, E-Piano), Art Ellefson (Tenorsaxophon), Derek Collins (Tenorsaxophon), Danny Moss (Tenorsaxophon), Bernard George (Baritonsaxophone), Harry Klein (Baritonsaxophon), Ronnie Ross (Baritonsaxophon).
Aufnahmedaten: 03. Oktober 1968, Trident Studios, weitere Aufnahmen (overdubs): 05., 11. und 14. Oktober.
Produzent: George Martin, Aufnahmetechniker: Ken Scott, Barry Sheffield.
Anzahl der Aufnahmen: 1, letztlich veröffentlicht: mit Overdubs Take 1.

Tonart: E-Dur
Akkorde: Intro / E^7 / E^7 /
Strophe / E^7 / E^7 / E^7 / Fis / Fis / A / A / G / G / H^7 / H^7 /
Refrain / e-moll C / e-moll^6 C / C^{7+} / G / Überleitung E^7
Zwischenspiel: / e-moll e-moll^7 / A / e-moll^7 A / G H /
e-moll e-moll^7 / A / e-moll^7 A / G H / E^7
Schluss / e-moll C / e-moll^6 C / C^{7+} / G /

Textübersetzung

Savoy Trüffel

Mandarinencreme und Montelimar / eine Ingwer-Schlaufe mit einem Ananasherz / Ein Kaffeedessert - ja , das sind echt gute Neuigkeiten / Aber du musst sie dir alle ziehen lassen* / nach der Savoy Trüffel / Kühle Kirschcreme und eine nette Apfeltorte / ich schmecke dich auch noch , wenn wir getrennt sind / Kokosnuss Karamel – vertreibt jegliche Traurigkeit / Aber du musst sie dir alle ziehen lassen* / nach der Savoy Trüffel / Zwar wirst du es noch nicht fühlen / doch wenn der Schmerz erst mal durchbricht / wirst du es merken, und wie! / Der Schweiß wird dir auf der Stirne stehen / Wenn es zu viel wird, wirst du laut schreien / Mandarinencreme / Du weißt, was man isst, das ist man / aber was jetzt süß ist, wird dann sauer / wir alle kennen noch Ob-la-di, ob-la-da / Aber kannst du mir zeigen, wo du bist ?
(* Gemeint sind die kariösen Zähne).

Die Musik

Schon nach wenigen Takten wird klar, die Musik ist besser als der Text. Gleich von Beginn geht's munter los, mit einem rollenden und dennoch punktierten

Wirbel als Auftakt, mit einem fast funky rhythmisierenden E-Piano (gespielt von Co-Produzent Chris Thomas) und einem Vokaleinstieg, bei dem George Harrison seine Gesangsmelodie mit seiner E-Gitarre synchronisiert. Gleich darauf fällt das Saxophon-Sextett ein, gekonnt arrangiert mit jazzigen Unisono-Licks. Und Pauls Bass bleibt nah an der Bläserfigur und geht doch auch mal eigene Melodiewege.

Der Song vermittelt ein bluesiges Grundgefühl durch die vielen Septime-Akkorde, weckt Soul-Assoziationen durch den Bläsersatz und dessen rhythmisch akzentuierte Phrasierungen und betont ein lockeres Rockfeeling, das tanzanimierend ist wie bei kaum einem anderen Song des Weißen Albums. In der Harmonik hat Komponist George Harrison ein paar raffinierte Akkorddurchgänge eingebaut und lässt die Tonart lange in der Schwebe zwischen G-Dur und der harmonischen Parallele e-moll. Auffallend sind die vielen Synkopen und Breaks, die den rhythmischen Fluss ständig unter Spannung setzen. Pauls Bass marschiert erneut äußerst beweglich und melodisch originell, und auch Ringo hat gute Momente. Das Gitarrensolo von George Harrison bleibt im Sound eigenartig dünn und in der Spielweise emotionslos. Jedenfalls kann man über Harrisons Gitarrenton in diesem Fall nicht sagen, dass er wie beseelt singt, geschweige denn „gently weeps". John Lennon fehlt bei dieser Songproduktion gänzlich, was sich aber nicht nachteilig bemerkbar macht.

What have you done to my Sax, George?

Die sechs Saxophonisten, zu denen auch zwei bekannte britische Jazzer gehören, zeigen sich nach getanem Tagwerk leicht verschnupft, als sie hören, was George Harrison aus ihrem satten Saxsound macht. Für die gestandenen Jazzer, die auf ihren eigenen Ton Wert legen, muss das ebenso respektlos wie verhunzend klingen, wenn jemand den individuellen Naturklang ihres Instruments durch einen Kompressor jagt und zusätzlich noch mit Zerrgeräuschbeimischungen verfremdet.

Auch die Studiocrew führt diesen Job nur mit Zähneknirschen aus. Da haben sie sich stundenlang um einen perfekten Klang bemüht, sind letztlich mit dem großartigen Ergebnis mehr als zufrieden, da sagt doch dieser 25-jährige Beatle-Schnösel: „Gut, aber jetzt will ich das verzerrt haben." (Lewisohn 2006). Nichtsdestotrotz darf „Savoy Truffle" insgesamt als kleiner Genuss für Zwischendurch verstanden werden. Zu unrecht ist der Song in der Rezeption des Weißen Albums unter „ferner liefen" abgetan worden.

Kommentare, Meinungen, Deutungen

„Süßwarenindustrie sponsort die Beatles!" – „George Harrisons Schleichwerbung für die Zahnärzte!" – „Intime Details über Eric Clapton!" Alle diese reißerischen Schlagzeilen über „Savoy Truffle" wären denkbar, und nicht mal völlig absurd. Ein Song über den Gitarrengott Clapton, über sein Gespür, die Töne gefühlvoll in Szene zu setzen, geschrieben von einem Fachkollegen und Freund, das wär doch mal was. Aber einen Song über Claptons süßen Zahn, der auch noch kariös ist und gezogen werden muss, will man das hören? Und will man das so genau wissen?

George Harrison: „Savoy Truffle ist ein lustiger Song, geschrieben in der Zeit als ich mit Eric Clapton oft zusammen war. Damals hatte er viele Löcher in seinen Zähnen und brauchte eine Zahnbehandlung. Er hatte ständig Zahnschmerzen, futterte aber mengenweise Schokolade. Er konnte einfach nicht widerstehen. Er brauchte nur eine Pralinenschachtel zu sehen, schon war alles verputzt. Als er mich mal in meinem Haus besuchte, hatte ich eine Schachtel ‚Good News'-Pralinen auf dem Tisch stehen. Und nachher schrieb ich den Song mit all den Pralinen-Namen, die auf dem Deckel standen." (Harrison 1980).

Der Text zählt all die süßen kleinen Sünden auf, die Bestandteil einer sehr beliebten englischen Pralinenauslese in zweistöckiger Verpackung sind: „Mackintosh's Good News Double Center Chocolate Assortment". Unter der Überschrift „Good News for lovers of good chocolates" sind auf dem Deckel der Pralinenschachtel all die Konfekt-Namen aufgeführt, die George Harrison für seinen Text verwendet: Cream Tangerine, Montelimar, Ginger Sling, Savoy Truffel, usw. Nur Cherry Cream und Coconut Fudge dichtet er selbst noch hinzu, um seine Strophen voll zu kriegen. Doch dann versiegt der Zustrom an verwertbaren Worten. Denn was sonst noch auf dem Deckel der Pralinenschachtel steht, Füllgewicht und Inhaltsangaben, eignet sich dann doch nicht so gut für einen Songtext. Zum Glück hat der Apple-Pressesprecher Derek Taylor eine Idee und empfiehlt den Titel eines Kurzfilmes: „You are what you eat!" George Harrisons kreative Textbearbeitung macht daraus: „What you eat you are." Die Textzeile über die radikale Zahnextraktion „You'll have to have them all pulled out after the Savoy Truffle" ist ganz speziell Eric Clapton gewidmet, sagt George Harrison in einem Interview 1977.

Weitere wichtige Botschaften oder Widmungen?

Auch eine Paul McCartney-Referenz findet sich im Song und zwar am Ende des zweiten Zwischenspiels, wo es heißt: „We all know Ob-La-Di-Bla-Da". In Verbindung mit der vorherigen Zeile „But what is sweet now turns so sour" könnte man zwischen den Zeilen eine gewisse Brisanz herauslesen. Denn neben der sich aufdrängenden Bedeutung: ‚was jetzt süß schmeckt, kann bittere Folgen haben', bietet sich auch noch eine andere Interpretation an. Neben John Lennon konnte sich auch George Harrison wenig begeistern – um's vorsichtig zu sagen – für Pauls fröhlichen Heile Welts-Ska „Ob-La-Di Ob-La-Da", an dem die ganze Band extrem lange arbeiten musste. So könnte man diese Zeilen auch verstehen als eine versteckte Kritik an Pauls leichtgewichtigen, oft exzessiv süßlichen Songs, die manchen sauer aufstoßen. Womöglich klingt hier auch eine unterschwellig angedeutete Beschwerde an, dass immer „erst 59 Songs von Paul bearbeitet werden", bevor er selbst mal zum Zuge kommen kann mit einem seiner Songs. (Mojo 2008, 65).

Wenn man will, kann man neben all den schokoladigen Genüssen auch noch eine erotische Anspielung heraushören, oder in den Text hineindeuten – und zwar bei der Zeile: „I feel your taste all the time we're apart". Ist das womöglich ein Verweis auf die bekannte These: Süß macht Lust auf mehr? Oder sollte diese scheinbare Anzüglichkeit nur dem Zwang des Endreims geschuldet sein: „pineapple heart / time we're apart"?

Memorabilia

Der Bläsersatz aus „Savoy Truffle" findet sich eingearbeitet im Background des Medleys „Drive My Car/The Word/WhatYou're Doing" auf dem „Re-Worked"-Album The Beatles „Love" von 2006 – und zwar gleich nach 20 Sekunden zu hören im Hintergrund von „Drive My Car".

Coverversionen/Interpretationen (Auswahl)

Terry Manning (Album „Home Sweet Home", 1970). Bullangus (Album „Free For All", 1972). Phish (Album „Live Phish Volume 13", 2002). Ella Fitzgerald (Single „I'll Never Fall In Love Again/Savoy Truffle", 1969 und Sampler „Glass Onion – The Songs of The Beatles", 2003). They Might Be Giants (Sampler „Songs From The Material World – A Tribute To George Harrison", Februar 2003). Dons of Quixote (Sampler „It Was 40 Years Ago Today – Tribute To The Beatles", 2004). Will Taylor and Strings Attached (Album „Beatles White Album Live", 2006). Pete Greenwood (Sampler „Mojo presents The White Album Recovered", Oktober 2008).

Persönliche Bemerkung

Der Song gefiel uns zwar, aber letztlich war das nix für uns. Mit Bläsern konnten wir damals noch nichts anfangen. Wir waren halt eine Gitarrenband, die sich notgedrungen einen Keyboarder zugelegt hatte, weil die Soundentwicklung das nötig machte. Aber Bläser in unserer Band? Nee, das passte nicht. Da wär auch bei den mickrigen Gagen für jeden von uns nichts mehr übrig geblieben. Unser Tastenmann konnte mal eine einzelne Bläserfigur nachahmen, aber einen kompletten Bläsersatz? Vergiss es! Also blieb jegliche bläserdominierte Musik jener Zeit für uns Tabu – weil nicht nachspielbar. Gegen Saxophone hatten wir sowieso was. Das war Bill Haley-Rock'n'Roll – und damit für uns Steinzeit. Nee, damit hatten wir nix zu tun. Später haben fast alle von uns die Bläser schätzen und teilweise lieben gelernt – allerdings mit einer Ausnahme:

Freund Charly zitiert heute gerne zu diesem Thema die berühmte „Sultans Of Swing"-Zeile: „They dont give a damn about any trumpet playing band. It aint what they call Rock and Roll". Freund Charly gibt auch keinen „damn" für eine Saxophon spielende Band. Punkt.

CRY BABY CRY

Fakten

Autorenangabe: Lennon / McCartney, tatsächlich geschrieben von: John Lennon. Schnitt: LP 2 B/4 (404) CD2 011 Laufzeit/Spieldauer: 2'33.
Besetzung/Instrumentierung: John Lennon (Hauptgesangsstimme, akustische Gitarre, Piano, Orgel), Paul McCartney (Bassgitarre), George Harrison (Sologitarre), Ringo Starr (Schlagzeug, Tamburin), George Martin (Harmonium).
Aufnahmedaten: 15. und 16. Juli 1968, Abbey Road Studio 2, weitere Aufnahmen (overdubs): 18. Juli.
Produzent: George Martin, Aufnahmetechniker: Geoff Emerick, Ken Scott.
Anzahl der Aufnahmen: 10, letztlich veröffentlicht: mit Overdubs Take 13.

Tonart: G-Dur, e-moll
Akkorde: Intro-Refrain / G a-moll / F G / e-moll^7 A^7 / F e-moll
Strophe / e-moll e-moll^{7+} / e-moll^7 e-moll^6 / C^7 G /
e-moll e-moll^{7+} / e-moll^7 e-moll^6 / C^7
Refrain / G a-moll / F G / e-moll^7 A^7 / F G
Schluss-Refrain / G a-moll / F G / e-moll^7 A^7 / F e-moll^4

Textübersetzung

Schrei, Baby, schrei

Und lass deine Mutter seufzen / Sie ist alt genug, es besser zu wissen / Der König von Tagetes war in der Küche / und machte Frühstück für die Königin / Die Königin war im Wohnzimmer und spielte Klavier / für die Kinder des Königs / Schrei, Baby, schrei / Und lass deine Mutter seufzen / Sie ist alt genug, es besser zu wissen / Also schrei, Baby, schrei / Der König war im Garten, um Blumen zu pflücken / für einen Freund, der zum Spielen kam / Die Königin war im Spielzimmer, um Bilder zu malen / für die Ferien der Kinder / Schrei, Baby, schrei / Und lass deine Mutter seufzen / Sie ist alt genug, es besser zu wissen / Also schrei, Baby, schrei / Die Herzogin von Kircaldy lächelt immer / und kommt zu spät zum Tee / Der Herzog hatte Probleme mit einem Bericht / im Lokalmagazin „Vögel und Bienen" / Schrei, Baby, schrei / Und bring deine Mutter zum seufzen / Sie ist alt genug, es besser zu wissen / Also schrei, Baby, schrei / Um zwölf Uhr ein Treffen rund um den Tisch / für eine Seance in der Dunkelheit / Mit Stimmen aus dem Nichts, was besonders / für die Kinder ein Spaß war / Schrei, Baby, schrei / Und lass deine Mutter seufzen / Sie ist alt genug, es besser zu wissen / Also schrei, Baby, schrei.

Die Musik

Ein Wiegenlied klingt anders – nicht so dunkel, nicht so mysteriös wie das Intro von „Cry Baby Cry". John Lennons Stimme kommt von rechts aus dem Hintergrund, seine durchgeschrummte Akustikgitarre von links. Aus der Mitte des Klang-Panoramas hört man eine umspielende, fast arabesk klingende Harmonium-Melodie. Dann rückt Lennons Stimme in die Mitte. Sein gesanglicher Ausdruck ist eigenartig zurückhaltend, neutral, fast emotionslos, abwesend, oder auch wie tagträumend – oder wie in Trance. Das harmonische Muster der Strophe trägt nicht gerade zur Stimmungsaufhellung bei, weil der tonangebende e-moll-Akkord eine tonale Abwärtsbewegung durchläuft – wiedermal nur durch die Verschiebung eines Fingers im Griffsatz um jeweils einen Bund, gleich einen Halbton: chromatisch absteigend von E nach Es, dann D, Des, C. Dadurch entstehen aufeinanderfolgend reibungsvolle bis disharmonische e-moll-Akkorde mit großer Septime, „normaler" Septime und Sexte, wodurch die Ausstrahlung des Songs auch weiterhin neblig verhangen bis unheimlich bleibt. Erst als am Ende der ersten Strophe bei 0'27 und der Textzeile „playing piano for the children of the king" ein veräppelndes Klaviergeklimper in die Trübnis einfällt, und als danach das Schlagzeug verhalten belebend einsteigt, scheint sich der graue Nebelschleier zu verziehen. Doch es scheint nur so.

Wie Klänge aus einem Spukschloss

Die zweite Strophe kommt geradezu gespenstisch daher. Die e-moll-Passage mit dem absteigenden Bass ähnelt einem Gerippe, weil das „Fleisch" der Harmonie-Instrumente fehlt. Die Akkord-Lieferanten Gitarre und Klavier sind ausgeblendet und damit fehlt der mittlere Frequenzbereich, nur Tiefen und Höhen bleiben übrig. Ganz oben ein Harmonium-Liegeton fast an der Grenze der pfeifenden Rückkopplung, ganz unten ein unruhig nervöser Bass, in der Mitte das Klavier mit den Einzeltönen des chromatischen Abstiegs; und das Schlagzeug legt einen Stolperstein in den Weg mit einer nachhumpelnden Punktierung auf die „3und"

Auch gänzlich ohne wimmernde Sound-Gimmicks scheint es zwischen den Takten zu spuken. In der dritten Strophe allerdings schleichen sich eher unterschwellig ein paar leicht gruselige Geräusche in die Tonzwischenräume. Eigentlich textausdeutend gemeint, klingt die weit zurückgemischte Einblendung von einer Teestunde im Freien mit Vogelgezwitscher und Lachen an dieser Stelle alles andere als gemütlich. Die vierte Strophe lässt dann eine Rück interpretation zu mit der Beschreibung einer spiritistischen Sitzung im Dunkeln. („a séance in the dark, with voices out of nowhere").

TROTZ INDIFFERENTER TONART UND KREISENDEM SCHLUSS-ZYKLUS – ALLES MIST?
Wie auch schon Harrisons „Savoy Truffle", steht auch Lennons „Cry Baby Cry" in G-Dur, vermeidet ganz genauso die eindeutige Tonart-Festlegung und lässt mal G-Dur, mal e-moll den Vortritt. Doch mit dem Schlussakkord scheint sich e-moll, allerdings in der äußerst schrägen Variante des e-moll[sus4], letztlich siegreich durchgesetzt zu haben. Und dieser überraschende Schlussakzent beendet dann auch den Schlussrefrain, in dem Lennon wieder seine beliebte Idee des akkordischen Kreislaufs-ohne-Ende aufgreift.

So ganz ohne Ironie scheint aber auch dieser Song nicht über die gespenstische Bühne zu gehen. Im dritten Refrain bei 1'30 und den Endreimen „cry / sigh" fällt Lennon in ein übertriebenes Vibrato, als wolle er das manierierte, fast hechelnde Vibrato der Bee Gees aus deren Hit „Words" vom Anfang 1968 karikieren.

In einem seiner letzten Interviews von 1980 leugnet John Lennon fast, dass er diesen Song überhaupt geschrieben hat und bezeichnet ihn als „a piece of rubbish" („Müll"). Da muss man den Song vor seinem Schöpfer in Schutz nehmen. Auch wenn Lennons vernichtendes Urteil nur auf den Text gerichtet wäre (der in Form und Inhalt tatsächlich etwas konstruiert wirkt), muss man dem Songautor deutlich widersprechen: Der Text und erst recht die Musik von „Cry Baby Cry" ist alles andere als Müll – gemessen an der durchschnittlichen Songqualität, was die allgemeine Songproduktion des Jahres 1968 angeht und speziell das Niveau des Weißen Albums betrifft. Nein, „Cry Baby Cry" schreit nicht nach abfälliger Kritik. Ganz im Gegenteil.

Kommentare, Meinungen, Deutungen

Warum soll es schreien, das Baby? „Cry baby cry, make your mother buy" („Schrei Baby, schrei, dann kauft dir deine Mutter was"). Dieser Slogan aus einer Fernsehwerbung soll John Lennon schon 1967 zu einer ersten Songskizze inspiriert haben. Im indischen Rishikesh sei dann der größte Teil des Songs entstanden.

Paul McCartney: „ ,Cry Baby Cry' ist ein weiterer Song von John aus Indien. Obwohl Demos darauf hinweisen, dass der Song Ende 1967 entstand, bevor die Beatles nach Indien gingen." (Wikipedia). Motive aus Märchen, aus Lewis Carolls verfilmtem Kinderbuch „Alice in Wonderland" und aus dem Kinderreim „Sing a song of sixpence" stehen Pate für Lennons Text. Tatsächlich sind die Textähnlichkeiten einzelner Lennon-Zeilen zum letztgenannten Kindervers evident: „The king was in his counting house …," (Lennon: „The King of Marigold was in the kitchen …") – „The queen was in the parlour …" (Lennon:

„The queen was in the parlour ...") – „The maid was in the garden ..." (Lennon: „The king was in the garden ...").

Was ist das für eine seltsame Geschichte, die John Lennon da erzählt. Sie liest sich wie ein psychodynamisches Kinder-Märchen für Erwachsene mit kleinen heiteren Pointen und einer geheimnisvollen Grundstimmung, die in einer okkultischen Séance um Mitternacht mit Stimmen aus dem Nirgendwo endet, worüber die Kinder sich königlich amüsieren. Die handelnden Personen des Textes sind der König und die Königin, die mit mehr oder minder banalen bis alltäglichen Dingen beschäftigt sind und von der Herzogin und dem Herzog zum Tee besucht werden. Unabhängig davon, ob es sich bei den Akteuren tatsächlich um Durchlaucht & Co oder um Vater, Mutter, Tante und Onkel handelt, die durch kindliches Fabulieren in den Adelsstand erhoben werden, fällt auf, dass sich ein Großteil der Handlung auf die Kinder bezieht, die aber im Hintergrund bleiben – bis sie plötzlich gegen Ende in Erscheinung treten, und zwar als diejenigen, die offenbar den Überblick haben und sich über die spiritistische Sitzung der Erwachsenen lustig machen.

Im Kontrast dazu steht der Refrain, der auf jede Strophe folgt und das Bild vom schreienden, weinenden Kind transportiert und die Mutter seufzen lässt, weil sie es eigentlich besser wissen sollte – und dennoch genau das tut, was ihr Baby schreien lässt.

QUEEN JULIA UND KÖNIGSSOHN JOHN

Wer ist das, der das Kind auffordert, weiter zu schreien? Ist es Lennon selbst, der sein inneres Kind ermutigt, zu schreien und zu heulen, weil die Mutter (Julia) – überfordert wie sie war – ihr kleines Kind an die Schwester (Tante Mimi) abgegeben hat, wohl wissend, wie schlimm das für ihren kleinen Sohn gewesen sein muss? Oder ist das nur spekulative Küchenpsychologie? Lennon hat in dieser Zeit mit etlichen inneren Turbulenzen zu kämpfen, und die schmerzliche Erinnerung an seine Mutter ist eines der tiefsten Gefühle, die er aus den Meditationssitzungen von Rishikesh mit nach Hause bringt. Zwei Jahre später wird er seine Heroin-Abhängigkeit und seine schwere psychische Krise überwinden, wenn er in der Urschrei-Therapie von Arthur Janov die alten Schreckgespenster seiner Kindheit zu vertreiben sucht und seiner Mutter und seinem Vater gegenüber nicht nur Schmerz empfindet sondern auch Wutgefühle zulässt. Ob er nach der Primär-Therapie von allen Übeln befreit ist, verneint er selbst, 1971 in der Dick Cavett Show.

Dass Lennon aus den schmerzlichen Erinnerungen an seine Kindheit sehr viel Inspiration für seine Songs bezieht, ist unbestritten – auch dass die Texte seiner größten Songs mit Ängsten, Unsicherheiten und Verletzungen zu tun haben, die aus seiner Kindheit herrühren und gerade deshalb so bewegend und einzigartig sind. „Cry Baby Cry" fügt sich in die lange Reihe der Lennon-

Songs ein, die aus seinem Unbewussten strömen und von ihm wie ein Tagtraum in die Wirklichkeit entlassen werden. Der britische Rockjournalist Jon Savage nennt „Cry Baby Cry" „den letzten großen psychedelischen Song der Beatles". Der Song besetze „eine zentrale Position auf der letzten Seite des Weißen Albums, die konzipiert ist als die Klimax des ganzen Unternehmens." (Mojo 2008, 68). Im Grunde sind sich fast alle Kritiker einig, dass dem psychologisch facettenreichsten Beatle John Lennon mit „Cry Baby Cry" ein hintergründiges Meisterwerk gelungen ist. Nur der Autor selbst – wie schon erwähnt – hält sein allseits gerühmtes Glanzstück für „rubbish". Aber, wir sind „alt genug, es besser zu wissen".

Coverversionen/Interpretationen (Auswahl)

Throwing Muses (EP „Not Too Soon", 1990). Fool's Garden (Album „Once In A Blue Moon", 1993). Samiam (Album „You Are Freaking Me Out", 1997). Richard Barone (Album „Cool Blue Halo", April 1997). Phish (Alben „Hampton Comes Alive", 1999 und „Live Phish Vol. 13", Oktober 2002). Barry Holdship (Sampler „It Was 40 Years Ago Today – Tribute To The Beatles", 2004). Jacob Golden (Sampler „Mojo presents The White Album Recovered", Oktober 2008).

Persönliche Bemerkung

Hätte ich damals gelesen, was ich weiter oben an geheimnisvollen Zusammenhängen und gruseligen Interpretationen zusammengetragen habe, ich hätte mit Sicherheit gedacht, der spinnt doch der Schreiberling. Damals hatten wir absolut keine Ahnung, worum es in diesem Song inhaltlich geht.

Das war zu jener Zeit auch noch nicht unser Hauptinteresse. Ein Song wurde als Ganzes in seiner Gesamtausstrahlung wahrgenommen und auch so in seiner Totalität beurteilt – ob mit Daumen rauf oder runter. Einzelne Textzeilen waren zwar unter Umständen, genauso wie einzelne Hauptmelodien oder hervorstechende Sounds, wichtig und konnten auch dazu führen, sich mit Details mal genauer zu beschäftigen, aber das Entscheidende war der emotionale Zugang zum Song in seiner Gesamtheit: gefällt's oder nicht. „Cry Baby Cry" gefiel uns allen, deshalb nahmen wir den Song auch in unser Repertoire auf. Ich durfte singen. „Mach uns den Lennon", hat Freund Charly immer gesagt, und: „Plärre Baby, plärre!"

CAN YOU TAKE ME BACK?

Fakten
Autorenangabe: Lennon / McCartney, tatsächlich geschrieben von: Paul McCartney. Schnitt: LP 2 B/4/5 (204/5) CD2 011 Ende.
Laufzeit/Spieldauer: 0'27.
Besetzung/Instrumentierung: Paul McCartney (Gesang, akustische Gitarre), John Lennon (Percussion), Ringo Starr (Schlagzeug).
Aufnahmedaten: 16. September 1968, Abbey Road Studios, Produzent: Chris Thomas, Tontechniker: Ken Scott. Tonart: f-moll.

Textübersetzung
Kannst du mich zurückbringen, dorthin, wo ich herkomme / Kannst du mich zurückbringen.

Die Musik
Bei dieser spontanen Improvisation gibt eine akustische Gitarre den Ton an – genauer: drei Töne und einen Akkord, mehr nicht. Und das in ständiger Wiederholung. Der Gitarrist schlägt den f-moll-Akkord zunächst nur auf die „2" an, später auf die „2" und „4" und spielt dazu einen kleinen Bassaufgang C, E, F, der im weiteren Verlauf leicht variiert wird. Paul McCartney zupft diese Gitarrenfigur und singt dazu die spontan improvisierte Titelzeile. Ringo klopft brav auf die „1" und „3", während John mit einer Rumbarassel die „2" betont. Dieses ad hoc-Liedchen, schnell mal zwischendurch eingestreut, dient bei den anstrengenden Aufnahmen am 16. September als kleine Abwechslung und Entspannungsübung.

Eigentlich soll an diesem Abend nur Paul McCartneys Liebeslied „I Will" produziert werden. Doch die Aufnahmen gestalten sich schwieriger als erwartet. Also wird zwischendurch mal unterbrochen und interessanterweise nicht das Studio verlassen, um ein Bier zu trinken, oder sonstige Stimulanzien zu sich zu nehmen. Das Trio (ohne George) bleibt im Studio und spielt einfach weiter – jetzt aber nur so zum Spaß. Aus dieser Laune heraus entsteht nicht nur die improvisierte Song-Skizze „Can You Take Me Back". Auch zwei weitere Spaß-Stücke werden bei dieser Spontan-Session zum eigenen Vergnügen gespielt und beiläufig aufgenommen (siehe Outtakes).

Die Originalaufnahme von „Can You Take Me Back", die mehr als zwei Minuten lang immer nur die gleiche Gitarrenfigur in f-moll wiederholt, hat zwar durchaus Charme, aber sie gleich als "a true hidden treasure of the White Album" hochzuloben, wie es David Quantick (im Buch „Revolution") tut, ist denn doch etwas zu viel der Ehre.

Kommentare, Meinungen, Deutungen

Es gibt Dinge, die gibt's gar nicht – wie man weiß – obwohl sie doch eindeutig vorhanden sind. Das Interessanteste an „Can You Take Me Back" dürfte sein, dass kaum jemand diesen Song kennt, oder als solchen wahrnimmt, weil er offiziell auch nicht in Erscheinung tritt. Das Album-Cover schweigt sich aus über die Existenz von „Can You Take Me Back", obwohl es sich um ein eigenständiges „Werk" von 27 Sekunden handelt. (Die ungekürzte Originalaufnahme ist allerdings knapp zweieinhalb Minuten lang.) Eigentlich nur als Lockerungsübung entstanden, kommt diesem Ministück kurz vor dem Ende des Doppelalbums eine besondere Bedeutung zu.

Dieses Songfragment ist im Weißen Album zwischen dem Song „Cry Baby Cry" und der Soundcollage „Revolution 9" platziert – sicher mit Bedacht. Ob als leichte Auflockerung gedacht zwischen dem mysteriösen Song zuvor und dem folgenden Sound-Gewitter, oder als Einstimmung auf die bevorstehende akustische Bedrohung – wie es der Beatles-Buchautor David Quantick deutet – darüber gibt es unterschiedliche Auffassungen. Vielleicht liegt der Grund für diesen Fragment-Einschub auch ganz banal am Proporz, an der eifersüchtig überwachten Ausgewogenheit zwischen den beiden Freund-Feind-Partnern: weil das Doppelalbum von drei aufeinanderfolgenden Lennon-Stücken beendet wird, muss zumindest noch etwas Kurzes von McCartney eingefügt werden.

FÄLLT PAUL NICHT MEHR EIN?

Paul singt im veröffentlichten Ausschnitt nichts weiter als diese Zeile: „Can you take me back where I came from, can you take me back." Das kann man natürlich als verklausuliertes „Verpiss dich!" deuten, so als würde Paul diese Zeile einer gewissen jungen Dame als eine Art Selbstgespräch in den Mund legen. Es stört ihn halt, wenn John nur noch Augen für sie hat - und sie nichts besseres zu tun, als sich im Studio ständig auf seinen Verstärker zu setzen. So was können Musiker auf den Tod nicht ausstehen. In der kompletten Studioaufnahme sind noch ein paar weitere interessante Textvariationen zu hören: "No more trouble, can you take me, can you take me by the hand." Mitten hinein in Pauls Textimprovisationen, die sich gerade zu verhaken scheinen, quäkt John aus dem Hintergrund: "Are you happy here honey?"

Paul antwortet sofort und singt erst: "I am happy here my honey, can you take me back." Doch unmittelbar danach ändert er den Text und verneint: "I ain't happy here my honey, can you take me back." Und nach weiteren Variationen des Hauptthemas "Can you take me back" singt er plötzlich die Frage: "Are you happy living here honey?" Und später: „I ain't happy living here, honey". – Auch hier bieten sich wieder Deutungsmöglichkeiten zuhauf.

WOHIN GEHÖRT DER SCHNIPSEL?
Zwischen dem Ausklang von „Cry Baby Cry" und dem Beginn von „Can You Take Me Back" hört man einen kleinen Moment lang Stille. Nicht so beim direkten Übergang in die sich anschließende Klangcollage. Auf der Original-LP ist das Songfragment als Intro der Collage „Revolution 9" zugeordnet. Auf der CD allerdings beschließt „Can You Take Me Back" den Song „Cry Baby Cry". Für den Beatles-Songanalytiker Alan W. Pollack fungiert dieses Kurz-Thema unzweifelhaft als „Vorhangöffner" für „Revolution 9". Im Remix-Album „Love" von 2006 ist ein verlängerter Ausschnitt von etwa 45 Sekunden am Ende des Lennon-Songs „Come Together" zu hören, fälschlicherweise als „Cry Baby Cry (Transition)" deklariert – dafür aber noch mit den Streichern aus „Eleanor Rigby" unterlegt. Und mit dieser reizvollen Collage wird der Aufforderung des Textes Genüge getan: das kleine f-moll-Thema kehrt dorthin zurück, wo es hingehört: zur wohligen Melancholie der Moll-Motive unzähliger McCartney-Balladen, von denen das e-moll-Thema aus „Eleanor Rigby" zu den allerschönsten zählt.

Trivia
Wer genau hinhöre, könne „Anklänge an die Musik der nordamerikanischen Indianer erkennen", schreibt Rainer Bratfisch in „Das Beatles-Lexikon". - Hä?

Persönliche Bemerkung
Kommentar von Freund Charly zur vorstehenden Besprechung: „Zu viel Aufhebens um dieses Bonsai-Liedchen und viel zu viel Wind gemacht – für dieses kurze, laue Lüftchen, das am Ohr vorbeiweht."

REVOLUTION 9

Fakten
Autorenangabe: Lennon / McCartney, tatsächlich collagiert von: John Lennon und Yoko Ono.
Schnitt: LP 2 B/5 (oder 405) CD2 012 Laufzeit/Spieldauer: 8'20.
Besetzung/Instrumentierung: John Lennon (Stimme, Bandschleifen, Klangcollagen), Yoko Ono (Stimme, Bandschleifen, Collagen), George Harrison (Stimme).
Aufnahmedaten: 06. Juni 1968, Abbey Road Studios 1, 2, und 3, weitere Aufnahmen (overdubs): 10., 11., 20. und 21. Juni.
Produzent: George Martin, Aufnahmetechniker: Geoff Emerick.

Die Musik

Total abgedreht! Völlig ausgeflippt! Der absolute Wahnsinn! – so urteilen die Hardcore-Beatles-Enthusiasten. Die Twist And Shout-Fans dagegen haben jetzt endgültig die Schnauze voll von dieser „Kultur-Wichserei" und „Avantgarde-Scheiße", mit der diese Drogenjünger, die mal die netten Beatles waren, ihre alten Fans quälen und den Rock'n'Roll verraten. Für die „normale" Beatles-Gefolgschaft, die bei den Klangexperimenten des „Sgt. Pepper"-Albums noch wohlwollend den Kunstanspruch der Beatles goutierte, ist „Revolution 9" tatsächlich harte Kost, um nicht zu sagen ein Anschlag auf deren Hörgewohnheiten. Um so mehr hätte sich die Rock-Fraktion unter den Beatles-Anhängern provoziert fühlen können, hätte sie damals schon gewusst, was John und Yoko aus der wilden Schluss-Improvisation von „Revolution 1" gemacht haben: „Revolution 9". Tatsächlich dienen die letzten sechs Minuten der Originalaufnahme von „Revolution 1" als Basis für die Klangcollage; allerdings bleibt in der Endmischung nicht mehr viel übrig von der wilden Rocksession, außer den immer wieder mal eingeblendeten „(All) Right"-Schreien John Lennons und Klangfetzen seiner verzerrten E-Gitarre.

Das Bild, das die aufwändige Studioproduktion abgibt, ist sicher nicht ohne Reiz. In drei verschiedenen Abbey Road-Studios stehen alle verfügbaren Tontechniker und Studiobedienstete vor zehn Bandmaschinen. Jeder von ihnen hält einen Bleistift in die Höhe und achtet darauf, dass die Bandschleife zwischen dem Tonbandgerät und ihrem Bleistift locker rotieren kann. Das sich im Kreise drehende Band darf nicht zu straff gespannt sein, sonst könnte die zusammengeklebte Bandschleife reißen, darf aber auch nicht zu schlaff sein, sonst könnte sie vom Bleistift rutschen oder Bandsalat verursachen.

In zwei Tagen Arbeit haben John und Yoko Bänder und Bandschleifen ausgesucht und zusammengeschnitten. In die Endauswahl kommen Band-Aufnahmen aus Klassikproduktionen, aus dem Geräuscharchiv und aus den Soundexperimenten früherer Beatles-Songs. Alle Bandschleifen laufen gleichzeitig, und John und Yoko sitzen am Mischpult, dirigieren die Einblendungen und komponieren das collagierte Klanggemälde.

John Lennon: „In ‚Revolution 9' habe ich mehr Zeit investiert als in die Hälfte sämtlicher anderer Songs, die ich je geschrieben habe. Die langsame Albumversion von ‚Revolution' zog sich ewig hin, und ich habe den Fade-out-Teil genommen und einfach mit diesem ganzen Zeug überlagert. Zum durchlaufenden Grundrhythmus der Originalversion von ‚Revolution' kommen die rund 20 Bandschleifen, die wir drübergelegt haben, Sachen aus den Archiven von EMI. Ich holte mir Klassikbänder rauf, zerschnippelte sie und ließ sie rückwärts laufen und so weiter, um Klangeffekte zu erzeugen. Wir hatten rund zehn Bandgeräte mit Leuten, die Bleistifte in die Schleifen hielten – manche davon nur ein paar Zentimeter, manche bis zu einem Meter lang. Die habe ich alle dazugegeben und live abgemischt. Ich habe mehrere Mischungen gemacht, bis ich eine hatte, die mir gefiel. Yoko war die ganze Zeit dabei. Und sie entschied auch mit, welche Schleifen wir jeweils nehmen sollten. Sie hat wohl einigen Einfluss auf das Ganze gehabt." (Beatles Anthology 2000, 307).

Die Collage beginnt mit einem kurzen Gespräch im Kontrollraum zwischen Beatles-Produzent George Martin und Apple-Büromanager Alistair Taylor. Danach folgt ein von Lennon gespieltes Klavier-Intro. Darüber ist zum ersten Mal die markante Stimme zu hören, die mit „Number nine" den akustischen roten Faden der Klang-Collage liefert. Es schließen sich an: eingeblendete Sound-Effekte eines rückwärts gespielten Mellotrons – der verfremdete Orchesterpart aus „A Day In The Life", von einem Kanal in den anderen wechselnd – eine Bläserfanfare – zwei verschiedene Klassik-Ausschnitte, rückwärts laufend – ebenfalls rückwärts abgespielt: eine Mellotron-Passage aus „Strawberry Fields Forever" – Lennons Stimme mit dem berühmten Satz: „Jeder von ihnen wusste, dass sie im Laufe der Zeit ein wenig älter und langsamer würden" – Gebrabbel – verschiedene rückwärts laufende Bandschleifen mit großem Orchester – die verzerrte Gitarre aus „Revolution" – Frauenlachen – kurze Musik-Einspielungen in schnellem Wechsel – „Number Nine" – Babygeschrei – George Harrison sagt: „Who was to know" – rückwärts laufende Sitarklänge – „Number Nine" – der Schlussakkord aus der Sinfonie Nr. 7 von Sibelius – kurz hochgefahrenes Tutti verschiedener bereits gehörter Zuspielungen – Rufe – Lennon schreit „Right" – Choreinblendungen rückwärts abgespielt – Geräusche einer Menschenmenge – „Riiiiiiight" – „Number Nine" – Gläserklirren – Gerede – ein Ausschnitt aus Beethovens Opus 80 – Autohupen – Holzbläser-Fanfare rückwärts – abruptes Hochfahren einzelner Schallquellen – Oboen-„Gedudel" rückwärts – Verkehrslärm – Kinder auf einem Spielplatz – eine Oboe „kollidiert" mit einem davonfahrenden Mottorrad – George Harrison spricht von einer „Situation" – Lennon mit verstellter Stimme: „Sie stehen still" – Harrison: „… a telegram" – danach versucht sich Lennon als menschliches Nebelhorn – „Number Nine" – Mellotron und Gerede – Wirrwarr – schreiende Menschen während einer Veranstaltung – „Number Nine" – zischende Beckenklänge – Zwischenrufe – diverse Geräusche – ein zurückspulendes Tonband – Applaus – Maschinenlärm –, Orchesterklänge wie durch den Fleischwolf gedreht, verfremdet zu Science Fiction-ähnlichen Effekten – infernalischer Lärm eines voll aufgedrehten Feuerwehr-Wasserschlauchs – Geplapper und Geschrei – Sprechchöre – eine verzerrte E-Gitarre, die nur einen Ton spielt, überlagert mit Sounds aus „Tomorrow Never Knows" – brüllender Krach – plötzlich fast Stille – Chorstimmen, natürlich rückwärts – knisterndes Papier – Feuer – Schreie – Gewehrschüsse – Kriegsgeräusche – Opernchöre rückwärts – die Holzbläser-Fanfare rückwärts – „Number Nine" – John nennt die Modetänze Watusi und Twist, George antwortet: „Eldorado" – im Hintergrund der Kinderspielplatz – eine

Marching Band ist nur ganz kurz zu hören – Lennon sagt: „Nimm dies Bruder, möge es dir gute Dienste leisten" – es folgt kurz das verfremdete Klavier-Intro von „While My Guitar Gently Weeps" – Pfeiftöne – Klavierabschlag – Yokos Stimme: „Vielleicht ist es nichts" – John: „Was, was? Oh" – Yoko spricht weiter – ein Sänger im Hintergrund, allmählich verzerrt – Lennons murmelnde Stimme – zerrende Rückkopplungsgeräusche – ein Klangraum wie in einer Tropfsteinhöhle – Klaviergeklimper – eine vorbeifahrende U-Bahn – Yokos berühmter Satz: „If you become naked" und abschließende Sprechchöre aus der Südkurve eines Football-Stadions.

CHAOS ODER KONZEPT? ZUFALLSPRODUKT ODER KOMPONIERTE COLLAGE?

Es gibt Experten, die hören in diesem Durcheinander von Klängen, Geräuschen und Worten kein Chaos, weder Willkürlichkeit noch Zufälligkeit, sondern ein klares Konzept, eine „konsistente Struktur" (Ian Hammond) und „Sinn für Textur und Proportion" (Ian MacDonald). Die Auswahl der einzelnen Klangbausteine ist bewusst erfolgt, doch beim Zusammenfahren und Übereinanderschichten der verschiedenen Klangelemente hat wohl die Intuition und spielerische Lust am spontanen Experimentieren eine große Rolle gespielt.

„Revolution 9" ist mehr als ein Sound-„Happening". Was da passiert in der Collage lässt eine arrangierte Struktur erkennen, wenn nicht gar eine gedankliche Partitur: bestimmte Klang-Elemente tauchen immer wieder auf, die Gewichtung von Musik, Sprache und Geräusch steht in einer nachvollziehbaren Relation zu einander, und der „Tonfall" des gesamten Klang-Puzzles lässt Ironie erkennen, eine gewisse Distanz zu den Sujets und insgesamt eine kritische Haltung.

„Revolution 9" ist eine Revolution für das Gehirn des Popkonsumenten, für seine Wahrnehmung und Hörgewohnheit, ist eine Attacke gegen die Gemütlichkeit im Klangraum-Wohnzimmer, in dem sich der Beatles-Fan mit seinen altvertrauten Beatles-Liedern nett eingerichtet hat, und ist ein Angriff auf sein Koordinatensystem aus Strophe und Refrain, nachpfeifbarer Melodie und wippendem Fuß. Absolut nichts davon bietet dieses Stück, das mit 8 Minuten und 20 Sekunden der längste aller Beatles-Titel ist.

„Revolution 9" „hat das gleiche Anliegen wie die Gegenkultur der sechziger Jahre – die Qualität der Wahrnehmung. ‚Passe bloß dein Hirn nicht an, der Fehler steckt in der Wirklichkeit', hieß ein Hippie-Slogan der Zeit. ‚Revolution 9' formuliert diesen Slogan mit klanglichen Mitteln." (MacDonald 2003, 306). In gewisser Weise kann man „Revolution 9" auch als einen konsequenten Schritt verstehen, der sich nach den Klangexperimenten früherer Lennon-Songs geradezu zwangsläufig aufdrängt. Angefangen bei „Rain", über „Tomorrow Never Knows" und „Strawberry Fields Forever", bis zu „I Am The Walrus" und der Schlusspassage von „All You Need Is Love": da hat sich ein kreativer Umgang mit dem „Material Klang" entwickelt und aufgebaut, der in „Revolution 9" seine radikalste und komplexeste Umsetzung findet.

Kommentare, Meinungen, Deutungen

Während sich die meisten Fans entsetzt die Ohren zuhalten, loben viele Kritiker „Revolution 9": als „die aufregendste und innovativste Aufnahme, die jemals auf einer Rock-Platte veröffentlicht wurde" (David Quantick). – „Niemals klangen die Beatles abenteuerlicher und relevanter" (Bill DeMain). – „In Bezug auf die soziokulturelle Wirkung zählt dieser Versuch freier Klangassoziationen zu den größten Leistungen der Beatles" (Peter Kemper). Vergleiche werden angestellt, etwa mit der musique concrète von Stockhausen und John Cage, mit den Avantgardisten der Neuen Musik wie Ligeti oder Luigi Nono – und Lennon kommt dabei gar nicht mal schlecht weg. Der Kritiker Ian MacDonald resümiert gar, „dass Lennons Arbeit ästhetisch und politisch genauer den Punkt traf als die meisten der gerühmten Avantgarde-Komponisten der Zeit." (Mac Donald 2003, 308).

Sicher ist, dass die musikalischen Schöpfungen der E-Musik-Avantgardisten über die Zirkel der intellektuellen Spezialisten hinaus kaum Verbreitung fanden, während Lennons Pop-Avantgarde-Collage ein Millionenpublikum erreichte. Es entbehrt nicht einer gewissen Komik, dass in hunderttausenden von Wohnzimmern weltweit ein Stück Musik im Regal steht, das sich die Plattenbesitzer des Weißen Albums wohl niemals freiwillig gekauft hätten. Aber damit ist „Revolution 9" das Avantgarde-Artefakt, das rund um den Globus die größte Verbreitung findet. Und, auch wenn es das unpopulärste und am seltensten gehörte Stück des Weißen Albums ist, darf darüber spekuliert werden, ob auch ein mehr oder minder kurzes Anhören von „Revolution 9" eine gewisse Irritation, nicht nur im ärgerlichen Sinne, ausgelöst hat – und womöglich gar einen Impuls setzen konnte für eine veränderte Musik- und (eventuell auch) Realitätswahrnehmung.

Die neue Hymne der geistigen Revolution?

Ob diese Collage, die für den durchschnittlichen Mainstream-Pophörer tatsächlich eine musikalische Revolution darstellt, auch politische Implikationen transportiert, ist fraglich. Gegenüber linken Aktivisten hat sich Lennon in diesem Sinne geäußert; aber dieses nachstehend zitierte Statement stammt aus dem Jahre 1971, also aus Lennons Agitprop-Zeit, weshalb nicht auszuschließen ist, dass er zum Ausdruck bringt, was seine Gegenüber gerne von ihm hören wollen.

John Lennon: „‚Revolution 9' war eine unbewusste Darstellung dessen, was meiner Meinung nach passieren wird, wenn es passiert, praktisch eine Zeichnung der Revolution. Es war abstrakt, musique concréte, Bandschleifen, schreiende Menschen ... Ich glaubte ein Klangbild der Revolution zu malen – aber ich habe mich geirrt. In Wirklichkeit war es die Gegen-Revolution. Es ist wie ein Stück Action-Painting." (Beatles Anthology, 307).

Sehr viel wichtiger als die Frage nach einer politischen Botschaft dürfte für John Lennon das Gefühl gewesen sein, in absoluter gestalterischer Freiheit, ohne Zwänge von Reim und Rhythmus, seinen intuitiven Assoziationen und Klangempfindungen Raum geben zu können. Dass seine Eingebungen und Fantasien in großem Maße aus seinem Unbewussten gesteuert sind, belegt auch seine besondere Affinität zur Zahl Neun.

John Lennon: „Das ‚number nine, number nine, number nine' war die Stimme eines Tontechnikers. Die machen solche Testaufnahmen, um festzustellen, ob die Bänder in Ordnung sind. Und die Stimme sagte: ‚This is numer nine megacycles ...'. Mir gefiel einfach, wie er ‚number nine' sagte, also habe ich eine Bandschleife gemacht und sie überall reingetan, wo mir danach war. Es war einfach unheimlich komisch, die Stimme, die ‚number nine' sagte; es war so was wie ein Witz, dauernd die Zahl Neun reinzubringen, das war alles. Das hat auch alle möglichen symbolischen Bedeutungen, aber es ist einfach so passiert." (Beatles Anthology", 307). Es ist sicher kein Zufall, dass John Lennon aus der Fülle des vorhandenen Archivmaterials ausgerechnet auf jenes Band zugreift, auf dem ein Tontechniker zu hören ist, der die Zahl Neun im Munde führt.

Die Magie von Number Nine

Die Zahl Neun scheint für John Lennon eine besondere Bedeutung zu haben. Die Neun taucht jedenfalls in seinem Leben und seinen Songs erstaunlich oft auf. Er schreibt Songs wie „One After 909" und „Number Nine Dream" und nennt diese Soundcollage „Revoltion 9". Merkwürdig ist auch, dass seine wichtigsten Lebensdaten mit einer 9 beginnen. Er selbst wird am 9. Oktober 1940 geboren, sein Sohn Sean am 9. Oktober 1975. Am 9. November 1966 lernt er Yoko Ono kennen. Die Beatles-Karriere beginnt mit dem ersten Zusammentreffen mit ihrem späteren Manager Brian Epstein am 9. November 1961. Ihren ersten Plattenvertrag unterschreiben die Beatles am 9. Mai 1962. Nachdem er 1969 in einer offiziellen Zeremonie vor einem Notar seinen Namen geändert hat – von John Winston Lennon in John Winston Ono Lennon (auch Yoko Ono hat zusätzlich den Namen Lennon angenommen), da sagt John in einem Interview, Yoko habe seinen und er ihren Namen angenommen, nun hätten sie zusammen neun O's, das würde Glück bedeuten. Am 9. Oktober 1975 erklärt das Hohe Gericht in London mit seinem Urteilsspruch, dass die Geschäftsbeziehungen der Beatles endgültig beendet seien. Die Neun sollte auch an seinem Todestag eine Rolle spielen. Die tödlichen Schüsse fallen um 22 Uhr 50 Ortszeit in New York am 8. Dezember 1980. Zu dieser Uhrzeit ist es, bedingt durch die Zeitverschiebung, zuhause in seiner Geburtsstadt Liverpool bereits der 9. Dezember 1980.

John Lennon: „Im Juni 1952 habe ich vier Fußballspieler gezeichnet. Und die Neun ist die Zahl auf dem Rücken des einen. Und das war purer Zufall. Ich bin am 9. Oktober geboren. Ich wohnte früher in der Newcastle Road 9. Die Neun scheint meine Zahl zu sein, also bin ich dabei geblieben. Und sie ist die höchste Zahl im Universum; danach geht's wieder zurück zur Eins. Es ist einfach eine Zahl, die mich überallhin verfolgt. Numerologisch gesehen scheine ich allerdings eher eine Nummer sechs oder drei oder sonst was zu sein, aber das ist alles in der Neun enthalten." (Beatles Anthology 2000, 307).

Sein Album „Mind Games" und die Single „Number Nine Dream" belegen in den USA jeweils den Platz Nr. 9 in den Charts. Man kann es wohl auch übertreiben. Und Yoko Ono tut das offenbar – mit Billigung von John Lennon. Als die beiden 1977 in Yokos Heimat nach Japan fliegen, plant sie die Reise komplett nach der Numerologie, organisiert minutiös jede Bewegung, jede Weiterfahrt, jede Übernachtung. Die Lennon-Biografin Corinne Ulrich recherchiert, dass Yoko Ono jeden Schritt nach dem alten japanischen System der Numerologie ausrichtet. Das Zahlensystem habe ihr gesagt, wann sie das Hotel wechseln sollten und auch welches Hotel das Beste sei. Oft habe diese Planung zu absurden Richtungsänderungen im Verlaufe der Reise geführt, zum Umzug von einem Hotel in ein anderes der selben Stadt – nur aufgrund der Zahlen. Ist die 9 im Spiel, dann sind die Zeichen günstig. John Lennon lässt seine Frau gewähren und macht alles widerspruchslos mit. Die Neun hat für ihn etwas Magisches.

Wer ist der Neutöner unter den Beatles, John oder Paul?

Lohn Lennon: „Ich weiß nicht, welchen Einfluss ‚Revolution 9' auf die Teenies unter unseren Fans hatte, aber die meisten von ihnen konnten nix damit anfangen. Also, was soll ich da machen?" (Beatles Anthology 2000, 307). Auch wenn der normale Beatles-Fan allerspätestens nach eineinhalb Minuten naserümpfend die Lust verliert, weiter zu hören, in Avantgarde-Kreisen wird John Lennon als Innovator gefeiert. Doch sein „Revolution 9" ist nicht die erste Experimental-Aufnahme in der Beatles-Geschichte. Eineinhalb Jahre zuvor wird auf Pauls Anregung hin eine ähnliche Klang-Collage mit der von ihm ausgetüftelten Bandschleifentechnik aufgenommen. Auch die anderen Beatles sind beteiligt, als am 5. Januar 1967 – nach Overdubs für „Penny Lane" – im Abbey Road Studio 2 diese Auftragsarbeit in Angriff genommen wird. Die experimentelle Produktion, um die eine Design-Künstlergruppe Paul McCartney gebeten hat, trägt den Titel „Carnival Of Light", ist vierzehn Minuten lang, konzipiert als Beitrag zur Psychedelia-Mixed-Media-Veranstaltung „The Million Volt Light and Sound Rave", auch bekannt geworden als „Carnival of

Light Rave", und ist erstmals und einmalig zu hören im Londoner Roundhouse Theatre am 4. Februar 1967. Die Technik der Zuspielung von Bandschleifen ist für Paul McCartney nichts Neues. An den Klangmontagen im berühmten psychedelischen Lennon-Song „Tomorrow Never Knows", enthalten im Beatles-Album „Revolver", ist er maßgeblich beteiligt und auch schon zuvor beschäftigt er sich in seinem Heimstudio – lange vor John Lennon – mit experimentellen Klangspielereien.

Paul McCartney: "‚Revolution 9' erinnert stark an gewisse Sachen, die ich selbst, rein zum Spaß, gemacht hatte. Ich wäre nicht auf die Idee gekommen, meine rauszubringen, aber John redete mir immer zu." (Beatles Anthology 2000, 307). Kein Wunder, dass es ihn wurmt, von John nicht an der kreativen Arbeit an „Revolution 9" beteiligt worden zu sein und später mitzubekommen, dass John von der seriösen Presse als der kühne Experimentator und Avantgardist der Beatles gefeiert wird. Vielleicht ist auch das ein Grund, neben der Tatsache, dass die Collage vornehmlich ein Produkt von John & Yoko ist, warum Paul, mit Unterstützung der Rest-Beatles, einschließlich Produzent George Martin, unbedingt verhindern will, dass dieses Klangmonstrum auf dem neuen Beatles-Album veröffentlicht wird. Sie beschwören Lennon, er solle „Revolution 9", und was immer er sonst noch in dieser Richtung zu produzieren beabsichtige, auf sein nächstes Solo-Album nehmen, aber Lennon bleibt stur. Zum Glück. Denn ohne „Revolution 9" würde dem Weißen Album ein ebenso faszinierender wie irritierender Höhepunkt fehlen.

Memorabilia

Kaum zu glauben, aber tragischerweise furchtbar wahr, dass selbst diese Collage ohne klare, eindeutige Textaussage für das verwirrte Hirn von Charles Manson eine Botschaft zum Morden enthält. Für ihn ist „Number Nine" der Verweis auf das Buch 9 der Offenbarung des Johannes, in der die Apokalypse prophezeit wird. Der umnebelte Schwachkopf Manson kann nicht einmal richtig zuhören und missversteht Lennons Schreie „Right" (von „All Right") als „Rise", was er auslegt als Aufforderung, sich zu erheben und den Kampf zu beginnen. Das missverstandene „Rise" wird zum Schlüsselbegriff in Mansons Mordserie. Mit dem Blut der Opfer schreibt die Manson Family das Wort „Rise" auf eine Wand im Hause des ermordeten Ehepaares LaBianca.

Trivia

Die Gemeinde der Paul-ist-tot-Verschwörungstheoretiker hört beim rückwärts Abspielen von „Number Nine" klar und deutlich die Botschaft: „Turn me on, dead man." Außerdem bietet die prallvolle Collage diesen spinnerten Beatles-Fans in Wort und Ton, Gebrabbel und Gepfriemel, im Vorder-, Hinter- und Abgrund massenweise weitere Bestätigungen für die Mär vom toten Paul.

Coverversionen/Interpretationen (Auswahl)

Kurt Hoffman's Band of Weeds (Sampler „Downtown Does The Beatles Live At The Knitting Factory", 1992). DEF FX, feat. Fiona Horn (Album „Majick" 1996). Phish (Album „Live Phish Vol. 13", Oktober 2002). Grunt (Sampler „Memphis Rocks The Beatles, Fried Glass Onions, Vol. 3", Dezember 2006). Will Taylor and Strings Attached (Album „Beatles White Album Live", 2006). Neil Cowley Trio (Sampler „Mojo presents The White Album Recovered", Oktober 2008).

Persönliche Bemerkung

Einmal und dann nie wieder „interpretieren" wir „Revolution 9" mit unserer Band während einer unserer Tanz-Mucken. Wir malträtieren unsere Instrumente, schreien Songtexte durcheinander, werfen mit Musikzitaten um uns, wie Faschingsprinzen ihre Karamellen – von Heintjes „Heidschi-Bumbeidschi-Bumm-bumm" bis Bee Gees' „Wö-hö-hörds", lassen auch Beethovens Tatatataaa nicht aus, brabbeln, jodeln, rezitieren Jandl: „loch, so loch doch!", bekommen Hust- und Lachanfälle, machen Kasperletheater, spielen Happening – und missverstehen „Revolution 9" gründlich. Sorry John. Auch unser Publikum kann leider gar nicht darüber lachen.

RANDNOTIZ

Die Spannung in der Band während der Studioaufnahmen des Weißen Albums illustriert die folgende Szene, die Tontechniker Geoff Emerick in seinem Buch „Du machst die Beatles" beschreibt: „John präsentierte ihnen stolz die Zweispuraufnahme (von „Revolution 9"), die er in der Abwesenheit der anderen fertiggestellt hatte. Ich sah an Pauls düsterem Gesicht, dass er überhaupt nichts von ‚Revolution 9' hielt, als er den Song zum ersten Mal hörte. Nach dem Ende des Playbacks gab es eine unbehagliche Pause. John sah Paul erwartungsvoll an, aber Pauls einziger Kommentar war: ‚Nicht schlecht.' Damit drückte er auf seine gewohnt diplomatische Art aus, dass er den Song nicht mochte. Ringo und George Harrison sagten nichts zu dem Track. Sie wirkten verlegen, es war offenkundig, dass sie sich nicht einmischen wollten. – ‚Nicht schlecht?', wiederholte John höhnisch. ‚Du hast keine Ahnung, wovon du da redest. Das Stück sollte unsere nächste verdammte Single werden! In diese Richtung sollten die Beatles von jetzt an gehen!' – Yoko schaffte es mit ihrer eklatanten Taktlosigkeit, die Situation noch weiter zu verschärfen. ‚Ich stimme John zu!', platzte sie heraus. ‚Ich finde es großartig.' Man konnte merken, dass sie immer selbstbewusster wurde. Sie schien das Gefühl zu haben, jetzt zu der Band zu gehören. Sie und auch John waren wohl der Meinung, sie wäre der fünfte Beatle. – Pauls verächtlicher Miene dagegen war deutlich abzulesen, was er dachte. Sehr witzig!" (Emerick/ Massey 2007 381).

GOOD NIGHT

Fakten

Autorenangabe: Lennon / McCartney, tatsächlich geschrieben von: John Lennon. Schnitt: LP 2 B/6 (406) CD2 013 Laufzeit/Spieldauer: 3'09. Besetzung/Instrumentierung: Ringo Starr (Gesang). The Mike Sammes Singers (Chorgesang). George Martin (Celesta). Orchester (12 Geigen, 3 Bratschen, 3 Celli, Kontrabass, 3 Flöten, Klarinette, Horn, Vibraphon, Harfe). Aufnahmedaten: 28. Juni 1968, Abbey Road Studios, weitere Aufnahmen (overdubs): 02. und 22. Juli. Produzent: George Martin, Aufnahmetechniker: Geoff Emerick, Ken Scott, Peter Bown.
Anzahl der Aufnahmen: 5, letztlich veröffentlicht: mit Overdubs Take 34.

Tonart: G-Dur
Akkorde: Intro / G a-moll / G a-moll / G h-moll^7 / a-moll^7 D /
Strophe / G h-moll^7 / a-moll^7 / h-moll C / a-moll^7 D^7 / G h-moll^7
/ a-moll^7 / h-moll a-moll / a-moll^7 D^7 /
Refrain: / G^{7+} a-moll6 / G^{7+} a-moll^6 / G a-moll^7 / G a-moll^7 /
Zwischenspiel / G a-moll / A d-moll / G C / D^7 a-moll D^7 /
Schluss / G h-moll^7 / a-moll^7 D^7 / G h-moll^7 / C D^7 / G^{7+-9-6}

Textübersetzung
Gute Nacht

Jetzt ist es Zeit, gute Nacht zu sagen / Gute Nacht, schlafe fest / Jetzt macht die Sonne ihr Licht aus / Gute Nacht, schlafe fest / Träume, süße Träume für mich / Träume, süße Träume für dich / Schließe deine Augen und ich werde meine schließen / Gute Nacht, schlafe fest / Jetzt fängt der Mond an, zu scheinen / Gute Nacht, schlafe fest / Träume, süße Träume für mich / Träume, süße Träume für dich / Mmmmmhhh... / Schließe deine Augen und ich werde meine schließen / Gute Nacht, schlafe fest / Jetzt macht die Sonne ihr Licht aus / Gute Nacht, schlafe fest / Träume, süße Träume für mich / Träume, süße Träume für dich / Gute Nacht, gute Nacht alle zusammen / Jeder, überall / Gute Nacht.

Die Musik

Mantovani trifft Engelbert Humperdinck? Kitsch as Kitsch can! Was für ein schmalziges Rührstück. So dick aufgetragen haben die Beatles noch nie. Und das auch noch zum großen Finale des Weißen Albums. Wer hat das verbrochen? Na, wer wohl?

Paul McCartney: „Wenn jemand ‚Good Night' für einen meiner Songs hält, kann ich es ihm nicht verübeln, denn dieses Lied ist so sanft und melodisch, so wenig typisch für John. Ich glaube, er hat es als Schlaflied für Julian geschrieben – ein sehr schöner Song, den Ringo dann schließlich gesungen hat, begleitet von einem großen Streichorchester." (Miles 1998, 604).

Kaum zu glauben, dass John Lennon auch für den sirupsüßen Orchesterklang verantwortlich ist. Er soll George Martin darum gebeten haben, ein Streicherarrangement im Stile Hollywoods zu schreiben, was der Beatles-Produzent dann auch auf gekonnte Weise hörbar macht: die unerträgliche Seichtigkeit des Scheins.

Doch schaut man hinter die zuckrig-kristallin glitzernde Fassade des absichtsvoll vor lauter Klischees nur so strotzenden Orchester- und Chor-Arrangements, und hört man sich die ursprüngliche Klavierfassung an, die im Doppelalbum „Anthology 3" enthalten ist, dann kann man eine fein gearbeitete, sentimentale Ballade entdecken, die an die kunstvollen Show-Lieder von Cole Porter und Rodgers & Hammerstein erinnert.

Die Harmonik ist äußerst reizvoll auskomponiert. Die Zweiton-Melodie im ersten Teil der Refrainzeile „Dream, sweet dreams for me" mit zwei äußerst schrägen Akkorden zu unterlegen, nämlich der großen Septime von G-Dur und der Sexte von a-moll, das ist für einen Popkomponisten schon aller Ehren wert. Auch der Harmoniewechsel von a-moll auf A-Dur im gesummten Zwischenspiel, gefolgt von d-moll, dem später der D-Dur-Septakkord nachfolgt, zeugt von einem fortgeschrittenen kompositorischen Handwerk mit Sinn für harmonische Differenzierung.

Die unmittelbare Aufeinanderfolge der musikalischen Dekonstruktion von „Revolution 9" und der lieblichen Stimmung des harmonisch sorgsam „konstruierten" Schlafliedes „Good Night" zeigt die erstaunliche Wandlungsfähigkeit des Komponisten John Lennon. In einem Interview von 1980 geht er auf Distanz – nicht vom tonalen Furor seiner klanglich revolutionären Soundcollage, sondern von der Sacharinsüße seines Gute Nacht-Liedes, geschrieben für seinen damals fünfjährigen Sohn Julian: „wohl etwas übertrieben" urteilt Lennon abschließend.

Kommentare, Meinungen, Deutungen

Erst Avantgarde, dann Schnulze. Auf das radikalste Stück Musik, das je auf einer Beatles-Platte veröffentlicht wird, folgt das konventionellste und süßlichste. Der Kontrast könnte kaum größer sein. Nach der Klangstrapaze von „Revolution 9" wirkt die Streicher-Sentimentalität des einlullenden „Good Night" wie eine Streicheleinheit fürs gestresste Gemüt; nach der anstrengenden Avantgarde empfindet das gepeinigte Ohr die Schlummer-Klänge wie eine akustische Hängematte. Aber: nach der Zerstörung aller Musikkonventionen und dem Angriff auf Wohlklang und Harmonie, muss das Hollywood-Pathos von

„Good Night" nicht nur extrem kitschig, sondern auch im höchsten Maße ironisch klingen.

WARUM SINGT JOHN NICHT SELBST?

Geoff Emerick: „Man kann sich nur schwer vorstellen, dass John wirklich glaubte, Ringo würde den Song besser singen können, als er. Ihm war klar, dass Ringo kein Sänger war. Vielleicht schämte er sich zu sehr, ein so sanftes Schlaflied zu singen, weil es nicht ‚macho' genug für ihn war." (Emerick/ Massey 2007, 383). Lennon hat sich nie dazu geäußert, warum er darauf verzichtet, „Good Night" selbst zu singen. Vielleicht ist es eine Geste Ringo gegenüber, der zu dieser Zeit sehr unzufrieden ist mit seiner Rolle innerhalb der Beatles. Womöglich ist es abgesprochen, dass Ringo auch auf der zweiten LP des Doppelalbums einen Gesangsauftritt haben soll. McCartney vermutet dagegen, was auch schon Tontechniker Geoff Emerick andeutet.

Paul McCartney: „Vielleicht hat John geglaubt, es schade seinem Image, wenn er ‚Good Night' singt, aber wenn er uns im Studio vorsang, klang es jedes Mal toll – wirklich sagenhaft. Er sang es Ringo vor, um es ihm beizubringen, und es kam immer sehr einfühlsam an. Soweit ich mich erinnern kann, ist Johns Version von „Good Night" nie aufgenommen worden." (Miles 1998, 604). Der Tontechniker Geoff Emerick, der die Aufnahmen zu „Good Night" betreute, hat eine andere Erinnerung: „John hatte Ringo ein Demo gemacht, damit er danach zu Hause üben konnte. Dieses Demo wurde an diesem Abend mehrmals abgespielt. ... Es ist sehr schade, dass dieses Band unwiederbringlich verloren ist und niemand jemals hören wird, wie wundervoll John diesen zarten kleinen Song sang. Im Vergleich zu ihm wurde Ringo dem Lied einfach nicht gerecht. Obwohl es zu einer der besten Gesangspartien werden sollte, die er je gesungen hat." (Emerick/ Massey 2007, 384).

Tatsächlich macht Ringos wacklige Intonation und sympathisch unperfekte Vokaltechnik den Schmelz und Schmalz des Orchesterarrangements leichter erträglich. Der Charme seiner leicht unbeholfen wirkenden Art des Singens nimmt dem Song die übersteigerte Rührseligkeit und setzt dem Streicherkitsch die Authentizität des unzulänglich Menschlichen entgegen.

Ringo: „Ich habe auch Johns Song ‚Good Night' gesungen. Ich habe ihn gerade zum ersten Mal seit Jahren wieder gehört, und er ist gar nicht schlecht, auch wenn ich finde, dass ich sehr nervös klinge. Für mich war das schon eine tolle Sache." (Beatles Anthology 2000, 306).

Nach all dem Überschwang und Ungemach, den rüden Rockern und sensiblen Songs, nach der euphorisierenden Kreuzfahrt durch die Stile und dem Helter Skelter-Trip durch Dornen und Dickicht, nach der emotionalen Berg-und-Tal-Fahrt der letzten 29 Songs nun also noch ein kleines Kinderlied zum Einschlafen – mit all der braven Unschuld und Harmonieseligkeit wie aus der

Traumfabrik Disneyland. Zu guter Letzt die Idylle, die Geborgenheit unter der weichgespülten Daunendecke des Streicherbetts, einschließlich Gute Nacht-Geschichte von Mond und Sternen und dem ebenso sanften wie betulichen Streicheln über das müde und erschöpfte Köpfchen des Patienten. Und ganz am Ende flüstert Ringo die Abschiedsworte „Gute Nacht, alle zusammen, everybody, everywhere", und stellt damit die Verbindung her zum Publikum, zu all den Witwen und Waisen, Werktätigen und Wahnsinnigen, die draußen an ihren Rundfunkempfängern und Musiktruhen nach Botschaften ihrer vier Musketiere lechzen.

Ein letztes Lächeln, ein letztes mal „Gute Nacht" und Winkewinke. Dann Licht aus. Vorhang. Die Show ist vorüber.

Paul McCartney: „John zeigte seine sanfte Seite nur selten, aber meine Schlüsselerinnerungen an ihn sind genau die Momente, in denen er diese Sanftheit offenbarte. Das sind bleibende Erinnerungen. Es sind die Augenblicke, in denen er bewies, was für ein weitherziger, liebevoller Mensch er im Grunde war. Ich erwähne diesen Song immer als ein Beispiel dafür, dass John auch eine zarte Seite hatte, die er nur ab und zu hervorkehrte. Und deswegen haben wir ihn gemocht – denn sonst konnte er einem ganz schön auf den Keks gehen und auch ziemlich gemein sein. Jetzt, wo ich älter bin, wird mir bewusst, dass er mit seiner feindseligen Haltung bloß die eigene Verletzlichkeit kaschieren wollte. Und wenn man sich seine Familiengeschichte anschaut, dann weiß man auch, warum." (Miles 1998, 604).

Memorabilia

Vater George und Sohn Giles Martin haben auf ihrem Beatles-Remix-Album „Love" einen verblüffenden und schönen Übergang mit der Musik von „Good Night" gezaubert. Am Ende von „Lucy In The Sky With Diamonds" tauchen die Streicher von „Good Night" auf – eine kleine Terz tiefer (E-Dur) im Vergleich zur Originalaufnahme – und untermalen Ringos Gesangseinstieg von „Octopus's Garden". Auf ähnliche Weise setzen die Remix-Produzenten das Orchesterarrangement von „Good Night" auch am Ende von „All You Need Is Love" ein. Aus dem kreativen Durcheinander der Schluss-Collage tritt das „Good Night"-Orchesterthema heraus und wird überlagert von einem fröhlichen Geflachse der Beatles, entnommen einem Weihnachts-Album, das exklusiv für den Beatles-Fanclub produziert wurde – und damit klingt auch das „Love"-Album von 2006 ähnlich friedlich aus wie das Weiße Album von 1968.

Trivia

Bei 2'04 beginnt Ringo mit der dritten Strophe „Close your eyes ...", während der Chor erneut die erste Strophe singt „Now it's time ..." – Fehler oder Absicht? Auf jeden Fall singen Chor und Vorsänger hier zum ersten und einzigen Mal unterschiedliche Texte. – Während ihrer „Twisted LogicTour" 2005 - 2006 setzt die Band Coldplay den Song „Good Night" nach dem Abgang der Musiker von der Bühne als Signal für das Konzertende ein.

Coverversionen/Interpretationen (Auswahl)

Manhattan Transfer (Album „The Christmas Album", 1992). Peter Breiner and his Chamber Orchestra (Album „Beatles Go Baroque", 1993). The Moog Beatles (Sampler „The Exotic Beatles, Part One", 1994). Linda Ronstadt (Album „Dedicated To The One I Love", Juni 1996). Kenny Loggins (Album „More Songs From Pooh Corner", Februar 2000). Cyril Stapleton & his Orchestra (Sampler „All You Need is Covers", 2001). Albert Jahn (dt. Fassung „Schöner Traum", Album „Try To See It My Way", 2003). Sarabeth Tucek (Sampler „Mojo presents The White Album Recovered", Oktober 2008).

Persönliche Bemerkung

"Glaub' ich nie, dass John diese Sirupsülze verbrochen hat. Das ist bestimmt eine Intrige. Schnulzen-Paule schämt sich für diesen rührseligen Tränenzieher und will das John in die Schuhe schieben, weil der sich ja nicht mehr wehren kann – so muss es gewesen sein." – Der uneinsichtige Freund Charly strickt an einer eigenen Legendenbildung. Und dann jammert er noch: „Wie kann man das allergrößte Album des Pop-Universums so enden lassen. Da kann ich nur sagen: Gut' Nacht Sannche!"

OUTTAKES

Nicht alles, was die Beatles während der Studioarbeiten zum Weißen Album aufnehmen, wird auch veröffentlicht. Den einen Song bekommen sie nicht so hin, wie es sich der Songschreiber vorgestellt hat, der nächste ist nicht gut genug, zwei weitere sind einfach nur so zum Spaß gespielt worden, ohne weitere Absichten, und einen Lennon-Song wollen die anderen drei am liebsten nie wieder hören.

WHAT'S THE NEW MARY JANE?

Autorenangabe: Lennon / McCartney, tatsächlich geschrieben von: John Lennon. Besetzung/Instrumentierung: John Lennon (Hauptgesangsstimme, Piano, Effekte), Yoko Ono (Gesang, Effekte), George Harrison (akustische Gitarre).
Aufnahmedaten: 13. und 14. August 1968, Abbey Road Studios.
Produzent: George Martin, John Lennon, Geoff Emerick.
Aufnahmetechniker: Ken Scott, Mike Sheady.

Tonart: D-Dur
Akkorde: Strophe / D G A / Refrain g-moll[7] / A

„Sie sieht aus wie eine afrikanische Königin / sie isst zwölf Chappatis mit Sahne / sie schmeckt wie mongolisches Lamm / sie kommt aus Aldebaran" so lauten die ersten Zeilen dieses Lennon-Songs, der 28 Jahre lang nur auf dubiosen Bootlegs erhältlich ist und den manche Wichtigtuer, aber auch seriöse Insider zu einem verschollenen und bewusst „unterdrückten anarchischen Meisterwerk" (Ian MacDonald) hochstilisieren. Veröffentlichte Interview- Äußerungen von Lennon, „etwas dermaßen Verrücktes" würde er „gerne nochmals machen", oder, „der Song" sei „ziemlich gut", tun noch ein Übriges, die Neugierde nach diesem geheimnisvollen Juwel zu wecken. 1996 ist es dann endlich so weit. Die kostbare Rarität wird einer staunenden Pop-Öffentlichkeit zugänglich gemacht. Eine sechsminütige Fassung ist auf dem Doppelalbum „Anthology 3" enthalten. Was man dort hört, ist wahrlich kein Aushängeschild für den Songkomponisten Lennon, eher das Gegenteil. Man muss an der Fähigkeit des Autors zur Selbstkritik in diesem Fall ernsthaft zweifeln. Das meiste an diesem uninspirierten Song und der nicht enden wollenden Schlussimprovisation ist einfach grottenschlecht. Dies betrifft nicht nur den Inhalt, sondern erst recht auch die Ausführung. Lennon soll einen Wutanfall bekommen haben, wegen der grundsätzlichen Weigerung der anderen drei, dieses Machwerk auf einer Beatles-Platte herauszubringen. Die Rest-Beatles hätten genauso gut Grund gehabt, auf Lennon wütend zu sein, dass er es nicht nur in Erwägung zieht, sondern wirklich ernsthaft vorhat, ihnen diese drittklassige Produktion als Beatles-Song unterzujubeln. „‚What's The New Mary Jane' war ein bizarrer, ausufernder Lennon-Song mit einem langen instrumentalen Zwischenteil, in dem Flöten, Glocken und Yokos Jaulen zu hören waren. John versuchte später den Song als Single mit der Plastic Ono Band zu veröffentlichen, jedoch ohne Erfolg." (Beatles Book 2007, 248).

Das Grundgerüst des Songs entsteht unter Mitarbeit von Magic Alex in Rishikesh. Die leicht verschrobene Grammatik, der oft verschobene Satzbau lässt vermuten, dass hiermit die Eigenart der Inder, Englisch auf ihre Weise zu sprechen, karikiert werden soll. Die Refrainzeile „What a shame Mary Jane had a pain at the party" könnte sich ironisch auf jemanden aus dem Gefolge des Maharishi beziehen. „Mary Jane" wird als Slang-Synonym für Marihuana benutzt, doch dieser Song und vor allem der Schlussteil hört sich nicht bekifft an, sondern klingt eher nach einem schlechten LSD-Trip. Als jeder, der will, die Chance hat, sich auf der CD „Anthology 3" anzuhören, was jahrelang als verschollener Schatz gehandelt wird, ändert sich die Einschätzung rasch. Jetzt lautet das Urteil über die Qualität von Inhalt und Klang: „drei Betrunkene und ein Kassettenrecorder".

Ob dem Song-Autor eventuell doch schwant, dass hier ein ziemlich verrückter Gaul mit ihm durchgegangen ist? Am Schluss der Aufnahme hört man Johns Stimme sagen: „Lass es uns anhören, bevor man uns abholt."

NOT GUILTY

Autor: George Harrison. Besetzung/Instrumentierung: George Harrison (Gesang, Gitarren), Paul McCartney (Bassgitarre), John Lennon (Cembalo), Ringo Starr (Schlagzeug). Aufnahmedaten: 07. und 08. August 1968, Abbey Road Studios, weitere Aufnahmen (overdubs): 09. und 12. August. Produzent: George Martin, Tontechniker: Ken Scott.

> Tonart: e-moll
> Akkorde: Intro / e-moll / e-moll /
> Strophe / a-moll a-moll/ g a-moll$_{/fis}$ / H^7 e-moll / H^7 e-moll /
> Zwischenspiel / E / E^7 / a-moll^7$_{/g}$ e-moll^7 / e-moll^6 e-moll emoll^{7+} / H^7 e-moll / H^7 e-moll / a-moll a-moll/ h a-moll$_{/c}$ a-moll$_{/d}$ /

George Harrisons ambitionierten Song „Not Guilty" umweht eine Spur von Tragik – was die Entwicklungsgeschichte der Aufnahme angeht. Erst muss er eine Weile warten, bis die beiden Ober-Beatles geruhen, sich mit seiner anspruchsvollen Komposition zu beschäftigen, dann beißen sich alle vier fast die Zähne daran aus, den sperrigen Song auf die Reihe zu bekommen. Drei Abende und Nächte proben und entwickeln sie das Songgefüge, nehmen insgesamt 99 verschiedene Durchgänge auf, entscheiden sich für die 99. Fassung, um auf dieser Grundlage Overdubs einzuspielen, doch George Harrison ist nicht zufrieden mit dem Endprodukt. Also werden nochmals neue Grundplaybacks aufgenommen. Bei Nummer 110 ist dann endgültig Schluss, man gibt entnervt auf, und George Harrison fährt erst mal für ein paar Tage in Urlaub.

Wer ist schuld?

„Not Guilty" ist ein rhythmisch interessant gebauter Song mit Taktwechseln, Breaks und Einschüben halber Takte, aber im Grunde dann doch nichts, was die Beatles technisch überfordern sollte. Es liegt vor allem an Harrisons Unzufriedenheit mit der Aufnahme und auch mit seiner Komposition als solcher, dass es nicht vorangeht. Irgendetwas stimmt nicht, irgendwo hakt es, ohne dass er selbst genau sagen könnte, was es ist und wie Abhilfe zu schaffen wäre. Die Stimmung in der Band ist zur Zeit der Aufnahme wieder ziemlich angespannt. Ernsthafte Hilfestellung von den anderen Beatles stellt sich nicht ein. Und allmählich drängt sich der Eindruck auf, dass hier auch atmosphärisch etwas schief läuft. Über dieser Aufnahme ruht kein Segen. George Harrison lässt frustriert die Finger davon. Weil auch die andern nichts zur Rettung des

Songs beitragen, bleibt „Not Guilty" trotz tagelanger Arbeit auf der Strecke.

Für sein Solo-Album „George Harrison" von 1979 greift Harrison seinen Song wieder auf, spielt ihn nun etwas langsamer, lässt den mitarbeitenden Steve Winwood an ein paar Stellen gestalterisch eingreifen – und schon entwickelt sich der Songablauf logisch, wie von alleine und vor allem – anders als mit den Beatles – unverkrampft. Die hätten das gemeinsam im August '68 auch hinkriegen können, wenn, ja wenn ... Wer ist schuld? Im Text heißt es: „Tut mir leid, dass du Kopfschmerzen hast, aber, wie du mich hast sagen hören: nicht schuldig. Nicht schuldig dafür, dass ich auf deiner Straße bin, dass ich unter deine Füße gerate. Ich erwarte nicht, dass ich dein Herz erobere, ich will nur das, was ich bekommen kann. Dass ich ausschaue wie ein Freak und mich befreunde mit jedem Sikh, nicht schuldig. Dass ich euch in die Irre geführt habe auf dem Weg nach Mandalay, nicht schuldig."

In diesen Zeilen steckt viel Bitterkeit, die sich eindeutig auf seine Mit-Beatles bezieht, wie grundsätzlich auf sein Leben als Beatle, das ihm zunehmend lästig wird. Wer ist schuld an alledem? – Not Guilty! Die Beatles-Fassung Nummer 102 von „Not Guilty" ist Bestandteil des Doppelalbums „Anthology 3".

CHILD OF NATURE

Autorenangabe: Lennon / McCartney, tatsächlich geschrieben von: John Lennon. Besetzung/Instrumentierung: John Lennon (Hauptgesangsstimme, akustische Gitarre). Ringo Starr (Shaker).
Aufnahmedaten: Demoaufnahme am 25. Mai 1968 in George Harrisons Privathaus Kinfauns.

> Tonart: G-Dur
> Akkorde: Strophe / G e-moll / D D^6 / D^7 / e-moll / e-moll^6 /
> D / e-moll e-moll^7 / C
> Refrain / G d-moll / C / G d-moll / B / G D / e-moll e-moll^7 /
> C G

„Underneath the mountain ranges, where the wind that never changes, touch the windows of my soul. I'm just a child of nature, I don't need much to set me free" (Unter der Bergkette, wo der Wind, der sich niemals ändert, die Fenster meiner Seele berührt. Ich bin nur ein Kind der Natur. Ich brauche nicht viel, um frei zu sein.) So lautet die dritte Strophe dieses Songs, zu dem John Lennon in Rishikesh durch einen Vortrag des Maharishi inspiriert wird. Die Botschaft des gleichen Vortrags beeindruckt auch Paul McCartney, der einen Song mit ähnlichem Inhalt schon in Rishikesh beginnt und später zuhause vollendet: „Mother Nature's Son". Die thematische Ähnlichkeit ist der eine Grund, warum John Lennon seinen Song über die erste Demo-Aufnahme hinaus nicht weiter verfolgt, der zweite ist seine inzwischen stärker gewordene innere Abgrenzung gegenüber der Erfahrung von Rishikesh. Die erste Strophe seines Liedes lautet: „On the road to Rishikesh, I was dreaming more or less, and the dream I had was true, yes the dream I had was true." Abgesehen davon, dass der Endreim "Rishikesh / more or less" nicht gerade kunstvoll gelungen ist und auch die Wiederholung der letzten Zeile nicht unbedingt seinen eigenen kreativen Ansprüchen genügt, ist es mehr die grundsätzliche Thematik Rishikesh und Maharishi, die ihm den Song verleidet.

Ausserdem kommt noch dazu, dass Paul seinen Naturkind-Song schon frühzeitig und sehr rasch während der Studioarbeiten am Weißen Album aufnimmt und damit im Grunde vollendete Tatsachen schafft. Zwei Lieder über die Kinder von Mutter Natur in einem Album, das wäre dann doch etwas zu viel Naturburschen-Herrlichkeit. John Lennon legt seinen Song zunächst in die Schublade, kramt ihn aber wieder bei den Aufnahmen zu seinem Soloalbum „Imagine" hervor, behält Harmonien und Melodien ohne jegliche Änderung bei, schreibt aber einen komplett neuen Text. Erstaunlich, dass die Musik von „Child of Nature" so ohne weiteres zum neuen Text „Jealous Guy" passt, trotz eines völlig anderen Themas und einer fast entgegengesetzten Stimmung.

Und nicht minder erstaunlich, dass dieser leicht selbstquälerische Text über die Eifersucht zur Musik von „Child Of Nature" fast besser passt als die verträumte Natur-Lyrik der Originalfassung. Nachzuhören ist die Demo-Aufnahme von „Child Of Nature" auf verschiedenen Bootlegs, u.a. „The Beatles Documents Vol. 5" und „The Complete Lost Lennon Tapes, Vol. 1".

JUNK

Autorenangabe: Lennon / McCartney, tatsächlich geschrieben von: Paul McCartney. Besetzung/Instrumentierung: Paul McCartney (Gesang, akustische Gitarre).
Aufnahmedaten: Demoaufnahme am 25. Mai 1968 in George Harrisons Privathaus Kinfauns. Tonart: A-Dur.

Alles andere als Ramsch und Plunder, was der Titel „Junk" vermuten lässt, hat dieser Gitarrensong zu bieten. Die hübsche Melodie entsteht in Rishikesh. Paul vervollständigt die Harmonik zuhause und nimmt diesen kleinen, ungemein melodiösen Walzer als Demo auf, wobei noch einige Textstellen fehlen. Mit Summen und Gekicher werden die Leerstellen überbrückt, doch die Musik ist im Grunde komplett fertig angelegt. Jetzt müsste die Band nur noch an die Ausarbeitung gehen, die fehlenden Textpassagen sind nicht das Problem. Die würden with a little help sicher schon bald ausformuliert werden. Aber es geschieht nichts, der Song bleibt unvollendet liegen. Paul hat zu viele andere, neue Songs geschrieben, die für ihn vordringlicher sind, ausgeführt zu werden.

Hätte er statt des unsäglichen „Wild Honey Pie" diesen Song „Junk" zu Ende gebracht, vielleicht noch mit einem kontrastierenden Zwischenteil versehen, bei dem ihm der Kollege Lennon ein paar Ideen geliefert hätte, wie man der schönen, fast allzu hübschen Hauptmelodie einen spannungsreichen Gegenpart an die Seite stellen könnte, das Weiße Album hätte ein weiteres Glanzstück mehr erhalten. Aber so muss man weiter mit dem Grauen des „Wilden Honigkuchens" leben und dem Bedauern, dass eine potenziell wunderbare Beatles-Ballade versäumt wurde. Paul nimmt „Junk" für sein erstes Soloalbum auf – hübsch anzuhören, aber irgendwie bleibt da ein uneingelöstes Versprechen, eine verpasste Chance. Die Demo-Aufnahme von „Junk" ist im Beatles-Album „Anthology 3" enthalten – sehr hübsch, doch wirklich! ... aber ....

STEP INSIDE LOVE
LOS PARANOIAS

Besetzung/Instrumentierung: Paul McCartney (Hauptgesangsstimme, akustische Gitarre), John Lennon (Bongos), Ringo Starr (Shaker).
Produzent: Chris Thomas, Tontechniker: Ken Scott.

Beide Songs oder Songfragmente werden am 16. September 1968 aufgenommen und als eigenständige Stücke dokumentiert. Die Aufnahmen finden während der Studioarbeit an Paul McCartney's Song „I Will" statt. Wahrscheinlich sind es spontane Entspannungsübungen, improvisiert als Zerstreuung im Verlaufe der langen Studiosession, die von 19 Uhr bis 3 Uhr in der Frühe dauert. In diesem Zeitraum werden insgesamt 67 Takes von „I Will" aufgenommen.

Paul beginnt „Step Inside Love" zu spielen, einen Song, den er 1967 für Cilla Black geschrieben hat (speziell als Titelthema für ihre TV-Show „Cilla", deren erste Folge am 30. Januar 1968 von der BBC ausgestrahlt wird), John und Ringo begleiten ihn spontan. (George ist an diesem Abend nicht anwesend.) Als Paul den Song mit einer Absage beendet, ruft John launig aus dem Hintergrund: „Los Paranoias". Worauf Paul lacht und sofort eine Jamsession beginnt: „Los Paranoias invite you to just enjoy us, come on, you can do" etc. Auch diese beiden Aufnahmen werden am 28. Oktober 1996 innerhalb des Doppelalbums „Anthology 3" veröffentlicht.

SOUR MILK SEA

Autor: George Harrison. Besetzung/Instrumentierung: George Harrison (Gesang, akustische Gitarre). Aufnahmedaten: Demoaufnahme am 25. Mai 1968 in George Harrisons Privathaus Kinfauns. Tonart: E-Dur.

Während der langen Demo-Session, bei der alle geplanten Songs für das Weiße Album als erste Rohfassung aufgenommen werden, spielt George Harrison den andern Beatles auch diesen rockigen Song vor. Der Text formuliert den Rat, auch in schwierigen Zeiten, im „See der sauren Milch", den Kopf oben zu halten und alles dafür zu tun, dass man bald wieder auf die Beine kommt. Als George Harrison in den nächsten Wochen spürt, dass die beiden Ober-Beatles kein großes Interesse an einer gemeinsamen Ausarbeitung des Songs zeigen, gibt er „Sour Milk Sea" an einen befreundeten Musiker aus alten Zeiten in Liverpool weiter. Jackie Lomax ist in den frühen sechziger Jahren als Bassist und Sänger der Liverpooler Band The Undertakers bekannt geworden. (Seine ausdrucksvolle Rock-Stimme ist 1974 auch in der Band Badger zu hören). George Harrison beschließt, für das neue Apple-Label mit Jackie Lomax eine Single und eine LP zu produzieren.

Vom 24. bis 26. 1968 Juni wird der Harrison-Song „Sour Milk Sea" in absoluter Starbesetzung aufgenommen: Jackie Lomax – Gesang; George Harrison – Rhythmusgitarre, Chorgesang; Paul McCartney – Bass; Ringo Starr – Schlagzeug; Eric Clapton – Lead-Gitarre; Nicky Hopkins – Keyboard und Eddie Clayton – Percussion. Die Single erscheint am 30. August 1968 als erste Apple-Veröffentlichung, gemeinsam mit drei weiteren Singles anderer Apple-Künstler, von denen allerdings nur die von Paul McCartney protegierte Mary Hopkin mit „Those Where The Days" weltweit Top-Erfolge feiern kann.

Die Single „Sour Milk Sea" mit Jackie Lomax und der Allstar-Begleitband soll auch einen Nr.1-Hitparadenplatz erreicht haben – in Turkmenistan. Ansonsten fällt die Single gnadenlos durch. George Harrison muss irritiert feststellen, dass nicht alles, was die Beatles in die Hand nehmen, automatisch zu Gold wird – selbst dann nicht, wenn es wirklich musikalisch gut ist, was auf diese Single sicherlich zutrifft. George Harrisons Demo-Urfassung ist offiziell nicht veröffentlicht worden, aber auf verschiedenen Bootlegs zu hören.

CIRCLES

Autor: George Harrison. Besetzung/Instrumentierung: George Harrison (Gesang, Orgel).
Aufnahmedaten: Demoaufnahme am 25. Mai 1968 in George Harrisons Privathaus Kinfauns. Tonart: h-moll.

„Das Leben kommt und geht – in Kreisen", bedeutungsschwere Erkenntnisse singt George Harrison zu stickigen Orgelakkorden und klingt dabei fast wie ein Prediger, der in einer kleinen Vorort-Kirche an der Orgel sitzt – und keiner hört zu. Im Hintergrund kann man das Geplauder der andern Beatles vernehmen, während George seine Demoaufnahme stoisch durchzieht. Als er gnädig endet, spürt man allenthalben ein Aufatmen. In diesem Fall kann man es wirklich verstehen, dass keiner der übrigen Beatles sonderlich scharf darauf ist, sich mit diesem Harrison-Song näher zu beschäftigen, geschweige denn das düstere Orgelstück des Preacherman George für das Weiße Album auszuarbeiten. Erst für sein Soloalbum „Gone Troppo" von 1982 wird er „Circles" in textlich wie musikalisch neuer Überarbeitung gemeinsam mit Billy Preston und Jon Lord, hörenswert arrangiert, zur Veröffentlichung aufnehmen. Über die Demo-Fassung von 1968 kann man getrost den Mantel des Schweigens ausbreiten. Verschiedene Bootlegger sahen das leider anders.

ETCETERA

ist einer der sagenumwobensten Songs in der Beatles-Geschichte, komponiert von Paul McCartney, aufgenommen am 20. August 1968, bis heute nirgendwo veröffentlicht, auch nicht auf Bootlegs.

Paul arbeitet an diesem späten Dienstag Abend im Abbey Road-Studio 2 alleine an Overdubs für „Mother Nature's Son" und an den Aufnahmen von „Wild Honey Pie". Zwischendurch nimmt er in einem Rutsch das ominöse Lied „Etcetera" auf.

Der während der Aufnahme anwesende Techniker Alan Brown sagte über den Song: „Es war ein sehr schönes Lied. Ich erinnere mich, dass es eine Ballade war und dass das Wort ‚etcetera' mehrere Male im Text vorkam. Ich habe das Lied nur zweimal gehört. Zunächst als er (Paul McCartney) es aufgenommen hat. Und dann als wir es für ihn vom Band vorgespielt haben. Das Band wurde mitgenommen. Und ich habe seitdem nie mehr davon gehört." (Moers, Meier, Bühring, Budéus 2000, 515).

Natürlich befeuert so etwas die Fantasie der Fans, die an verschollene Schätze glauben, an verstaubte Bänder, auf denen großartige, noch nie zuvor gehörte Beatles-Songs auf ihre archäologische Ausgrabung und Entdeckung warten. Gerüchteweise wurde auch verbreitet, Paul habe „Etcetera" in aller Eile als Demo für Marianne Faithful aufgenommen, die aber dann doch nicht interessiert gewesen sei. (Originalton Charly: „Dumme Kuh! Das ist Majestätsbeleidigung und gehört bestraft – mit ewigem Kratzen in der Stimme, gebrochenem Englisch, Jagger-Trauma et cetera pp."). Es wird auch behauptet, „Etcetera" sei musikalisch mutiert zur McCartney-Komposition „Thingumybob" und in dieser Form der Wiedergeburt von der Black Dyke Mills Band aufgenommen und veröffentlicht worden.

„YOUR SONG WILL FILL THE AIR"
ÜBER DIE BEDEUTUNG UND WIRKUNG
DES WEISSEN ALBUMS

Noch vier Jahre zuvor werden sie von hysterisch schreienden Fans durch die Straßen gejagt und singen simple, aber clevere Liebeslieder. Und jetzt stehen sie auf der Höhe ihres Triumphes als Popstars und als anerkannte, wegweisende Künstler.

Das epochale „Sgt.Pepper"-Album vom Jahr zuvor, das von vielen als Zeitenwende in der Popkultur, gar als musikalisches Jahrhundertereignis hochgejubelt wird, hat auf jeden Fall Maßstäbe gesetzt – auch für die Beatles. Steht ihnen dieser Meilenstein der Popgeschichte jetzt selbst im Wege? Mit ihrem neuen Weißen Album haben sie sich jedenfalls nicht für die Fortschreibung einer folgerichtig erscheinenden eigenen Entwicklung entschieden. Seit ihrem ersten Album ist ihre Musik nur in eine Richtung gegangen: die der stetigen Erneuerung, der kreativen Veränderung, der Erweiterung des klanglichen Spektrums und inhaltlichen Horizonts. Jedes ihrer neuen Alben ist komplexer, aufwendiger und experimentierfreudiger als sein Vorläufer. Mit den Alben „Revolver" von 1966 und „Sgt. Pepper" von 1967 haben sie dieser fulminanten Entwicklung sozusagen die Krone aufgesetzt.

Was kann danach noch kommen? Ringo Starr: „Sgt. Pepper hat's gebracht. Es war das Album des Jahrzehnts, vielleicht sogar des Jahrhunderts. Es war sehr innovativ, starke Songs. Es war ein echtes Vergnügen, und ich bin froh, dass ich dabei war. Aber für mich persönlich ist das Weiße Album das bessere geworden." (Beatles Anthology 2000, 305).

Für Ringo mag es das bessere Album sein. Für viele Musikenthusiasten, die jedem Entwicklungsschritt der Beatles mit Staunen und Begeisterung gefolgt sind, ist das Veröffentlichungsdatum des Weißen Albums zwar kein schwarzer Tag; doch das Songprogramm wird von vielen als Rückschritt empfunden. Wo ist das Neue, noch nicht Dagewesene, bislang Ungehörte? – fragen mit unüberhörbarer Enttäuschung all die Beatles-Anhänger, die auf neue Klangerforschungen und Themenentdeckungen in der experimentierfreudigen Fortsetzung von „Revolver" und „Sgt. Pepper" gehofft hatten. Diese Bedürfnisse bedient das Weiße Album nicht.

Paul McCartney: „Wir hatten das Gefühl, dass es an der Zeit sei, einen Schritt zurück zu machen, denn genau danach war uns. Man kann auch gute Musik machen, ohne sich ständig weiterzuentwickeln. Manche Leute möchten, dass wir weitergehen, bis wir auf unseren eigenen B-Seiten verschwinden." (Beatles Anthology 2000, 297).

Schon das in schlichtem Weiß gehaltene Albumcover des Designers und Pop-Art-Künstlers Richard Hamilton mit der grafischen Reduzierung auf den

Schriftzug „The Beatles" in hervorstehender Blindprägung steht im totalen Kontrast zum überbordenden Farbenrausch des detailreich collagierten „Sgt. Pepper"-Covers. Auch der im Vergleich zu „Sgt. Pepper's Lonely Hearts Club Band" spartanisch wirkende Album-Titel „The Beatles" signalisiert Zurückhaltung und einerseits eine Zurücknahme der formalen Gestaltung, andererseits aber eine Konzentration auf das Wesentliche. Und dies korrespondiert mit dem Songinhalt des Albums, der sich ja tatsächlich wesentlich vom bunt schillernden Kosmos des Konzeptalbums „Sgt. Pepper" unterscheidet.

Richard Hamilton entwirft auch ein dem Album beigefügtes großes Poster mit den abgedruckten Songtexten und einer Montage von Fotos aus den Privatbeständen der Beatles. Außerdem sind vier große Porträtfotos dem Album beigelegt – vom Fotografen John Kelley im Herbst '68 aufgenommen. Die ausdrucksstarken Fotos gelten als Bestandteil der Ikonografie der 60er-Jahre.

Die Besonderheit des Weißen Albums und sein Anspruch, als Gesamtkunstwerk zu gelten, wird suggeriert durch die Idee, jedem Album eine fortlaufende Seriennummer aufzudrucken – als handelte es sich um eine limitierte Sonderedition. Für die Erstauflage wird diese Idee mit der Aura der Exklusivität auch verwirklicht. Die Nummer 1 erhält der Band-Älteste Ringo.

„Am 28. September 2005 wurde ein LP-Cover des Weißen Albums mit der Nr. 0000008 bei Christie's in London für 9.000 englische Pfund (ca. 13.235 Euro) versteigert." (Bratfisch 2007, 70).

RÜCKSCHRITT UND NICHTS NEUES?

Keine konzeptuelle Rahmenhandlung oder Geschichte wie bei „Sgt. Pepper" oder „Magical Mystery Tour", keine innovativen Soundkreationen, keine ausgefallene Instrumentierung (nicht mal ein Song mit indischen Instrumenten, trotz Rishikesh), kein gigantomanischer Arrangementaufwand. Dies alles offeriert das Weiße Album nicht – im Sinne eines „höher", „weiter" und „noch eins draufsetzen", über „Sgt. Pepper" hinausgehend. Auch keine Weiterentwicklung der Songstruktur, kein kreativer Umgang mit Form und Inhalt? Von wegen! Man denke nur an „Happiness Is A Warm Gun" oder „Revolution 9". So weit und radikal vorgewagt haben sich die Beatles nie zuvor. Die Behauptung, das Weiße Album sei rückschrittlich und biete nichts Neues, ist nicht zutreffend.

Neu sind vor allem zwei Dinge, die so bisher nie in diesem Ausmaß und in dieser Qualität auf einem Album der Beatles (oder von sonst irgendwem) festzustellen waren: zum einen das Füllhorn der Stile und Genres und zum anderen der Tonfall von Ironie und Parodie, das Augenzwinkern zwischen den Zeilen und Tönen. Die Beatles erfinden den Zitat-Pop, den Song-Eklektizismus und den Allround-Sound des Alles-geht-und-alles-passt-Zusammen. Sie stoßen die Türen nach allen Seiten auf und profilieren sich als Alleskönner und stilistische Universalisten. Wer außer ihnen hat auf einem Album so viel zu bieten: Psychedelia, Rock'n'Roll, Bluesrock, Hard- & Heavy Rock, Ragtime, Ska, Folk, Country, Rumba, Progressive Artrock, Singer/Songwriter-Ballade und Avantgarde? Die amerikanische Rockbibel Rolling Stone spricht von einer „Gesamtschau der Geschichte und Synthese westlicher Musik". Und John Robertson nennt das Album ganz ähnlich „eine handliche Geschichte der populären Musik seit 1920". (Beatles Book. 2007).

EVERYTHING GOES – MAN MUSS ES NUR MACHEN

Mit dem Weißen Album zeigen die Beatles, was sie draufhaben, zitieren, imitieren, parodieren, karikieren, nehmen es mit jedem auf, der sich im Jahre '68 in der Pop- und Rockszene hervortut. Allerdings antworten und reagieren sie mehr, als dass sie selbst neue Maßstäbe setzen. Obwohl – die Messlatte des Weißen Albums liegt hoch, was die Vielfalt, die stilistische Bandbreite, den Einfallsreichtum, die Wandlungsfähigkeit und vor allem die Qualität der meisten ihrer neuen Songs angeht. Niemand hat vorher und nachher ein solch schillerndes Kaleidoskop an Abwechslungsreichtum und thematischer Unterschiedlichkeit auf einem Doppelalbum festgehalten. Das Weiße Album ist im Grunde auch so etwas wie die popmusikalische Arche Noah der 60er-Jahre. Die Beatles sammeln alle Spezies der vorhandenen Stilarten, konservieren sie kreativ und präsentieren sie als Werkschau der Nachwelt. Alle Bands und Musiker, die nach den Beatles kommen, können am Beispiel des Weißen Albums studieren, was alles möglich und machbar ist und welche Freiheit man sich nehmen kann, um einer Schubladen-Zuordnung zu entkommen.

David Quantick: „Dies ist das Vermächtnis des Weißen Albums und sein Geschenk an die Popmusik. Es befreite Millionen von Bands von der Tyrannei des Genres, von der engstirnigen Einordnung, die besagt, diese Band ist eine Soulgruppe und diese ist eine Rockgruppe. Das Weiße Album zeigte der Welt, dass Popmusik im Fluss ist, und die Welt schaute von da an nicht mehr zurück." (Quantick 2002, 183).

Die Reaktionen der Kritiker auf das Weiße Album sind teils zurückhaltend, teil überschwänglich. Tony Palmer nennt die Beatles in seiner Albumkritik für den Observer „die größten Songschreiber seit Schubert". Das Resümee seiner Albumbesprechung lautet: „Simple Happiness". William Mann, der berühmt wurde, weil er schon 1964 – allerdings als einziger – in Beatles-Songs „äolische Kadenzen" entdeckte, lobt das Weiße Album in der „Times" als das „wichtigste musikalische Ereignis des Jahres". In Westdeutschland wird das Album mit dem „Deutschen Schallplattenpreis" prämiert. „Das Weiße Album der Beatles ist ihr freiestes Werk. Sie hatten nichts mehr zu beweisen, keine Maskerade mehr, nur der Songschreiber und der Song. Jeder machte das, was er wollte. ... In all den kombinatorischen Synergie-Effekten einer gut eingespielten Session-Band mit einem Händchen für zeitlose Songs." (Kim 1999).

Wer ist für ein halbes Doppelalbum?

Die weniger begeisterten Kritiker bemängeln vor allem die Qualitätsunterschiede im Songprogramm – und liegen damit auf einer Linie mit dem Beatles-Produzenten. George Martin: „Als sie das Weiße Album einspielten dachte ich, wir hätten statt des Doppelalbums besser eine Einzel-LP gemacht. Ich glaube, es wäre ein fantastisch gutes Album geworden, wenn es stärker komprimiert gewesen wäre. Aber viele Leute halten es auch so für ihr bestes Album. Ich bin anderer Meinung, aber die Geschmäcker sind eben verschieden." (Beatles Anthology 2003, DVD 8.1).

Die völlige Unterschiedlichkeit der Songs – selbst auf die Gefahr hin, dass einzelne Elemente als Ausreißer empfunden werden – hängt auch mit der ursprünglichen Idee zusammen, das Album „A Doll's House" zu nennen. Dieser Arbeitstitel muss verworfen werden, weil die Gruppe Family schon im Juli ihr Debut-Album „Music In A Doll's House" veröffentlicht. George Harrison neigt der Einschätzung des Beatles-Produzenten zu, auch wenn er weiß, dass bei einer Reduzierung des Gesamtvorrats von 30 Songs auf 14 bis 16 Titel für eine Einzel-LP vor allem er von Streichungen betroffen wäre.

George Harrison: „Was machst du, wenn du so viele Songs hast? Du willst sie loswerden, damit du neue Songs machen kannst. Es gab in dieser Band viel Egoismus. Viele Songs hätte man besser abgelehnt, oder zu B-Seiten gemacht." (Beatles Anthology 2003, DVD 8.1).

Doch die Beatles – und gerade auch George Harrison – wollen alle ihre neuen Songs auf der Stelle veröffentlicht wissen, auch weil sie damit ihre vertragliche Verpflichtung, noch zwei Alben an ihre alte Plattenfirma EMI abzuliefern, mit einem Schlag erfüllen. Ringo plädiert nicht für das Aussortieren einzelner Songs, sondern favorisiert eine andere Idee. Ringo Starr: „Wir hätten es als zwei getrennte Alben veröffentlichen sollen: das Weiße und das Weißere Album." (Beatles Anthology 2003, DVD 8.1).

Ganz in Weiss – die Noch-Alleinherrscher des Pop

Ende 1968, als das Weiße Album erscheint, sind die Beatles noch immer das Maß aller Dinge im Pop weltweit – und das nun schon seit fünf Jahren ohne Unterbrechung. Man muss sich den Quantensprung in diesem doch recht kurzen Zeitraum ihrer kreativen Explosion bewusst machen: Es sind nur drei Jahre vergangen zwischen dem unbekümmert losstürmenden „Can't By Me Love" und dem komplexen „Sgt. Pepper". Und nicht mal vier Jahre liegen zwischen der zusammengeschweißten Gemeinschaft eines Quartetts, über das die Massenhysterie der Beatlemania hereinbricht, und der Individuierung von vier Persönlichkeiten, denen es gelingt, in einer gemeinsamen Anstrengung die auftretenden Zentrifugalkräfte in einem Gruppenalbum von vier Solisten schöpferisch zu bündeln. Mit ihrem vielgestaltigen, teilweise brillanten Weißen Album behaupten die Beatles ein letztes Mal ihre Ausnahmestellung als Leitfiguren und Universalisten des Pop jener Zeit. Doch ihre unangefochtene Spitzenstellung als innovativste Kraft der Szene haben sie bereits eingebüßt, und das Ende der Beatles als Gruppe zeichnet sich ab.

Auch wenn sie sich noch zu zwei weiteren Alben zusammenraufen – und dabei auch buchstäblich miteinander raufen – das Auseinanderdriften der einstmals vierteiligen Einheit ist nicht mehr zu verhindern. Alle zupfen am vierblättrigen Kleeblatt: Er liebt mich nicht. Er liebt mich noch ein bisschen. Nein, er liebt mich nicht mehr, sondern nur noch sie. Oder liebt er mich doch noch ein wenig? Zum Zeitpunkt der Veröffentlichung des Doppelalbums, am 22. November '68 ahnt die Pop-Öffentlichkeit noch nichts von den Verwerfungen und Rissbildungen im Band-Gefüge, die unweigerlich dunkle Schatten auf die Zukunft der Beatles werfen und auf eine baldige Trennung hindeuten.

Getrennt arbeiten, vereint siegen?

Lester Bangs: „Es ist das erste Album der Beatles und in der Geschichte der Rockmusik von vier Solo-Künstlern in einer Band." (Bratfisch 2007, 69). George Harrison: „Die individuelle Arbeitsweise wurde damals erstmals akzeptiert." (Beatles Anthology 2003, DVD 8.1). Und mit dieser getrennten Arbeitsweise im Gruppenverbund stoßen die Beatles einen neuen Trend an. Es wird allgemein üblich, dass einzelne Gruppenmitglieder mehr Freiraum beanspruchen und erhalten. Zunehmend entwickelt sich diese Vorgehensweise – man könnte sie das „White-Album-Prinzip" nennen – fast zum Standardmodell: Dasjenige Bandmitglied, das den Song geschrieben hat, arbeitet das Grundkonzept nach eigenem Gusto aus, produziert alleine eine Basis-Fassung und addiert anschließend die Beiträge der Band hinzu.

Das revolutionäre Jahr 1968 ist die Zeit des Umbruchs nicht nur für die Beatles. Und nicht nur das Quartett, das sich von seiner Fab-Four-Vergangenheit endlich befreien will, zerbricht in seine Einzelteile, in vier Individuen. Das Virus greift um sich. Noch vier Jahre zuvor konnte man hören, die vier seien nicht zu unterscheiden. George Harrison ist der Erste, der sich über die Uniformität beschwert und über das Korsett der Image-Zuschreibung, aus dem es kein Entrinnen zu geben scheint. Deshalb muss es passieren – jeder hat das Recht, er selbst sein zu können. Auch wenn es die Öffentlichkeit nicht bemerkt: Die Beatles sind auch hier die Vorreiter für die Individuierung der Szene. Ab 1969 setzt das große Gruppensterben ein. Das im Woodstock-Jahr auftrumpfende Quartett Crosby, Stills, Nash & Young, dem der Ruf vorauseilt, die amerikanischen Beatles zu sein, ist ein gutes Beispiel für den neuen Gruppenbegriff, der allenfalls als ein gemeinsames Dach definiert wird. Wie der Bandwurm-Name schon klar zum Ausdruck bringt, bestehen die vier Musiker-Persönlichkeiten auf ihrer selbstbestimmten Identität. Im Schlagerpop der 60er ist dies noch ein Marketing-Gag – siehe Dave Dee, Dozy, Beaky, Mick & Tich –, doch nach 1968 wird es ein Zeitphänomen.

Wie wirkt das Weisse Album nach?

Mit über 18 Millionen verkauften Exemplaren setzt sich das Weiße Album im Laufe der Jahre an die Spitze der Beatles-Bestseller. Über die vier Jahrzehnte hinweg betrachtet, ist das Interesse neu hinzukommender Beatles-Fans am Weißen Album erstaunlicherweise größer als an den anderen Alben. Nicht minder interessant ist, dass die Reputation des Weißen Albums im Laufe der Jahre wächst. Der Abstand zu den qualitativ ursprünglich höher eingestuften Alben „Revolver" und „Sgt. Pepper" schrumpft nicht nur erheblich, sondern löst sich gar in Wohlgefallen auf – im großen Meinungsbild der Kritiker und der Pop-Konsumenten. Und unter den Beatles-Kennern werden es immer mehr, die ihre vorgefasste Meinung über den Spitzenplatz des Pop-Heiligtums „Sgt. Pepper" vielleicht nicht gleich revidieren, aber bei der Frage nach dem Lieblingsalbum zunehmend in Richtung des Weißen Albums tendieren. Und bis heute bleibt das Album im Bewusstsein vieler Menschen verankert: musikalisch als herausragendes Phänomen und biografisch als Lebensbegleiter. So verrät der Comedian Michael Mittermeier dem deutschen Rolling Stone, Ausgabe Juni 2008, die Nummer zwei seiner zehn Lieblingsalben sei das Weiße Album.

Heinz Rudolf Kunze: „Und dann natürlich das Weiße Album der Beatles. Vielleicht ihre umfassendste musikalische Tat, wo sie ja wirklich ein letztes Mal versucht haben, alle Stile abzubilden, die es damals schon gab. Sozusagen: ‚der König versucht noch mal das Reich zusammenzuhalten', bevor sich dann alle Fraktionen selbstständig gemacht haben." (Gäsche 2008, 261). „In einer Umfrage des Rolling Stone wurde die LP im Dezember 2003 zur besten Platte aller Zeiten gekürt." (Bratfisch 2007, 70).

Wer kennt das Album „The Beatles"?

Kein Mensch nennt das Album nach seinem offiziellen Titel „The Beatles". Das weiße Cover und das weiße Vinyl – zumindest bei der Erstauflage werden die LPs in weißer Farbe gepresst – geben dem Doppelalbum seinen Namen.

Der Markenbegriff „Das Weiße Album" verbreitet sich weltweit und wird zum Synonym für eine Ära, für eine bestimmte Sicht der Dinge und für eine Verortung eines spezifischen Lebensgefühls in der persönlichen Geschichte eines jeden Beatles-Bewunderers. Das Signet „White Album" wird regelrecht zu einem Mythos, der weit über den Songinhalt des Albums hinausweist.

Dies macht sich so mancher zunutze. Mehr oder minder ironische Verweise und Bezüge finden sich zuhauf: Brian Burton alias Danger Mouse, die spätere Hälfte des Soulpop-Duos Gnarls Barkley, veröffentlicht Anfang 2004 „The Grey Album", ein „Mash-Up" von Instrumental Samples aus dem Weißen Album der Beatles und den Raps und Vokalspuren aus „The Black Album" von Jay-Z. Die Beatles-Plattenfirma EMI, Inhaberin der Rechte an den Beatles-Originalaufnahmen, verbietet die Verbreitung des Bastard-Albums.

Unter dem Titel „The Black Album" soll im November 1987 eine Vinyl-LP erscheinen, ohne Schrift, lediglich mit einer Nummer bedruckt, der Bestellnummer. Der kleine Prince des schwarzen Pop greift diese bekannte Idee auf, besinnt sich dann aber anders und zieht sein Schwarzes Album zurück. Erst im November 1994 wird „The Black Album" von Prince offiziell veröffentlicht.

Im August 1991 erscheint das fünfte Studioalbum von Metallica – schlicht mit dem Bandnamen betitelt – unter anderem mit dem Songklassiker „Nothing Else Matters". Im allgemeinen Sprachgebrauch wird die LP mit dem schwarzen Cover als „Black Album" geführt.

Die schwedische Band The Hives veröffentlicht im Oktober 2007 als ihre vierte Platte „The Black and White Album", will den Albumtitel aber nicht als „größenwahnsinnige Anspielung auf Beatles und Metallica" verstanden wissen (als die er natürlich gemeint ist).

Bezug nehmend auf das Weiße Album nennt man die beiden Hit-Kollektionen „The Beatles/1962–1966" und „The Beatles/1967–1970" das Blaue und das Rote Album. Davon lässt sich wohl auch die kalifornische Rockband Weezer inspirieren und veröffentlicht ihre drei „Weezer" betitelten Alben mit unterschiedlich farbigem Cover, woraus sich ableitet, wie die Alben allgemein benannt werden: The Blue, The Green und The Red Album.

Am 25. Juli 2008 ist auf Spiegel Online zu lesen, dass „eine Art Online-Fan-Geheimbund (oder ist es nur ein besessener Einzelgänger?), der sich ‚Purple-Chick' nennt", eine 12 CDs umfassende Edition des Weißen Albums veröffentlicht und auch zum illegalen Download ins Netz gestellt hat. Diese gigantische, von Apple nicht autorisierte Edition enthält „klangtechnisch eindrucksvoll erstklassig aufpolierte" Überarbeitungen aller Originalsongs in Stereo- und Mono-Fassungen, außerdem Outtakes, Demos, halb fertige Tracks, Playbacks, Jamsessions und Studiogespräche. Nur das Spülgeräusch der Studiotoilette sei erst auf der exklusiven Spezialedition zu finden, hänselt ein Blogger. Das britische Rock-Magazin Mojo veröffentlicht (Ausgaben September und Oktober

2008) zum 40-jährigen Platten-Jubiläum nicht nur Titelgeschichten zum Weißen Album, sondern auch Coverversionen aller Songs auf zwei CDs, darunter etliche eigenständige Interpretationen höchst individueller Künstler. In diesen gelungenen Neufassungen findet der Geist des Individuierungsprozesses, den die Beatles 40 Jahre zuvor angestoßen und selbst durchlebt haben, einen neuen, adäquaten Ausdruck. Die von der Beatles-Plattenfirma lange angekündigte digitale Restaurierung des Weißen Albums ist zum 40-jährigen Jubiläum nicht fertig geworden. Doch das nächste Weihnachtsgeschäft kommt bestimmt. Und dann wird man in sicher verbesserter Tonqualität, klanglich erneuert, hören können, was dieses großartige Album schon immer ausgemacht hat. (Im September 2009 erschien das Weiße Album in digital „newly remastered").

Das Weiße Album ist in seiner Widersprüchlichkeit und Inkonsistenz, in der bunten bis fahrigen Mischung aus (etlichen) grandiosen Firstclass-Songs und (ein paar) dürftigen, fast hingeschusterten Songs der B- und C-Kategorie, in der eklektischen Vielgestaltigkeit – exzessiv betrieben fast bis zur Beliebigkeit –, im Kontrast zwischen leisen, empfindsamen Liedern und gewaltvoll-lärmenden Verzerrer-Orgien, in all dieser Zerreißspannung, die während der gesamten Produktion in den Köpfen und Herzen der Beteiligten virulent ist, ein Abgesang auf die naive Hippie-Seligkeit des "Summer Of Love". Und in seiner indifferenten Standortbestimmung ist dieses unvergleichliche Album auch ein suchender, vager Vorgriff auf ein undefiniertes Anderswerden und damit ein stimmig klingendes Pop-Zeitdokument des chaotischen, tumultuösen, aufregenden, die Welt und das Bewusstsein von ihr verändernden Jahres 1968. Billy Bragg: „Das Jahr '68 endete mit der Wahl von Richard Nixon und dem Erscheinen des Weißen Albums." (Mojo 2008).

Was bleibt

Die begnadeten Melodien des Albums bleiben in Erinnerung, die pfiffigen Slogans und seelentiefen Bekenntnisse – aber auch die tief eingeprägten Empfindungen, ausgelöst durch die emotionalen Momente des Albums, wo der Nerv getroffen wird:

Lennons schlafwandlerischer Gesang in „I'm So Tired", der so klingt, als psalmodiere Lennon Orakel- und Zaubersprüche wie in Trance versunken. Bevor er gänzlich in den Zustand der Selbsthypnose verfällt, schreit Lennon sich wach mit dem flehentlichen Appell, jemand möge ihm zu etwas Seelenfrieden verhelfen.

Der naive Sing-along-Song „I Will", in dem Paul seiner neuen Angebeteten offenbart, dass er für sie bereit ist. Als Zeichen seiner bedingungslosen Liebe legt er ihr sein entflammtes Herz zu Füßen – hoffend, dass es nicht wie eine glimmende Kippe unter die Sohlen ihrer schicken Pumps gerät.

Das Panoptikum von „Happiness Is A Warm Gun" mit den drei Lennon-Seelen in einer Brust: das warme Timbre zu Beginn, wenn Johns Innerstes mit dem Außen verschmilzt (und er im Songtext einen Gecko über das Fenster seiner Seele huschen lässt); der Geruch von Schweiß und Pulverdampf, die erotischen Fantasmen von Hure und Nonne, die Worte von „fix" und „gun" in der Mitte; und am Ende das breitbeinige Imponiergehabe des Mackers mit der pomadigen Entenschwanz-Frisur, der das Mädel und dessen Lust im Griff zu haben glaubt.

Die weinende Gitarre Claptons in „While My Guitar Gently Weeps", die ein singendes Flehen in den Himmel hinaufschickt und als glühende Sternschnuppen herabregnen lässt; die dann nur noch beschwört und bestürmt, heult und schluchzt – zum Steine-Erweichen.

Der Song „Revolution", in dem Lennon eine Klang-Kathedrale aus erhabenem Lärm und zornigem Geschrei zu bauen scheint. Es fehlen nur noch die Trompeten von Jericho, und Johns revolutionäres Kartenhaus des „out" und „in" begräbt ihn unter sich. Am Ende von „Revolution" schreit er seine „All Rights", als stünden seine Gitarrensaiten unter Starkstrom. In „Julia" ist seine Stimme so zerbrechlich wie ein Kinderdrachen aus Papier, der den Herbststürmen ausgesetzt ist. Und John zeigt sein gläsernes Herz, in dem die beiden wichtigsten Frauen seines Lebens sich die Kammern teilen.

„Blackbird": die Schönheit der Musik, Sinnbild von Gesang und Flug der Amsel, die trotz gebrochenem Flügel am Himmel gehalten wird vom Auftrieb der Gitarrentöne – und von Pauls Stimme, die selbst dahinfliegt wie ein Vogel in der Dämmerung auf der Suche nach einem Ruheplatz, wissend um die Gefahr der Nacht und das Glück des Sonnenaufgangs.

„Yer Blues", in dem Lennon mit wütender, verzweifelter, selbstquälerischer Stimme krächzt, er sei einsam, wolle sterben, der Adler hacke ihm die Augen aus. John würgt die Worte voller Bitterkeit und Entsetzen hervor. Er hat die Rasierklinge schon in der Hand, um die Qualen zu beenden, überlegt sich's aber anders und grölt zu guter Letzt einen sterbefaulen, lebensmüden Rock 'n' Roll.

Der milde Klang, die fragile Stille in „Long, Long, Long", wo die Zeit verfließt wie in Dalis hinschmelzenden Uhren und wo George Harrison sich hingibt wie ein spirituelles, zeitloses Momo-Kind, das die grenzenlose Liebe umarmt.

Und das absurde Theater von „Revolution 9", das die evolutionäre Chaos-Theorie hörbar macht. Der Zuhörer hat den Eindruck, Morbus Alzheimer greife nach seinen grauen Zellen: weil er überall Stimmen hört, nichts versteht, nichts erkennt und alles, was war, sofort wieder vergisst, ja vergessen muss. Sonst droht der Kollaps auf der mentalen Speicherplatte, die sich eh im Kreise dreht – wie die absurden Monologe von John und George. Entfernt erinnern diese Monologe an das Gerede von Wladimir und Estragon in Becketts „Warten auf Godot". Doch anders als bei Beckett kommt hier am Ende der Erlöser: Ringo singt „Good Night". Und alles wird gut. — Was wirklich bleibt, sind viele gute Erinnerungen, die intensive Gefühle wachrufen, auch noch 40 Jahre später. Und es bleibt die Erkenntnis: 30 Songs von den Beatles auf einen Schlag, das ist einfach zu viel.

Gib mir mehr davon!

BEATLES FOREVER – DER ENDGÜLTIGE BRUCH UND DAS ÜBERDAUERN BIS IN ALLE EWIGKEIT

Die Beatles zeigen der Welt, wozu ein eingespieltes Team junger Männer in der Lage ist und wie schwer es ist, den Teamgeist zu konservieren, wenn auch Individuierungsprozesse zu ihrem Recht kommen wollen und Egotrips nicht zu verhindern sind. Greil Marcus schreibt: „Die Beatles waren schließlich das befriedigendste und komplexeste Zeugnis für die Grenzen persönlicher Selbstständigkeit, das die meisten von uns je erlebt haben. Außerdem waren sie ein Beweis für die Grenzen gegenseitiger Verbundenheit."

John Lennon im Jahre 1970: „Wissen Sie, ich dachte, ich könnte einfach weitermachen und Yoko in unser Leben (als Beatles) integrieren. Aber wie sich zeigte, musste ich entweder mit ihnen oder mit Yoko verheiratet sein. Ich entschied mich für Yoko, und das war richtig." (Hertsgaard 1995, 166).

Ringo Starr: „Es war wie die Abwicklungsphase einer Scheidung. Scheidungen kommen nach Monaten und Jahren des Elends, nicht aus heiterem Himmel." (Beatles Anthology 2003, DVD 8.1).

Das Schicksal meint es nicht wirklich gut mit der Beatles-Familie. John Lennon ist der Erste, der gehen muss, erschossen von einem psychopathischen Fan am 8. Dezember 1980. John ist 40 Jahre alt geworden. Ringos erste Frau Maureen stirbt 1994 im Alter von 47 Jahren an einer seltenen Form von Leukämie. Vier Jahre später ereilt Linda McCartney ein ähnliches Schicksal. Pauls große Liebe („Wir haben Glück gehabt, wir haben uns einfach geliebt."), seine Frau Linda, mit der er 29 Jahre verheiratet ist und mit der er drei gemeinsame Kinder und ein viertes aus Lindas erster Ehe großzieht, stirbt am 17. April 1998 im Alter von 56 Jahren an Brustkrebs. Und schließlich soll die Geißel der Menschheit, der Krebs, auch George Harrison das Leben kosten. Gleich drei verschiedene Krebserkrankungen muss er erleiden. Vielleicht trägt auch das Messer-Attentat eine Mitschuld an seinem Tod: Am 30. Dezember 1999 dringt ein psychisch gestörter Einbrecher in George Harrisons Anwesen ein und verletzt ihn schwer durch mehrere Messerstiche. Harrisons Biograf Allan Clayson schreibt, die Messerattacke sei mitverantwortlich für den Tod von George Harrison. Der Attentäter habe George in die Lunge gestochen, und das gerade, nachdem die Ärzte Lungenkrebs bei George diagnostiziert hatten. Das Messer habe nicht nur einen psychischen Schaden verursacht. Auch Rolling Stones-Gitarrist Keith Richards äußert sich 2001 in ähnlicher Weise: „Ich glaube, ohne die Messerstiche hätte er den Krebs besiegt." Und er fügt hinzu: „Es ist unfassbar: John und George, der eine abgeknallt, der andere niedergestochen." Als George Harrison am 29. November 2001 an den Folgen eines Hirntumors stirbt, ist er 58 Jahre alt.

I WANT TO HOLD YOUR HAND

Unter der Überschrift „Paul und George hielten Händchen", kann man Anfang Juli 2008 diese Meldung lesen: „‚Es ist lustig, aber sogar als wir noch ganz eng befreundet waren, haben wir natürlich als Jungs keine Hand gehalten', sagte McCartney dem britischen Magazin ‚Uncut'. ‚Ich saß während seiner Krebsbehandlung einige Stunden bei ihm, zehn Tage vor seinem Tod. Wir haben jede Menge Witze gemacht, einfach nur amüsante, verrückte Sachen. Es war gut. Es war, als ob wir träumten', so der 66-Jährige." (Frankfurter Rundschau). Diese Meldung ist im Juli 2008 überall zu lesen, von Spiegel Online bis zum Wiener Kurier. Auch dies ist ein Indiz dafür, dass alles, was mit den Beatles zu tun hat, auch heute noch für so viele Menschen von Interesse ist.

So viele wichtige Bands jener Zeit – in England Cream, Blind Faith, Procol Harum, Traffic, The Small Faces etc., in den USA The Band, Iron Butterfly, Moby Grape, The Beau Brummels, Quicksilver Messenger Service, Spirit, Lovin' Spoonful etc. – hatten ihre Zeit, manche von ihnen allerdings nicht viel mehr als die berühmten Warhol'schen 15 Minuten Ruhm. Doch die kreativen, innovativen Songschöpfungen der Beatles verkörpern die frech-fröhliche antiautoritäre Haltung und die kulturelle Aufbruchstimmung des Alles-ist-Möglich der 60er-Jahre so umfassend und prototypisch, dass die stille Revolution in den Einstellungen und Ansichten, die damals ihren Anfang nimmt, auf immer und ewig nur mit dieser einen Band verbunden und identifiziert werden wird.

AND IN THE END ...

Die Aussage, die Beatles hätten sich getrennt, weil ihre Zusammenarbeit nicht mehr funktionierte oder weil sie gemeinsam kreativ stagnierten, wird durch das letzte Beatles-Album „Abbey Road" eindeutig widerlegt. Vielleicht war es gut, dass es noch zu Lennons Lebzeiten nicht zu einer Reunion kam. Die beiden posthum veröffentlichten Songs „Free As A Bird" und „Real Love" sind recht gut im typischen Beatles-Stil gelungen, aber im Grunde doch nichts als schiere Nostalgie, also wehmütige Erinnerung an eine Zeit, die nicht wiederzubeleben ist. Die 60er-Jahre waren vielleicht kein Goldenes Zeitalter; aber sie hatten zweifellos viele große Momente, die nicht nur Bryan Adams jubilieren ließen: „Those were the best days of my life." Doch die Songs der Beatles haben bei der damaligen Jugendgeneration etwas bewirkt, was viele bis heute denken lässt, dass die siebenjährige Beatles-Ära das Goldene Zeitalter der Popmusik war – und bleiben wird, ad infinitum. Oder wie es unser Freund Charly sagen würde: „And the Beatles beat goes on! Because Tomorrow Never Knows! Guguu-gutschuub!"

John Lennon: „In den Sechzigern erlebten wir Jungs eine Revolution – und die betraf nicht nur die kleinen Leute oder bestimmte Klassen, sondern es war eine Revolution des gesamten Denkens. Die Jugend bekam das als Erstes mit, danach die nächste Generation. Die Beatles waren ein Teil dieser Revolution, die in Wahrheit eine Evolution ist und bis heute andauert. Wir waren alle an Bord dieses Schiffes – eines Schiffes, das aufgebrochen war, die Neue Welt zu entdecken. Und die Beatles standen im Ausguck." (Beatles Anthology 2000 Klappentext). George Martin: „Jede Generation entdeckt die Beatles neu für sich. Meine Kinder haben sie für sich entdeckt und meine Enkelkinder ebenso. Und so wird es immer weitergehen. Da bin ich ganz sicher." (All Together Now 2008).

ZUGABE:

„ICH HABE DIE BEATLES GESEHEN!"

Es begab sich zu der Zeit der Beatlemania, dass der Schreiber dieser Zeilen auf dem Rücksitz eines Opel Rekord saß und in froher Erwartung nach Essen fuhr. In seinen zittrigen Händen hielt er die Zugangsberechtigung zum Paradies, eine Eintrittskarte zur Essener Grugahalle: Block T, untere Nordtribüne. Von dort sollte er seiner absoluten Überhelden ansichtig werden – und zwar leibhaftig. Ein Traum sollte in Erfüllung gehen, ein unvergleichliches Erlebnis, von dem er noch seinen Enkelkindern würde erzählen können, wenn er denn welche hätte. So müssens denn, mangels Enkelkindern, die Leser dieses Buches sein, denen jetzt die Geschichte erzählt wird mit der Überschrift „Ich habe die Beatles gesehen". Gesehen – aber kaum gehört, damals am 25. Juni 1966 in der Essener Grugahalle. Falls es Sie interessieren sollte, was damals genau passiert ist, warum ich von diesem Tag an mehr auf John stand als auf Paul – und überhaupt, warum dieser Tag (nicht nur) mein Leben veränderte – falls Sie das wirklich interessieren sollte, empfehle ich Ihnen weiterzulesen. Falls nicht: einfach das Buch zuklappen, denn eigentlich reicht es ja auch schon so langsam. Und die Zugaben sind nicht immer wirklich prickelnd.

Kurz bevor die Beatles Ende Juni 1966 zu ihrer dreitägigen Blitztournee nach Deutschland kamen, erschien ihre Single „Paperback Writer". Der Song, dessen Text von Paul McCartney in Briefform geschrieben worden war, behandelte ein damals ungewöhnliches Thema: Ein Möchtegern-Schriftsteller schreibt an einen Verleger, er wolle ein Taschenbuch-Autor werden und habe einen Roman über einen Mann namens Lear geschrieben. Die Story sei tausend Seiten lang, er könne aber auch mehr schreiben oder kürzen oder ändern, ganz nach Belieben, auf jeden Fall brauche er einen Job.

Musikalisch ist der Refrain mit seinem verschachtelten Chorsatz eine Antwort auf die Beach Boys, die wenige Wochen zuvor ihr Meisterwerk „Pet Sounds" abgeliefert hatten. Die Beatles-Single „Paperback Writer" erschien in Deutschland am 10. Juni 1966.

> „DEAR SIR OR MADAM, WILL YOU READ MY BOOK /
> IT TOOK ME YEARS TO WRITE / WILL YOU TAKE A LOOK?"

Auch diese Beatles-Single hat uns Fans damals schwer beeindruckt: wegen des fetzigen Gitarrenriffs, das uns Amateurgitarristen, die wir das nachspielen wollten, vor große spieltechnische Probleme stellte; aber vor allem wegen der A-cappella-Stimmen, die durcheinanderwirbelten und ineinander griffen, was wir so vorher noch nicht gehört hatten. Diesen Song im Ohr, fuhren wir also am 25. Juni 1966 nach Essen – mit großer Vorfreude und der Erwartung, unsere Idole live zu erleben. Wir, das waren zwei Drittel unserer Amateurband nebst Freundinnen. Und natürlich bestand rund die Hälfte unseres Song-Repertoires aus Beatles-Liedern. Wir schlossen Wetten ab, ob die Beatles denn live auch ihre neueste Single „Paperback Writer" spielen würden. Aber wie sollte das gehen mit dem Echo? Wie sollte das live machbar sein mit diesem Studioeffekt auf den Stimmen – nur an dieser einen Stelle am Ende des Refrains? Aber diesen Glorreichen Vier, denen trauten wir alles zu.

Die Beatles waren für uns nicht nur einfach supertolle Musiker, Sänger und Songschreiber, von denen wir mit jeder neuen Single musikalisch mehr lernten als in zig Stunden Musikunterricht. Sie waren für uns Götter, Idole und verrückterweise gleichzeitig auch ganz normale Kumpels. Bei aller Heldenverehrung hatten wir irgendwie das Gefühl: Das sind welche von uns! Nicht etwa, weil sie immer genau das ausdrückten, was uns damals bewegte, sondern, weil alles, was sie in ihrer Musik ausdrückten, uns in Bewegung brachte, uns forderte, anstachelte, begeisterte. Im Grunde wussten wir als spätpubertierende 17–19-Jährige eigentlich gar nicht so recht, was wir selbst überhaupt wollten, außer: nur nicht das, was die Erwachsenen fortwährend von uns verlangten. Das aber, was die Beatles uns anboten, das wollten wir mit allem Enthusiasmus und ohne Einschränkung ganz und gar und total haben, jetzt und sofort und immerdar. Die Beatles waren für uns eine Weltanschauung, ein Glücksversprechen, der Ausbruch aus den Zwängen von Elternhaus, Schule und Lehre. Die Beatles waren der Inbegriff unserer Sehnsüchte nach allem, was wir nicht hatten, was wir aber haben könnten. Die Beatles versetzten uns in eine Aufbruchsstimmung, dass wir glaubten, alles erreichen zu können. Sie waren doch selbst der lebendige Beweis dafür, dass junge Leute die Welt erobern konnten.

Also war uns doch kein Weg zu weit, wenn wir die einmalige Chance hatten, unsere Helden live in Deutschland zu erleben. Am Freitag, dem 24. Juni, spielten sie in München im Zirkus-Krone-Bau. Da hätten wir die Schule schwänzen oder blaumachen müssen – was wir mit Bauchschmerzen zwar, aber dann doch getan hätten. Wären da nicht noch die beiden Wochenendauftritte in Essen am Samstag und in Hamburg am Sonntag gewesen! Also fuhren wir am Samstag nach Essen und redeten die ganze Fahrt über von fast nichts anderem als dem zu erwartenden Ereignis. In dem Opel Rekord, den unser Schlagzeuger von seinen Eltern großzügigerweise geliehen bekommen hatte, gab es kein Autoradio, und wenn, hätte uns das auch nicht weitergeholfen. Mitte der 60er Jahre gab es noch keine tägliche Popsendung im Radio, Kassettenrekorder im Auto kannte man erst ab 1968. Also machten wir unsere Beatles-Musik selbst und sangen lauthals im Rhythmus der Autobahn-Rillen unseren damaligen Lieblingssong, der im Dezember '65 im Album „Rubber Soul" veröffentlicht worden war. Da konnte man im Zwischenteil so wunderschön zweistimmig singen. Und den verrückten Ton dieses indischen Instruments, das wir zuvor noch nie gehört hatten – diesen sirrenden, schwirrenden Ton konnte unser Schlagzeuger stimmlich prima nachahmen. Und das tat er dann auch. Und wir freuten uns.

„I ONCE HAD A GIRL, OR SHOULD I SAY, SHE ONCE HAD ME"

„Norwegian Wood" aus dem Album „Rubber Soul" war damals im Juni 1966 einer unserer Lieblingssongs von den Beatles: wegen des bis dato noch nie gehörten Klangs der Sitar; wegen der schönen Gitarrenmelodie, die relativ einfach nachzuspielen war; wegen der effektvollen Zweistimmigkeit im Mittelteil (es machte immer wieder Spaß, das zu singen); und auch wegen des witzigen Textes, der schon mit einer tollen Einstiegszeile begann: „Ich hatte mal ein Mädchen, oder sollte ich sagen, sie hatte mich?" Das fanden wir klasse, genauso wie den skurrilen Schluss der Geschichte, wo der Held der Story das Zimmermobiliar anzündet und provozierend fragt: „Ist es nicht gut, das norwegische Holz?"

„Ich habe die Beatles gesehen" – 1966 in der Essener Grugahalle. Aber noch war es nicht so weit. Noch waren wir auf dem Weg dorthin und überbrückten die Zeit bis zur Ankunft mit einer Diskussion über die Rückseite jener Beatles-Single, die am 10. Juni 1966 veröffentlicht worden war. Die A-Seite „Paperback Writer" war ja schon hochklassig; doch die B-Seite ... – dieser Song war, für die damalige Zeit, geradezu revolutionär. „Rain, I don't mind / Shine, the weather's fine / Can you hear me, that when it rains and shines / It's just a state of mind."

Was war denn das für ein verrückter Song, mit dem die Beatles uns da im Juni '66 verblüfften?! Was war denn mit Ringo los? Wie der da trickreich und mit Power auf sein Schlagzeug einprügelte – so hatte man ihn noch nie gehört. Unser Drummer war begeistert, aber auch fix und fertig. Wie sollte er denn diese blitzartigen Wirbel und Schlagfiguren nachspielen können? Und was machte denn Paul da auf seinem Bass? Solch pfundweise druckvolle Töne hatte der noch nie vorher gespielt. Dazu haute der auch noch Triolen und Stakkato-Töne raus, dass uns Hören und Sehen verging. Und Johns Stimme klang wie die eines Muezzins: Er zerdehnte die Worte, sang zu dem losstürmenden Groove der anderen fast wie in Zeitlupe. Und was war da los am Ende des Songs? Was passierte da mit seiner Stimme, in welcher Sprache sang er denn da überhaupt?

Es dauerte eine Weile bis wir rauskriegten, dass sein Gesang am Schluss rückwärts lief. – Und dann dieser wie verschwommen klingende Gesamtsound – wir waren fast überfordert von diesem Song. Und wussten natürlich nichts davon, dass die Beatles mit diesem Song „Rain" aus dem Juni 1966 ihre psychedelische Phase einläuteten. Und dass John Lennon total bekifft war, als er diesen Song schrieb. Und dass er dermaßen stoned und desorientiert war, dass er zu Hause beim Abhören der ersten Demoaufnahme das Band falsch herum eingelegt hatte und deshalb plötzlich seine eigene Stimme rückwärts hörte, was ihn noch mehr high machte und was er dann in der Endabmischung auch unbedingt und ganz bewusst so haben wollte. Alles das erfuhren wir aber erst sehr, sehr viel später. Bis zu diesem Lennon-Song „Rain", der Rückseite der Single „Paperback Writer", sind die Beatles-Lieder wunderschöne kleine Songs gewesen, die wir Amateure mehr oder weniger gut nachspielen konnten und die noch nicht zusätzlich für etwas anderes standen als für die Musik selbst. Wir waren ziemlich irritiert von diesem ungewöhnlichen Song „Rain", wir taten uns schwer mit diesem neuen Sound – und zunächst mochten wir diesen neuen Beatles-Song nicht so besonders. Und wir grübelten, ob die Beatles auch live in der Grugahalle diese neuen Töne anschlagen würden. Wir waren nicht mehr weit von der Essener Grugahalle entfernt. Und wir stellten uns vor, und wir hofften, dass die Beatles ihre großen Klassiker spielen würden; dass wir alle begeistert wären, eine gute Zeit miteinander hätten und uns so gut wie nie fühlen würden.

„Baby's good to me, you know / She's happy as can be, you know / She said so / I'm in love with her and I feel fine."

Wir alle fühlten uns „fine". Das war Wohlgefühl, Hochgefühl pur für uns Fans, vor allem, wenn die Beatles live spielten, was wir gleich erleben sollten – und was das weitere Leben von vielen jungen Leuten in Deutschland nachhaltig beeinflussen sollte. Ein paar von ihnen fielen erst mal in Ohnmacht, als die Fab Four die Bühne enterten und mit Chuck Berrys „Rock 'n' Roll Music" loslegten. Und der Schreiber dieser Zeilen war tatsächlich bei diesem denkwürdigen Ereignis dabei. Nicht als Fall für die Sanitäter, auch nicht als hysterischer Schreihals, sondern als glühender Beatles-Fan, der von seinen Idolen gerne mehr gesehen und, vor allem, mehr gehört hätte. Dass daraus nichts werden sollte, deutete sich schon beim Umbau nach der Vorgruppe an. In dem Augenblick, als Ringos Bass-Drum mit dem Beatles-Logo aufs Podest gestellt wurde, setzte das Geschrei der Fans ein. Und als die vier dann anfingen zu spielen, mutierten sogar vorher sittsam und ruhig wirkende Konzertbesucher zu kreischenden Plärrmonstern.

„SHE'S A WOMAN WHO UNDERSTANDS /
SHE'S A WOMAN WHO LOVES HER MAN."

Der Song „She's A Woman" gehörte schon im August 1965 zum Live-Repertoire der Beatles und ist enthalten im Album „Live At The Hollywood Bowl". Auch in der Essener Grugahalle am 25. Juni 1966 war „She's A Woman" zu hören, und zwar schon als zweiter Titel der Show. Obwohl – viel von der Musik kam nicht an bei uns, oben im Block T auf der Nordtribüne, wo wir alle nebeneinander saßen. Die ausverkaufte Grugahalle war insgesamt bestuhlt, aber an Sitzen war kaum zu denken. Ständig sprangen die Leute vor uns auf, manche hüpften auf der Stelle, als wäre der Pogotanz der Punks schon erfunden. Manche sprangen auf die Stühle und alle reckten die Hälse, um von ihren Helden ganz da vorne auf der Bühne einen Blick erhaschen zu können.

Zwanzig Mark plus Vorverkaufsgebühr hatte die Karte gekostet. Das war damals für Schüler und Lehrlinge ein kleines Vermögen, jedenfalls ziemlich viel Geld dafür, dass man wenig sah und viel Geschrei hörte. Aber wir bereuten keinen Pfennig, denn die Konzertatmosphäre war umwerfend, die Begeisterung ansteckend und die gefühlte Nähe zu den Idolen elektrisierend. Auch wenn der Lärmpegel der Fanhysterie bisweilen Orkanstärke zu erreichen drohte, das Kraftzentrum der riesigen Halle war das Quartett da vorne auf der Bühne. Mochten die Fans auch noch so heftige Phonwellen erzeugen – die magnetischen Energieströme gingen von den Beatles aus. Alle Fans waren davon erfasst, alle waren im Bann dieser Ausstrahlung, und alle schienen alleine die Präsenz der Beatles zu genießen.

John, Paul, George und Ringo leibhaftig vor Augen zu haben, einfach nur den gleichen Raum mit ihnen zu teilen, das schien offenbar schon zu genügen. Womöglich hätte es schon gereicht, wenn sich die Beatles einfach nur auf die Bühne gestellt hätten, ohne Musik zu machen – die Fans wären auch dann schon völlig aus dem Häuschen gewesen. Dass die Beatles jetzt auch noch live für uns Fans spielten, das war ja kaum auszuhalten. Die vier konnten machen, was sie wollten, alles wurde frenetisch bejubelt. Ob einer von ihnen eine völlig banale Ansage machte, etwa: „We would like to do a song now, it's from an album of ours, an LP-album" (genau das hatte John tatsächlich wörtlich gesagt) – alle begannen, begeistert zu schreien. Dann unterbrach er seine Ansage und machte kurz „lalala", worauf noch lautere Schreie folgten. Danach sank er theatralisch auf die Knie und himmelte mit ausgebreiteten Händen die Fans vor der rechten Bühnenseite an – woraufhin es noch wildere Schreie gab, obwohl dieser Kniefall doch ganz klar eine Verkackeierung war. Sie konnten machen, was sie wollten, der Jubel war ihnen sicher. Das Kreischen steigerte sich jedes Mal ins Infernalische, wenn Paul und George ins gleiche Mikrofon ihre „Uuhs" und „Yeahs" schmetterten und dazu grinsend mit den Köpfen wackelten. Oder wenn sich alle vier nach jedem Titel mit einem tiefen Diener verbeugten. ... Aber dass die Fans ausflippten, das war ja nichts Neues. Erst recht nicht bei diesem Lied:

„YESTERDAY, ALL MY TROUBLES SEEMED SO FAR AWAY / NOW IT LOOKS AS THOUGH THEY'RE HERE TO STAY / OH, I BELIEVE IN YESTERDAY."

Als Paul seine Ballade „Yesterday" sang, waren vor allem die weiblichen Fans deutlich zu hören. Immer mehr verzückte Mädchengesichter konnte man sehen, Tränen der Freude und der Rührung kullerten die Wangen hinab. Etliche Mädels rangen mit der Fassung, streckten ihre Arme flehentlich aus oder stöhnten und flöteten den Namen „Paul", erst leise, um dann immer lauter und sehnsuchtsvoller nach ihm zu rufen. Plötzlich hörte ich auch direkt neben mir eine mir sehr bekannte Mädchenstimme „Paul, Paul" rufen. Das war meine Freundin, die bislang völlig ruhig geblieben war, aber sich jetzt plötzlich von den ganzen hysterischen Mädels um sie herum offensichtlich hatte anstecken lassen. Diesen Namen und diesen anhimmelnden Ton kannte ich aus ihrem Munde bislang noch nicht. Ich war reichlich irritiert. Nicht dass ich eifersüchtig geworden wäre, nein, ich war halt nur etwas verwundert ... ja, genau ... Dies war jedenfalls der Augenblick, von dem an meine Sympathien, die vorher mehr Paul als John gegolten hatten, nun unwiderruflich in Richtung John enteilten. Er war ja schließlich auch der bessere Texter, war cleverer und schlagfertiger als Paul. Er war vielleicht nicht ganz so hübsch wie der Mädchenschwarm Paul, dieses Weichei. Aber dafür hatte John mehr Grips in der Birne, und darauf kams doch letztlich an. Und John wars doch schließlich auch, der den genialen Song vom Nirgendwo-Mann geschrieben hatte.

„Doesn't have a point of view / Knows not where he's going to / Isn't he a bit like you and me?"

Den Song „Nowhere Man" spielten die Beatles auch in der Grugahalle. Und weil John seinen „Nowhere Man" natürlich selbst sang, ergriff ich die Gelegenheit, mich wie ein enthemmter Kasper aufzuführen und mit leicht überschnappender Stimme ständig „John! John!" zu plärren. Meiner Freundin ist diese kleine Anspielung wohl nicht entgangen, weshalb ich dann auch ein Küsschen auf die Wange bekam – was ja wohl auch das Mindeste war nach ihrer kindischen „Paul, Paul"-Anhimmelei. Auf Johns „Nowhere Man" folgten dann noch zwei Nummern, die Paul sang. Aber an meiner Seite blieb es bei diesen Liedern dann ziemlich still. Paul hatte die Lead-Stimme bei „Paperback Writer" und „I'm Down" – und, na ja, das musste man ihm lassen, für einen Mädchentyp hat er diese harten Nummern doch ziemlich klasse gesungen.

„You tell lies thinking I can't see / You can't cry cause you're laughing at me / I'm down, I'm really down."

Paul sang „I'm Down" während der historischen Drei-Tage-Blitztournee der Beatles durch Deutschland, also auch am 25. Juni 1966 in der Essener Grugahalle. Das war der Tag, als wir die Götter des Beat sahen. Vor dem Auftritt der Beatles in der Grugahalle hatten drei Vorgruppen je eine knappe halbe Stunde lang gespielt, und zwar Cliff Bennett and the Rebel Rousers, The Rattles und Peter and Gordon. Aber an diese Vorgruppen habe ich überhaupt keine Erinnerungen mehr, nur dass von deren Musik phontechnisch sehr viel mehr zu hören war als von unseren Helden, deretwegen wir doch eigentlich gekommen waren.

Welchen Song die Beatles bei ihrem Auftritt gerade spielten, das war nicht immer leicht zu identifizieren. So arg wurde die größte Band aller Zeiten mit ihren kleinen 100-Watt-Vox-Verstärkern von den Fans niedergebrüllt, oder besser: frenetisch jubelnd übertönt. Auch wenn das Konzert der Überhelden nach einer halben Stunde schon vorbei war; und auch wenn kaum etwas von der Live-Musik der vier Giganten in der Grugahalle unüberbrüllt störungsfrei zu hören war – auch nicht vom Schlusstitel „I'm Down": „Down" war wirklich keiner in der ausverkauften Halle. Im Gegenteil. Für mich war der Kurzauftritt der Beatles in Essen das aufregendste Konzert meines Lebens. So viel Euphorie, so viele weltumarmende Hochgefühle gab es niemals wieder.

Und als wir die Grugahalle verließen, war uns klar, die Musik der Beatles würde uns nie wieder loslassen. Und wir wussten ganz sicher, dass wir mit dieser Art von Musik für den Rest unserer Tage immer etwas zu tun haben wollten. Von diesem Moment an waren wir für das Leben, wie es unsere Eltern vorgelebt hatten, endgültig verloren. Wir fanden Hilfe in unserer Musik, den grandiosen Songs der Beatles. „Wir kriegens schon hin, wir kommen schon klar. Das Leben ist so kurz, und es ist schade um die Zeit, wenn man nur streitet und kämpft." Auch dieser Beatles-Text aus der Single „We Can Work It Out" aus dem Dezember 1965 blieb für uns aktuell bis heute.

Unser Freund Charly hatte ein kleines Tonbandgerät mit einem billigen Mikrofon in die Grugahalle eingeschmuggelt. Auf dem Band hört man nur schreiende Fans und, mit sehr viel Fantasie, auch musikähnliche Klänge aus weiter Ferne – die nicht minder entfernt an die Beatles-Songs erinnern, die wir live tatsächlich erlebt haben. Ja, das ist wirklich wahr: Wir haben die Beatles erlebt – wenn auch kaum gehört. Das Band kanns bezeugen. Charly hütet sein Band bis heute wie eine kostbare Reliquie.

Volker Rebell und „The Cheats" 1964

Last But Not Least

WEBTIPPS

Weitere Informationen über die Beatles 1968 und ihr Weisses Album,
zur Geschichte dieser Zeit, diesbezügliche Literaturhinweise,
discographische Empfehlungen, Webadressen zur Thematik sowie ein
Forum für Leser/Innen-Briefe und Resonanzen unter der URL

www.heupferd-musik.de/die_beatles_1968.html

Informationen über den Autor Volker Rebell
und seine publizistischen Aktivitäten unter der URL

www.volker-rebell.de

Über Heike-Maria Schmidt, die mit Ausnahme des Kapitels
„Listen To The Pretty Sound Of Music - Die Songs"
das Manuskript dieses Bandes korrigiert hat,
gibt es Informationen unter der URL

www.text-studio-IT.de

Quellenverzeichnis

All Together 2008: DVD All Together Now - A Documentary Film. Apple, Parlophone (London 2008).

Appleford 2002: Steve Appleford, The Rolling Stones - Rip This Joint. Rotbuch (Hamburg 2002).

Barrow 2007: Tony Barrow, Apple. In: The Beatles Book. Bosworth (London 2002).

Bratfisch 2007: Rainer Bratfisch, Das Beatles Lexikon. Schwarzkopf & Schwarzkopf (Berlin 2007).

Beatles Anthology 2000 a: The Beatles Anthology. Apple (London 2000).

Beatles Anthology 2000 b: The Beatles Anthology. Econ, Ullstein, List (München 2000).

Beatles Anthology 2003: DVD The Beatles Anthology. Apple (London 2003).

Beatles Book 2005: The Best Of The Beatles Book. Beat Publications (London 2005).

Beatles Book 2007: The Beatles Book - Story And Songs. Bosworth (London 2007).

Benzien 1989: Rudi Benzien, John Lennon Report. Verlag Neues Leben (Berlin 1989).

Davies 2006: Hunter Davies, The Beatles - The Illustrated And Updated Edition. W.W. Norton & Co. (New York 2006).

Diez 1999: Georg Diez, Gegenspieler Beatles / Rolling Stones. Fischer Taschenbuch (Frankfurt a.M. 1999).

Emerick, Massey 2007: Geoff Emerick, Howard Massey, Du Machst Die Beatles – Wie ich den Sound Der Band Neu Erfand. Planvalet (Bonn 2007).

Gäsche 2008: Daniel Gäsche, Born To Be Wild – Die 68er Und Die Musik. Militzke (Leipzig 2008).

Harrison 1980: George Harrison, I Me Mine. Simon & Schuster (New York 1980).

Hertsgaard 1995: Mark Hertsgaard, The Beatles – Die Geschichte Ihrer Musik. Carl Hanser (München 1995).

Hunt 2007: Chris Hunt, The Story Of Hey Jude. In: Mojo Beatles Special (London 2007).

JOLS 2008: Josef Winkler. In: Musikexpress Nr. 8 (München 2008).

Kemper 2007 a: Peter Kemper, The Beatles. Reclam (Stuttgart 2007).

Kemper 2007 b: Peter Kemper, John Lennon – Leben, Werk, Wirkung. Suhrkamp (Frankfurt am Main 2007).

Kim 1999: Uh-Young Kim. In: Spex Nr. 12 (Köln 1999).

Kino im Hafen 2005: In: Kino Im Hafen, Infotext (Bremerhaven 2005).

Lennon 1973: John Lennon Erinnert Sich. Release Verlag (Hamburg 1973).

Lennon 1980: Cynthia Lennon, A Twist Of Lennon. Avon (New York 1980).

Lennon 1996: John Lennon, In Eigenen Worten. Palmyra (Heidelberg 1996).

Lennon 2005: Cynthia Lennon, John. Crown (New York 2005).

Lennon, Ono 1981: John Lennon, Yoko Ono, The Playboy Interview. In:

Playboy-Magazine 01, Playboy Enterprises (New York 1981).

Lewinsohn 1988: Mark Lewinsohn, The Beatles Recording Sessions. Harmony Books (Nevada City 1988).

Lewinsohn 1989: Mark Lewinsohn, The Complete Beatles Recording Sessions - The Official Story Of The Abbey Road Years 1962 – 1970. EMI (London 1989).

Luhmann 1988: Niklas Luhmann, Niet Set Und Terror-Desperados. In: Die Tageszeitung 04.08.1988, TAZ Verlag (Berlin 1988).

MacDonald 2003: Ian MacDonald, The Beatles – Das Song-Lexikon. Bärenreiter (Kassel 2003).

Miles 1998: Barry Miles, Paul McCartney – Many Years From Now. Rowohlt (Reinbek 1998).

Moers, Meier, Bühring, Budéus 2000: Moers, Meier, Bühring, Budéus, Die Beatles – Geschichte Und Chronologie. Argument, Ariadne (Hamburg 2000).

Mojo 2008: Mojo – The Music Magazine Nr. 178 + 179 (London 2008).

Noebel 1968: David A. Noebel, Communism, Hypnotism And The Beatles. Christian Crusade Publications (Fort Washington 1968).

Quantick 2002: David Quantick, Revolution – The Making Of The White Album. Vinyl Frontier, Unanimous Ltd. (London 2002).

Rolling Stone 2000: Rolling Stone Interview. In: Rolling Stone Magazine (New York 1980).

Saltzman 2000: Paul Saltzman, The Beatles In Rishiksh. Penguin (London 2000).

Salzinger 1972: Helmut Salzinger, Rockpower Oder Wie Musikalisch Ist Die Revolution. Fischer Taschenbuch (Frankfurt am Main 1972).

Sheff 2000: David Sheff, All We Are Saying – The Last Major Interview with John Lennon And Yoko Ono. (London 2000).

Skai 2000: Hollow Skai, In A Da Da Da Vida. Hannibal (St. Andreä 2000).

Turner 2002: Steve Turner, A Hard Day's Write. Rockbuch (Hamburg 2002).

Ullrich 2000: Corinne Ullrich, John Lennon. DTV (München 2000).

Video Woche 1999: In: Vodeo Woche. Entertainment Media (Dornach 1999).

Wenner 2002: Jann S. Wenner, Lennon Remembers. (Höfen 2002).

Woodhall 1997: James Woodhall, John Lennon & Yoko Ono – Zwei Rebellen Eine Pop Legende. Rowohlt (Reinbek 1997).

Internet:

Lyricsfreak.com: www.lyricsfreak.com/b/beatles/deu
Pirchmoser: www.pirchmoser.com/Musik/Beatles
Wikipedia: www.wikipedia.de

Personen- & Sachregister

A Cuckoo 227
A Girl Called Eddy 174
AC/DC 208
Aerosmith 214
Agnus, Martha 136
Airplane, Jefferson 46
Alfred „Freddie" Lennon 171
Amos, Tori 132
Anderson, Joe 132
Andrew, Derwood 214
Animal Farm 146
Animals, The 182
Asher, Jane 33, 45, 72, 135
Asher, Peter 19
Assad, Badi 124
Astaire, Fred 225
Atkins, Chet 170
Atkins, Susan 206
Auger, Brian 47

Babel 162
Bach, Johann Sebastian 140
Bad Manners 110
Badfinger 20
Balboa, Rocky 154
Band of Weeds 247
Band, The 49, 270
Barone, Richard 253
Barrow, Tony 69
Basie, Count 75
Basnight, Jim 132
Bastian, Gerd 131
Batt, Mike 143
Beach Boys, The 34, 87, 94, 95, 147, 272
Beale Street Soncopaters, The 143
Beat Generation, The 195
Beatle Jazz 130, 159, 178

Beatles Revival Band, The 130
Beck, Jeff 47, 193
Benatar, Pat 214
Bennet, Samm 97
Bennett, Cliff 91, 277
Bennett, Stephen 76, 143
Benzien, Rudi 16
Berry, Chuck 26, 78, 79, 86, 87, 275
Beyer, Klaus 119
Bier, Ernst 124, 143, 213
Big Brother and the Holding Company 48
Big Linda 103
Bird, Margo 153
Black Dyke Mills Band, The 18, 62, 64, 259
Black Sabbath 208
Blind Faith 270
Blood, Sweat & Tears 49
Bluebeat 105, 107, 109
Blueflames, the 110
Blues 114, 147, 152, 153, 160, 161, 164, 169, 178, 183, 184, 185, 186, 188, 192, 216, 221
Bluesrock 47, 48, 159, 182, 188, 189, 200, 221, 262
Blunt, James 154
Bond, Joyce 111
Bongwater 174
Bowie, David 13
Bowling For Columbine 131
Boyd, Jenny 39
Bragg, Billy 267
Brando, Marlon 45
Bratfisch, Rainer 16, 60, 83, 84, 151, 162, 239
Breeders, The 132
Brodax, Al 22, 23

Bronson, Charles 24
Brown, Arthur 213
Brown, James 48
Bruce, Jack 122
Buddha Lounge Ensemble 76
Buffalo Bill 117
Bugliosi, Vincent 206, 212
Bukowski, Charles 18
Bullangus 231
Bunyan, Vashti 136
Burroughs, William S. 18
Burton, Brian 266
Burton, Richard 45
Byrds, The 48

Campbell, Phil 139
Capaldi, Jim 191
Captain Beefheart 148
Captain Marvel 117
Caravan 49
Carmichael, Hoagy 89
Cavern 60, 185
Chaplin, Charlie 152
Chapman, Roger 48
Charles, Ray 89
Cheats, The 75
Checker, Chubby 91
Chevalier, Michael 24
Chicken Shack 47, 183
Chilton, Alex 139
Chocolate Genius 174
Christopher & Michael 75
Cilmi, Gabriella 112
Cirque du Soleil 79
Clapton, Eric 64, 76, 113, 120, 121, 122, 124, 146, 182, 187, 188, 218, 229, 230, 258
Clarke, Jeremiah 26
Cobain, Kurt 131
Cochran, Eddie 179
Cohen, Leonard 50, 168

Collins, Judy 76
Collins, Phil 76
Cook, Richard A III 117
Cooper, Alice 50
Cotton, Billy 225
Cowley, Neil 224, 247
Cream 48, 121, 122, 183, 230, 270
Creedence Clearwater Revival 49
Crimson, King 49, 127
Croce, Jim 50
Crosby, Stills & Nash 143
Crow, Sheryl 194
Cruz, Celia 111
Curry, Tim 167

Dali, Salvador 268
Danger Mouse 266
Day, Doris 109, 147
Deeble, Robert 218
Deep Purple 47
DEF FX 247
Dekker, Desmond 105, 108
Delaney & Bonnie 20
Denver, John 194
Die Vision 174
Dirty, The Mac 188
Disney, Walt 21
Domino, Fats 65, 179, 200
Donelly, Tanya 218
Donovan 17, 33, 36, 38, 93, 95, 128, 143, 154, 169, 172, 193
Dons of Quixote 233
Driscoll, Julie 47
Duarte, Chris 139
Dunbar, John 15
Dutschke, Rudi 7, 9
Dylan, Bob 47, 70, 151, 187, 216

Earp, Wyatt 150
Eastman, Linda 62, 72, 135, 179, 227
Edelmann, Heinz 21, 23

Elephant's Memory 20
Emenau, Michael 174
Emerick, Geoff 15, 27, 58, 59, 77, 79, 104, 107, 140, 154, 196, 197, 219, 223, 232, 239, 247, 248, 250, 252
Emuakpor, Jimmy Scott Anonmuogharan 110
Epstein, Brian 31, 32, 244
Essener Songtage 47
Evans, Mel 92

Fairport Convention 47, 191
Fairweather-Low, Andy 154
Faithful, Marianne 15, 259
Fame, Georgie 110
Family 48
Farrow, Mia 34, 95
Farrow, Prudence 95, 96
Feelies, The 200
Field Music 157, 158
Fitzgerald, Ella 75, 231
Fleetwood Mac 48, 183, 188
Flower Power 47
Flying Machine, The 19
Flynn, Johnny 154
Folk 17, 33, 36, 47, 48, 49, 151, 190, 191, 216, 262
folk 141, 191
Folksong 51, 189, 216
Fontaine, Michael de la 75
Fool's Garden 136, 236
Fowlis, Julie 143
Frampton, Peter 124
Franklin, Aretha 48
Free 49
Free Concerts 12
Fregtman, Carlos 124, 194
Fuchs, Dana 103, 214
Fulson, Lowell 162
Fury In The Slaughterhouse 97

Gallagher, Noel 213
Garfunkel, Art 167
Gäsche, Daniel 73, 90, 200, 265
Gay, Barbie 105
Genesis 127
Gentle Giant 127
Georgia, The Satellites 158
Gibran, Kahlil 171
Gideons, The International 153
Gillan, Ian 214
Ginsberg, Allen 18
Glay 194
Golden Gate Quartet 227
Golden, Jacob 236
Gong 49
Grandaddy 84, 224
Grateful Dead 12, 76
Green, Liz 91
Green, Peter 48, 183
Greenwood, Pete 231
Grunt 247
Gryphon 194

Hair Rave Up 180
Hamilton, Richard 260, 261
Hammer, Jan 50
Hardrock 48, 127, 176
Harper, Roy 149
Harris, Richard 76
Harrison, Louise 147
Harrison, Pattie 33, 113, 177
Havens, Richie 75, 154
Hayward, Justin 143
Healey, Jeff 124, 188
Heavy Metal 208, 213
Hendrix, Jimi 8, 47, 49, 168
Heron, Mike 191
Hersh, Kristin 200
Hinduismus 218
Hippie 8, 11, 12, 27, 35, 46, 47, 193, 242, 267

Hoffman, Abbie 82
Hoffman, Kurt 247
Holdship, Barry 236
Hollies, The 182
Hooper, Tom 218
Hopkin, Mary 17, 18, 63, 64, 258
Hopkins, Nicky 78
Horn, Fiona 247
Horn, Paul 34, 36, 95
Hoyland, John 83
Hubbard, Neil 174
Hübsch, Hadayatulla 161
Hüsker Dü 214

Imbach, Thomas 131
Incredible String Band 191
Inmates, The 91, 180
Innes, Neil 103
Iron Butterfly 49, 270
Iveys, The 20

Jackson, Michael 84
Jagger, Mick 81
Jamaika 105, 106
James, Fred 162
Janov, Arthur 235
Jansch, Bert 191
Jarre, Jean-Michel 50
Joan as Policewoman 167
Jobs, Steve 20
Joel, Billy 90, 91
John, Dr. 50
John, Elton 50, 76
Johnson, Jack 154
Johnson, Jackie 143
Jones, Tom 75
Joplin, Janis 48

Kashmir 139
Kelley, John 261
Kelly, Petra 131

Kennedy, Robert 9
Kilmister, Lemmy 91
Kilzer, John 103
King, Luther Martin 9, 142, 181
King, Nat Cole 192
King, Steven 103, 148
Kings Singers 91
Kinnard, Dawn 119
Kinsey Report 161
Knopfler, Mark 76
Korner, Alexis 47
Korsbaek, Kresten 143
Kramer, Wayne 46
Krauss, Alison 167
Kronberg, Randolf 24
Kunze, Heinz Rudolf 265

La Fragua 143, 167
Latin Quarter 149
LAU 97
Lauren, Lisa 97
Led Zeppelin 48, 220
Lemmy 91
Leningrad Cowboys 91
Lennon, Alfred "Freddy" 172
Lennon, Cynthia 33, 40, 63
Lennon, Julia 169, 171, 172, 173, 175, 235
Lennon, Julian 96, 143
Lennon, Sean 174
Leone, Sergio 154
Lewis, Jerry Lee 89
Lewis, Ramsey 174, 194, 207
Linden, Colin 143
Little Richard 86, 176, 177, 179, 180
Liverpool 14, 17, 23, 25, 26, 54, 60, 103, 112, 130, 172, 192, 225, 245, 258
Liverpool Scene 183
Lomax, Jackie 17, 20, 64, 92, 258
Los Rolin 111

Louis, Joe Walker 124
Love and Peace 9, 13
Love, Mike 34, 35, 36, 87
Low 218
LSD 13, 23, 26, 34, 42, 43, 45, 53, 104, 130, 147, 198, 213, 253
Lucky Luke 154
Lucy In The Sky 91
Luhmann, Niklas 199
Lunch, Lydia 162

MacDonald, Ian 70, 90, 102, 106, 118, 131, 142, 146, 200, 209, 221, 242, 243, 253
Madoo 111
Mae, Sadie Glutz 206
Magic Alex 14, 15, 16, 39, 40, 59, 204, 205, 253
Mahesh, Maharishi Yogi 9, 40, 95, 203
Mancini, Henry 26
Mann, Manfred 182
Manning, Terry 231
Mannkopf, Andreas 24
Mansfield, Jayne 179, 180
Manson, Charles 102, 147, 148, 206, 212, 213, 227, 246
Manson Family 147, 148, 246
Marcuse, Herbert 221
Mardas, Alexis 14, 15, 39
Mardin, Arif 103
Marillion 143
Marmalade 111
Martin, George 26, 29, 53, 54, 60, 65, 76, 77, 79, 85, 88, 92, 98, 100, 103, 104, 112, 115, 120, 129, 133, 135, 136, 140, 144, 145, 149, 152, 154, 156, 157, 168, 181, 188, 193, 196, 197, 201, 207, 209, 215, 219, 224, 226, 228, 232, 239, 241, 246, 248, 249, 252, 254, 263, 271
Martin, Giles 251

Martyn, John 47, 191
Masekela, Hugh 167
Mason, Dave 191
Massey, Howard 280
Matmosphere 188
Matthau, Walter 45
Matthews, Dave 148
Mayall, John 47, 183
MC5 46, 213
McCartney, Linda 57, 143, 167, 269
McCoy, Luther Martin 124
McFerrin, Bobby 143
McGovern, Maureen 167
McGuiness, Eugene 188
McLachlan, Sarah 143
McLean, Don 213
Melcher, Terry 147, 148
Merseys, The 26
Metallica 208, 266
Miles, Barry 18, 36, 39, 54, 56, 57, 71
Millie 105, 106
Miracles, The 206
Mitchell, Joni 49, 99
Mitchell, Mitch 188
Mix, Tom 154
MNO 174
Modern Jazz Quartet, The 20
Monty Python 113
Moody Blues 17
Moore, Michael 131
Morissette, Alanis 97
Morricone, Ennio 150
Morrison, Van 47
Mothers of Invention 13, 47
Mötley Crüe 214
Muldaur, Maria 111
Murphy, Eddie 24
Music Hall 106, 174, 225
Musselwhite, Charlie 97
Mwamwaya, Esau 180
My Brightest Diamond 200

My Lai 9
Neal, Kenny 224
Nice, The 47
Nilsson, Harry 194
Noel, David 148

Oasis 213, 214
Old Shatterhand 154
Ono, Yoko 18, 28, 40, 42, 43, 45, 53, 55, 57, 58, 84, 114, 116, 125, 128, 139, 161, 166, 171, 176, 177, 186, 187, 188, 199, 223, 224, 239, 244, 245, 252
Orbison, Roy 67
Orwell, George 146
Osborne, Anders 132

Parsons, Gram 48
Pasadena Roof Orchestra 227
Pastorius, Jaco 143
Paul, Papst VI 10
Peanuts 129
Pentangle 47, 191
Perkins, Carl 55, 76
Peter & Gordon 19
Peterson, Lucky 188
Phish 84, 91, 97, 103, 111, 114, 119, 132, 136, 139, 148, 154, 158, 162, 167, 174, 180, 188, 194, 200, 207, 214, 218, 224, 227, 231, 236, 247
Pickett, Wilson 73, 75
Pietsch, R.A.M. 84, 148, 214, 224
Pink Floyd 47, 148
Pixies 114
Plant, Robert 220
Polanski, Roman 148, 206
Pollack, Alan W. 239
Popdudes 214
Porter, Cole 249
Prager Frühling 10, 90
Presley, Elvis 37, 76

Preston, Billy 20, 143, 259
Pretty Things 48, 182
Prinzen, Die 149
Procol Harum 149, 270
Prytko, Johnny 111
Pumajaw 148
Punkles, The 158

Quantick, David 108, 118, 129, 142, 152, 237, 238, 243, 262
Quarrymen, The 172
Queen Victoria 162
Queens of the Stone Age 148

Rachel, Evan Wood 143
Radiohead 132, 207
Rap 99, 201
Ravel 157
Ray, Gemma 218
Real McCoy 167
Redding, Otis 48
Reed, Lou 108
Reeperbahn 140, 185
Reggae 105, 106
Reich, Wilhelm 221
Reinhardt, Django 226
Renbourn, John 191
Rhythm'n'Blues 79, 182
Richard, Little 86, 176, 177, 179, 180
Richards, Keith 188, 270
Richter, Max 136
Roberts, Julia 174
Robinson, Smokey 206
Rock and Roll Circus 188
Rock Steady 106
Rock'n'Roll 65, 73, 78, 85, 86, 89, 91, 172, 176, 179, 180, 182, 183, 187, 209, 215, 221, 231, 240
Rodgers & Hammerstein 249
Rogers, Ginger 225
Rolling Stones, The 46, 110, 188

Ronstadt, Linda 50, 252
Ross, Diana 167
Rotta, Rudy 84, 97, 224
Rubin, Jerry 82
Rudolf, Heinz Kunze 90
Rundgren, Todd 124
Running Wild 84
Rush 49
Rutles, The 103

Sachse, Joe Helmut 124, 143
Samiam 236
Santana 49
Sassoon, Siegfried Louvain 153
Sassoon, Vidal 153
Schroeder, John 91
Schulz, Charles 129
Scott, Jimmy 104, 110
Scott, Ken 65, 74, 85, 98, 112, 115, 120, 125, 136, 144, 149, 154, 163, 168, 176, 181, 188, 192, 196, 201, 207, 215, 228, 232, 237, 248, 252, 254, 257
Scott, Nicky 227
Scott, Terry Taylor 218
Segal, Erich 21, 22
Seger, Bob 50
Sennett, Mack 152
Service, Robert W. 152
Sesam Straße 75
Sexsmith, Ron 119
Shaffer, Paul 174
Shotton, Pete 14
Simone, Nina 83
Sinatra, Frank 95
Sinclair, John 81
Siouxsie & The Banshees 97, 214
Ska 50, 105, 106, 108, 110, 230, 262
Skelly, Neville 194
Skinheads 106
Slade 136

Sly and the Family Stone 48
Small Faces 47, 270
Small, Millie 105
Smith, Aidan 132
Soft Machine 48, 148
Söllscher, Göran 227
Spencer, Bud 154
Spirit 49, 270
Spoken Word 99
Starkey, Maureen 114
Steppenwolf 8, 47
Stereophonics 214
Sting 67, 76
Stone Temple Pilots 84
Stooges, The 213
Streisand, Barbra 227
Styx 148
Summer Of Love 9, 12, 46, 193, 267
Suppliers, The 114, 119

Taj Mahal 50
Tate, Sharon 148, 206
Taverner, John 19
Taylor, Ben 167
Taylor, Derek 102, 130, 230
Taylor, James 19, 50
Taylor, Will 136, 162, 231, 247
Taymor, Julie 131
Ten Years After 47
Thackery, Jimmy & The Drivers 162
They Might Be Giants 231
Thomas, Chris 98, 115, 116, 125, 144, 145, 163, 176, 215, 216, 228, 229, 237, 257
Thompson, Richard 191
Thompson Twins 224
Throwing Muses 236
Tim, Tiny 226
Townshend, Pete 209
Toxic Audio 162
Traffic 191, 270

Tremeloes, The 182, 197
Troy, Doris 20
Tuck & Patti 167, 227
Tull, Jethro 48
Turner, Steve 72, 82, 95
Turpin, Ben 152
Twisted, The Ringos 214
Tyrannosaurus Rex 49
U2 132, 214
Underground Sunshine 180
United Stated Of America, The 49
Unthank, Rachel 207

Vai, Steve 148
Vanilla Fudge 49
Vaudeville 225, 226
Velvet Underground 49
Vincent, Gene 179
Virgin Passages 124
Voorman, Klaus 188
W., Robert Service 152
Walker Brothers 182
Walker, Scott 50
Wandervogel-Bewegung 193
Warhol, Andy 9, 21
Waters, Roger 148

Webb, Jimmy 76
Weller, Paul 207
Wenk, Laurenz-Cedric 112
West, Leslie 97
White, Alan 188
Who, The 209
Williams, Robbie 200
Williamson, Robin 191
Wilson, Brian 87
Wilson, Dennis 147
Winkler, Josef 213
Winterset, The 207
Winwood, Steve 191, 255
Wolk, T-Bone 158
Wonder, Stevie 110, 181
Wood, Charlie 132

Yaga, Baba 91
Yardbirds, The 182
Yes 49, 127
Young Blood 119
Young, Neil 50, 93
Z-Da 162
Zappa, Frank 13, 47
Zevon, Warren 50

Das Klingt Gut!
Musik der Welt im Netz

Acoustic Music | Derroll Adams | Alla Turca | Anti-Hits | Balladen | Bastardmusik | Barden | Böhmische Harfe | Bordun | Pit Budde | Robert Burns | Guy Carawan | Cochise | Tom Daun | Ethnobeats | Flamenco | Folkaffairs | Folk Friends | Folkjazz | Folkmusic | Folkrock | Folksong | Dick Gaughan | Mike Hanrahan | Harfenflocken | Harfissimo | Havana | Hobomusic | Bobby Holcomb | Annie Humphrey | Hurdy Gurdy | Indian Summer Sounds | Andy Irvine | Jams | Jazz | Wizz Jones | Klassikfolk | Kurt Klose | Jorge La Guardia | Lady's Voice | La Rotta | Latinpop | Latinjazz | Latinrap | Andreas Lieberg | Lovesongs | Denise M'Baye | Magic Irish Music | Magic Southsea | Migration & Musik | Native American Music | Noten | Protestsong | Rüdiger Oppermann | Marc Robine | Rootsmusic | Samba | Salsa | Son | Songbooks | Song Bücherei | Songwriter | Andy M. Stewart | Wolfgang Stute | Summit | Tierra | Trio Grande | Can Tufan | Jake Walton | Worldmusic

www.heupferd-musik.de

www.ingramcontent.com/pod-product-compliance
Lightning Source LLC
Chambersburg PA
CBHW021137230426
43667CB00005B/153